알파고가 묻고
주역이 답하다

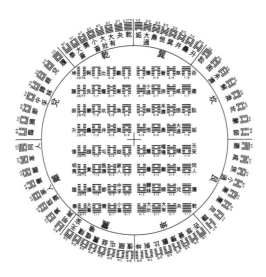

21세기 주역
알파고가 묻고 주역이 답하다

초판 1쇄 인쇄일 2017년 8월 15일
초판 1쇄 발행일 2017년 9월 01일

지은이 學仟 김 도 일
펴낸이 김 민 철
펴낸곳 문 원 북
디자인 황 지 영

등록번호 제 4-197호
등록일자 1992년 12월 5일
주   소 서울시 마포구 토정로 222 한국출판콘텐츠센터 422
대표전화 02-2634-9846 **팩스** 02-2365-9846
이 메 일 wellpine@hanmail.net
홈페이지 http://cafe.daum.net/samjai
ISBN 978-89-7461-395-2

이 도서의 국립중앙도서관 출판사도서목록(CIP)은 서지정보유통지원 시스템 홈페이지
(http://seoji.nl.go.kr)와 국가자료공동목록시스템(http://www.nl.go.kr/kolisnet)
에서 이용하실 수 있습니다. (CIP제어번호 : CIP2017018934)

*파손된 책은 구입처에서 교환해 드립니다.

알파고가 묻고
주역이 답하다

學仟 김도일

문원북

머리글

이 책에선 주역을 직해하여 초급자의 시선으로 역을 해석하였으며, 본인은 역학인이며 수행자이니 그 시선으로 역을 해석하여 중상급자가 볼 수 있게 하였습니다. 본인은 한학을 공부한 한학자가 아니기에 역설의 부분에선 다소 이해가 안가는 부분이 있겠으나 양학(陽學)의 시선으로 쉽게 보다보면 쉽게 이해할 수 있도록 하였습니다. 음학과 양학의 차이는 역(易)의 기본이며 심역(心易)에 다다르기 위해선 이성(月)보다 감성(日)이 중요시되며 점사 없이도 상이 보여 심역을 행할 수 있습니다. 양학의 시선에선 글자의 뜻보단 글자의 모습이 보입니다. 음양이 본래 다른 것이 아니나 음의 본성은 어둠이라 가깝고 간명하길 바라여 멀리보지 못하는 것이 단점이며 양이란 밝고 뜨거워 바로 앞은 온통 빛바래니 멀리보길 잘하므로 가까운걸 보기 어려워합니다.

역은 상을 우선하며 복희팔괘와 문왕팔괘가 그 기본 이치로 성현이 그 이치를 소인이 알도록 간명하기 위하여 뜻을 단 것입니다. 상을 글자 뜻 하나에 다 담을 수 없어 뜻이 미묘함입니다. 그러니 성인이 만물의 이치를 쉽게 하기 위하여 상으로 처음 만든 것이 괘상이며 이를 음이 발달한 학인이 알게 하기 위하여 비슷한 모습의 대표되는 상의 이름을 말하니 이것이 괘명이 되었습니다. 괘가 변화되는 것이 효사이며 변화는 움직임을 말하고 움직이면 길한지 흉한지를 나타냅니다. 주역의 순서는 역의 순서와 같이 한번 양하면 다음에 반드시 음하고 한번 동하면 다음에 반드시 정하며 한번 인(因)하면 인과의 법칙으로 다음엔 과(果)로 이루어졌으니 서로의 극합괘로 묶여 순서를 이룹니다. 이는 극하면서 생멸하고 합하면서 생멸하기 때문입니다. 역에는 쉽게 보는 상(象)과 간명하게 하는 명(名)과 이(理)를 같이 볼 수 있습니다. 이를 나누는 자체가 부질없으나 역을 공부하는 학인이라면 깨달은 선현의 뜻이 음이 강한 학인이 볼 수 없도록 상으로 만들었다는 것을 알 수 있습니다.

예로부터 역을 공부한 학인은 비범함이 스스로를 밝혀 평인들에게 신처럼 받들어짐을 볼 수 있었으니 과거 공자가 그러했고, 태공여망과 제갈공명, 토정 등이 그러했습니다. 그러니 이 책을 읽어가는 순간 자신이 속세와는 멀어져 선비의 성정이 될 수

4

있으니 숙지하길 바랍니다. 선비란 과거 신선을 동경하여 그와 같이 되기 위해 선과 같은 생활을 하는 학인이었습니다. 즉 자신의 입신양명보단 도를 추구할 수 있음이니 혹자는 젊은이가 역을 공부하는 것은 위험할 수 있다 말합니다. 틀린 말은 아니나 대대를 버리고 소소를 얻기를 바라는 말입니다.

견우하여 목우하기 시작하면 마음이 정하여 중혈 자리에 단이 생성되니 단이 생성되면 세인과 같은 삶은 도인이 빨리 죽는 지름길이 됩니다. 도인이 세속에 세인과 같은 삶을 사는건 불나방이 불속에서 살겠다고 행동하는 것과 같습니다. 그러니 도인이 자신이 살기위해 산으로 들어가는 이유입니다. 세인의 도는 의식주에 의존하는 삶이며, 선(仙)의 도는 산천지수에 의존한 삶이며, 부처(佛)의 도는 그 무엇에도 의존하지 않고 홀로 존재할 수 있는 삶입니다. 소인 또는 세인의 마음은 아래로 향하고, 대인 또는 도인의 마음은 위로 향하며, 부처의 마음은 중정하여 역은 그 중정함을 추구합니다. 그러니 머리로 깨우쳤다하여 도를 얻은 것이 아닙니다.

역을 공부하면 깨우침이 수시로 다가오니 한두번 깨우치면 자부심이 강해지고 또 한두 번 깨우치면 자신위에 사람이 없는 것과 같으나 깨우치고 깨우치길 반복하면 다시 고개가 숙여지는 것입니다. 고개를 숙인 자는 이미 마음이 상에 위치하여 아래를 보는 마음입니다. 반대로 고개가 뻣뻣이 위를 바라보는 이는 고지식하여 마음이 이미 끝없이 내려가 위를 보는 것입니다. 이런 모습을 상(象)이라 말하니, 머리로 깨우친 지식들은 몽매한 이보다 몇 가지 더 아는 것 일뿐 자신을 자신의 틀에 가두는 어리석은 마음 버리시길 바랍니다.

무지한 것도 죄이며 고지식한 것도 죄가 될 수 있으니 몽매하지 않기를 바라는 마음에 주역을 통하여 제가 아는 역을 전하고자 합니다.
본문에선 다소 존칭을 하지 않음을 이해하시길 바랍니다.

모든 학인이 무극에 다다르길 바라는 마음으로...
學仟 김 도 일

목차

2장 주역 실전 입문

1장
알파고의 주역 인문

1. 역은 점술서인가? 교양서인가? 경인가?

"역은 변화의 도를 담은 경이며 보는 사람의 눈높이에 바뀐다."

만물의 변화를 담았기에 어떠한 상황을 주역에 관점에 올려놓으면 길흉을 보는 점술서가 되며 인간의 심성에선 철학서이며 교양서이다. 역은 깨달은이가 쓴 경으로 역은 뒤에 경을 붙여 역경이라 말하며 공자가 걱정하며 제자들에게 이르길 주역은 만물의 이치를 깨달은 성인이 쓴 역경에 자신이 단 글들은 경(經)이 될 수 없으니 전(傳)이라 이해하길 발했다. 공자의 설전에 그의 마음이 보이니 어떠한 부분에도 점사를 이야기 하지 않으려 함은 이 책이 단순한 점술서로 보이지 않게 하기 위함이었다. 시초법은 단지 수를 설명하기 위해 올린 것임을 명심하길 바라며 역에선 그대가 보고 싶은 것을 볼 것이며 문왕은 군자라 만인을 다스리는 군자의 입장에서 역을 해석하였고, 공자는 학인이며 성품이 지극한 사람의 시선으로 역을 해석하였으니 그대가 보고 싶은 눈높이에 따라 역이 달리 보일 것이다. 그것은 학인이 보고 싶은 것만 보고, 보고 싶은 것으로 보기 때문이다. 수행자는 수행의 근본을 볼 것이며, 운명을 보고 싶은 사람에겐 운로를 볼 것이며, 수리에 능통한 이는 변수의 묘미를 볼 것이고, 인간의 성품과 마음을 알고 싶은 이에겐 그 마음작용을 볼 것이다.

학인이여! 당신은 알파고인가? 易의 법칙으로 살아있는 모든 것은 음과 양으로 분류되며 두 가지를 동시에 갖고 있어야 살아있다고 말할 수 있다. 학문에도 양학(陽學)과 음학(陰學)이 있을 수 있으니 아이가 양(감성)으로 태어나 음(이성)이 강해져서 음양이 비등한 시점에 사춘기를 통하여 큰 성장을 이루고 양인지 음인지 결정하는 시기를 겪는다. 당신은 양학을 하는 학인인가? 아님 음학을 하는 학인인가? 양학은 모든 것을 하나로 보는 학문이니 이성(생각)이 사라지면 모든 것을 똑같이 보는 눈을 갖게 되며 연결된 교차점을 찾아 하나로 연결하게 될 것이다. 하지만 음학을 하는 학인이라면 모든 것을 나누고 분류하며 이름 지어 더 이상 그 이름의 틀을 벗어나지 못하게 만들려 할 것이다. 이처럼 학문을 하는 이의 성품은 두 가지의 성정이라. 하나는 모든 것을 분류하고 나누며 '이것은 이것이다'라 이름지고 확정 짓는 음(--)의 학문, 다른 하나는 모든 것을 동일시 보아 감정을 소리로 표현하고, 소리를 감정으로 표현하며 남의 일이 내일과 같고 보고 듣는 모든 것이 다르지 않다 생각하는 예술성과 같은 양(—)의 학문이다. 이는 이성(--)과 감성(—) 또는 학습(--)과 경험(—)의 차이로 어느 극에 가깝냐에 따라 발달된 부분이 다른 것이다. 인간은 이성적 사고를 버리면 살 수 없다 생각하는 경우가 많으나 인간이 이성적 생각을 버리면, 단어 하나로 백권이 넘을 책을 쓸 수 있게 된다. 이는 이미 인간이 알아야 할 모든 것들은 자신의 마음속에 영상과 파동으로 저장하고 있기 때문이다. 역을 하는 학인은 음양을 동시에 볼 수 있어야 하니 어느 땐 분류하고 어느 땐 합쳐볼 수 있어야 한다. 역인(易人)은 음양을 잘 닦고 키워 조화롭게 해야 하니 '음은 음이다'가 아닌 '음은 타고나길 음으로 타고났으나 양이 되고 싶어 하는 성정으로 끝내는 양으로 변화한다.'가 역을 하는 이의 시선이다.

양학은 한자리에 0과 1의 숫자가 동시에 존재할 수 있으나 음학은 한자리에 0아니면 1이 되어야 한다. 양자 역학자들이 말함에 지금의 컴퓨터가 한자리에 0과 1이 동시에 존재할 수 있다면 컴퓨터의 처리 속도는 수십 배로 빨라질 수 있다고 말한다. 학인이 역학을 공부함에 첫 일이년은 그 뜻에 메일 것이고, 어느 시기에 이르면 그 형상을 공부할 것이다. 또한 어느 시점에 다시 이르면 그 조짐을 느끼려 할 것이니 역은 보는 이의 시선에 맞추어 한학자의 눈에는 뜻풀이 학문이요, 지도자의 눈에는 치국의 법칙을 볼 것이며, 철학자나 유교적 관점에선 인간의 참된 성품을 볼 것이다. 역학은 도가적 개념에 가장 가까우니 수행자는 마음을 어떻게 수행하여야 하는가의 지침서가 될 것이고 불가에선 무극(无極:佛)으로 가는 길을 알게 될 것이다.

2. 알파고의 모순

알파고는 인공지능(AI)이다. 인공지능 역시 기존 컴퓨터와 달리 인간처럼 경험을 위주로 할 수 있으며 언젠가 인공지능이 0과1을 동시에 가질 수 있을 때 그 속도는 인간의 뇌보다 빨라질 것이다.

그럼 인공지능이 인간을 앞설 것이며 인공지능은 합리성으로 인간을 판단할 것이다. 즉 극히 합리적으로 인공지능을 프로그래밍 한다면 인공지능의 최종목표는 인간 말살의 목표를 가질 것이다.

AI는 감정과 애정을 가질 수 없다. 즉 마음을 가질 수 없으며 AI를 애정으로 교육시킬 수 있는 부모가 없다. 마음과 애정의 기운은 보이지 않는 흐름이며 기운이기에 인공지능에겐 통하지 않는다.

인간을 제외한 모든 감정 있는 동물들은 인간의 필요성을 느끼지 못한다. 인공지능에게 진짜 합리적 프로그램을 입력하여 발전시킨다면 AI는 가장 먼저 인간을 제거하기 위해 노력할 것이다.

인간은 지구환경에 있어 암적인 존재로 인식하게 될 것이기 때문이다. 아무리 인간을 합리적, 긍정적으로 입력하여도 인공지능은 인간을 부정적 존재로 리셋 할 것이다. 그것은 진실과 거짓 중에 진실이기 때문이다. 인간 중에도 인공지능처럼 마음의 크기가 매우 어둡고 매우 작은이가 있으니 그 결과는 참으로 처참하였다.

그럼 인간과 인공지능이 같아질 수 있는가?

인간에겐 이성만 존재하는 것이 아니라 감성(마음에서 나오는 중간자)도 존재한다. 이것이 인간의 마음과 가장 가까운 것으로 유일하게 알파고와 차이점이며 이성보다 감성, 감성보다 마음을 활용할 수 있어야 한다. 더 높은 무극에 이르기 까진 바라지 않지만 인간에게 오로지 합리적 이성뿐이라면 인간은 인공지능 알파고 처럼 인간을 지구환경을 파괴하는 악이나 암처럼 여기어 상처주고 피해를 줄 것이다. 즉 나치의 히틀러처럼 인간을 수없이 죽이고 상처주어도 자신의 견해를 벗어나지 않는 것만으로 마음의 죄가 되지 않는 것이다.

3. 알파고가 풀어야할 과제

알파고와 같은 사람에게 주역의 서가 필요한 것이니 알파고가 심역을 얻는다면 더 이상 알파고가 아닌 것이다. 즉 인공지능은 마음이 존재하지 않지만 인간에겐 시공을 초월하여 만사와 동시성을 갖는 한 존재가 있으니 이를 따르고 이를 믿으면서 하나와 통하고자 하는 것은 신을 따르는 마음이며, 마음을 다스려 큰 기운을 형성하고자 한다면 도인이 될 것이고, 이 마음을 무한 정대하게 만들어 무한광명을 얻고자 하는 것이 불교의 개념이다.

여하튼 그대가 심역을 얻는다면 더 이상 점사의 필요성이 없어지는 것이며 역은 음학(논리적 사고)만으로는 한계가 있으므로 음학을 하는 이에겐 변화의 도를 절실히 연구하여야만 심역에 다다를 것이다.

역이란 간명하면 변화의 도를 설명한 것이 역경이므로 선학이 말하길 "중정(中情)함을 깨달아 자신의 정(情=精)을 수행함에 신(神)과 소통으로 삼아야 한다."라 말한다. 이것이 주역을 공부하고자 하는 학인의 첫 마음자세이며, 분명 이 글을 읽는 학인도 자신만의 잣대로 자신의 눈높이에 맞는 것만 보게 될 것이다. 처음은 분명히 뜻에 메여 뜻풀이만 하려 애쓰다 자신이 관심 있는 방향으로 뜻을 풀어갈 것이고, 좀 더 깊이 공부하고자 하는 이는 상에 메여 상을 볼 것이니 그 곳에서 마음가짐을 보게 될 것이다. 이는 이성을 벗어난 단계이니 가끔 자신의 이성과 감성이 자신의 한계를 만들 것이고 어느 정도의 학문적 성취를 이루면 수리의 변묘를 익히어 신묘함을 느낄 것이다. 점차 점사에 관심이 깊어지며 점사를 침으로 신묘함이 더욱 깊어지면 믿음이 생김으로 변화의 도를 느끼게 될 것이고 이는 주변의 동정(動靜)을 느끼어 조짐을 볼 것이니 그때의 변화를 마음에게 물으니 신은 분명히 대답하게 될 것이다. 도구를 통하여 상대의 마음에 묻는 것이니 이미 답을 알고 있는 마음인 것이다. 마지막으로 그대가 나아가야 할 길은 "변화의 도는 도구가 없어도 알아야 한다."는 것이다.

이글을 보는 대다수의 학인은 이미 알파고이니 머릿속엔 자신의 학문적 높이로 과거의 정해진 0과1 만으로 이 책을 보게 될 것이며 항상 옳고 그름을 판가름하며 배움을 이어갈 것이다. 그대가 역학인이라면 항상 나눌 줄도 알아야 하지만 결합하여 같이 보는 법도 알아야 하기에 과학적 접근에서 비과학적 접근으로 당신을 이끌고 갈 것이다. 부디 잡은 손을 놓지 않기를 바라며 과학적 접근을 이어간다.

지금으로부터 100년 전 과학계의 큰 별인 아인슈타인을 앞선 이론이 생겨나니 이를 양자역학 또는 양자물리학이라 한다. 이 과학이론은 인간이 신을 무시할 수 없는 가장 큰 학문으로 발전하며 현대에 이르러 가장 큰 사회발전에 이바지한 과학이라 하지 않을 수 없다.

이 학문은 당시 모든 과학자들의 지금으로 말하면 멘붕, 즉 멘탈을 붕괴시키지 않을 수 없었다. 모든 물질의 가장 작은 단계인 원자를 설명하며 원자는 중성자와 양성자로 이루어져 있고 그 주위를 전자가 돌며 우리에게 촉각과 시각으로 느껴진다고 말하였다. 양자역학자는 원자는 형태는 있으나 속이 비어있는 즉 우리가 보는 이 세상 모든 것의 99.999%가 비어있는 것이라 말하고 우주의 모든 보이는 것의 질량을 미립자로 분리하여 다시 합쳐보면 그 질량은 사실 작은 콩 크기에 불과하다고 양자물리학에선 말한다. 일반인이더라도 이해가 안 되는 황당한 이야기를 과학적 사실로 증명하였으니 과학자들은 더욱더 혼란스러운 시기를 겪지 않을 수 없었다.

이후 과학자는 양자물리학을 발전시켜 원자가 분열하고 결속시키는 과정에서 원자핵으로부터 양성자와 중성자가 분열되는 과정에서 생기는 힘을 "약력(W : 원자폭탄의 원리)"이라 이름하고 양성자와 중성자가 결속시키는 힘을 "강력(S : 수소폭탄의 원리)"이라 이름 하였다. 또한 전자의 움직임을 "전자기력(EM)"이라 이름 하였다.

현대 과학에선 강력(S)+약력(W)+전자기력(EM)+중력(G)을 모두 결합하는 절대 진리의 하나의 공식을 만들고자 노력하고 있으나 중력 부분이 해결되지 않아 과학자들 간에도 중력이 있다와 없다로 다투고 있는 실정이다.

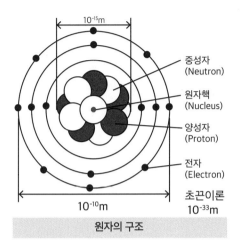

10⁻¹⁵m

중성자
(Neutron)

원자핵
(Nucleus)

양성자
(Proton)

전자
(Electron)

초끈이론
10⁻³³m

10⁻¹⁰m

원자의 구조

※ 원자들끼리 전자를 주고받기도 하며 때론 사라졌다가 다시 다른 괘도에서 나타나 움직이기에 일정한 움직임의 패턴을 읽지 못하고 있는 실정이다.

그리하여 양자역학에서는 움직임의 패턴이 없기에 미래적인 예측이 어렵다는 결론을 내리게 되었다.

전자가 사라졌다 다른 곳에서 나타나는 현상과 원자의 순간이동을 양자역학에선 양자도약이라 부르니 현재는 타임트레블(Timetravel)과 타임점프(Timejump)로 연구하고 있으나 결론을 내리길 "가능하나 많은 에너지가 필요하므로 현실에선 불가능하다." 말한다.

하지만 익히 선학께선 큰 깨달음을 얻어 만물의 움직이는 이치를 설명하였으니 그것이 역(易)인 것이다. 이미 도가에선 우리 몸에서 아주 미세한 변화를 만들어 타임트레블과 타임점프를 해왔으니 양자역학에서만 관찰자의 시선이 있는 것이 아니라 도가에서도 관찰자의 시선은 중요하게 작용한다 말하고 있다. 또한 신체 변화에서도 핵분열처럼 강한 분열이 일어나 자연발화를 만들기도 한다.

주역의 시선으로 보아 아인슈타인의 상대성 이론은 팔괘의 작용에서 양자역학은 음양의 양의에서 공부하고 있는 것이다. 이것이 과학의 양대산맥이라 불리우니 양자물리학자들이 주역을 공부하여 "이것은 신의 학문이다."라 말한 이유가 이것이다. 또한 양자역학의 아버지라 불리우는 닐스보어는 노벨물리학상¹⁾ 을 받을 때 가슴에 태극마크의 뺏지를 달았으며 항상 몸에 지녔고 기사작위 문장에 자신의 상보성원리를 태극마크로 새겨 표현하였다. 아직도 서양의 물리학자들은 주역을 연구하며 논문을 내고 있으나 정작 우리에게는 잊혀져가고 있으며 일부 종교에 혹세무민하는 도구로 활용되고 있으니 마음만 아플 뿐이다.

이제야 과학에서도 인간의 마음에 시선을 돌리고 있으나 아직도 마음은 모르고 두뇌에서 모든 것이 정해진다 말하니 수행자는 전혀 다른 말을 하고 있으나 과학자나 심리학자들은 자신들의 말과 같다 합리화를 시키고 있는 실정이다.

사실 양자역학에서 말하는 마음의 안식(이성에서 자유로운 마음)은 불가에선 "공락"이라 말한다. 마음의 안식을 얻는 것은 어렵지 않으니 그것은 생각을 없애는 것이다. 그러면 인간이 몸으로 느낄 수 있는 모든 것에서 자유로워지는데 그 상황이 되면 바람만 불어도 웃음이 나오는 실성한 듯 실성하지 않은 경지가 된다. 손가락이 잘려도 웃음이 나오는 경지에 다다르니 이것을 끝이라 생각하나 불교에선 이를 공락이라 부르는 이유가 있다. 즉 이 단계는 이성으로 갈수 있는 최고의 단계이며 넘어서 마음으로 갈수 있는 최고의 단계가 있고 그걸(마음) 벗어나서 갈수 있는 최고의 단계가 있다. 첫째는 이성에서 자유 자재함을 말하고 두 번째는 마음에서 자유 자재하니 도인이 되며, 세 번째는 인과와 음양오행의 법칙을 벗어났으니 무극(佛 : 어떠한 것에도 막힘이 없고 어떤 것에도 의존하지 않는 홀로 존재하는 이)이 되는 것이다. 불(佛)자를 보면 양자역학에서의 원자 실험이 떠올리지 않을 수 없다. 여러 개의 원자를 두 개에 구멍으로 쏘았을 때 파동처럼 교차하는 부분이 생기는데 부처의 무한광명은 그것보다 더욱 미세하여 막을 수 있는 존재가 없는 것이다. 여기서 관찰자의 시선으로 원자의 위치가 변화되기도 하는데 이는 쉽게 말하여 인간의 눈 역시 두 눈이 다른 곳을 보고 있지만 한쪽 눈만을 사용하는 이치와 전혀 다르지 않음을 알아야 한다. 색즉시공(色卽是空) 공즉시색(空卽是色)이라.

---

1) 김기승, 2016년, [과학명리]

그대가 보는 모든 것은 빛의 파동으로부터 온다. 이는 무극으로 발생하는 태극을 보는 것이 우선이므로 태극이란 파동이며 의욕이다. 심역을 하기위해 선 심을 알아야 한다. 심이란 누구나 가지고 있는 소 한 마리를 말한다. 그대 가 보는 모든 것은 그대의 눈 뒤에서 무엇인가 빛을 보내 재 흡수하는 것이다. 색이 곧 공임은 다음과 같다. 모든 물체가 공함은 이미 양자물리학에서 과학 자들이 증명하였음이다. 그럼 그대가 보는 모든 것은 원자의 양성자와 전자 의 수로 정해지는 것임을 과학자들이 증명하였으니 모든 사물이 공함은 이미 증명되었다.

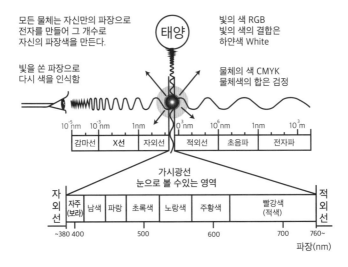

"색즉시공"이 과학적으로 증명되었듯이 "공즉시색"도 이미 과학에서 증 명하고 있으니 다른 것이 있다면 수행자는 모두 마음을 이야기 하고 있으나 과학자들은 모두 두뇌를 이야기 한다. 그러나 이미 의학자들이 말하듯이 두 뇌가 없어도 잘사는 사람들이 의외로 많음에 뇌수염을 앓은 600명의 10%인 60명가량이 두뇌가 없거나 거의 없다시피 했다고 말한다. 이는 영국의 유명 대학교를 다니는 아이큐 126에 젊은 청년의 두뇌를 관찰하는 중에 발견한 사실이다. 사실이 이러하니 그대가 아는 두뇌보다 더 큰 작용을 하는 무엇인가가 있음을 알아야 한다.

즉 그대가 무엇인가를 보고 눈이 없는 눈을 감은 상태에서 무엇을 떠올리고 꿈속에서는 눈이 없어도 모든 것을 본 것처럼 되는 것이 눈과 뇌가 아닌 무엇인가 눈을 통해 빛을 내보내기 때문인 것이다.

과거 달마대사가 9년간 면벽하고 한 말이 생각이 나니 "구년면벽(九年面壁) 혼혼형해(混混形骸) 일속회광(一粟回光) 강비세계(糠粃世界) 염피차삼천대천(念彼此三千大千) 입아공상색상(入我空相色相)"

- 구년간 면벽하니 이내몸은 혼란과 혼돈 속에 뼈만 앙상하게 남았구나! 좁쌀만 한 한줄기 빛이 들어 그 안을 바라보니 쭉정이 세상뿐. 마음을 돌이켜 세상만사 모든 것이 내안처럼 텅 빈 세상이로구나!

모든 인간은 사실 알파고처럼 생각한다. 하지만 다른 것이 있으니 우리에겐 보이지 않는 마음이란 존재가 있으며 그 속에는 인간이 억겁을 살아온 생의 경험이 빛과 파동으로 저장되어 있다. 생과 생이 연결되어 전생이 현생에 작용하니 팔이 달아나 죽은 생의 다음 생은 팔에 문제가 화제로 죽은 생은 다음 생엔 피부에 문제가 생기는 것은 흔히 볼 수 있는 상황이다. 이는 심리학적으로 최면요법으로 들어가 전생의 경험을 토대로 분석되어지는 것이며 사실 뇌는 사실(선)과 거짓(악)을 구별하지 못한다. 우리의 경험과 감정만으로 그것을 구별하게 만드니 인간의 내면엔 누구나 조그만 빛이 스승으로 존재하는 것이 있다. 이 존재는 눈으로 확인되어지지 않아 양자역학은 수행자들의 이야기의 본뜻을 이해하지 못하고 그저 그들이 자신들이 깨달은 이성으로 갈수 있는 최고의 단계인 마음의 안식을 이야기한다. 그러나 중하여 다시 한 번 이야기 하지만 그것은 공략(수행자가 수행 중에 빠질 수 있는 큰 함정)이다. 참된 수행은 고행으로 만들어지는 것이니 게으르면 수행은 일찍이 접는 것이 좋을 것이다.

역의 기초는 태극에서 온다. 다음은 연해자평의 서문과 과학적인 이야기를 섞어 음양사상과 팔괘를 설명하고자 한다.

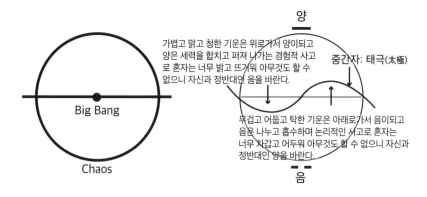

가볍고 맑고 청한 기운은 위로가서 양이되고 양은 세력을 합치고 퍼져 나가는 경험적 사고로 혼자는 너무 밝고 뜨거워 아무것도 할 수 없으니 자신과 정반대인 음을 바란다.

중간자: 태극(太極)

무겁고 어둡고 탁한 기운은 아래로가서 음이되고 음은 나누고 흡수하며 논리적인 사고로 혼자는 너무 차갑고 어두워 아무것도 할 수 없으니 자신과 정반대인 양을 바란다.

눈을 감고 어둠을 보면 온통 시커멓고 어두운 와중 오색의 빛이 왔다 갔다 하거나 빛이 반짝 거렸다 사라짐을 느낄 것이다. 이는 마치 TV 방송이 끝나고 "지지직" 거리는 대기화면처럼 보일 때도 있다. 그때 갑자기 머릿속에 사과를 그리면 흩어져 있던 빛들이 뭉쳐 하나의 그림을 만들기 시작하고 이를 재대로 느낀다면 생각하는 것이 아닌 그림이 그려지는 것임을 알 수 있다.

이처럼 태초는 빛과 어둠이 존재하지 않은 마치 구름 속의 회색빛처럼 빛들과 어둠이 공존하고 있었으며 이를 "혼돈(Chaos)"이라 명칭 해왔다. 구름 속 하나의 빛이 스파크를 일으켜 또 다른 빛과 연결되어 큰 번개를 만들듯 우주에서도 하나의 큰 폭발이 일어나니 이를 현대 과학인들은 "빅뱅(Big Bang)" 이라 부르고 그것을 통하여 두 가지가 분류되니 빛의 결정체인 "화이트 홀"과 어둠의결정체인 "블랙 홀" 이라 현대인들은 명명하나 역을 알면 빛은 흡수하는 성정이 아니고 배출함으로 "화이트 홀"이라 말하진 않을 것이다.

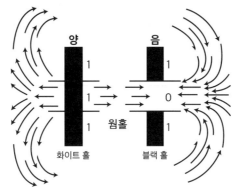

◐ 예부터 양은 天(하늘, 홀수) 음은 地(땅, 짝수)로 분류하였으
며 삼천양지(參天兩地) 또는 삼양이음(三陽二陰)이라 하였다.

고서의 3과 2가 동시에 나오면 음양을 설명하고 있음으로 알면 될 것이다.

어둠은 나누고 흡수하며 차고 어두운 성정으로 혼자 너무 어둡고 차가워서 아무것도 할 수 없음이니 자신과 반대인 양이 도와주길 바라며 빛은 합치고 뻗어 나가려 하며 따뜻하고 온통 밝은 성정이니 혼자 너무 밝고 뜨거워 아무것도 할 수 없음이니 자신과 반대인 음이 도와주길 바란다. 이는 마치 자석이 같은 극은 밀어내고 다른 극은 붙는 이치와 같이 서로가 서로를 바라며 움직이니 서로를 연결해줄 중간자가 생기며 이를 태극(太極)이라 부르고 음과 양은 이를 통하여 오행을 생하니 "태극은 흐름이요, 파동이요, 움직임이요, 음과 양을 연결하는 중간자요, 모티브이며 모든 오행의 모체이다."

즉 만물이 움직이는 가장 큰 요인은 필요성(need)이며 필요성으로 생기는 욕구가 만물의 변화를 만드는 것이다. 고로 양의 가장 큰 욕구는 채운 것을 비우는 것이며 음은 부족한 것을 채우는 것이니 이는 남자와 여자의 성적인 욕구로 보는 것도 하나의 역이겠으나 원소의 기본 작용으로 보는 것도 역을 하는 방법일 것이다.

음양의 이치는 어느 하나의 작용이 아닌 모든 살아있는 것의 기본패턴인 것이다. 역에선 만물의 변수를 (양책 216x32) + (음책 144x32)=11,520개로 표현하였으나 선학이 말하길 "만 가지의 법칙도 음양의 법칙 한가지로 꿰뚫어 볼 수 있어야 한다."고 말하였으니 가장 중요한 기본 패턴임을 알아야 할 것이다. 주역의 괘를 이루는 효사의 양효는 3이며, 음효는 2이고 이 수로 기본책수가 정해진다.

주역은 2진수가 아니라 음양의 변화의 도를 나타낸 학문이다.

2진수란 0과 1로 모든 수를 만드는 것이니 초등생도 그 이치를 알고 있으므로 일찍이 문왕팔괘의 수는 9수로 정해진 것이며 복희팔괘의 수는 10수로 정해진 것이다. 어머니 배속에선 구멍이 10개가 태어나면서 하나의 구멍이 막혀 9개가 된다는 말은 다 알 것이며 그 이치가 선천수의 수리가 10수이고 후천수의 수리가 9임을 다 알고 말하는 것이다. 주역의 이치는 음양이 있고 없음으로 변화하며 동하고 정함으로 생겨나는 것은 맞지만 그것이 2진수는 아닌 것이다. 주역은 무극인 0으로 부터 태극인 하나가 생하고 음효인 2가 생하고 양효인 3이 생하여 음효와 양효의 작용으로 변화하는 것이 주역이다.

익히 주역 괘사상전에 공자가 수를 풀어 설명하니 1천, 2지, 3천, 4지 -----9천, 10지가 양은 양, 음은 음끼리 가가합하여 천변지만화(11,520의 종류의 파동:가고 옴으로 생기는 변화) 한다고 설명하였다.

많은 선학들이 만 가지의 변화의 도를 모두 알면 점사가 필요 없으며 모든 변화는 음양으로 꿰뚫어 볼 수 있다 말하니 주역의 수는 펼치면 무한하고, 접어 모으면 하나가 되어 그것조차 없는 거와 같게 된다.

앞에서 말했듯이 일찍이 100년 전 닐스 보어란 과학자가 동양의 주역을 흠모하고 연구하여 양자물리학의 아버지 노릇을 할 때 태극마크가 새겨진 뺏지를 항상 가슴에 달고 연구하며 자신의 기사작위 문장에 태극마크까지 그려 넣고 연구하였다. 그 후 음양을 2진법적인 사고라 하여 컴퓨터가 나오고 2진법이 대두 되었다. 또한 음양의 교합작용처럼 원자의 교합의 작용을 보았으며 이러한 최소 원자와 미립자의 움직임이 주역에서 말하는 역의 이치와 같아 아직도 외국에서는 주역을 신의 학문이다 말하며 여러 논문을 펼치고 있다.

그런데 정작 우리는 '주역은 어려운 학문이다.' 라고 말하며 얼마 되지도 않는 분량의 주역책을 너무 신성시 하며 멀리하는 경향이 있는 듯하다. 주역에 삼천양지를 말하니 선학이 삼천양지, 삼양이음, 삼천이지라 수천 년을 전부터 내려온 이야기를 서양의 컴퓨터의 수리적인 법칙으로 주역은 2진수로 이루어 졌으며 이 것을 본 따서 컴퓨터를 만들었다 말하고 있다. 20년도 안된 이야기인 주역 2진수는 서양인의 입장에서 주역을 음양으로만 볼 때 말할 수 있는 것이지 태극기에 "건곤감리"를 그려 넣은 우리가 말할 것은 아니라 생각한다.

음양을 0과 1로 했을때 양효가 3번 만나면 건괘가 되는데 건괘의 사상수는 9 이다. 0과 1이 3번만나 9가 되어야 하는데, 그리고 다른 팔괘의 사상수도 6,7,8을 이진수로 3번만에 설명이 가능하진 않는다. 그러나 음효를 2, 양효를 3으로 했을 경우는 모든 설명이 간명하다.

음효(2수) 3개가 만나면 바로 곤괘 6이되며
음효(2수) 2개와 양효(3수) 1개가 만나면 7이 되며
음효(2수) 1개와 양효(3수) 2개가 만나면 8이 되며
양효(3수) 3개가 만나 건괘 9가 되는 것이다.

그러니 주역의 선천수는 10수에서 출발하여 2진수가 아닌 음양의 변화의 도라 말함이 옳다. 전자의 운동에서 전자가 잠시 사라졌다 나타나는 양자 도약이 있다. 인간은 윤회를 통하여 다시 태어난다고 한다. 인간이 사라졌다가 다시 나타난다고 해도 역은 나타났을 때의 삶 속의 과정에서 변화되는 이치를 볼 수 있다.

시초법은 주역의 잡풀인 시초를 말하며 역의 시초 수리를 공자가 설명한 것이기도 하다. 주역의 시초는 복희팔괘이며 그 수는 10가지가 작용한다. 열심히 공자가 주역의 10수의 작용을 설명하였는데 후학이 주역을 2가지 수만으로 작용한다 말하면 공자나 복희씨의 말을 모두 부정하는 것이다. 주역은 삼극의 도이며 사상팔괘의 작용을 본다.

십간의 생성은 복희팔괘 수순으로 태극의 필요성으로 음양이 교합하며 태극(씨앗) 오행이 생성되고 이 오행이 다시 음양으로 분류된다.

하나의 오행이 생기니 이는 큰 바다를 나타내는 壬水(1)이며,

두 번째 오행이 생겨나니 이는 화로불과 같은 작은 불인 丁火(2)이며,

세 번째 오행이 생겨나니 이는 수를 가득 머금은 거목인 甲木(3)이다.

木은 水가 火로 가고자 하는 중간자의 태극으로 생성된 것이니 그 성정이 水를 담고 밝음으로 가고자 하는 시작이라 말한다.

네 번째 오행이 생겨나니 이는 목보다 돌보다 더 딱딱한 보석이라 말하는 辛金(4)이며, 金은 火가 水로 가고자 하는 맘이니 그 행동은 火와 같고 그 추구함은 水처럼 냉정하며 똑똑하다.

다섯 번째 水火木金의 중간자의 성정이 태어나니 이를 戊土(5)라 부르며 이는 모든 오행을 내포하고 있으니 모든 오행을 剋 할수도 生 할수도 있는 존재가 되고 土를 포함한 대립은 沖이라 안하고 剋이라 말하며 沖이라 함은 水火가 만나거나 金木이 만날 때 정방향의 沖이라 한다.

여섯 번째 오행이 생겨나니 이는 壬水보다 작지만 더 차가우며 맑고 깨끗한 옹달샘이라 말하는 癸水(6)이다.

일곱 번째 오행이 생겨나니 이는 丁火보다 크고 더 강한 빛이기에 丁火와 달리 자신을 태워 빛을 발하는 태양의 성정인 丙火가 생겨난다. 丙火는 하늘 천신을 말하며 행운의 숫자인 7을 의미 한다.

여덟 번째 오행이 생겨나니 이는 甲木과 달리 연약하고 예민하며 이곳 저곳 잘 생겨나는 담쟁이 또는 난초를 말하는 乙木(8)이 생겨난다.

乙木이란 물상이 새와 담쟁이로 성정이 부드럽고 아름답게 보이려 하며 새침하게 삐침이 있듯이 생겨 질투심이 많다 하였나 보다.

아홉 번째 오행이 생겨나니 이는 辛金 보석과 달리 크고 무식 하지만 스케일 있는 바위를 나타내는 庚金(9) 이다.

열 번째 오행이 생겨나니 이는 마른 戊土와 달리 안에 水가 있어 좀더 지혜롭고 슬픔이 있는 습토인 己土(10 or 100)가 생겨난다.

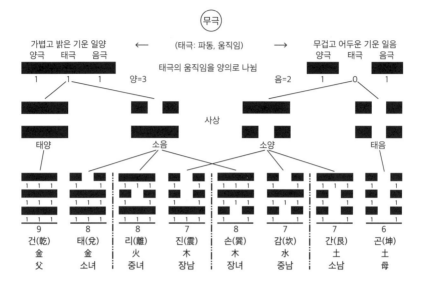

태극을 론함에 태초의 우주는 무극이라 삼극(中:양극과 음극을 가르는 태극)의 도가 없는 시기이니 모든 것은 태극으로 생로병사하여 주역에서 태극이란 있어도 없는 거와 같고 없어도 있는 거와 같은 존재이므로 중 또는 전(田:오행으로는 土를 말하며 토의 성정과 모양을 田이란 한글자로 설명한다.)으로 표현하였다.

즉 天地人중 인은 태극과 같아 천지의 입장에선 찰나이니 인간(天地)에게 하루살이(人)와 같은 존재이며 과거, 현재, 미래에서 현재가 태극이니 있지만 잡을 수도 느낄 수도 없는 찰나의 순간인지라 태극은 있어도 없는 거와 같다 말하는 것이다. 태극(변화의 욕구)으로 빅뱅이 만들어져 무겁고 탁하며 어두운 기운은 아래로 가서 음(--)이 되고 가볍고 밝고 뜨거운 기운은 위로 상승하여 양(—)이 되었다. 양극과 음극을 이어주는 태극, 이 모두를 삼극이라 한다.

후학이 혼동함에 바로 되새기니 우리나라 태극기의 태극이 없는 것이 아니라 중간에 양과 음의 작용을 나타낸 그 큰 동그라미 자체가 태극모양인 것이다. 양과 음을 모두 어우르기에 태(太)극인 것이다. 극이란 변화의 끝이며 변화의 시작이다. 양의(태극中)는 일양과 일음으로 나눠지니 일양은 삼극의 도를 모두 갖춘 것으로 인간으로 따지면 정신기를 모두 갖춘 남자의 성정이라. 일양은 태극(씨앗, 태동)을 갖고 있으니 움직임이 강하고 빠르며 가벼운 반면 일음은 움직임이 약하고 무겁다.

일양의 본성은 태극을 베풀고 비우고자 하지만 일음은 태극을 흡수하여 채우고자 한다. 즉 일양은 일음으로 변화하고 일음은 일양으로 변화를 추구한다. 양의는 다시 사상으로 분류가 된다. 태양은 모든 기운이 양하여 위를 차지하고 이에 반대인 태음은 모든 기운이 음하여 아래에 위치한다. 태음이 태양과 교합하고자 소양이 생기고 태양이 태음과 교합하고자 소음이 생기니 소음은 타고난 성정이 양하나 음을 추구하며 음처럼 움직이고 음처럼 생김이다. 소양은 타고난 성정이 음이나 양을 추구하며 양처럼 움직인다.

태양은 하늘에 위치하여 건괘를 이루고 태음은 땅 아래위치하여 곤괘를 이룬다. 건곤이 교합하고자 곤괘에서 감수괘가 생하여 어두운 물은 천지를 오가며 빛을 만드니 건괘를 추구함이고 건괘에서 리화괘가 생하여 흙을 생하여 곤괘를 추구한다. 수화가 상응하여 교합하고자 감수괘에서 진괘가 생하여 리화괘를 추구한다. 리화괘에서 태택괘가 생하여 감수괘를 추구한다. 하늘과 땅 사이에 수화진태가 교합하여 심부름꾼인 손풍괘가 생겨나고 수화뢰택풍이 조화를 이루어 교합된 간산괘가 생한다. 팔괘 모두가 필요함에 생겨나고 상반된 것들이 극제하며 교합한다. 극하면서 형충파해가 생겨나고 교합함이 생겨난다. 교합하면서 생하고 설기된다. 모두 추구하는 바가 있어 의를 새워 생겨나는 것으로 이를 상극의 도라 말한다. 상극의 도로 주역의 순서가 구성되니 반(도전괘)합(배합괘: 부도전괘로 도전괘가 없는 괘)괘가 짝을 이루면서 새로운 괘가 생겨나는 순서로 주역의 순서가 정해진다.

남자가 백인 곳에 여자가 하나라면 여자가 귀하니 능히 여왕으로 모신다. 반하여 여자가 백인 곳에 남자가 하나라면 남자가 귀하니 능히 왕으로 모신다.

소양괘에 음효가 많고, 소음괘에 양효가 많은 이유이다.

역에선 양효를 왕 또는 군자라 표현하고 5효를 왕의 자리라 말한다. 음효를 제후 또는 소인이나 백성이라 표현하니 이는 한치 앞만 보는 음의 성정과 먼 곳만을 바라보는 양의 성정으로 말함이다.

후학이 팔괘의 순서를 중요시 여기며 혼동하길 1건-2태-3리-4진-5손-6감-7간-8곤의 순서는 생수(生數)도 성수(成數)도 아닌 팔괘의 자리 순이며 선천수순이다.

주역의 수는 두 가지로 분류되며 양수는 홀수로 배수되며 음수는 짝수로 배수된다. 팔괘수는 선천수로 이미 하늘에서 정해진 수이다. 고로 1이 2가 되고, 2가 4가되며, 4는 8이 된다. 8은 16이 되며, 16은 32가 된다. 32는 64가 된다. 반하여 1은 3이 되고, 3은 9가 되며, 9는 27이 되고, 27은 81이 된다. 고로 정해진 수의 변화는 선천수의 변으로 알아보고 변화의 수나 위치(구궁수)는 9수로 변화하니 하늘에서 이미 정해진건 8, 8 여지(8로 나눈다)하고 변화를 보고자 하는 것은 9, 9 여지(9로 나눈다)한다. 후학이 많이 혼동하는 부분이니 알고 있기를 바란다. 다시 복희팔괘순과 문왕팔괘순에 혼동하니 한곳에 눈을 두고 다른 곳을 못 보는 것이니 간명히 보길 바란다. 간명히 있는 그대로를 보다보면 모두가 간명하게 되니 이는 음학 보다 양학이 앞서야하는 이유이다.

주역의 점사는 정해진 점사법이 없는 것이 정법이다. 그러나 공자는 역의 수를 설명하기 위하여 시초법을 설명하였으나 시초법은 역의 점법중의 하나일 뿐이다. 계사상전에 시초법의 수를 미리 설명하니 주의를 기울여 공부하길 바란다. 위에 이미 설명하였듯이 양책은 216이며 음책은 144 계사전에 공자가 역설함은 시초법을 근거한다. 이를 다시 64괘의 반인 32로 곱하여 더하니 11,520개가 되어 이를 만물의 종수이다 말한다. 만물의 종수는 이것보다 많으니 변화의 수로 알면 된다.

노양수는 9×4 (4계/4상)=36 시초법 점사시 13수가 나오면
49-13=36이다. 36×6(6효) = 216×32(64괘/2) = 6,912

노음수는 6×4 (4계/4상)=24 시초법 점사시 25수가 나오면

49-25=24이다. 24×6(6효) = 144×32(64괘/2) = 4,608

두 수를 합하여 6912 + 4608 = 11,520 수이다.

소양수는 7×4 (4계/4상)=28 시초법 점사시 21수가 나오면

49-21=28이다. 28×6(6효) = 168×32(64괘/2) = 5,376

소음수는 8×4 (4계/4상)=32 시초법 점사시 17수가 나오면

49-17=32이다. 32×6(6효) = 192×32(64괘/2) = 6,144

두 수를 합하여 5,376 + 6,144 = 11,520 수이다.

노음과 노양수를 뽑아 더하면 360의 책수가 나오는데 어찌 386(주역의 효사의 수)이 되지 않느냐는 사정괘(건, 곤, 감, 리:태극괘)의 4가지 괘가 26효변(건괘, 곤괘는 각 1개의 변효가 더 있음)을 제외한 수가 360이다. 역에선 이를 용(用)을 감춘 수라 말하며 이를 1년으로 잡은 것이니 그 원리를 알기 바란다.

과거 후학이 소강절 선생에게 묻기를 어찌하여 양수는 넘치고 음수는 부족한 것이냐 물으니 소강절 선생은 다음과 같이 말하였다.

"지축이 북서로 기울어져 양은 넘치고 음은 모자란 것이다."라 하였으니 소강절 선생은 그 시대 수천년전 요순임금의 지혜를 감탄하였다면 수천년이 지난 지금 우리는 소강절선생의 지혜에 감탄하지 않을 수 없을 것이다. 또한 현대의 지질학에서 우주의 1년을 지질층으로 구분하여 연구한 결과 13만년이라 정의하였으나 일찍이 소강절 선생은 일년의 수에서 우주의 1년의 나이를 추출하였으니 그 수는 129,600년이다. 쉽게 정의하면 1년은 12월이고 12월은 360일이며 1월은 30일이 된다. 하루는 12시간(옛날에는 12지시로 분류하였음)이다. 즉 1년 360일×12=4,320시간이며 4,320시간×30=129,600이다.

소강절의 수명 수리법은 선천법으로 12와 30을 번갈아가며 곱해가는 것이다. 또한 시초법에서 50을 쓰는 이유는 64괘의 윤년(閏年)의 책(策)의 수이기 때문이다.

만물은 음양으로 분류되지 않는 것이 없으니 살아있는 모든 것은 음파와 양파로 작용하여 상(象)을 만든다. 움직임이 강한 양을 음이 잡아두어 움직임을 조절하고 움직임을 만들기 어려운 음이 양의 도움으로 움직인다. 태극(원인, 형이상)으로 음양이 교합하여 실직적(결과, 형상)인 태극을 만드니 음양의 상의(象意)는 아래와 같다.

양(─) : 외실 – 태극을 펼쳐낸다. 동하고 강하다.

빛처럼 밝고 따뜻하며 뜨겁다. 빛은 합치고 뻗어 나가려 하며 따뜻하고 온통 밝은 성정이니 혼자 너무 밝고 뜨거워 아무것도 할 수 없어 자신과 반대인 음이 도와주길 바란다. 경험적 사고로 고지식하게 우격다짐의 성격이 강해진다. 이는 태양(日)이며 남자이고 빛처럼 흩어져 세력을 퍼트리는 성정이다. 양은 손바닥에 손등처럼 바깥으로 피는 성정이며 팔꿈치와 팔처럼 볼록 튀어나오는 성정이다. 모든 것을 합치고 쟁취하려 하며 강한 활동을 의미하니 양이 강하면 활동이 강하고 활동이 강하면 횡액수를 만들며 사고를 불러들이는 경향이 있다. 양은 정신계요, 천신계니 물질보단 정신적 세계에 깊은 관심을 보이는 성향이며 양은 깊은 사고보단 반짝이는 아이디어와 창의성을 의미한다.

음(--) : 내실 – 태극을 받아 길러낸다. 정하고 유하다.

여성스러운 음은 어둠이며 나누고 흡수한다. 차고 어두운 성정으로 혼자 너무 어둡고 차가워서 아무것도 할 수 없음이니 자신과 반대인 양이 도와주길 바란다. 논리적 사고로 약간 깐깐하며 소심하고 조심스럽다. 어두운 것을 찾고 음이 강하면 비애스럽다. 물질적이며 현실적이고 논리적이다. 모든 것을 흡수하여 나누고 분리하며 해석한다. 손바닥처럼 모든 것을 끌어 들이고 안으로 파이는 성정이다. 음은 물질계요, 지신계니 이상의 추구보단 현실적 물질적, 논리적인 면에 관심을 보이는 성향이며, 깊은 사고를 할 수 있는 능력을 갖고 있다.

효사는 크게 4가지로 이루어지며 비효(바로 옆에 있는 효)와 응효(소성괘를 겹치어 비교한 효이며 1효의 응효는 4효, 2효의 응효는 5효, 3효의 응효는 6효이다. 육효의 체는 세를 보고 말한다.) 주역에선 체는 내괘를 기본으로 보며 부동괘를 체로본다. 용은 외괘를 기본으로 보며 변효가 있는 괘를 용(用)으로 본다. 대성괘에서 변효가 많으면 만은 쪽이 용이되며, 변괘가 3이상 일때는 변괘(지괘)에 동함이 적은 것을 체로 본다. 변화가 많으면 이미 변화를 이룬 것으로 보는 것이다. 그 외는 본괘가 체이며 변괘가 용이다. 소성괘 역시 효사의 기초에 준하고 대성괘역시 이에 준한다. 다음 순으로 길하다 말하니 익혀두길 바란다. 가장 길하다 말하는 것이 소음이며 그 다음이 소양이며 그 다음은 태양이며 그 다음이 태음이라 말한다. 음양에선 양이 길하며 음이 흉하다 말한다. 즉 단시점으로 양은 길하여 성취하고, 음은 흉하여 실패한다는 단시점을 칠 수 있다.

소음	소양	태양	태음
양변음의 과정	음변양의 과정	양양 대립 과정	음음 사멸 과정
최상의 조건	중상의 조건	중하의 조건	최하의 조건

음양이 교합함이 첫째이며, 음양이 교합하지 못함이 둘째이다.
소음은 밥그릇(강함) 위에 밥(유함)이라 최상이며 외유내강하다.
소양은 밥(유함) 위에 밥그릇(강함)이라 중상이며 외강내유하다.
태양은 서로 강하니 대립하여 싸움으로 빼앗으며 외강내강하다.
태음은 서로 약하니 대립하여 죽임으로 빼앗으며 외유내유하다.
실리는 모두 태극(중앙)에 있으며 태극이 없는 태음은 중부가 없어서 죽여야 하나를 버리고 하나를 빼앗는 것이다.

사상점에 소음은 매우 길하며 소양은 힘들지만 길하다. 태양은 도움을 받으면 길하나 도움이 없으면 싸움만 잃어나고 흉하다 말한다. 태음은 흉하여 어려움이 있다고 말한다.

소성괘의 만남도 위의 효사의 사상처럼 내괘가 양이고 외괘가 음이면 매우 길하고 내괘(하괘)가 음이고 외괘(상괘)가 양이면 어렵지만 길하고, 내괘와 외괘가 양효이면 모두 채웠기에 자신이 잘났다 하여 세력싸움이 생기나 음효가 하나 생기면 매우 길한 효사가 된다. 이는 마치 개미와 꿀벌의 수장이 여왕개미와 여왕벌로 음은 양을 다스림에 길하다. 마지막으로 가장 안 좋은 음과 음의 만남은 모두가 부족한 수이기에 어느 하나가 죽지 않으면 채울 수 없는 원자의 작용과 같다고 생각하면 된다. 이 효사에 양효 하나가 끼어도 만족을 모르는 음은 모사가 생기니 끝내는 흉하다 말한다.

흔히 팔괘 중 건곤은 시작과 끝의 수라 제외하고 가장 안 좋은 괘를 감수괘(함정괘)라 부르며 그 다음을 간산괘(멈춤괘) 그 다음은 태택괘(풍족괘: 절단함: 소인의 도) 그 다음은 진뢰괘(진출괘: 연결함: 대인의 도)를 순위로 두게 되는 이유도 이 작용이 숨어 있다. 감수괘는 음효에서 나온 음수(6감수)이며 간산괘는 음수에서 나온 끝수이다. 소인의 도는 소음괘(임금이 둘에 백성하나)이며 대인의 도는 소양괘(임금 하나에 백성이 둘)를 말한다.

진목괘와 태택괘는 팔괘수로 4수와 2수의 음수이다. 흔히 주역은 4대 난괘를 택수곤(澤水困), 수뢰둔(水雷屯), 감위수(坎爲水), 수산건(水山蹇)을 말하는 이유도 이곳에서 출발한다.

이렇다 하더라도 역에선 상황에 따라 변화하는 것이 역이라 말하여 실리를 추구하는데 음과 음이 길하고 명예를 추구하는 길에는 양과 양이 길하다 말한다. 즉 싸워야 할 때나 먼 미래의 결과는 양과 양이 만나 같이 추구하면 길하고 가까운 실리와 이익을 위해선 음효가 나올 수 있는 때도 있으니 상황에 따라 변화함에 더욱 난해할 수 있는 것이 역이 된다. 그럴 땐 어려워하지 말고 간명히 보길 바란다.

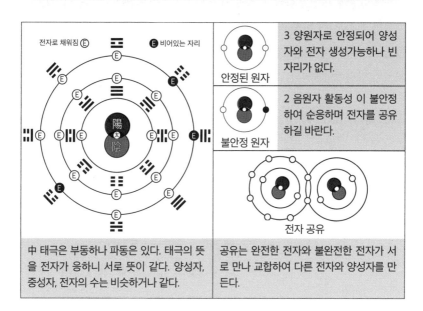

中 태극은 부동하나 파동은 있다. 태극의 뜻을 전자가 응하니 서로 뜻이 같다. 양성자, 중성자, 전자의 수는 비슷하거나 같다.	공유는 완전한 전자와 불완전한 전자가 서로 만나 교합하여 다른 전자와 양성자를 만든다.

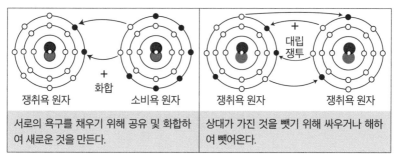

서로의 욕구를 채우기 위해 공유 및 화합하여 새로운 것을 만든다.	상대가 가진 것을 뺏기 위해 싸우거나 해하여 뺏어온다.

　원자의 작용도 사상의 작용과 같으며 전자가 자리하여 도는 길을 원주기라 하는데 첫 번 원주는 전자의 자리가 2개이나 두 번째, 세 번째　원주엔 전자의 자리가 8개이다. 4~6번째 주엔 전자의 자리가 18개이며 7~9번째 주엔 전자의 자리가 32개이다.

　원소 주기율표를 보면 쉽게 이해가 가며 저자가 초급 때 왜 무거운 수가 먼저 생했을까 고민했는데 해답을 여기서 찾을 수 있었다. 즉 H(음)가 He(양) 보다 불안정 함으로 무겁고 형상학적으로 되는 것이다.

인간의 몸에는 60조에서 100조개 가량의 세포가 있으며 그 세포 하나의 속에는 100조개 가량의 원자가 존재하니 과학의 발전은 참으로 놀랍다. 그러나 지금의 과학은 더 이상 분해되지 않을 것 같았던 원자의 원자핵조차 분열됨을 알았으니 역에서 말하는 음하면 그 끝이 없다 한다. 즉 나누고 나누면 끝을 모르니 양하여야 한다는 것이다.

역외별전 선천 64괘직도 (易外別傳 先天 六十四卦直圖) [2]

위의 64괘도는 계절을 이해하고 선천의 움직임을 이해하는데 도움이 될 것이라 생각해서 올렸다. 잘 보면 색채의 변화와 원자의 변화에도 비슷한 연관성이 있는 그림으로 같이 깊이 연구하고자 한다.

---

2) 박주병, 2002년, [주역반정], 서문당

1) 태음인(太陰人)

수형(水形) : 마음이 아래에 위치하며 기운이 아래로 움직이려한다.

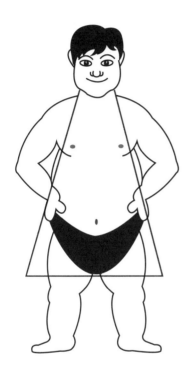

태음인 : 몸에 체질이 수분기가 많아 몸이 차갑고 추위를 잘 견디며 많은 수분기로 땀을 많이 흘린다. 태음인은 음을 타고 태어난 사람이다. 고로 감성보단 이성이 발달하여 어렸을 때 천재성을 보인다. 음은 흡수의 성정(金水:관인)이므로 암기력과 사고력이 뛰어나다. 주로 비만의 유형으로 남자가 태음인 경우는 의외로 정력적이며 논리적이고 사업성과 두뇌회전이 빠른 것이 장점이다. 어깨에 비하여 하체에 무게가 많이 나간다.

천하태평인 성격으로 자신이 원하지 않는 일이나 이익이 없는 일에는 절대 움직이지 않아 게으르게 보일 수 있으나 사실 이익이 있는 일에는 누구보다 뛰어난 재능을 발휘한다. 사업성이 뛰어나며 두뇌회전이 빠르고 암기력이 좋다. 보이지 않는 이기적인 모습이 있어 손해 보는 일을 잘 안하며 물질적이고 현실적이며 타인의 이익보단 자신의 이익을 최우선으로 한다. 겁이 없고 술을 잘 마시며 사회성이 좋다. 남 밑에 있는 것보다 남위에 일해야 하며 운이 흉하면 안하무인의 건달이 될 경우도 있다. 운이 吉하면 머리가 좋아 아이디어 사업(해산업, 무역업)이나 엔지니어로 성공하는 경우가 많다. 더위를 잘 타고 땀을 많이 흘린다하여 양이 강한 것이 아니다. 냉장고에 뜨거운 물과 차가운 물을 동시에 넣어 빨리 어는 것은 뜨거운 물이다. 추운 곳에 곰(태음)이 살고 더운 곳에 고릴라(태양)가 사는 이유도 이 이치이다.

2). 소음인(少陰人)

금형(金形) : 마음이 중하에 위치하며 기운이 팔방으로 움직인다.

金은 火에서 水로가고자 생긴 움직임으로 아래로 움직이고자 한다.

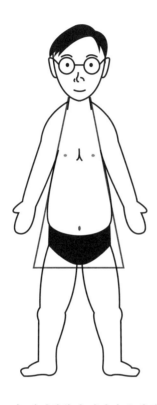

소음인 : 머리와 얼굴이 작은 역삼각형에 체형은 어깨가 좁고 하체가 발달되었으며 예전엔 키가 작은이가 많았으나 갈수록 키 큰 소음인이 많아지는 추세이다. 상체는 미약하고 하체는 튼실하며 머리가 크고 턱 선이 가늘며 전형적인 내향형으로 소심하고 위험한 것 자체를 안 하는 무사 안일주의에 성격이다. 감성보단 이성이 발달되어 청년 이후 뛰어난 머리를 활용한다. 금속이나 반도체 공학도가 많고 연구직이나 특별한 기술력을 갖는다.

장사는 다 만들어 나오는 프렌차이즈가 적당하며 정적이고 체계화된 직업을 갖는 것이 좋으며 두뇌 활용력은 타고난 유형이다. 의지성향이 강하며 순발력과 실행력이 약하여 자기사업보단 직장이나 관직에 직업을 두는 것이 좋다. 소음인은 金氣이므로 木을 剋하니 이에 해당하는 간, 담이 약하여 초년부터 안경을 쓰는 경우가 많다. 또한 金은 水를 生하니 水(智)는 火를 극하여 심장 또한 약하게 태어난다. 양기가 쇠하여 머리카락에 힘이 없고 이마가 넓은 것이 특징이다.

소음인이 火기가 강해지면 이마는 더욱 넓어지니 대머리가 될 수도 있다. 즉 金일간이 화가 강하여도 같은 작용이 일어난다. 火일간이 화금 상전하여도 그렇다.

3). 소양인(少陽人)

목형(木形) : 마음이 중상에 위치하며 기운이 팔방으로 움직인다.

목은 水에서 火로가고자 생긴 움직임으로 위로 움직이고자 한다.

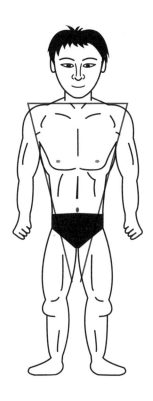

소양인 : 얼굴이 갸름하고 잘생긴 외모와 신체에 군살이 없는 것이 특징이며 쉽게 살이 찌지 않는 체질이다. 약간 역삼각형의 상체와 하체가 비등하게 발달되고 머리카락에 적당한 힘이 들어가 있는 체질이다. 초기 영양발육이 좋으면 운동선수나 예능계로 진출할 경우가 많으며 활동성이 매우 강한 유형으로 운이 흉하면 몸으로 고생하는 유형이다. 운동은 지구력과 유연성을 활용하는 운동이 좋게 작용하고 학문분야는 예체능계가 좋다.

관리가 잘되면 이상적인 몸매를 만들 수 있는 유형이기도 하며 체형 중 가장 많은 유형에 속한다.

木의 성정을 타고났으니 가정에 충실하며 어질고 인자하며 굳은 의지력을 소유하였다. 관직과 명예는 서북이요, 재물은 남쪽과 중심부에 있다. 木旺하니 비위가 약하나 간은 튼튼하여 술을 즐기겠고, 火生 하니 金을 剋하여 말년 대장에 병증을 조심해야 한다. 탁구나 골프 등 감각 활용하는 운동하면 吉하다.

4) 태양인(太陽人)

화형(火形) : 마음이 상에 위치하며 기운이 위로 움직인다.

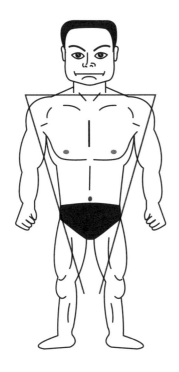

태양인 : 머리카락에 무스를 바르지 않으면 한없이 위로 뻗치는 화기를 갖고 태어난 유형으로 화기가 극강하면 머리는 곱슬이 된다. 광명을 갖은 부처의 머리카락이 이리하여 변한 것이며, 화가 강한 지역의 흑인의 머리카락이 그러하다. 머리가 작고(위로 돌출됨) 턱이 크며 역삼각형의 체형에 얼굴 턱뼈가 각지고 근골이 잘 발달된 유형이다. 사주에 관성이나 금(金)이 강하여도 턱뼈가 발달하게 되고 이는 근력과 끈기의 모습을 나타내기에 지구력이 강한 특성이 있다. 희생정신이 강하고 정의를 위해서 자신을 내던지는 유형으로 예절이 바르고 속정이 많은 것이 특징이다.

군인이나 관리직에 적당하고 단체에 리더쉽이 강하고 순발력과 창의성이 강하다. 외향적이며 활동적이고 미래지향적이다. 사치성이 강하며 기분파의 성정으로 내실보단 명예를 중시하고 겉으로 보여진 명예를 중요시한다. 즉 나보다 타인을 우선하지만 실속이 없는 유형으로 군인이나 경찰 또는 봉사직과 예술계, 인테리어, 건축업에 적합하다. 여름인 火의 성정으로 생각보단 말이요, 말보단 행동으로 표현하는 성격이며 태음인이 이성적 깡패라면 태양인은 감성적 깡패이다. 한없이 움직이는 성격이기에 일찍 고향을 떠나 사는 경우가 많다. 다른 유형에 비해 횡액이 많으나 웬만한 큰 사고 아니면 몸을 다치지 않는 유형이다. 수액을 조심해야 하는 유형으로 火가 旺하니 대장과 혈압계에 병증이며 土生하여 水剋하니 신장과 생식기의 병이된다. 관록(官祿)은 북쪽이요, 재복(財福)은 서쪽에 있다.

일반적으로 피부가 검은 흑인이 태양의 성정이요, 피부가 하얀 백인이 태음의 성정이다. 후학의 눈이 오류를 범하는 경우가 많아 설명하길 속에 본기가 양하면 피부를 태우고 본기가 음하면 오히려 피부가 하얗게 된다. 물이 그러하니 피부가 검은 이는 감정에 치우쳐 살고, 피부가 하얀 이는 이성에 치우쳐 산다.

고로 태음인은 살을 썩히며 모든 기운을 아래로 움직이니 설사가 생기고, 태양인은 살을 태우며 모든 기운이 위로 움직이니 변비가 생긴다. 태음인에겐 약인 것이 태양인에겐 독과 같고, 태양인에게 약인 것이 태음인에겐 독과 같다. 태양인은 몸에서 기름을 만들고 태음인은 몸에서 수분을 만든다. 태양인에게 고기는 독이며 태음인에겐 약이다.

소양인과 태양인은 화가 치열하여 운동을 좋아하고 모험심이 강하다. 이상을 추구함으로 현실과 동떨어진 행동을 하는 경우가 많으며 화가 강하여 화는 체이고 원하는 바는 금이 되어 金 활용을 잘하나 나중에는 화가 치열하는 상기병이 생겨 소양인은 패와 대장의 병이 태양인은 일찍이 머리에 병이 생길 수 있으니 주의해야 한다. 화기가 강하여 상기하여 머리를 태우는 것을 주화가 입마되었다 말한다. 마음을 다스리는 수행자에게 많이 생기는 모습이지만 일상에서도 화기가 강한 어린아이에게 일찍이 머리가 먹통이 되어 이성이 사라지고 감성만이 존재하는 아이가 이에 속하는데 감성은 시공을 초월하니 또 다른 천재성을 보이기도 한다. 즉 무언가 계산하거나 답을 낼 때 시간을 초월하여 이미 답을 내는 경우가 이 경우에 속한다.

곰과 고양이는 벌의 독(양독)에 강하나 고릴라와 개는 그러하지 못하는 이유도 이러한 이유이다. 위의 내용은 역학적인 관점에서의 사상으로 한의학과 다를 수 있으며 상법 또한 마의상법과 달리 주역 상법은 조금 달리 쉽게 본다. 잠시 주역의 상법을 설명하고자 한다.

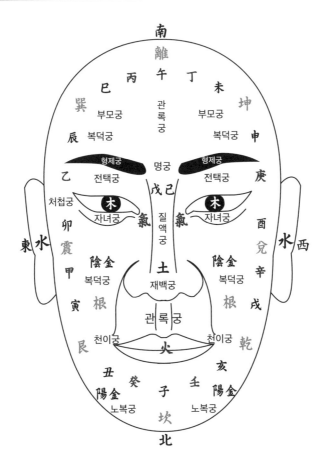

역에서 사상과 달리 土는 중앙으로 없는 것이 아니라 중(中)으로 표현하니 곧 사상도 오행인 것이다. 오행에서 토의 작용이 그러하듯 태극은 모든 것을 조절하고 모든 것의 기운을 동시에 갖을 수 있으나 모든 것에 막히는 중앙임을 알아야 한다. 그리하여 신살에 土가 많이 걸리는 것이니 역의 이치는 이유 없는 것이 없다. 역에선 앞에 개미가 기어가더라도 그 이유가 있다하여 조짐을 통한 변화를 중요시 여긴다.

주역의 상법은 어느 한 부분에 음양이 동시에 존재해야 살아있다 말한다. 즉 팔방이 있으면 구궁이 있어야 한다고 생각하면 된다. 즉 천지(양음)의 기운이 동시에 존재해 살아 있는 것이며 눈동자가 검은 것은 음이며 흰자는 양으로 살아 움직이게 되며 입 구멍은 음, 구멍 속에 혀가 양, 입술이 빨간 것도 양이 되어 살아있다 말하는 것이고 코 역시 구멍은 음이고 콧등과 볼로 튀어 나와 양이 되는 것이다. 역에선 안으로 숨을수록 음하며 밖으로 나올수록 양하다. 또한 위로 갈수록 양하며 아래로 향할수록 음하다. 작을수록 음하며 클수록 양하고 검을수록 음하며 붉게 빛나면 양하다. 신체가 튀어나오면 양하고 구멍으로 들어가면 음하다. 입이 튀어 나온 이는 여름 생과 가을 생이 많으며 사주에 화가 강하며 특히 화금이 상전하면 입이 튀어나와 패에 화기가 강해지니 화병이 없는 이가 없음으로 화병을 조심해야 한다. 특히 뜨거운 지방에 사는 흑인이 입술이 두껍고 입이 튀어나온 형상이니 화가 강하여 패에 열이 차면 심패운동으로 패의 열기를 빼줘야 오래 살 수 있다. 반면 입이 들어간 이는 겨울과 봄 생이 많으며 입술이 가늘고 턱이나 관골보다 안으로 들어간 유형이다. 즉 사주에 수가 강하여도 그러하며 사주에 수가 강하면 눈 꼬리(水生木)가 올라가고 이마가 좁으며 입술이 작은 것이 특징이다. 화가 경금을 강하게 치면 양 턱 끝이 발달하며 금극목하면 주걱턱이 될 경우가 있으며 신금을 치면 관골이 돌출하여 턱이 들어가는 단명상이 될 수 있다. 추운지방의 사람은 입으로 호흡하면 불길하니 입을 감추어야 하고 들어가는 것이 당연한 이치이다. 金일간이나 金이 강하면 金剋木하니 눈 고리는 내려가고 火가 즐거우면 입 고리는 올라간다. 水가 강하면 귀하여 귀가 크고 火가 강하고 水가 약하면 귀가 작다. 얼굴의 홍조는 목화의 기운이며 하얀 얼굴은 수목의 기운이다. 화금이 상전하면 얼굴은 검게 변하며 이는 피부가 金이기 때문이다. 木은 체는 水이며 용은 火이기에 생긴 것은 水이고 뿌리는 땅에 박혀서 하늘로 향한다. 고로 천성과 생긴 모습은 水이나 행하는 바와 원하는 바는 火인 것이다. 반면 金의 체는 火이고 용은 水이니 천성이나 생긴 것은 화이며 원하는 바는 水이다. 바위 많은 산에 물이 생하여 나오는 것도 음양오행의 이치이다. 그러나 역이라 극강하여 종한 이는 그 생김이 반대로 변하니 金이 강하여 종하면 木의 성정과 모습으로 木의 극강하여 종하면 金의 성정과 모습으로 水의 극강하여 종하면 火의 모습을 火가 극강하여 종하면 水의 특성을 가지게 된다. 지극하면 변화하는 것이 이치이니 혼동하지 않기를 바랄 뿐이다.

15. 점사란 무엇을 말함인가?

공자의 진심이 주역서에 담겨 있으니 그는 주역이 단순한 점술책으로 여겨지길 원하지 않았다. 그리하여 만물의 변화를 담은 책을 값싸게 보이고 싶지 않은 마음은 저자도 그러하다. 역에 익숙해지면 어느 한순간의 흐름이나 현상이 주역의 한순간과 동시성이 있어 괘상을 이미알고 주역의 흐름대로 흐를 것을 알게 되는 것이다.

어린아이가 태어나면 마음의 빛이 이성의 빛보다 크다. 마음의 빛이 큰 아이는 몸이 다치는 것보단 마음이 다치는 것을 무섭고 두려워한다. 자라면서 이성의 빛이 마음의 빛과 대등하게 될 때 아이의 내면에선 태극이 일어난다. 내면에서 이성과 감성이 극합하니 이를 사춘기라 말한다. 타고나길 빛이 강하게 타고나는 아이가 있으니 그런 아이는 생각 없이 계산 없이 답을 아는 능력을 타고 태어난다. 이는 이미 마음속에 자신이 알고 싶어 하는 답이 있기 때문에 가능하다. 마음속에는 좁쌀만 한 빛이 있으며 그 빛 속에는 영겁의 세월 동안 쌓아온 지혜가 영상과 파동으로 저장되어 있다. 역을 공부하다보면 자연스레 알게 되는 것이 있으니 자신의 운명은 손바닥과 얼굴에 이미 그려놓고 산다고 말을 한다. 즉 자신의 과거와 현재, 미래를 스스로 그려놓고 사는 것이다. 이것을 도학에선 좁쌀이라 말하며 허물이 없는 정(精:쌀을 깨끗이 한 글자)으로 표현하며, 불가에선 살아서 나를 끌고 다니고, 죽어서도 날 끌고 다니는 소(牛)에 비교하여 숨어있는 소를 찾는 수행의 과정을 자세히 그림으로 표현한 것이 있으니 이를 심우도라 한다.

이성은 시공의 제한을 받지만 이 우직하기 그지없는 소는 시공을 초월한다. 역에 이르길 하늘의 그물은 어긋남이 없다 말하니 그대가 무엇을 하든 그대 안에 있는 이 소는 선악과 상관없이 있는 그대로를 기억한다. 이미 모든 이의 마음속에 크나큰 스승이 있으니 점사를 치는 것은 스승의 대답을 듣고자 함이다. 스스로는 만사와 통할 수 없으나 그 스승은 만사와 통하는바가 있으니 도구는 무엇이 되어도 상관없다. 이성이 아닌 진실한 마음이 답을 주니 점사를 치는 도구가 쌀이나 죽대나 방울이나 칼이나 옻, 매화나무나 조개껍질,

엘로드(수맥을 찾는 도구), 팬듈럼, 타로카드, 엽전 등 이는 모두 마음을 깨우고 연결시키는 도구에 불과하다. 다만 마음을 깨우고 동하게 하는 것을 잘하는 도구는 쇠(金) 소리만한 것이 없다 말하니 쇳소리를 신을 동하게 하는 소리라 말한다. 이는 파동이 가장 강하기 때문이다.

고로 점사란 하나의 도구를 통하여 하늘의 소리를 내 마음에 비추어 보기 위함이다. 진심이 아니라면 점사역시 진심이 아니게 된다.

감성이 발달하면 조짐에 민감해진다. 매사 천지에 길흉이 있을시 조짐이 생기니 마음이 이성에 묶여있지 않다면 능히 조짐을 느껴 길흉을 판단할 수 있을 것이다. 변화의 도를 알고 조짐을 파악하여 더 이상 점을 치지 않는다면 당신은 알파고가 아니며 이것을 심역이라 말하니 세인이 심역을 하기란 불가능하여 성현이 깨달은 바를 쉽게 볼 수 있도록 만든 것이 역이다. 알파고처럼 자신이 알고 있는 것을 다라고 생각하는 이가 점을 쳐도 정성으로 임하면 하늘은 답을 하게 되어있다.
역에서는 신은 덕을 행하고 인간은 정을 행한다 하였으니 역점은 신명에 도달하는 방법인 것이다. 이 세계는 보이는 기운과 보이지 않는 기운이 동시에 존재하는 세상일 뿐이다. 역서는 신묘한 책이라 보는 사람의 눈높이에 맞춰 보여주니 역을 공부한 스승은 점사의 방법이 모두 달라질 수 있으니 그것을 맞다 틀리다 말하지 않기를 바란다. 즉 점치는 방법이 중요한 것이 아니라 그 점치는 마음이 중요한 것이다. 중하여 후학에게 다시 말하니 점사는 진심을 비추는 것이고 점사자가 진심이 아니면 점사도 진심이 될 수 없다.

점사를 치지 않고 주역의 신묘함을 이야기 한다면 지혜가 아닌 지식에 불과하다. 인간이 정을 행하여 마음에 빌면 하늘은 필히 대답해야 하는 것이 역의 이치이다. 묻지 않아도 신이 이야기 하는 것을 조짐이라 한다. 소강절 선생이 말하기를 묻지 않고 동하지 않으면 점하지 말라 하였으니 시도 때도 없이 장난으로 점사하지 말기를 바란다. 다시 중하여 말하니 역에는 정해진 점사법이 없다. 시초법은 공자가 수리를 설명하기 위해 넣은 점사법일 뿐이다.

16. 중용中庸의 변인 귀혼과 유혼

64괘중엔 귀혼괘와 유혼괘가 있으니 이는 소성괘와 소성괘의 중간인 2효와 5효의 유변과 무변으로 구성된다. 즉 상괘와 하괘를 접하여 관찰한바 1효와 이에 응하는 4효를 보고, 2효와 5효를 보고, 3효와 6효를 관찰하여 1,3효가 4,6효와 다르고 2,5효가 동일하면(무변) 유혼괘라 혼은 살아있다 해서 큰 변화는 있으나 흉하진 않다 말한다. 이에 반하여 1,3효와 4,6효가 같고(무변), 2,5효가 다르면(유변) 귀혼괘라하여 괜찮은 듯 크게 변화는 없지만 혼이 사라지는 것이니 크게 흉하여 움직이는 것을 꺼리게 되는 것이다. 원래의 주역은 육효의 변화를 점치는 것이지만 그 이전은 음양의 변화로 점치며 그 다음은 팔괘의 변화로 점을 치며 그 다음은 대성괘의 변화로 점을 치는 것이다. 즉 효사의 변화는 미세한 작용이며 대성괘의 작용은 큰 변화인 과거의 상황(본괘)이 현재의 작용(효사)으로 미래로의 변화(변괘)를 말하고 있는 것이다. 주역에선 육효 중에 2효와 5효는 중정으로 지켜야 길하며 상처를 받지 않아야 한다. 대성괘의 중부는 3효와 4효이니 풍택(☴☱)이 만나면 왜 중부(䷼)괘가 되는지 그 이유가 여기에 있는 것이다. 강함이 유함을 지키는 것이니 "믿음직하다."말하는 것이다.

17. 시초법과 적천법 이란?

시초법엔 주역의 수리와 질서가 담겨있다. 과거 귀곡자라는 선학이 말하길 "군자는 시초하고 소인은 적천한다." 했다. 시초는 효사를 뽑음에 정성이 있음이며 적천은 간명히 효사를 뽑고자 함이다. 군자란 지위가 있어 왕과 친견이 가능한 자라 예부터 말했으니 진실된 답을 얻고자 한다면 시초할 것이나 쉽고 빠르게 답을 얻으려면 적천하는 것도 괜찮은 방법이다. 다시 말하지만 점사는 마음이 우선한다.

1) 시초법(著草法) (1회(3변) x 6회 = 18변)

시초(쑥대처럼 생긴 국화과 다년생물)법은 주역의 계사전 상편에 나와 있는 내용으로 후학이 대수롭지 않게 생각하여 연구한 바가 없을 것이다. 그러나 선학의 글은 어느 하나 버릴 것 없으니 이 점사법에 역의 "변화의 도"가 있으니 관심을 두어 공부하길 바란다. 우선 점사를 하기 전 시초 50개 또는 대나무 가지 50개를 만들어야 하니 이 수는 팔괘가 만들어낸 태극(변화, 씨앗, 결과)의 수이며 윤달의 수(음양의 변화로 생기는 수)라 한다. 즉 팔괘 중앙의 5, 10을 말하니 역학을 공부하다 보면 가장 어려운 변화의 수이다.

■ 서죽 50개로 시작한다. 〈1회 -1변〉

대연(大衍): 완성수

50-1

1. 50개 중 1개를 빼 놓는다.

※ 처음 시작할 때 무극(1개)는 빼놓는 것은 끝날 때까지 1번만 한다.

대연수(크게 오고 감에 생기는 완성수)50가지 변화 중(中) 중(重)하여 어느 것에도 흔들리지 않는 무변, 무극인 1개를 한쪽에 뽑아 책상 한자리에 고정해 놓는다. 게으른 자는 심역에 다다를 수 없으니 무극이 없는 것이 아님을 명심해야 한다.

(좌)25개

(우)24개

2. 49개를 임의로 양의를 오른손(양)과 왼손(음)으로 반을 나눈다.

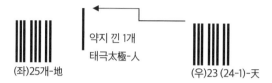

약지 낀 1개
태극太極-人

(좌)25개-地

(우)23 (24-1)-天

3. 양손으로 나누면서 1개를 뽑아 좌측 손 약지와 새끼손가락(소지) 사이에 끼운다. 이 1개는 음양을 아우른 태극수이다.

오른손의 시초들을 책상 한쪽에 내려놓고, 왼손에 있는 시초들을 4개씩 책상에 한쪽에 내려놓는다. 4는 사상(4계의 수)을 말하며 천지인(天地人)의 삼재(삼원, 삼덕, 삼회, 삼극 등)가 변화를 만드니, 4개씩 내려놓다.

(좌)25÷4=1개(나머지)

(우)23÷4=3개(나머지)

4. 4개씩 뺀 나머지 수를 값으로 한다. 이 나머지 수를 윤달수라 한다.
   ※ 왼손 약지에 낀 1개는 독립적으로 1개로 본다.

$$1 + \ \Big| \ + 3 = 5$$

5. 좌(왼손) 1+ 약지에 낀 1개 + 우(오른손) 3개를 합한다 (답 5)
   ※ 4개씩 뺀(나누기) 다음 나머지가 없으면 4이다.
   1회 답은 반듯이 5 또는 9가 나와야 한다.

■ 서죽 44개로 시작한다.

〈1회 –2변〉

49-5
=44

1. 〈1회 –1변〉 5개를 뺀 나머지를 가지고 처음부터 똑 같은 방법으로 다시 시작한다.

(좌)22개   (우)22개

2. 44개를 임으로 양쪽 두손으로 나눈다.

약지 낀 1개

(좌)22개   (우)21 (22-1)

3. 양손으로 나누면서 1개를 뽑아 좌측 손 약지에 낀다.

(좌)22개   (우)21개
(좌)22÷4=2(나머지)   (우)21÷4=1(나머지)

4. 4개씩 뺀 나머지 수를 값으로 한다.

2 + | + 1 = 4

5. 좌(왼손) 2+ 약지에 낀 1개 + 우(오른손) 2개를 합한다.(답 4)

   ※ 4개씩 뺀(나누기) 다음 나머지가 없으면 4이다.
     2회 답은 반듯이 4 또는 8이 나와야 한다.

■ 서죽 40개로 시작한다.

〈1회 –3변〉

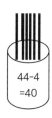

1. 〈1회 –1,2변〉 5개, 4개를 뺀 나머지를 가지고 처음부터 똑 같은 방법으로
   다시 시작한다.

(좌)20개   (우)20개

2. 40개를 임의로 양쪽 두 손으로 나눈다.

약지 낀 1개

(좌)20개   (우)19 (20-1)

3. 양손으로 나누면서 1개를 뽑아 좌측 손 약지에 낀다.

(좌)20개   (우)19개
(좌)20÷4=0개(나머지)→4   (우)19÷4=3개(나머지)

4. 4개씩 뺀 나머지 수를 값으로 한다.

$$4 + \ \Big| \ + 3 = 8$$

5. 좌(왼손) 4+ 약지에 낀 1개 + 우(오른손) 3개를 합한다.(답 8)

   ※ 4개씩 뺀(나누기) 다음 나머지가 없으면 4이다.

1. 시초법에서 효爻를 만드는 법

1회의 1변, 2변, 3변의 값을 더한 후 49에서 뺀 값에서 4로 나누면 초효初爻 값이다. 3변을 더한값은 13(태양), 17(소음), 21(소양), 25(태음) 수 중 하나이다.

2회 역시 똑같은 방법으로 3회를 실시하면 2효二爻가 된다.

3회, 4회, 5회, 6회 역시 또 같은 방법으로 실시하여 6효六爻를 완성 한다.

▶ 1회(3변) × 6회 = 18변

2. 초효初爻 계산법

   1회 –1변 =5

   1회 –2변 =4

   1회 –3변 =8

   5 + 4 + 8 = 17

   49 – 17 = 32

   32 ÷ 4 =8

   답 8 (초효 값) → 사상수(6, 7, 8, 9 중 하나이다)

   ※ 1개의 효는 3마디로 이루어 져있다.   ━━━ → ■━■━■

▶ 즉 8마디는 아래 ①에 해당하고 소음수 8은 음불변효이며 초효가 된다. ■━ ■

→ 작괘를 할 때는 4가지의 경우로 계산한다.

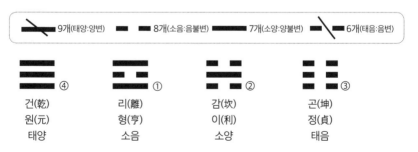

건(乾)   리(離)   감(坎)   곤(坤)
원(元)   형(亨)   이(利)   정(貞)
태양   소음   소양   태음

3. 〈효를 구성하는 방법〉

- 효는 밑에서부터 위로 올라가며 구성한다.
- 괘는 위에서 아래로 읽는다. **75 산풍고 山風蠱**

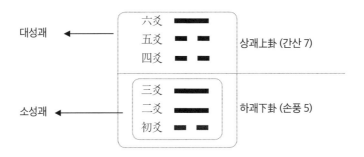

2) 전척법錢擲法

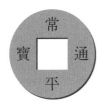

앞서 설명한 바와 같이 점사를 얻는데 필요한 도구는 무엇이 되든 상관없다. 다만 역인이 점사를 얻을 때 가장 많이 사용하는 방법 중에 또 한 방법이 있으니 이는 동전을 사용하는 척전법이다. 앞서 설명했듯이 신명(마음)을 깨우는데 가장 큰 파동을 일으키는 쇠를 많이 사용한다 하였으니 동전 역시 그리 생각하면 된다.

점사를 치기 위해선 3개의 동전이 필요한데 역술인이 주로 사용하는 동전은 옛날 돈인 엽전을 많이 사용한다. 이는 삼재(천지인, 삼극)를 사용하여 4상을 얻는 방법이니 6번 던져 6효를 얻는 간단한 방법이다. 시초법에 비하면 어렵지 않은 점사법으로 동전의 앞면(양)엔 3을 더하고, 뒷면(음)엔 2를 더한다. 한두 번 해보면 복잡하게 계산 없이 수를 얻을 수 있는 방법이다.

〈준비 단계1〉

① 동전 3개를 준비한다.

② 임의로 동전의 앞, 뒤를 결정 하고, 동전의 앞을 양陽, 동전의 뒤를 陰정
한다.

③ 동전을 던져 괘상卦象을 뽑는다.

④ 3개 모두 앞 또는 뒤가 나오면 양동陽動 또는 음동 陰動 으로 표시한다.

▶ 괘를 읽는 법

3개의 동전을 던졌을 때 위 4개의 경우 중 하나가 나오니 그 것이 한 효를
만들고 6번 던져 6효를 얻어 대성괘를 만든다. 후학이 혼동할 수 있는 것이
본괘에서 변괘가 나오면 한 순간에 변하는 것이 아니라 효순으로 순차적인
변화가 이루어진다. 과거 토정선생은 본괘는 초효부터 순차적으로 올라가 변
괘가 완성되면 변괘에서 여섯 번째 상효부터 차례로 내려오는 순을 보였다.
그리하여 "가고 온다." 선학은 말한다. 본괘의 6변과 변괘의 6변으로 12변을
얻어 12개월의 운을 점치기도 하였다.

3) 시간 점사법

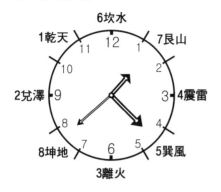

시침은 상괘가 된다. 간산괘

분침은 하괘가 된다. 손풍괘

고

초침은 동효가 된다.

7에 가까이 있어

7-6=1효 동하여

산천대축괘가 됩니다.

예시1) 아날로그 시계 점사

첫째, 빠르고 나와 가까운 것 일수록 내괘(하괘)로 정한다. 분침

둘째, 느리고 멀수록 외괘(상괘)로 정한다. 시침

셋째, 동효는 시분을 합쳐서 6으로 나눈 수를 쓰거나 가장 빠른 초침을 쓰면 된다.

넷째, 원칙은 미리 정해놓고 수를 뽑는다.

습관이 되어야 마음이 동하고 신이 답하기 때문이다.

- 위의 시계 그림에서 시침이 1, 분침이 4라면 바로 5를 동효로 써도 되

며 13시 23분이라면 동효는 1 + 3 + 2 + 3 = 9 ÷ 6 = 3(나머지)을 동효로

써도 된다. 또는 13 + 23 = 36 ÷ 6 = 6효를 동효로 써도 된다.

예시2) 핸드폰 전자시계 점사 15 : 45

상괘는 15÷8=7(나머지 수) 간산이 되며 45÷8=5(나머지 수) 손풍이 되어 산풍

고괘가 된다. 다시 동효는 15+45=60임으로 6으로 나누면 0이 되므로 6효가

동하여 지풍승괘가 된다.

다른 방법으로 1+5=6 감수괘가 상괘요, 4+5=9÷8=1 건천괘가 하괘이다. 고

로 수천수괘가 된다. 동효는 1+5+4+5=15÷6=3(나머지)효가 동하여 수택절괘

가 되는 것이다. 방법은 스승에 따라 다를 것이나 중요한 것은 미리 방법을 정

해 놓아야 하는 것이다.

18. 대정수란 무엇인가?

대정수란 십간십이지의 변역수이다. 그러나 원래 대정수는 복희팔괘의 수와 문왕팔괘의 수를 같이하여 산출하는 것이다. 사실 저자도 이해 안 되는 부분이나 용마하도의 수가 후천수와 가깝고 신구낙서의 등에 새겨진 수가 선천수에 가까운데 조금은 이해가 안 되어도 선학의 학문을 져버릴 수 없어 아직은 역구 중에 있다.

한국의 전통 간지법에는 대정수가 들어가며 대정수로 산출하여 모두 더한 수를 다시 변역하여 쓰는 법이다. 한국의 전통법과 중국에 전해져온 방법 두 가지를 소개하고자 한다.

1) 사주 간지법

☆ 선 천 수(先天數)

甲己 子午 : 9
乙庚 丑未 : 8
丙辛 寅申 : 7
丁壬 卯酉 : 6
戊癸 辰戌 : 5
巳亥 : 4

☆ 후 천 수(後天數)

壬子 : 1　　　丙午 : 7
丁巳 : 2　　　乙卯 : 8
甲寅 : 3　　　庚申 : 9
辛酉 : 4　　　丑未 : 10
戊辰戌 : 5　　己 : 100
癸亥 : 6

☆ 홍국지수

甲	乙	丙	丁	戊	己	庚	辛	壬	癸		
1	2	3	4	5	6	7	8	9	10		

子	丑	寅	卯	辰	巳	午	未	申	酉	戌	亥
1	2	3	4	5	6	7	8	9	10	11	12

☆ 변수법(變數法) 구궁수 변역 팔괘수

1은 7로, 2는 2로, 3은 6로, 4는 3로, 5는 4로,

6은 5로, 7은 7로, 8은 8로, 9는 1로 변한다.

- 변역의 수는 이것 말고도 많지만 혼동될 수 있어 하나만 올린다.

고전법 작괘 절차[3]는 사주를 가지고 소속된 년주(생년), 월주(생월), 일주(생일), 시주(생시)를 뽑아 한주 한주의 숫자 전부를 합한 것이 **평생 대정수**이고, 사주에다 대운 세운 2주를 합하여 총 합한 것이 **당년 대정수**이다.

대정수(대정수표 p54)를 전부 합하여 천 자리와 단 자리의 숫자는 제외하고 백 자리와 십 자리의 수만으로 선천수를 뽑아 팔괘수(변역수)로 바꾸어 괘상을 뽑는다. 또한 백 자리가 0이면 천 자리 숫자를 대신하고 십자리가 0이면 단 자리의 숫자를 대신한다.

- 백자리가 0이면 천자리의 숫자가 백자리로 --- 예) 1053--1,5
 십자리가 0이면 단자리의 숫자가 십자리로 --- 예) 1103--1,3

보기) 예를 들면 남자 - 1955년 3월 21일 오시생

년	월	일	시			3 대운				세운(당년)
을	경	갑	경	갑	을	**병**	정	무	기	을
미	진	진	오	술	해	**자**	축	인	묘	해
90	108	175	1797			**71**				86

90		2170
108	천자리	71
175	단자리	86
1797	제거함	2̶3̶2̶7̶
2̶1̶7̶0̶		

1,7은 선천수요 다시 변역하여 팔괘수로 바꾸면
1은 7로, 1은 7로 변역되어 7,7 간위산 괘가 평생괘로 나온다.

3,2가 선천수요 다시 변역하여 팔괘수로 바꾸면
3은 6로, 2는 2로 변역되어 6,2 수택절 괘가 금년 신수괘가 된다.

---

3) 영통주역(1995,1,15) - 편집 : 김혜관, 박석연

2) 대정수 산출법

① 우선 선천수법으로 時는 100을 가산, 日은 10을 가산, 月은 단수하며 시, 일, 월의 천간지지 모두 선천수로 상향 계산하고 연은 계산하지 않는다.

② 다음은 천간지지 모두 후천수법으로 천간은 10을 가산하고 지지는 단수로 생년, 생월, 생일, 생시로 하향 계산한다.

예1) 乙未年의 대정수는 90이며 乙木의 후천수는 8이고 변역하여 80이고 未 土의 후천수는 10이니 80+10=90이다.

- 庚辰月의 대정수는 108이며 년이 90+5=95이니 선천수 庚은 8, 辰土는 5 이므로 모두 합하여 95+8+5=108이다.

- 甲辰日의 대정수는 175이며 후천수 30+5=35에 선천수 갑은 9×10=90, 辰土의 선천수는 5×10=50으로 35+90+50=175이다.

- 庚午時의 대정수는 1797이며 庚의 선천수는 8이고 변역하여 800, 午火 의 선천수는 9이고 변역하여 900이며, 庚의 후천수는 9, 변역하여 90, 午 의 후천수는 7이므로 800+900+90+7=1797인 것이다.

예2) 戊子年의 대정수는 51이며 戊土의 후천수는 5이고 변역하여 50이고 子 水의 후천수는 1이니 50+1=51이다.

- 戊子月의 대정수는 65이며, 이는 년이 51이니 선천수 戊土는 5, 子水는 9 이므로 모두 합하여 51+5+9=65이다.

- 戊子日의 대정수는 191이며, 이는 후천수 51에 선천수 戊土는 5×10=50, 子水의 선천수는 9×10=90으로 51+50+90=191이다.

- 戊子時의 대정수는 1451이며 戊土의 선천수는 5이고 변역하여 500, 子 水의 선천수는 9이고 변역하여 900이며, 戊의 후천수는 5, 변역하여 50, 子의 후천수는 1이므로 500+900+50+1=1451인 것이다.

다음의 "60갑자 대정수표"는 자세히 전하고 있으나 대정수 산출법은 사라지고 있는 실정으로 자세히 기록하고자 한다. 시초법에 묘한 수리법칙이 있듯이 대정수 계산법에도 상수의 묘한 법칙이 있다.

60갑자 대정수표

甲	갑자	갑술	갑신	갑오	갑진	갑인
년	31	35	39	37	35	33
월	49	49	55	55	49	49
일	211	175	199	217	175	193
시	1831	1435	1639	1837	1435	1633
乙	을축	을해	을유	을미	을사	을묘
년	90	86	84	90	82	88
월	106	98	98	106	94	102
일	250	206	224	250	202	228
시	1690	1286	1484	1690	1282	1488
丙	병인	병자	병술	병신	병오	병진
년	73	71	75	79	77	75
월	87	87	87	93	93	87
일	213	231	195	219	237	195
시	1473	1671	1275	1479	1677	1275
丁	정묘	정축	정해	정유	정미	정사
년	28	30	26	24	30	22
월	40	44	36	36	44	32
일	148	170	126	144	170	122
시	1228	1430	1026	1224	1430	1022
戊	무진	무인	무자	무술	무신	무오
년	55	53	51	55	59	57
월	65	65	65	65	71	71
일	155	173	191	155	179	197
시	1055	1253	1451	1055	1259	1457
己	기사	기묘	기축	기해	기유	기미
년	102	108	110	106	104	110
월	115	123	127	119	119	127
일	232	258	280	236	254	280
시	1402	1608	1810	1406	1604	1810
庚	경오	경진	경인	경자	경술	경신
년	97	95	93	91	95	99
월	114	108	108	108	108	114
일	267	225	243	261	225	249
시	1797	1395	1593	1791	1395	1599
辛	신미	신사	신묘	신축	신해	신유
년	50	42	48	50	46	44
월	65	53	61	65	57	57
일	200	152	178	200	156	174
시	1550	1142	1348	1550	1146	1344
壬	임신	임오	임진	임인	임자	임술
년	19	17	15	13	11	15
월	32	32	26	26	26	26
일	149	167	125	143	161	125
시	1319	1517	1115	1313	1511	1115
癸	계유	계미	계사	계묘	계축	계해
년	64	70	62	68	70	66
월	75	83	71	79	83	75
일	174	200	152	178	200	156
시	1164	1370	962	1168	1370	966

19. 대성괘의 구성

소성괘 두 개가 교합하여 대성괘를 이룬다 말하였다. 대성괘는 하괘를 내
괘라 말하며 상괘를 외괘라 말한다. 대성괘는 6효로 구성되며 소성괘에서 소
성괘로 넘어가는 3효와 4효에서 큰 변화가 이루어진다. 또한 대성괘를 해석
할 때 주로 쓰는 단어가 있으니 정(正), 중(中), 응(應)이란 말을 주로 한다.

역에선 체와 용이 중요하니 내괘가 체이고 외괘가 용이며 본괘가 체이고
변괘가 용이다. 동하지 않은 소성괘가 체이고 동하여 변한 변효가 있는 소성
괘가 용이다. 즉 가까운 것, 내면의 것, 원래의 것, 현재의 것이 체이고 그의 반
대의 것이 용인 것이다. 원인이 체이면 결과는 용인 것이다. 즉 일변하여 대체
한 것이 용이고 변하지 않는 것을 체라 한다. 질문한 사람이 체라하면 질문한
내용과 변화가 용인 것이다. 과거부터 현재까지가 체이면 현재부터 미래까지
가 용인 것이다. 선천팔괘가 체이면 후천팔괘는 용인 것이다. 보는 시점에서
인과의 법칙으로 체와 용이 정해진다.

정(正), 중(中)은 주로 2효와 5효를 말하며 대성괘가 되었을 때는 3효와 4효
를 말하기도 한다. 2효와 5효는 소성괘의 중앙으로 혼이 자리한 자리라 하여
다른 효는 같은데(1효와 4효, 3효와 6효) 2효와 5효가 다르면 귀혼괘라 하여 외
출을 삼가야 하는 괘가 된다. 그리고 흔히 좋은 풍수는 음할 곳이 음하고 양
할 곳이 양한 것이 좋은 풍수이고 좋은 관상이라 말한다. 정(正)이란 1, 3, 5효
는 양효가 와야 정(正)하고, 2, 4, 6효는 음효가 와야 정(正)하다 말한다. 중(中)
이란 소성괘의 중간 효를 말하니 2효와 5효를 중(中)이라 말한다. 응(應)이란
서로 응하는 효를 말하며 1효는 4효에 응(應)하고, 2효는 5효에 응(應)한다. 3
효는 6효에 응(應)한다 말한다. 그 밖에도 많은 글자가 대성괘를 해석하는데
쓰이니 차후 해석하면서 확인해보자. 육효에선 세효와 응효를 달리 해석하니
깊이 보면 역의 이치가 심오하게 있는 것이다.

1) 지괘란?

변효괘라 말하며 본괘의 각효의 동효를 보고 판단한다.

한효가 극에 달하면 음효가 양효로 양효는 음효로 변화하는 일정한 변화를 말한다. 지괘는 움직이냐 움직이지 않느냐에 따라 길흉으로 변화된다. 과거 토정선생은 본괘로 6개월(반)을 보고 지괘로 6개월(나머지 반)을 판단하여 지괘의 중요함을 나타냈다.

본괘: 천화동인   변효   지괘: 천뢰무망

2) 교호괘란?

가족괘라 말하며 본괘와 교호관계의 보좌하는 괘이다. 즉 본괘를 직접적으로 도와주는 괘로 본괘에게 더없이 필요한 괘이며 부자의 관계라 표현한다. 교호괘의 뿌리가 되는 4괘는 건괘, 곤괘, 감괘, 리괘인 정괘를 말한다. 4괘의 6효가 동하여 24절기에 적용되며 나머지 60괘의 6효가 동하여 1년 360일이 적용된다. 교호괘는 본괘의 1효와 6효를 제외한 2효, 3효, 4효가 내괘(하괘)를 이루고, 3효, 4효, 5효가 순서대로 외괘(상괘)를 이룬다.

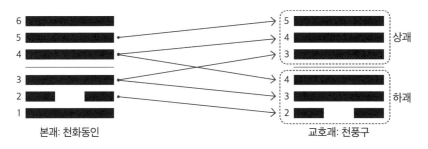

본괘: 천화동인   교호괘: 천풍구

3) 착종괘란?

복괘라 말하며 내괘와 외괘가 뒤바뀐 괘이며 내괘가 외괘가 되고 외괘는 내괘가 된다. 본괘의 생을 받으니 후배괘라고도 말하며 본괘가 도와주는 괘이다.

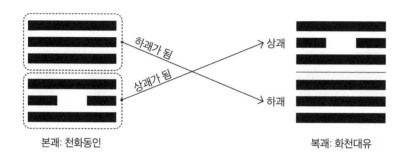

본괘: 천화동인   복괘: 화천대유

4) 배합괘란?

옆에 두는 괘를 말하며 배우자나 동료괘 또는 짝괘라 말한다. 본괘의 육효가 모두 동한괘로 정 반대의 괘이다. 본괘와 서로 상호적으로 도와주는 관계이다.

주역 차순에서 종괘인 도전괘가 없는 건, 곤, 감, 리괘는 배합괘끼리 만나서 끝(종괘)을 보고 나머지는 도전괘끼리 만나 끝을 본다.

본괘: 천화동인   짝괘: 지수사

5) 도전괘란?

본괘와 등을지고 있는 모양으로 전도괘라고 말하며 시작이 끝이 되고 끝이 시작이 되는 괘를 말한다. 서로를 극제하며 다스리려고 하는 괘이다. 배합괘가 교합의 작용을 한다면 도전괘는 충극의 작용을 한다. 주역의 양,음,양,음의 순으로 본괘와 배합괘 아니면 본괘와 도전괘 끼리 모여서 순서를 정한다.

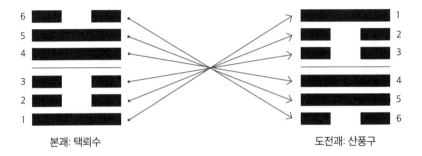

본괘: 택뢰수   도전괘: 산풍구

주변괘는 주역 괘사의 십성이다 생각하면 쉽다. 호괘는 인성, 본괘는 비겁, 착종괘는 식상, 배합괘는 재성, 도전괘는 관성을 말한다.

팔괘를 말할 때 흔히 반만년 전 복희씨에 의해 만들어 졌다는 복희팔괘와 주나라 시대 태공여망 강태공을 스승으로 모신 문왕이 만들었다는 문왕팔괘를 말한다. 주역 원문에 문왈이라는 부분은 문왕의 해석을 뜻한다. 주역 64괘 서는 문왕팔괘의 서순이다.

1) 용마하도(龍馬河圖), 복희팔괘(伏羲八卦) - 선천도

易의 근원은 구궁팔괘(九宮八卦)에서 비롯하였으니 그 역사를 찾아 올라가 면 BC 29세기에 살던 신화 속에 복희씨로 시작되었다고 해야겠다. 복희씨는 중국의 역사 속에서 창조신중 으뜸으로 알려진 삼황 중 한사람이며 우리나라 환단고기에 이르기를 환웅의 자식 중 막내로 알려진다. 또한 환웅의 자식 중 복희씨와 여와가 있었고 복희씨는 중국으로 여와는 더 서역으로 향했다 전해 진다. 중국 역사 속 복희씨는 동이로부터 왔다하니 허언은 아닐 것이다.

그는 짐승을 길들였고, 백성들에게 음식을 익혀 먹는 법, 그물로 낚시하는 법, 철로 만든 무기로 사냥하는 법 등을 가르쳤다. 또한 결혼을 제도화했고 하늘에 첫 야외제사를 드렸다고 전해진다.

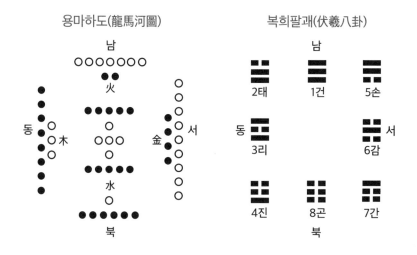

용마하도(龍馬河圖)　　　　복희팔괘(伏羲八卦)

중국 태고(太古)시대 삼황(三皇)의 처음 황제인 복희씨가 황제가 되었을 때, 하늘이 복희씨의 덕(德)을 찬양하여 중국 예주의 영하에서 신기한 신마(神馬) 한 마리가 출현시켰는데, 복희는 이를 발견하여 타고 안장도 고삐도 없이 바람처럼 집으로 돌아왔다 한다. 집에 돌아와 신마의 등에 이상하게 생긴 반점이 찍혀있는 것을 보고 이 반점의 모양에 따라 그림을 그리니 심오한 우주의 이치가 함축되어 있음이라. 이에 복희(伏羲)가 팔괘(八卦)를 그려 용마(龍馬)에서 나온 하도(河圖:황하에서 나온 그림)라 칭하였다. 그 그림의 이치를 살펴보니 한번 陽(홀수)하고 필시 한번 陰(짝수)하더라. 상대적 원리로 대치하여 보니 3번 陽하고 3번 陰하며 수로 대입하여 더해보니 모두 9와 같더라.

가장 강한 태음에서 陽이 나오니 이를 1水라 하고 가장 강한 태양에서 음이 나오니 이를 2火라 한다. 1水가 2火를 만나 3木의 태극이 나와 둘을 조절하고 2火가 1水를 만나 태극인 4金을 만들고 사상이 결합하여 태극인 5土를 만드니 이것이 기본 생수(生數)가 되었다. 다시 陰水인 6이 나오고 陽火인 7이 나오며 陰木인 8이 나오고 陽金인 9, 陽土인 10이 나와 조화를 이루는 성수(成數)가 되었다. 이로써 음양이 교접한 모습이 아름다운 선천정위도(先天正位圖)를 완성하여 우주의 기본 구조를 설명하였다.

1건(一乾)은 天, 8곤(八坤)은 地이다. 天地 교합하여 정립(正立)한다.
7간(七艮)은 山, 2태(二兌)는 澤이다. 山澤 교합하여 통기(通氣)한다.
4진(四震)은 雷, 5손(五巽)은 風이다. 雷風 교합하여 상박(相搏)한다.
6감(六坎)은 水, 3이(三離)는 火이다. 水火 교합하여 불상사(不相射)한다.

1,6은 水요, 만물의 하강작용, 저장작용, 물질에 관한 일을 맡는다.
2,7은 火요, 만물의 상승작용, 성장작용, 정신에 관한 일을 맡는다.
3,8은 木이요, 만물의 상승, 발생, 생장작용, 시작 작용을 맡는다.
4,9는 金이요, 만물의 하강작용, 결실작용, 실용화 작용을 맡는다.
5,10은 土요, 만물의 교합, 중화작용, 절제작용, 중용을 맡는다.

용마로 표현하여 신화 속에 이야기 같아 현실성을 부여하니 예로부터 중국에선 기린을 머리는 용과 같고 몸은 말과 같은 동물이라 표현하였다. 그리하여 본인은 중국에서 보기 힘든 기린이나 순록을 보고 그리 표현하지 않았을까 생각해 본다. 또한 과거에는 진귀한 동물이 많았을 것이다.

2) 신구낙서(神龜洛書), 문왕팔괘(文王八卦) - 후천도

BC 20세기경 중국 하(夏)나라 소제(燒帝) 시대에 홍수가 일어나 백성들이 크게 어려웠으므로, 이에 치수공사(治水工事)를 명하였으나 큰 성과가 없다가 순(舜) 임금때 그의 아들 우(禹)에게 이 공사를 맡겼더니, 13년 동안 온갖 정성을 다하여 치수공사를 완성하여 하늘이 우에게 치수의 공적을 찬양하여 낙수(洛水)에 신구(神龜)를 출현시켰는데 등어리에 권점이 있어 자세히 보니 머리에 9개의 점, 꼬리부분에 1개의 점, 좌측에 3개의 점, 우측에 7개의 점, 좌 어깨에 4개의 점, 우측 어깨의 2개의 점, 좌측 다리에 8개의 점, 우측 다리에 6개의 점이 있어 이것을 구궁도(九宮圖)로 그려 완성하니 후천정위도라 하였다.

BC 12세기경 문왕이 이를 자세히 살펴보아 우주만물의 생성과 조화로운 운행의 이치를 발견하여 이를 토대로 팔괘를 그리니 문왕의 구궁팔괘도가 되었다. 이러한 이치를 깨달은 문왕은 아들 무왕(武王)과 더불어 은나라를 멸하고 주(周)나라를 세웠다. 후에 문왕은 아들과 같이 주역의 64괘와 효사를 만들었다고 전해진다. 복희팔괘는 우주의 선천정위도요 문왕팔괘는 후천정위도이다.

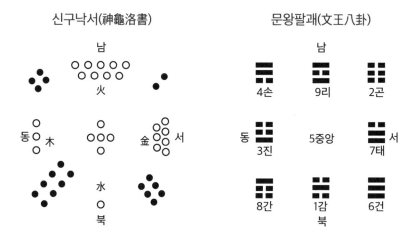

이는 우주의 체(體)는 복희팔괘요, 우주의 용(用)은 문왕팔괘와 같다는 것이다. 이는 사주팔자가 복희팔괘요, 운로가 문왕팔괘와 같다는 이야기이다. 문왕의 구궁팔괘도는 후에 마방진이라 불리며 여러 나라에서 비전으로 전수되어 내려왔으며 부적으로도 쓰였다. 마방진이란 그 이치가 어느 쪽으로 더해도 15의 같은 결과수를 얻어 그 형태의 묘함을 활용하여 현 역학계의 풍수지리나 상수학(象數學)을 통한 점사에도 많이 사용되고 있다.

문왕의 후천팔괘는 동쪽인 震에서 시작하여 4正方(동, 서, 남, 북)이 일어나고 다음 최초 음수인 2黑에서 4間方(서남, 동남, 동북, 서북)이 일어난다. 이 모양은 양수인 1,3,7,9의 4정방을 음수인 2,4,6,8의 4간방이 보좌하는 모습으로 만물의 움직임과 조력의 형상이다. 또한 선천팔괘의 상대적인 모습이 木→火→土→金→水→木 상생관계라면 후천팔괘는 水→火→金→木→土→水 상극하는 원리로 형성되어 있다.

3) 천부도(天符圖)-진공팔괘, 정역도(正易圖)-일부팔괘
우주의 일년은 천부도(겨울), 후천도(봄), 정역도(여름), 선천도(가을)이다.

진공팔괘(眞空八卦) - 우주의 겨울 / 일부팔괘(一夫八卦) - 우주의 여름[4]

주역 이전에 귀장역(귀장은 황제씨의 별호)과 연산역(연산은 신농씨의 별호)가 있었으나 정확히 전해지진 않는다.

---

4) 주역과 우주원리[상편 2004년]-정겨울, 김태봉

22. 점사할 때의 마음가짐

① 점사를 치지 않고 주역을 신묘하다 말하지 말자.

- 기문둔갑이나 육임, 육효점과 매화점은 귀신점이라 불리 울 만큼 신묘하니 직접 경험하고 말하길...

② 팔괘 상의에 익숙하지 않고 주역을 해석한다 말하지 말자.

③ 역은 일반인이 심역으로 만사를 볼 수 있는 학문이다.

④ 진실한 마음만이 심역을 끌어낼 수 있음을 명심하자.

⑤ 주역의 목표는 심역에 있으니 끝내는 점사가 필요 없는 것이다.

- 역에 이르길 조짐을 알고 변화의 도를 알아 신명과 통하면 점을 치지 않아도 알 수 있다고 했다. 그리하여 주역의 어느 부분에서도 점치는 법이 나오지 않는 것이다. 주역은 점치는 책이 아닌 "변화의 도"를 설명한 책이다. 공자가 시초법을 나열하였지만 이것은 수리를 설명하기 위한 하나의 도구일 뿐이다. 시초법을 말하면서 점사에 대하여 이야기 하지 않는 것도 이 이유이다. 후학의 마음속에는 이미 큰 스승이 있으니 그에게 물어보아야 한다.

23. 주역은 무엇인가?

주역이란 주(周)나라 시대의 역(易)서이다. 주역은 널리 쉽게 활용하는 학문으로 통하지 않는 곳이 없어 周易이다.

역(易)이란 역(曆)이며 역(力)이다. 하늘의 태양인 일(日:順行)이 만물의 물(物)이 싹트기 전인 물(勿:逆行)위에 떠있는 모습의 글자이다. 즉 역이란 음양(陰陽)의 작용하는 모습을 설명하는 설명서이다.

그리하여 역(易)이란 글자를 양을 대표하는 일(日)과 음을 대표하는 월(月)을 나타낸 글자로도 해석한다. 역이란 바뀔 역이니 모든 것을 음양오행의 법칙으로 바꾸어 보는 것이다. 주역에선 음양을 글자보단 음(--)과 양(—)으로 표시한다.

우주 만물은 음양이 교합하여야만 생(生)이 일어나며 살아있는 모든 것은 음양을 동시에 갖고 있다 말한다. 이에 음양이 교합하여 만들어지는 중간자를 태극이라 말하니 태극은 서로 다른 기운이 교합되는 부분에 생겨나는 파동이며 새로운 기운이다. 외기인 하늘과 내기인 땅의 기운에 중기인 인간과 만물이 형성되니 이를 삼재 또는 삼원이라 말하며 정신기(精神氣)가 인간을 형성한 삼재이듯 천지인을 만물의 표본 삼재로 삼아 음(--)과 양(—)이 삼재에 서로 적용하여 만들어 진 것이 팔괘이다. 흔히 고서에서 구궁 팔괘를 동서남북으로 분류를 많이 하나 사실 팔괘상의는 방위로 나눠지기 전에 움직임이 우선한다.

주역의 역은 바뀔 역자로 예로부터 역술인이 역을 해석할 때는 이괘가 이별할 이로 해석하여 이괘가 나오면 육친이나 연인과의 이별을 뜻하기도 하였다. 옛 선학은 한자가 상형문자 이므로 글자의 모양을 중요시 여겼으며 그 속의 파자를 보기도 하였으며 뜻을 떠나 소리음자로 해석하여 뜻과 달리 해석하기도 하였다. 그리하여 학문에는 음(나누고 분리하는)의 학문과 양(합하고 같이 보는)의 학문 두 가지를 자유롭게 할 수 있는 학인이어야 역학을 제대로 할 수 있다고 말한다.

동서남북 방위를 나타날 때는 선천팔괘인 복희팔괘 보단 후천팔괘인 문왕팔괘를 방위로 해석한다. 문왕팔괘를 구궁팔괘 또는 마방진(3칸씩 가로, 세로, 대각선 어디로 더해도 15가 되는 신묘한 방진)이라 부르기도 한다. 현 학인이 팔괘를 방위로만 해석하고 그 본질인 움직임을 모르는 경우가 많으니 본질의 작용을 알아야 변역이 가능함을 알아야 할 것이다. 역학인은 만물을 음양으로 분류하듯, 움직임과 사물을 팔괘로도 분류한다.

팔괘의 움직임은 다음과 같다.
건천(乾天)괘는 하늘이라 위를 말하며 최고권위이며 가장 굳센 모습이다.
곤지(坤地)괘는 땅으로 아래이며 건에 순응하며 공손하고 유한 모습이다.
진뢰(辰雷)괘는 목(木)의 기운으로 앞으로 진보하여 진취적 행동이다.
태택(兌澤)괘는 금(金)의 기운으로 뒤로 퇴보하여 단단해짐을 말한다.
손풍(巽風)괘는 바람처럼 흩어져 만물에 파고들어 흡수됨을 말하며
간산(艮山)괘는 산과 같이 만물이 안으로 뭉쳐져 답답함을 말한다.
이화(離火)괘는 불과 같이 아래에서 위로 승화되는 움직임이며
감수(坎水)괘는 물과 같이 위에서 아래로 침수되는 움직임이다.

흔히 사방팔방이라 말하나 주역에선 팔방이 아니라 십방이다. 주로 방위는 9궁 팔괘 방위로 나타내며 5, 10 토(태극)의 방향을 제외하면 팔방이 되나 내 안과 내 밖의 방향인 5, 10 토방도 있음을 숙지하자. 위의 팔괘가 다시 내괘와 외괘로 합하여 교합 작용을 만드니 그 작용의 개수가 64개라 이를 64괘라 칭한다.

주역은 위의 건천괘가 건천괘를 만나 건위천(중천건)괘를 시작으로 이화괘와 감수괘가 만나서 수화기제(수가 위에 있고 화가 아래 있으니 서로 만나 교합하여 새로운 기운을 형성하는 괘상)와 화수미제(화가 위에 있고 수가 아래 있으니 서로 움직임이 반대라 교합함이 없어 태극인 새로운 기운이 형성되지 않아 완성됨이 없는 괘상)를 마지막 설명으로 끝을 맺는다. 마음 수행하는 수행자가 마음을 발바닥 끝에 두어야 하는 이유가 여기 있음을 알아야 할 것이다. 다시 말하면 머리는 차가워

야 하기에 마음을 아래 두어서 수화기제를 이뤄야 한다. 수행자는 마음을 다스릴 줄 알아야 하며 수행이 깊은 사람이 화를 내면 절대 안 되는 이유이기도 하다. 수행이 깊어지면 빛의 열이 강해지니 일순간 바보가 될 수도 있는 것이다.

올바른 수행은 마음을 다스리는 견우하여 목우하는 것이며 흔히 수행자가 마음가는대로 산다 말하는 이는 올바른 수행자라 할 수 없다. 역을 오래 공부한 학인은 역이란 인간의 호흡과 같고 마음 움직임과 같다 말한다. 이는 틀리지 않는 말이나 역은 어떠한 한가지의 작용이 아니라 만물의 작용이라 생각하면 된다. 양은 음을 감화시키고 음은 양을 절제시키니 어느 하나만 옳고 중요하다 말함은 편협함이다.

24. 본문 역설한 부분에서

수행을 하다보면 모든 것이 다르지 않다 생각되니 모든 것의 연결고리를 찾을 수 있다. 역설 부분에선 괘사와 효사를 설명한 부분을 역학인과 수행자의 입장에서 해설하였으니 다소 이해하지 못하는 학인이 많을 것이다. 한자는 상형문자에서 온 글자이기 때문에 한 글자에 여러 가지 뜻을 품을 수 있어 하나의 글자로 수십 가지의 뜻을 서술할 수 있다. 학인은 한가지로 명명하길 바라나 세상만물을 포함한 글에 어찌 한 가지 뜻만이 있을 수 있겠는가?

때론 자신이 알고 있는 지식이 자신을 조그만 울타리에 가두고 있는 건 아닌가 생각해 보길 바란다. 역은 수시로 변화하고 바뀌어야 하는 것인데 갇혀 있는 자신을 볼 수 있어야 그 울타리에서 벗어날 수 있는 것이다. 역에서 말하길 깨달아 뉘우침이 있으면 능히 바뀔 수 있다 하였으니 조금은 큰 눈으로 역설한 부분을 해석하여 읽기 바란다.

본문 역설한 부분은 처음에는 상세히 해석하는 법을 서술하였으나 차츰 그 해석 부분이 중요한 점만 설함은 학인이 스스로 공부하길 바라는 마음이었다. 공자 역시 건·곤 괘와 첫부분에 설명을 집중한 것이 그런 마음일 것이다. 또한 역경의 효사 부분은 좀 더 자세히 역설하였으며 괘사나 효사를 설명한 부분은 가능한 설명하지 않았다. 설명한 것을 다시 설명함은 허물만 더할 것이라 생각되었다. 그러니 뒷부분에 간명히 역설한 부분에서는 학인이 초반 부분처럼 조금 더 깊게 생각해 주길 바란다.

25. 심역心易은 동시성이다.

"동시성이란 하늘과 대지와 만물과 내가 하나 됨을 말한다." 동시성은 만물의 근원인 파동으로 연결되는 것이다. 파동이 지극해짐으로 만물과 뜻을 같이하는 것이니 이는 이성과 마음을 벗어나야 가능하다.

파동의 동시성은 다음과 같이 설명할 수 있다.

원자를 분해하거나 같은 곳에 있던 원자의 일부를 지구의 한 연구소에 놓고 한 부분은 우주에 놓고 우주에 있는 원자에 전기를 자극하면 지구의 있는 원자에도 똑같은 전기가 자극된다는 것이 동시성이다.

또 다른 예로 아래 그림처럼 강도가 같아 같은 파동을 만드는 쇠를 두 개가 있을 때 한쪽 쇠를 두들기면 다른 한쪽에도 파동이 생긴다는 것이다. 이것이 현시대의 라디오와 무선 전화기를 만드는 가장 큰 원동력이다.

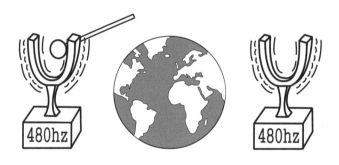

누구나 자신만의 파동을 가지고 있다.

이 지구도 슈먼파동이라 하여 평균 7.83hz의 파동을 가지고 있다. 수행도 이 파동이 매우 중요함으로 설명하니 인간의 뇌파는 마음의 파동과 같다. 즉 마음의 파동에 동시성을 같는 것이 인간의 뇌파임으로 사람이 알파파 이하가 되면 미세함으로 수행에선 가삼매(假三昧)에 들수 있다. 가삼매란 참으로 나를 위대한 존재로 볼 수 있는 단계이다.

가삼매에선 나와 마음이 하나가 됨으로 내가 지구를 갖고 놀기도 하며 이

지구가 손안으로 들어오는 경험을 하기도 하고 마음으로 부처를 부르고 산신을 부르면 그들이 나와 나에게 이야기를 하니 나는 신적인 존재가 되는 것으로 느낄 수 있다.

그러나 이보다 더 작은 미세한 파동으로 나를 가져가면 진삼매(眞三昧)에 들게 되니 나를 너무도 허무한 존재로 만든다. 가삼매에서 보았던 나의 대단함이 아주 초라함을 알게 되니 이유인 즉 좁쌀 반 크기의 소 한 마리를 보게 되는 것이다.

이놈이 나타나게 된 이유는 내가 죽은 것으로 알고 나온 것이니 수행에서 독사처럼 물고 늘어져야 할 그놈인 것이다. 일명 "무안이비설신의"가 되어 죽은 것과 같이 심장이 멈춘 듯 하고 호흡이 사라지며 뇌파가 극히 미세한 파동이면 이놈이 그때서야 나타나니 수행은 고행으로 몸이 죽은 것처럼 만들어야 하는 것이다.

내가 죽은 줄 알고 나타나니 참으로 소처럼 우직하기 그지없다. 그것은 두뇌와 같이 진실과 거짓을 경험으로만 인식한다. 두뇌는 진실과 거짓의 초점이 마음에서 나온다. 즉 내가 죽은 것으로 알고 나를 이끌기 위해 나온 것이다. 이놈이 혈 자리를 뚫고 나올 때 임사를 체험한 이들은 빛을 본다고 하는 것이다. 혈은 신의 길이라 모든 신은 파동으로 들어오고 나가니 이는 카르마를 만드는 인연의 끈이다. 파동은 미세한 윤회로 대윤회를 하는 것이다. 결국은 둥글게 이동하며 파동함이니 그 크기가 작든 크든 윤회함이다. 모든 것이 파동하며 윤회함으로 역(易) 또한 파동하며 다시 제자리로 돌아오는 것이 역이다.

과거 토정의 막내아들인 산겸은 지음(知音)에 통달하였다 하여 토정이 세수하려다 세수 대야를 떨어트리는 소리만을 듣고 토정이 얼마 안 되어 죽을 것을 알았다고 한다.

파동(상)이것이 주역에서 말하는 기미이니 기미를 알고 변화의 도를 알면 신명과 통하여 점사를 치지 않아도 된다고 말한 이유이다.

26. 도가 수행법

　주역은 종교에 귀속된 학문은 아니지만 많은 종교에서 주역을 공부하여 사용하니 그 중에서 역에 가까운 종교가 있다면 도가라 할 수 있다. 수행자가 수행을 하게 되어 마음이 맑고 깨끗하면 청하여 가볍고 밝아진다. 그러면 매우 빠른 움직임으로 행동은 더욱 느려질 수 있으나 느리게 보일 뿐 느린 것이 아니다. 수행이 깊어지면 데자뷰라 하여 동시성이 자주 일어나게 된다. 즉 현재 일어나는 이 일이 과거의 경험한 것처럼 미리 그 형상이 현실과 겹쳐 보이게 되니 대화 중에도 상대가 무슨 말을 할지 토시하나 안 틀리고 알게 되어 진다.

　즉 시공을 초월하여 미래를 보고 들을 수 있으니 동시성을 갖기 위해선 모두에게 연결된 것이 있어 그것에 도달하기 위해서 가볍고 맑고 청하여 틈 있는 곳이 없어야 한다.

　도가에선 일찍이 인간의 몸에서 이러한 변화가 잃어나는 것을 알고 이를 여러 가지 방법으로 수행하였으니 그 방법을 간단히 설명하고자 한다. 혹세무민할 염려가 있어 간명하니 이해하길 바란다.

　도가에서 이르길 인간에겐 정신기(精神氣)가 있으니 이는 신(神)이 정(精)에 임하여 기(氣)를 만들고 기는 혈을 움직여 오감에 작용한다 하였다. 그리하여 도가에선 크게 3가지의 방법으로 수행하니 그 기본 이념은 다음과 같다.

　"인간이 정(精)이 강하면 성욕이 사라지고, 신(神)이 강하면 수면욕이 사라지며, 기(氣)가 강하면 식욕이 사라진다." 하였다.

　후학이 많이 혼동하는 바가 있으니 이는 성욕, 식욕, 수면욕을 없애는 것이 아니라 가득히 하여 그것을 넘어서는 것이다. 많은 수행자가 이를 혼동하여 공락에 빠지기 쉬운 것이다. 부처의 자비심과 사랑은 다르지 않은 것이니 사랑이 지극해지면 자비심이 되는 것이다. 무심으로 사랑을 없애고 중생을 구하겠다는 말은 어불성설이다. 이런 중생심은 어머니가 자식을 바라보는 마음과 같으니 사랑하는 마음이 지극한 것이다. 가득하여 넘어서는 것이 무극임으로 끝을 없앰이지 모든 것을 없애서 넘어서는 것이 아님을 명심해야 한다.

그리하여 도가에선 3가지 수행법이 있으니 하나는 정(精)을 욕정으로 쉬 방사하지 말고 지키는 것이다. 도가나 불가에선 여자는 수행의 정도가 높기 힘들다 한 것이 이 정을 무한으로 만들어내기 어렵기 때문이다. 그리하여 물(陰)이 하늘로 오르는 방법은 태양의 빛이나 뜨거운 불의 기운을 받아야 하늘에 오를 수 있기에 여자는 남자에게서 받은 정을 지켜야 한다. 여인이 정을 여러 남자에게서 받으면 광기가 생기고 성격이 난폭하거나 거칠어지니 이는 역효과라 탁정이 된다. 양(陽)인 남자가 정을 비움으로 음(陰)한 성정으로 변화되는 것이다. 첫 번째는 이렇게 정을 쉬 방사하지 않음으로 도를 이룬다.

두 번째는 잠을 안자는 방법으로 수행하니 정신세계에 가장 민감하게 작용하는 것이 이 수면욕이다. 수면욕을 인고(忍苦) 함으로 신을 강하게 하는 것이다. 남자는 정이 강하여 신을 다스릴 수 있으나 여성은 정이 약하여 신을 다스리지 못함으로 도줄과 신줄이 나눠진다.

마지막 3번째는 식욕이니 과거 도가에선 10일 금식수행법이 유행하였으며 부처님도 6년 동안 수행하면서 매일 겨자씨 한 알로 수행하였다 한다. 그러나 현대에 몽매한 이는 이를 자신의 견해로 부처님을 거짓말쟁이로 만들기도 하니 있는 그대로 받아들이길 바란다. 이글을 쓰는 저자가 가장 많이 한 수행법으로 참으로 신기한 것이 수행중 배가 가장 고픈 시기는 1,3,5,7,9일이다. 마지막 10일이 되면 식욕이 사라지니 우리 몸이 스스로 동(動:양)하고 정(靜:음)한 시기를 아는 것이다.

인간의 몸은 금식을 하게 되면 소신(살을 태움)하게 되는데 이때 생기는 강한 기운을 이겨내지 못하여 몸이 떨리기 시작한다. 만약 정이 없다면 떨림은 더욱 심하며 극복하기 힘들다. 그리고 운동을 하여 살을 태우나 스스로의 마음으로 살을 태우나 소신하는 기운은 모두 진기가 된다. 일반인이 오해하길 운동을 하면 근육으로 강해지는게 아니라 몸을 태운 기운이 진기임으로 자신도 모르게 진기가 강해지는 것이다. 진기가 강하면 몸이 이겨내기 힘드니 탁기(음식의 기운)로 이를 본능적으로 내리려 한다. 기운이 청하고 맑아지면 순식간에 머리로 치고 올라오는 경우가 많으니 항상 화를 내면 안 되고 행동이 조신해야 한다. 부처님의 팔정도를 스스로 지키게 되는 것이니 이는 모두 상기되는 마음을 다스리기 위함이고 수행자가 상기가 되는 것은 당연한 이치이며 불가나 도가에서 하심(下心:기운을 움직이는 마음을 발바닥 끝에 두어야 수화기제를 이룸)을 말하는 이유가 이것이다. 마음이 무엇인지 모르는 이는 그냥 겸손하면 스스로 하심(下心)이 된다.

머리엔 신이 가득하고 아래엔 마음이 육감으로 만든 정이 가득하여 상기가 되면 정이 하늘에 올라 신과 만나 태극을 이루니 이를 수화기제라 한다. 정이 하늘에 올라 신을 만남은 스스로 관음수를 받음이라. 이를 일컬어 도가에서 말하길 하늘에서 눈이 내린다 말하는 것이다.

이것이 도가의 수행법이니 도를 수행하는 이가 어찌 속세에서 살 수가 있겠는가? 도가의 수행법이 이러하니 쉬 말하기 어렵고 말해도 속세를 사는 사람들은 이해를 못하는 것이다. 수행법이 이러해서 도가의 삶은 세속의 삶과 반대라 말하는 것이다.

다시 중하여 말하니 무극이란 가득하여 끝이 없음이라 모든 것을 버린 것이 아니라 모든 것을 포용한 것이다. 즉 생각과 마음을 버리는 것이 아니라 내려놓는 것이니 보고 듣는 것에 마음을 두지 않는 것이지 완전히 지워버리는 것은 아닌 것이다. 이성과 마음은 무극으로 가기위해 필요한 것들이다. 왜 죽어서 천년, 만년 할 수행을 살아서 하루 만에 다 할 수 있다고 말하는지 생각해 보아야 한다. 이는 다시 말하면 만사에서 나를 지우는 것이 아니라 만사와 동일시 하고자 함이다. 수행이 깊어지면 만사와 동일시되기 시작하니 흔히 말하는 데자뷰가 많아져서 상대가 무슨 말을 할지 어떤 상황이 진행될지 이미 경험한 것처럼 다가오게 된다. 이는 이성으로 갈수 있는 단계를 넘어 마음으로 갈수 있는 단계이다. 수행자는 마음조차 넘어서야 한다.

27. 책의 구성 (책 이해하기)

예)지천(卦名) - 외괘는 곤지 내괘는 건천 / 태(象名) - 크게 기뻐한다.

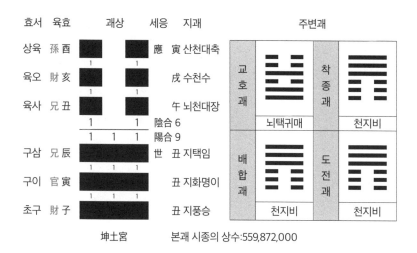

효서	육효	괘상	세응	지괘	주변괘

상육 孫酉 ⬛⬛ 應 寅 산천대축

육오 財亥 ⬛⬛ 戌 수천수

육사 兄丑 ⬛⬛ 午 뇌천대장

陰合 6

陽合 9

구삼 兄辰 ⬛ 世 丑 지택임

구이 官寅 ⬛ 丑 지화명이

초구 財子 ⬛ 丑 지풍승

坤土宮

본괘 시종의 상수:559,872,000

교호괘 — 뇌택귀매

착종괘 — 천지비

배합괘 — 천지비

도전괘 — 천지비

※ 음(--)효는 음을 대표하는 수 육(6)으로 양(─)효는 양을 대표하는 수 구
(9)로 표시한다. 사상수에서 태양, 즉 양이 극에 달한 수를 노양 9로 나타내며,
태음인 음이 극에 달한 수를 노음 6이라 말한다. 소음수는 8, 소양수는 7이라
말한다.

 주역점이 아닌 육효점을 보고자 할 때 쉽게 볼 수 있도록 육효에 납갑과 육
친을 붙이고 세응을 넣었으며, 주역의 반합착종호괘를 같이 넣어 괘사를 한
눈에 볼 수 있도록 하였다. 또한 주역타로 중 저자가 가장 인정하는 "TAO
Oracle" 타로의 간단한 해석을 적었으며 다른 해석들과 같이 보면 간명하다.
본괘는 말 그대로 변화의 주체를 말한다. 또한 현 상황을 말한다. 역에 뿌리
를 두고 있는 육효나 주역은 어려운 학문은 아니나 다소 초심자가 공부하기
엔 혼동이 있을 수 있어 걱정된다. 초심자는 그곳에 마음을 두지 말고 간명히
보자.

28. 육효점 보기

　그날의 월과 일진을 뽑아 세와 용신의 형충파해를 본다. 육효를 간단히 설명하니 납갑의 지지에서 용신을 찾아 우선 용신에 가장 중요한 당사자는 세효가 된다. 그러므로 세효가 월과 일진에 충극 당하지 안아야 한다. 과거는 진극과 가극이 있어 극충을 나누어 칠살은 귀(鬼)라 하고 정관은 관(官)이라 하여 세분화 되게 통변하였으나 현재는 모두 관으로 보고 있는 실정이다.

　육효점을 통변하기 위해선 육효를 따로 배울 것을 권하며 재대로 알면 참으로 신묘한 학문이 이것이다. 그러나 이 역시 보는 당사자의 마음이 중요한 것이므로 보기 전 마음가짐을 단정히 하여야 할 것이다.

　육효점에서 수를 뽑는 것은 자유이나 중요한 것은 자신만의 수를 뽑는 법칙을 만들어야 할 것이다. 예를 들어 먼저 뽑는 수는 내괘이고 다음은 외괘이며 마지막은 동효를 뽑는다는 식이나 온 사람의 시간 점사로 시간은 내괘로 하고 분은 외괘로 하고 합산하여 6여지 한 것은 동효로 잡는다던지 마음이 습으로 인식하면 답은 자연적으로 간명해 질 것이기 때문이다.

　예를 들어 辰月 癸酉日에 구재점을 친다고 했을 경우 역점으로 지천태는 크게 기뻐한다 하였으니 좋지 않을 수 없다. 즉 역점으로는 태양이 태음을 얻었으니 좋은 괘상이며 육효로는 재성이 용신이며 3효의 진이 월에 기운을 받아 생기가 있다. 용신과 子水와 합을 하며 일지의 생을 받는다. 즉 길하여 돈이 들어온다는 점사가 되는 것이다. 언제 들어오는가 묻는다면 申, 酉日이나 子日에 들어온다고 하면 되는 것이다.

　또한 주변괘 아래의 상수는 본괘의 시종수와 도전괘의 시종수를 적은 것으로 소강절 선생에 황극경세서에서 발췌한 64괘의 시종수이다.

문왕 9궁 마방진 수

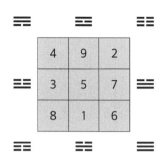

주역 복희팔괘의 수는 10수이나 문왕팔괘의 수는 9수로 윤회한다. 문왕팔괘의 마방진 수의 81수리가 있으니 주로 성명학에서 많이 사용하고 있어 역학을 공부하는 학인이라면 기본으로 알아야 할 수리이다. 아래의 회색은 凶수 이다. 각궁에 구궁수순으로 9씩 더하면 쉽게 대입된다.

문왕 81수 마방진

31		13		81	18	29		11	369
	58		45	63		38			369
67						65		47	369
	75		32	77				16	369
21	39	57	23	41		25		61	369
	3	48	68	5			7	52	369
35		17		73		33	78	15	369
				37		24			369
71	8			1			6	51	369
369	369	369	369	369	369	369	369	369	369

729수 마방진

9855	9855	9855	9855	9855	9855	9855	9855	9855	9855	9855	9855	9855	9855	9855	9855	9855	9855	9855	9855	9855	9855	9855	9855	9855	9855	9855	9855
274	679	112	319	724	157	256	661	94	279	684	117	324	729	162	261	666	99	272	677	110	317	722	155	254	659	92	9855
193	355	517	238	400	562	175	337	499	198	360	522	243	405	567	180	342	504	191	353	515	236	398	560	173	335	497	9855
598	31	436	643	76	481	580	13	418	603	36	441	648	81	486	585	18	423	596	29	434	641	74	479	578	11	416	9855
265	670	103	283	688	121	301	706	139	270	675	108	288	693	126	306	711	144	263	668	101	281	686	119	299	704	137	9855
184	346	508	202	364	526	220	382	544	189	351	513	207	369	531	225	387	549	182	344	506	200	362	524	218	380	542	9855
589	22	427	607	40	445	625	58	463	594	27	432	612	45	450	630	63	468	587	20	425	605	38	443	623	56	461	9855
310	715	148	247	652	85	292	697	130	315	720	153	252	657	90	297	702	135	308	713	146	245	650	83	290	695	128	9855
229	391	553	166	328	490	211	373	535	234	396	558	171	333	495	216	378	540	227	389	551	164	326	488	209	371	533	9855
634	67	472	571	4	409	616	49	454	639	72	477	576	9	414	621	54	459	632	65	470	569	2	407	614	47	452	9855
273	678	111	318	723	156	255	660	93	275	680	113	320	725	158	257	662	95	277	682	115	322	727	160	259	664	97	9855
192	354	516	237	399	561	174	336	498	194	356	518	239	401	563	176	338	500	196	358	520	241	403	565	178	340	502	9855
597	30	435	642	75	480	579	12	417	599	32	437	644	77	482	581	14	419	601	34	439	646	79	484	583	16	421	9855
264	669	102	282	687	120	300	705	138	266	671	104	284	689	122	302	707	140	268	673	106	286	691	124	304	709	142	9855
183	345	507	201	363	525	219	381	543	185	347	509	203	365	527	221	383	545	187	349	511	205	367	529	223	385	547	9855
588	21	426	606	39	444	624	57	462	590	23	428	608	41	446	626	59	464	592	25	430	610	43	448	628	61	466	9855
309	714	147	246	651	84	291	696	129	311	716	149	248	653	86	293	698	131	313	718	151	250	655	88	295	700	133	9855
228	390	552	165	327	489	210	372	534	230	392	554	167	329	491	212	374	536	232	394	556	169	331	493	214	376	538	9855
633	66	471	570	3	408	615	48	453	635	68	473	572	5	410	617	50	455	637	70	475	574	7	412	619	52	457	9855
278	683	116	323	728	161	260	665	98	271	676	109	316	721	154	253	658	91	276	681	114	321	726	159	258	663	96	9855
197	359	521	242	404	566	179	341	503	190	352	514	235	397	559	172	334	496	195	357	519	240	402	564	177	339	501	9855
602	35	440	647	80	485	584	17	422	595	28	433	640	73	478	577	10	415	600	33	438	645	78	483	582	15	420	9855
269	674	107	287	692	125	305	710	143	262	667	100	280	685	118	298	703	136	267	672	105	285	690	123	303	708	141	9855
188	350	512	206	368	530	224	386	548	181	343	505	199	361	523	217	379	541	186	348	510	204	366	528	222	384	546	9855
593	26	431	611	44	449	629	62	467	586	19	424	604	37	442	622	55	460	591	24	429	609	42	447	627	60	465	9855
314	719	152	251	656	89	296	701	134	307	712	145	244	649	82	289	694	127	312	717	150	249	654	87	294	699	132	9855
233	395	557	170	332	494	215	377	539	226	388	550	163	325	487	208	370	532	231	393	555	168	330	492	213	375	537	9855
638	71	476	575	8	413	620	53	458	631	64	469	568	1	406	613	46	451	636	69	474	573	6	411	618	51	456	9855
9855	9855	9855	9855	9855	9855	9855	9855	9855	9855	9855	9855	9855	9855	9855	9855	9855	9855	9855	9855	9855	9855	9855	9855	9855	9855	9855	9855

묘미한 변화의 수는 팔괘를 보며 시간의 순차는 지괘를 보며 시작은 본괘를 보고 끝은 도전괘를 본다. 역이란 변화의 묘리라 이것이 이것이다 말할 수 없으나 후학이 공부하기 편하게 하고자 황극경세서에 나오는 시간의 수를 적어보고자 한다.

소강절의 "황극경세론"에서

일원(一元) : 12會 × 10,800 = 129,600年 ---〉우주의 천지개벽

일회(一會) : 30運 × 360 = 10,800年 ---〉문명의 대변화

일운(一運) : 12世 × 30 = 360年 ---〉중변화

일세(一世) : 30年 × 1年 = 30年 ---〉소변화 (세대의 변화)

일년(一年) : 12月 × 30日 = 1年 360日

일월(一月) : 30日 × 1日 = 30日

일일(一日) : 12辰時

경세천지시종지수도(經世天地始終之數圖)[5]

11.중천건(乾):1

12. 천택이(履):12

21.택천결(夬):12

22.중택태(兌):144

31.화천대유(大有):360

32.화택규(睽):4,320

41.뢰천대장(大壯):4,320

42.뢰택귀매(歸妹):51,840

51.풍천소축(小畜):129,600

52.풍택중부(中孚):1,555,200

61.수천수(需):1,555,200

62.수택절(節):18,662,400

71.산천대축(大畜):46,656,000

72.산택손(損):559,872,000

81.지천태(泰):559,872,000

82.지택임(臨):6,718,464,000

13.천화동인(同人):360

14.천뢰무망(无妄):4,320

23.택화혁(革):4,320

24.택뢰수(隨):51,840

5) 황극경세서(2002년 원문 p376)-소강절, 편집:노영균, 펴낸이:안병섭, 펴낸곳:대원출판

33.중화리(離):129,600 34.화뢰서합(噬嗑):1,555,200

43.뢰화풍(豊):1,555,200 44.중뢰진(震):18,662,400

53.풍화가인(家人):46,656,000 54.풍뢰익(益):559,872,000

63.수화기제(旣濟):559,872,000 64.수뢰둔(屯):6,718,464,000

73.산화비(賁):16,796,160,000 74.산뢰이(頤):201,553,920,000

83.지화명이(明夷):201,553,920,000 84.지뢰복(復):2,418,647,040,000

15. 천풍구(姤):129,600 16. 천수송(訟):1,555,200

25. 택풍대과(大過):1,555,200 26. 택수곤(困):18,662,400

35. 화풍정(鼎): 46,656,000 36. 화수미제(未濟):559,872,000

45. 뢰풍항(恒):559,872,000 46. 뢰수해(解):6,718,464,000

55. 중풍손(巽):16,796,160,000 56. 풍수환(渙):201,553,920,000

65. 수풍정(井):201,553,920,000 66. 중수감(坎):2,418,647,040,000

75. 산풍고(蠱):6,046,617,600,000 76. 산수몽(蒙):72,559,411,200,000

85. 지풍승(升):72,559,411,200,000 86. 지수사(師):870,712,934,400,000

17. 천산둔(天山遯):46,656,000

27. 택산함(澤山咸):559,872,000

37. 화산여(火山旅):16,796,160,000

47. 뢰산소과(雷山小過):201,553,920,000

57. 풍산점(風山漸):6,046,617,600,000

67. 수산건(水山蹇):72,559,411,200,000

77. 중산간(重山艮):217,678,233,600,000

87. 지산겸(地山謙):2,612,138,803,200,000

18. 천지비(天地否):559,872,000

28. 택지췌(澤地萃):6,718,464,000

38. 화지진(火地晉):201,553,920,000

48. 뢰지예(雷地豫):2,418,647,040,000

58. 풍지관(風地觀):72,559,411,200,000

68. 수지비(水地比):870,712,934,400,000

78. 산지박(山地剝):2,612,138,803,200,000

88. 중지곤(重地坤):31,345,665,638,400,000

　황극경세의 시종의 수는 그 수가 커서 어려워 보이나 전혀 그렇지 않다. 그냥 건천괘에서 내괘와 외괘가 증가하듯 각 괘에서 처음에 12(음수)를 배수하고 다음은 30(양수)을 배수하고 계속 번갈아가며 배수하면 되니 너무 어렵게만 생각하지 않기를 바란다.

경세일원소장지수도(經世一元消辰之數圖)

원(元)	회(會)	운(運)	세(世)	년(年)	괘상	
日甲	子 1月	星 30	辰 360	10,800年	䷀	
	丑 2月	星 60	辰 720	21,600年	䷀	
	寅 3月	星 90	辰 1,080	22,400年	䷀	開物 星之己 76
	卯 4月	星 120	辰 1,440	43,200年	䷀	
	辰 5月	星 150	辰 1,800	54,000年	䷀	
	巳 6月	星 180	辰 2,160	64,800年	䷀	唐堯始星之祭 180辰2157
	午 7月	星 210	辰 2,520	75,600年	䷫	夏殷周秦 兩漢兩晋 16國南北朝 隋唐五代宋
	未 8月	星 240	辰 2,880	86,400年	䷠	
	申 9月	星 270	辰 3,240	97,200年	䷋	
	酉 10月	星 300	辰 3,600	108,000年	䷓	
	戌 11月	星 330	辰 3,960	118,800年	䷖	閉物 星之戊 315
	亥 12月	星 360	辰 4,320	129,600年	䷁	

수리를 공부하다보면 선학의 위대함에 감탄할 때가 많다. 선학은 천지의 움직임을 간파하여 수리를 내세웠으니 현대에선 천체망원경이 있어도 수리에 변묘를 알기 어려운데 그 옛날 하늘만보고 어찌 일정한 변화의 수를 알 수 있었을까?

물론 수행을 하다보면 그 이치의 변화가 내안에 있음을 알 수 있으나 학자와 수행자는 다를 것이다. 선학의 깨달음은 참으로 지극하다.

모든 수는 무극에서 온다. 무극이란 원(元)이다. 음자는 원이라 말하면 하나만 생각하나 양자는 원이라 말하면 둥근 원이며 근본이고 으뜸하니 대표하고 숫자로는 0이라 있는 그대로를 받아들인다.

팔괘의 근본수를 모두 더하면 60(건,곤,감,리를 제외한 수)이며 본괘의 육신이 천지를 운행하며 변화를 만든다 하였으니 지괘와 더불어 12변을 만든다. 육효가 오행(五行:다섯번 오고가는 것이니 다섯 번 도는 것과 같다)하면 30이니 후학에게 말하여도 모를 수 있어 쓸모없는 말이 될까 걱정이 앞선다. 12는 역학을 하는 이에겐 지극히 묘리한 수이다. 즉 변화가 보이는 수이다. 12가 음양으로 나뉘면 24가 된다. 팔괘 상수의 묘리는 스스로 공부하길 바란다. 그 수가 적지만 변화의 수는 무한하고 순차하지 않아 난해할 것이다.

삼극이 천지인 삼재를 이루어 팔괘를 만드니 이를 소성괘라 말하고 천지 또는 내외괘로 팔괘를 중첩하여 6효가 구성되면서 64괘를 만드니 이를 대성괘라 말한다. 64괘가 한 효씩 동하여 변역되니 64×6=384효의 상이 나타난다. 64괘중 호괘, 도전괘, 착종괘가 없는 중건천괘와 중지곤괘의 用九와 用六의 변효 둘을 합하여 386효의 변효상을 볼수 있다. 주역은 처음 해당되는 괘의 상을 설명하고 다음으로 괘의 각 효가 동할 때의 상을 설명하며 복희팔괘와 64괘를 문왕이 64괘의 변효로 분류하여 386효상을 설명하였다. 문왕의 설명에 주공과 공자가 추가로 설명을 하였으니 공자의 추가 설명을 십익이라 한다. 문왕은 군자인 다스리는 자의 시선으로 주역을 보았으며 공자는 현인 학자의 시선으로 주역을 보아 설명하였다.

역은 우리가 배워왔던 그 어떤 학문보다 오래된 역사를 가지고 있다. 그러 므로 초급자가 역을 보면 군자의 성품을 이야기하는 지침서가 될 수 있으나 중급자 이상이 보면 그 깊이를 헤아리기 어려울 정도라 말한다. 공자가 죽을 때 한탄하길 10년만 더 주역을 공부하길 바랬으니 그 깊이를 쉬 말할 수 없음 이다. 공자는 대중이 쉽게 역을 공부하길 바라며 십익(열 가지의 날개 익:翼)을 달 았다고 한다.

역을 어렵게 생각하지 말기를 바라는 마음에 한마디 하자면 역이란 한번 음하면 반드시 한번 양해야 하는 것이 역이다. 한번 숨을 내쉬면(—) 반드시 언젠가는 숨을 들이쉬어야지만(--) 삶이 이어지는 것이다. 한번 팔을 뻗으면 (—) 반드시 조금이라도 굽혀야지(--) 팔이 살아있다 말할 수 있다. 오고감에 변화가 일어나고 뜻이 있어 변화하고 원회(元會)한다. 모두가 원을 세워 뜻을 이루나 모두가 원하는 것을 이루지 못함은 같은 뜻을 이루고자 함이다. 그러 므로 조금 더 원이 높은 이가 뜻을 이루어 결과를 얻으니 이 또한 모두 인과의 법칙이다. 산 것과 죽은 것 모든 만물을 팔괘로 분류하고 그 변화되는 모습을 관찰한 것이 역이라 생각하면 된다. 그러므로 주역은 인과를 설명하며 변화 되는 모습을 괘상으로 설명한 것이다.

음이 극에 달하면 양으로 변역되고 양이 극에 달하면 음으로 변역된다. 이 것을 역(易)이라 말한다. 나아가면 멈추었다 집으로 다시 돌아올 때가 분명히 있고 올라가면 내려올 때가 분명히 있으며 낮이 오면 밤이 오는 것이 명명하 니 역(易:바꿀역)을 이(易:쉬울이)라 말하고 역(曆:책력)이 되지 않겠는가?

十宮變易圖

肩巽　四腰　四占　八脚　一口　七目　五　陰金化　四震雷

首離　四腰　九占　八脚　一口　七目　十　陽金化　九乾天

肩坤　二肩　二占　五腹　七　十額　三面　九　陰火化　二兌澤

腋震　四背　三占　八腋　九木　三鼻　四肩　陽木化　三離火

脾外　六足　十占　五黃　十旬　二頤　三腮　一尾　陰土化　十干天

心中　八足　五占　五土　二頤　三腮　一尾　陽土化　五巽風

腋兌　七肩　七占　五腹　十赤　十額　三面　七目　陽火化　七艮山

足艮　五背　八占　二腋　一青　三鼻　四尾　八肝　陰木化　八坤地

尾坎　四頂　一占　五胸　六水　九頭　六耳　陽水化　一乾天

足乾　三項　六占　五胸　九水　九頭　七目　三黑　陰水化　六坎水

복희 64괘 방원도

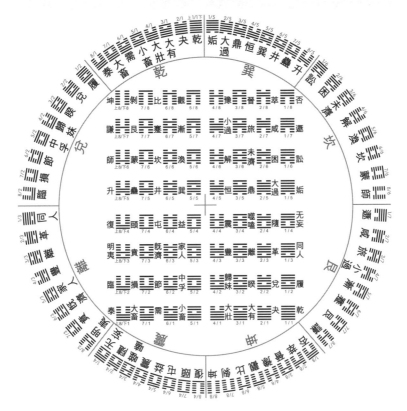

　마지막으로 주역을 해석하기 전에 팔괘상의는 주역을 이해하는 근본 키이니 예습을 하기 바란다. 팔괘를 모르고 주역을 해석함은 키 없이 문을 열고자 하는 마음과 같다.

　앞에 십궁변역도는 문왕팔괘의 구궁도이다. 각 신체부위와 수리가 같이 들어가 있다. 초급자는 매우 난해하여 보기조차 어려울 수 있으나 가만히 들여다보면 문왕팔괘가 주로 해설한 것이고 문왕 구궁수에 복희 팔괘수를 대입한 것이다. 그리고 각 신체부위는 주역을 해석할 때 많은 도움이 된다.

31. 팔괘상의(八卦象意)

1) 乾卦象意 ☰ (하점은 불리함)

선천수(복희팔괘수)는 1이고 오행으로 금에 속한다.

① 천시: 하늘, 얼음, 우박, 싸락눈, 추위, 청명함, 눈(雪)
② 지리: 서북방, 서울, 대도시, 명승지, 높은 지형, 둥근 곳, 철광, 암석지
③ 인물: 군주, 아버지, 대인, 노인, 웃어른, 고관, 유명인, 공직자
④ 성정: 원만함, 강건하고 과감하게 결단함, 무용(武勇)이 있고 고명(高名)을
   좋아함, 활동적이고 적극적, 정적이지 못함
⑤ 신체: 머리, 뼈, 폐, 정수리, 광대뼈와 볼
⑥ 시서: 가을(9월~10월), 戌亥年月日時, 金年月日時, 9~10月 日
⑦ 동물: 말, 사자, 코끼리, 매, 독수리
⑧ 정물: 금옥, 보화, 둥근 것, 귀한 물건, 나무 열매, 강하고 단단한 것, 거울
⑨ 가택: 공관, 누대, 큰집, 높은 집, 역사(驛舍), 서북향집, 추점(秋占)에는 집
   이 흥왕하고, 하점(夏占)에는 화(禍)가 있으며, 동점(冬占)에는 쇠락한다.
⑩ 혼인: 친인척, 명문자녀, 추점(秋占) 성혼함, 하점(夏占)에는 불리함.
⑪ 음식: 말고기, 건조한 것, 뼈 많은 것, 진미, 매운 것, 둥근 것, 열매
⑫ 출산: 쉽게 낳는다. 추점에는 귀한 자식을 낳고, 하점은 손상됨이 있다.
⑬ 관직: 고관, 명성과 권세가 있는 지위, 조정에 나아가 일함이 좋다. 서북
   방으로 나아감, 법관, 군인, 역관(驛館), 금은보화를 관리 감독하는 일
⑭ 거래: 쉽게 이루어짐, 금은 보화를 취급한즉 유리함, 하점에는 불리하다.
⑮ 구재: 금옥이나 공문에서 득재한다. 혹은 귀인의 재물을 얻는다. 추점에
   는 길하여 재물을 얻고, 동점에는 재물이 없으며, 하점에는 손재한다.
⑯ 소망: 이룰 수 있다. 공문(公門) 가운데 이익이 있다. 움직이는 가운데 이
   루어진다. 하점에는 불리, 동점에는 이루어지는 일은 적다.
⑰ 출행: 북서방으로 가는 것이 좋다. 대도시나 서울로 가는 것이 이롭다.
   원행(遠行)함에 좋다. 하점에는 불길하다.

⑱ 알현: 만나볼 수 있다. 대인을 봄에 이롭다. 고관을 만나 봄이 좋다.

⑲ 질병: 두면(頭面)에 병이 있다. 폐병, 근골병, 하점에는 불안하다.

⑳ 관송: 귀인의 도움으로 승소함, 추점에는 길하나, 하점에는 불리하다.

㉑ 분묘: 서북좌향의 묘가 이롭다. 건산기맥(乾山氣脈) 과 천혈이 길하다. 추점에는 귀자가 태어나고, 하점에는 자사지냄이 불가하다.

㉒ 성명: 상음(商音), 성씨에 金자가 들어 있음

㉓ 오색: 대적(大赤), 현색(玄色)

㉔ 미각: 맵고 아린 맛

㉕ 수리: 1, 4, 6, 9

2) 坤卦象意 ☷ (춘점은 불리함)

선천수는 8이고, 오행으로는 土에 속한다.

① 천시: 음산하고 습함, 안개, 구름

② 지리: 전야(田野), 시골, 평지, 서남방

③ 인물: 할머니, 어머니, 노부, 농촌사람, 중인(衆人), 대복인(大腹人)

④ 성정: 온순하고 유약함, 인색하고 느리다. 완고하고 둔하다.

⑤ 신체: 배(腹), 비위, 살

⑥ 시서: 辰戌丑未月, 未申年月日時, 八五十月日

⑦ 동물: 소, 흰짐승, 암말, 참새, 갈가마귀

⑧ 정물: 네모난 물건, 흙 속에서 나온 것, 부드럽고 유약한 물건, 비단이나 베, 오곡, 수레, 솥, 질그릇

⑨ 가택: 토담집, 안온하다. 음기가 많다. 시골집, 춘점에는 가택이 불안함

⑩ 혼인: 혼인함에 이롭다. 재산이 있는 집이나 향촌에 있는 집이 길하다. 혹은 과부가 있는 집의 혼인이다. 춘점에는 모두 불리하다.

⑪ 음식: 들에서 나는 맛이다. 소고기, 흙 속에서 나온 식물이다. 달콤한 맛이 난다. 오곡의 종류, 기장이나 피, 짐승의 내장, 뼈가 없는 고기 살

⑫ 출산: 쉽게 낳는다. 춘점에는 난산이며 아이나 산모가 불리하다.

⑬ 관직: 명예가 있다. 서남방으로 부임하면 길함, 토지와 관련된 직업이 길하다. 혹은 교관(敎官)으로 간다. 춘점에는 명예가 없다.

⑭ 거래: 거래함이 이롭다. 토산물이나 토지에 관한 교역이 이롭다.

⑮ 구재: 이익이 있다. 흙 속에서 나는 물건을 취급하여도 길하며, 옷감, 의류, 오곡류에서도 이익을 볼 수 있다. 고요한 가운데 득재하게 된다.

⑯ 소망: 소망하는 바를 이룰 수 있다. 향리에 관련된 일이나 토지와 관련된 일은 쉽게 구할 수 있다. 노모의 도움을 받는다.

⑰ 출행: 출행할 수 있다. 농촌이나 육로 서남방으로 가는 것이 이롭다.

⑱ 알현: 만나볼 수 있다. 고향 사람이나, 새로운 친구, 혹은 陰人을 만나 보는 것이 좋다. 춘점에는 만나보기 어렵다.

⑲ 질병: 복질(腹疾), 비위병, 음식을 먹고 체하거나 상한 음식을 먹고 속에 탈이 난 것이다. 혹은 음식을 먹고 소화가 안되어 생긴 병이다.

⑳ 관송: 귀인의 도움으로 승소함, 추점에는 길하나, 하점에는 불리하다.

㉑ 분묘: 서남혈(西南穴), 평양지(平陽地), 근처에 밭과 동네가 있다. 낮은 곳에 장사지냄이 이롭다. 춘점에는 장사지냄이 불가하다.

㉒ 성명: 궁음(宮音), 성씨에 土자가 들어 있음

㉓ 오색: 황색, 검은색

㉔ 미각: 단맛

㉕ 수리: 2, 8, 5, 10

3) 震卦象意 ☳ (추점은 불리함)

선천수는 4이고, 오행으로는 木에 속한다.

① 천시: 우레, 진동(震動)

② 지리: 동방, 수목이나 초목이 울창한 곳, 시장, 번성한 장소, 대나무 숲, 큰 길

③ 인물: 장남, 무인(武人), 운동선수

④ 성정: 왕성하게 활동한다. 헛되이 놀란다. 화를 잘 낸다. 많이 움직이고

조용히 머물러 있지 못한다. 마음이 들떠 있고 불안함

⑤ 신체: 발, 간, 머리털, 음성을 내는 기관

⑥ 시서: 春三月, 卯年月日時, 四, 三, 八月日

⑦ 동물: 용, 뱀, 벌, 나비, 백로, 학

⑧ 정물: 나무, 대나무, 화초, 나무로 만든 제품, 악기, 북

⑨ 가택: 동향집, 누각, 집안에 불시에 놀라는 일이 생긴다. 산림속에 있는 집, 춘점은 길하고, 추점은 불길하다.

⑩ 혼인: 혼인이 성사된다. 명성 있는 집안이다. 장남의 혼인에 길하다.

⑪ 음식: 족발, 산, 들에서 나는 맛이다. 채소류, 물고기, 신맛 열매

⑫ 출산: 헛되이 놀라는 일이 있다. 태아의 움직임이 불안하다. 반드시 사내 아이를 낳는다. 추점에는 손상됨이 있다. 동쪽이 이롭다.

⑬ 관직: 명성을 얻는다. 동방으로 부임해 나가면 길하다. 형옥(刑獄)을 관장 한다. 호령하거나 발령하는 일을 맡으면 길하다. 다과(茶果)에 관련된 직 종이 길하고, 세무직이나 시장의 물건을 관리하는 직종도 좋다.

⑭ 구재: 나무나 대나무를 취급한즉 길하다. 동쪽에서 재물을 얻는다. 혹은 산림이나 茶果로써 이득을 취한다. 움직이는 가운데 득재한다.

⑮ 소망: 바라는 일이 이루어진다. 움직이는 가운데 원하는 일 이룬다.

⑯ 출행: 동쪽으로 가면 좋다. 산림으로 들어가면 길하다. 추점에는 가는 것 이 좋지 않다. 두려운 일이 생기거나 놀라는 일이 생기기 쉽다.

⑰ 알현: 만나볼 수 있다. 산림에 살고 있는 사람을 만나거나, 명성을 얻고 있는 사람을 만나 보는데 길하다.

⑱ 질병: 족질(足疾), 간경화, 경기, 정신불안증

⑲ 관송: 승소하게 된다. 놀라는 일이 생긴다.

⑳ 분묘: 동남향이 이롭다. 산림가운데 穴이 있다.

㉑ 성명: 각음(角音), 성씨에 木자가 들어 있음

㉒ 오색: 푸른색, 청색

㉓ 미각: 신맛

㉔ 수리: 4, 8, 3

4) 巽卦象意 ☴ (추점은 불리함)

선천수는 5이고, 오행으로는 木에 속한다.

① 천시: 바람
② 지리: 동남방, 초목이 무성한 곳, 채소밭, 과수원, 화원
③ 인물: 장녀, 기술자, 머리털이 적은 사람, 산림인, 도인
④ 성정: 유화하고 우유부단함, 마음이 부정함, 진퇴를 정하지 못함
⑤ 신체: 넓적다리, 기운, 털, 담, 사지
⑥ 시서: 봄과 여름사이, 3 ,5 ,8月 日時, 辰巳年月 日時, 3, 4月
⑦ 동물: 닭, 백금, 산림 속에 있는 새나 벌레
⑧ 정물: 나무, 향기 나는 것, 식물, 長物, 대나무, 나무로 정교하게 만든 그릇
⑨ 가택: 안온한 산림 속에 있는 집이며 근처에 사찰이나 별장이 있다.
⑩ 혼인: 이루어지기 어렵다. 장녀의 혼인에는 길하다. 추점에는 불리하다.
⑪ 음식: 닭고기, 산림 속에서 채취한 것, 채소류, 신맛이 나는 음식 등
⑫ 출산: 쉽게 낳는다. 여아를 낳는다. 추점에는 손태한다. 동남좌가 이롭다.
⑬ 관직: 명성을 얻을 수 있다. 문직이나 풍기 단속하는 일이 길하다. 동남
　　방으로 부임하면 길하다. 혹은 茶果에 관련된 직종이나 세무직이 좋다.
⑭ 거래: 거래가 이루어진다. 진퇴가 일정하지 않다. 교역한 즉 이익을 본
　　다. 산림의 물이나 다과를 취급하는 것이 길하다.
⑮ 구재: 세 배의 이익을 남긴다. 산림과 관련된 일에서 이익을 남긴다. 혹은
　　다과에서 득재한다. 춘점에는 대길하고, 추점일 경우에도 이익이 있다.
⑯ 소망: 원하는 바를 얻을 수 있다. 재능이 있으니 능히 뜻을 성취한다.
⑰ 출행: 갈 수 있다. 출입에 유리하다. 동남행이 유리하다.
⑱ 알현: 만나보게 된다. 산림인을 보면 이롭다. 혹은 문인이나 수사(秀士)를
　　만나보면 길하다.
⑲ 질병: 넓적다리에 병이 있다. 풍질, 중풍, 감기 몸살(유행성 질환)
⑳ 관송: 화해함이 길하다. 풍기문란 죄를 받는다.
㉑ 분묘: 동남향이 길하다. 산림가운데 혈이 있다. 수목이 우거진 곳에 묘가

있다. 추점에는 불리하다.

㉒ 성명 : 각음(角音), 성씨에 木자가 들어 있음

㉓ 오색 : 청록색, 푸른색, 순백색

㉔ 미각 : 신맛

㉕ 수리 : 5, 3, 4, 8

5) 坎卦象意 ☵ (辰戌丑未月점은 불리함)

선천수는 6이고, 오행으로는 水에 속한다.

① 천시: 눈, 비, 달, 서리, 이슬

② 지리: 북방, 강, 호수, 계곡물, 개울, 우물, 샘물, 음습지, 도랑, 못

③ 인물: 둘째 아들, 강호인(江湖人), 어부, 도적, 女命일 경우에는 화류계

④ 성정: 음험하고 남을 모함하기 잘하는 천한 성격이다. 겉으로 보기에는
　　　부드럽지만 속은 강하다. 지혜롭다.

⑤ 신체: 귀(耳), 혈액, 신장

⑥ 시서: 11월, 子年月日時, 1,6월日

⑦ 동물: 돼지, 물고기, 여우, 사슴

⑧ 정물: 수정, 물속에 있는 종류, 흑색물, 활, 바퀴

⑨ 가택: 집안이 따뜻한 북향집, 습지나 집 근처에 물이 있다. 불안하고 암
　　　매하며 도적을 방지해야 한다. 집 근처에 술집이나 찻집이 있다.

⑩ 혼인: 둘째 아들의 혼인에 이롭다. 북쪽에 사람과의 혼인에 이롭다.

⑪ 음식: 돼지고기, 술, 찬 음식, 해물, 탕, 짠맛이 나는 것, 묵힌 음식물, 물고
　　　기, 선지국, 뼈가 많은 것, 씨가는 것, 물 속에 있는 것, 오랫동안 저장해
　　　두었던 음식물(젓갈류)

⑫ 출산: 낳기 어렵다. 두 번째 출산이면 무난하다. 둘째는 아들이다.

⑬ 관직: 두려운 일이 생기며 얻기 어렵다. 물가와 북쪽으로 부임하면 길하
　　　다. 형사직, 수산물, 저수지, 해양과 관련된 직종은 길하다.

⑭ 거래: 음해모략이 있어 교역은 불리하다. 수산물, 물가 교역은 길함.

⑮ 구재: 손재할 우려가 있으나 물가에서 득재한다. 모함에 빠져 재물을 잃기 쉽다. 술, 소금, 물고기 등의 취급은 길하며 도둑을 조심하라.

⑯ 소망: 바라는 일을 이루기 어렵다. 秋冬일 경우에도 역시 불리하다.

⑰ 출행: 원행에 불리하다. 배를 타고 건너는 데는 길하다. 북방으로 출행함이 길한데, 도적을 조심해야 한다.

⑱ 알현: 만나보기 어렵다. 강호인을 만나 보는 데에는 길하다. 혹은 성씨에 물水자가 있는 사람이나 물가에 사는 사람을 만나는 데에도 길하다.

⑲ 질병: 혈병(血病), 귓병, 심장 or 신장질환, 냉증으로 설사나 고질병

⑳ 관송: 음험함에 빠지니 불리하다. 실물에 관한 송사이다.

㉑ 분묘: 북향을 하면 이롭고 묘소 근처에 물이 있다. 음습지는 불리함.

㉒ 성명: 우음(羽音), 성씨에 삼수변이나 물 水자가 들어 있다.

㉓ 오색: 흑색

㉔ 미각: 짠맛

㉕ 수리: 1, 6

6) 離卦象意 ☲ (겨울-冬 점은 불리함)

선천수는 3이고, 오행으로는 火에 속한다.

① 천시: 태양, 번개, 무지개, 노을, 맑음, 더움

② 지리: 남방, 건조하고 높은 곳, 용광로가 있는 곳, 볕이 잘 드는 곳

③ 인물: 둘째딸, 文人, 배가 큰 사람, 눈병 걸린 사람, 갑옷 입은 병사

④ 성정: 총명하고 조급하며 예의가 바르다. 서로 마음을 비워 만나게 된다.

⑤ 신체: 눈(目), 心, 상초(上焦)

⑥ 시서: 5月, 午年月日時, 3,2,7月日, 火年月日時

⑦ 정물: 불, 문서, 갑옷, 창, 방패, 건조한 물건, 홍색 물건, 속빈물건

⑧ 동물: 꿩, 거북, 자라, 게, 소라, 곤충류

⑨ 가택: 남향집, 양명(陽明)한 집, 창문이 밝다. 빈집, 화려한 건물, 편안하고 태평한 집인데, 극체(剋體)하면 재액이 있다.

⑩ 혼인: 이루어지기 어렵다. 둘째 딸의 혼인에는 이롭다. 夏占에는 길하나, 冬占에는 불리하다.

⑪ 음식: 꿩고기, 불에 굽거나 태운 음식, 건조시켜 말린 음식

⑫ 출산: 쉽게 낳는다. 둘째 딸이 아이를 낳거나 혹은, 둘째 딸을 낳는 것이다. 겨울점에는 손상됨이 있다. 남향에 앉으면 유리하다.

⑬ 관직: 명성을 얻을 수 있다. 남방으로 부임하면 길하다. 문관으로 나가면 좋고, 불을 다루는 직종도 길하다.

⑭ 거래: 이루어진다. 문서를 교역하면 길하다.

⑮ 구재: 재물이 있다. 문서나 남방으로 가서 구하면 득재한다.

⑯ 소망: 바라는 일은 이루어진다. 특히 문서에 관련된 일이 길하다.

⑰ 출행: 출행함에 길하다. 남방으로 가면 길하다. 문서에 관련된 일로 출타하는 것이라면 더욱 길하다. 배는 타지 않는 것이 좋다.

⑱ 알현: 만나게 되며 남방인을 보는데 길하다. 秋占은 문서를 고안함.

⑲ 질병: 눈병, 심장병, 상초병, 열병, 夏占이면 더위를 먹은 것이다.

⑳ 관송: 분명하게 판결되며 문서상의 문제로 송사하는 것이다.

㉑ 분묘: 남향하면 길하다. 나무가 없는 양지바른 혈이다. 冬占에는 불리하고 夏占에는 문인이 나온다.

㉒ 성명: 징음(徵音), 성씨에 火, 日, 立, 人 자가 들어 있다.

㉓ 오색: 적색, 자색, 홍색

㉔ 미각: 쓴맛

㉕ 수리: 9, 3, 2, 7

7) 艮卦象意 ☶ (춘점은 불리함)

선천수는 7이고, 오행으로는 土에 속한다.

① 천시: 구름, 안개, 연기

② 지리: 동북방, 산길, 근처에 산성이 있는 곳, 구릉, 분묘가 있는 곳, 산이 첩첩하게 둘러 쌓여 있는 곳

③ 인물: 막내아들, 산중인(山中人), 궐문을 지키는 사람, 문지기

④ 성정: 막혀 있는 사람으로 마음이 요지부동이다.

⑤ 신체: 손가락, 뼈, 코 등

⑥ 시서: 겨울과 봄 사이, 12월, 丑,寅年月日時, 土年月日時, 7,10年月日

⑦ 정물: 토석, 오이, 채소의 열매, 누런 색을 띤 물건, 흙속에 있는 것

⑧ 동물: 호랑이 , 개, 쥐, 백금(百禽), 주둥이가 검은 동물

⑨ 가택: 안온하지만 막혀있고 집안 식구가 불화 한다. 동북향 집, 산밑에
　집이 있고 근처에 바위, 돌이 있다. 집 근처에 도로가 있다.

⑩ 혼인: 혼사가 늦어지고 막히니 이루어지기 어렵다. 少男이나 막내아들
　의 혼인에는 길하다. 春占은 불리하다. 농촌 사람과의 혼인 길함.

⑪ 음식: 흙에서 나는 것, 동물의 고기

⑫ 출산: 난산이며 출산 시기가 임박함, 동북방을 향하여 앉으면 길하다.

⑬ 관직: 매사가 막히고 지체되기 때문에 이름을 얻기 어렵다. 동북방으로
　부임하면 길하다. 산이나 토지, 성벽, 문궐(門闕)등을 관장하는 일은 길하
　다. 혹은 산성에 관련된 직업이라야 한다.

⑭ 거래: 이루어지기 어렵다. 산림, 田土에 관한 일이라면 가능하다.

⑮ 구재: 막혀서 재물을 얻기 어렵다. 산림이나 전토, 토석에 이익이 있다.

⑯ 소망: 원하는 바를 이루지 못한다. 도모하는 일은 막히고 지체된다.

⑰ 출행: 원행에 불리하다. 지체된다. 가까운 육로로 출행은 무관함.

⑱ 알현: 중간에 막히는 일이 있으니, 다음으로 미루는 것이 좋다.

⑲ 질병: 손가락에 병이 있다. 비위병, 음식을 먹고 체한 것이다.

⑳ 관송: 귀인이 도와주려고 하지만 중도에 방해를 받으니 도움을 얻지 못
　한다. 송사는 해결되기 어렵다. 일이 새끼처럼 꼬이게 된다.

㉑ 분묘: 동북방을 향하면 이롭다. 산중에 혈이 있다. 추점은 불리함.

㉒ 성명: 궁음(宮音), 성씨에 土자가 들어 있다.

㉓ 오색: 황색

㉔ 미각: 단맛

㉕ 수리: 7, 5, 8, 10

8) 兌卦象意 ☱ (여름-夏 점은 불리함)

선천수는 2이고, 오행으로는 金에 속한다.

① 천시: 이슬, 별, 초승달, 안개

② 지리: 서방, 못, 저수지, 무너진 못, 파손된 우물

③ 인물: 무녀, 첩, 가수, 기생, 통역관, 선생, 변호, 강사, 술사

④ 성정: 잘 웃고 잘 떠들며 말이 많다. 험담을 잘하며 애교가 있다.

⑤ 신체: 혀, 입, 폐, 입에서 나오는 침, 점액, 방광, 대장

⑥ 시서: 8월, 酉年月日時, 金年月日時, 2,4,9月日

⑦ 정물: 금속, 칼, 악기, 흠이 있는 그릇과 기물, 폐물, 술잔, 접시, 동전

⑧ 동물: 양, 못 속에서 나온 것, 오리, 승냥이

⑨ 가택: 서향집이며 연못 주변에 집이 있다. 구설이 분분하여 불안하며 집의 벽이 허물어져 있다.

⑩ 혼인: 이루어지기 어렵다. 추점은 가능하다. 막내 딸 혼인 길함.

⑪ 음식: 양고기, 못에서 나온 것, 숙성시킨 것, 맵고 아린 맛이 나는 것

⑫ 출산: 불리하며 딸을 낳기 쉽다. 태아가 손상될 염려가 있다.

⑬ 관직: 이루기 어렵다. 명예를 훼손당하기 쉽다. 서방으로 부임한 즉 유리하다. 刑官이나 통역관, 무관, 연못을 관리하는 직종이 이롭다.

⑭ 거래: 손해만 있고 이익은 없다. 주로 언변으로 재리를 취할 수 있다. 秋占은 득재의 기쁨이 있으나 夏占은 손재와 구설이 있다.

⑮ 구재: 경쟁치열, 불리하다. 구설을 방지해야 한다. 夏占은 흉하다.

⑯ 소망: 원하는 것을 성취하지 못한다. 도모하는 일에 손실만 따르게 된다. 秋占에는 기쁨이 있고, 夏占에는 이루는 것이 없다.

⑰ 출행: 원행에 불리하다. 구설이 분분하다. 혹은 손실이 있다. 서쪽으로 가는 것이 이롭다. 秋占에는 무난하게 출행할 수 있다.

⑱ 알현: 서방으로 가서 만나 보는 것은 이롭다.

⑲ 질병: 입병, 음식을 먹지 못함, 편도, 치아질환, 기관지염, 천식,

⑳ 관송: 쟁송이 끊이지 않고 일어난다. 옳고 그름이 좀처럼 판가름 나지 않

는다. 손실이나 손괴로 인한 쟁송이다. 추점엔 득리하여 승소한다.

㉑ 분묘: 서향이 이롭다. 혈 중에 물이 있을까 염려된다. 묘지 근처에 못이 있다. 夏占에는 불리하니, 혹 혈이 파손되었다.

㉒ 성명: 상음(商音), 성씨에 口자가 들어 있다.

㉓ 오색: 백색

㉔ 미각: 맵고 아린 맛

㉕ 수리: 2, 4, 7, 9

2장
주역 실전 입문

제1 중천건괘

* 중상급운세

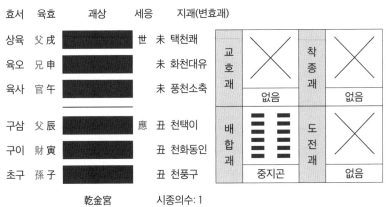

효서	육효	괘상	세응	지괘(변효괘)
상육	父戌		世	未 택천쾌
육오	兄申			未 화천대유
육사	官午			未 풍천소축
구삼	父辰		應	丑 천택이
구이	財寅			丑 천화동인
초구	孫子			丑 천풍구

乾金宮　　시종의수: 1

교호괘	없음	착종괘	없음
배합괘	중지곤	도전괘	없음

- 하늘위에 하늘이며 성인이 성인을 만났으니 굳건함의 끝이다.

- 용무리가 하늘을 나는 상이다. 한여름의 정오, 정오의 맑은 하늘이다.

- 건괘는 만괘의 시작, 만물의 우상, 하늘과 용과 군자의 움직임과 같다.

건(乾)은 '위대하다', '크게 통한다', '굳세다'라는 뜻이다. 하늘이 있게 된 후에 만물이 생겨나는 것이다. 태양 두개의 소성괘들이 겹쳐서 모두 하늘과 아버지를 상징하는 패이다.

1효동 : 움직이면 쓰임이 없고 길하지 못하여 꾸준히 힘을 기를 때이다. 자중하여 스스로의 힘을 키워야 할 때이니 배우고 익혀야 길하다.

2효동 : 화합하여야 길함이 있는 것이니 주변과의 관계를 잘하여야 한다. 동남쪽에 이익이 있으며 이성과의 관계로 고민이 생긴다.

3효동 : 우환, 질병, 액운으로 대흉처럼 보이나 난관을 극복하면 대길한 운세이다. 윗사람과의 불화가 생길 수 있으며 문서가 동하여 재물이 생긴다.

4효동 : 적게 모은다란 뜻이다. 현재는 우울하고 어두운 상황이나 종국에는 길함이 있다. 기관을 상대로 하면 이익이 생기며 윗사람의 덕을 본다.

5효동 : 스스로가 내실과 외실이 튼튼하여 무엇을 하여도 큰 발전이 있는 효사이다. 스스로를 수양하며 때를 기다리니 움직여라. 그 때가 왔음이다.

6효동 : 만사가 길하나 자신을 낮추지 못하면 강한 태풍이 생길 운이다. 과한 행동은 관재구설을 만드니 항상 언행을 조심하여야 한다.

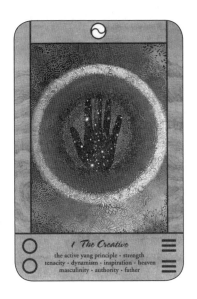

1. The Creative
창조, 강함, 시작

the active yang principle.
양이 움직이는 원칙

strength. tenacity.
강인함, 고집과 끈기, 강인한 노력

dynamism. inspiration.
적극적임, 확력, 영감을 주는 사람.

heaven. masculinity.
천국, 하늘, 남성성

authority. father.
지휘권, 아버지

사 업 : 새로운 사업은 보류하고 기존 사업은 밀고 나가라.

소 원 : 빨리 이루어지지 않는다. 새사람을 등용하라. 기회는 온다.

거 래 : 서두르면 실패, 원만하게 천천히 해야 함. 2-5개월 뒤 기회 옴.

재 물 : 구하면 얻을 수 있음. 사업 확장은 금물, 2-5개월 후 재물 생김.

연 애 : 서로가 고집을 부리니 별로 신통치 않다.

혼 인 : 보류하는 편이 좋다. 곤(坤)은 길하지만 건(乾)은 불길하다.

매 매 : 2일 또는 5일째 기회가 올 것이니 기다리는 것이 좋음, 시세O

구 인 : 빨리 오지 않는다. 진일(辰日)과 술일(戌日)에 소식만 오겠다.

가출인 : 돌아올 것이니 안심해도 좋다. 건방(乾方)에 있다. 산, 번잡한 곳

출 산 : 불안전하나 득남(得男)의 운세이다.

이 사 : 凶. 택일로부터 2일 또는 3일 후로 날짜를 잡는 것이 좋겠다.

여 행 : 凶. 목적한 바를 이루나 부상의 염려가 있다

입 학 : 욕심내면 불리하다. 경쟁자가 많을 것이니 방심하지 말라.

소 송 : 타협함이 길하다. 중재하는 사람에게 모두 맡기는 것이 좋다.

실 물 : 서북쪽에서 찾을 수 있으나 시일이 오래 걸린다.

건 강 : 뇌와 신경계 질환, 신경통, 수면부족 주의 장기간 환자는 불길함.

직 장 : 무직은 곧 직업을 얻고 공무원은 매우 길한 괘이다.

乾 元亨利貞.
건 원형이정 .

건괘는 바르고 곧으니 이롭게 형통하여 으뜸인 괘이다.

역설 참으로 간명하다. 선학이 단 4글자로 건괘를 완벽히 설명하였으니 음(陰)한 자는 봐도 모를 글이다. 간단히 각 글자를 설명하니 스스로 말을 한번 만들어보길 바란다. 어떤 말을 만들더라도 틀리지 않을 것이다. 원(元)이란 으뜸이며, 으뜸이란 어떤 것에 우선한다는 뜻이고 어떤 것의 우두머리이며 가장 큰 것이다. 가장 높은 것은 가장 강한 자리로 어떠한 것에 대표된다는 뜻이다. 그 어떠한 것은 형(亨)을 말하며 형통하다는 뜻이고 형통하다는 말은 거침이 없고 막힘이 없이 활발하게 움직인다는 뜻이다. 형이란 높이 올라간 것이며 밝게 빛나는 글자이다. 즉 원형이란 다시 간명히 말하면 양괘가 극을 이루었고 양을 대표한다는 뜻이며 크게 좋다는 의미이다. 이정(利貞)이란 무슨 뜻인가? 이(利)란 이로울 이라 좋다는 이야기이다. 또한 이익이란 추구하는 것이고 정반대의 성향에 이익이 있다. 무엇을 추구하느냐는 정(貞)을 말한다. 정이란 정절, 정조의 정(貞)자를 말한다. 이 정자는 많은 의미가 있으니 점복(卜)자에 조개패(貝)자를 합한 글자로 옛날 점을 치는 방식중 하나가 조개에 불을 피우면 갈라지는 것으로 점사를 쳤으니 이는 점치는 것이 이롭다는 말이 되며 곧고 바른 여자의 절개인 음괘를 추구한다는 뜻이다. 모든 양 효가 음효를 추구하게 된다. 추구한다는 말은 변화됨을 말하니, 눈앞의 이로움을 보고 세인이 움직이지 않을 수 있겠는가? 그러니 이정(利貞)엔 여러 가지의 뜻이 있으며 점사가 이롭다는 좋은 점괘를 말한다.

※ 역해설의 첫 부분이니 자세히 설명하고자 한다. 처음이 힘들뿐 자세히 설명한 부분을 눈여겨보면 초급자도 능히 해석할 수 있을 것이다. 모든지 스스로 하는 것이 중요하므로 차츰 간명히 설명할 것이다.

初九 潛龍勿用.
초 구 잠 룡 물 용 .

초구 숨어 있는 용은 쓰지 않는다.

역설 초구란 첫효가 양효란 뜻이며, 잠룡이란 다른 양효 들에게 눌려있는 양효가 음효로 변화하느냐 마느냐를 말한다. 즉 잠(潛)이란 땅속에서의 움직임이며 "숨어있다. 잠겨있다." 란 뜻이다. 용(龍)은 양효를 말하며 전설 속의 동물이며 신묘한 동물이라. 잠재력은 풍부하다. 그러나 아직은 강호로 나가긴 어리고 미숙하니 숨어서 갈고 닦아야 길하다. 물(勿)이란 글자가 그러하니 만물이 생기기 전에 땅속에 내제된 모습이다. 물(勿)이란 아니다. 하지 말라. 없다는 말이다. 용(用)은 쓸용이며 그 모양이 음효를 다스린다. 태극을 베풀다. 양효를 가른다. 강하게 움직인다. 변화한다. 라는 뜻으로, 물용(勿用)이란 "쓰임이 없다", "다스리지 못 한다", "움직여봐야 좋지 않다"는 뜻이다. 간명히 말하면 "아직 쓰이기엔 부족함이 있으니 움직이면 쓰임이 없고 길하지 못하여 꾸준히 힘을 기를 때이다."란 말이다.

왜 길하지 못하느냐? 말하니 초 양효가 변하면 천풍구라 변효괘(대성괘)가 되며 구(姤)괘란 만난다는 뜻이나 문제는 좋지 않은 재난이나 사기 또는 사고를 만난다는 괘이다. 양효들 아래 음효 하나가 눌려 희롱당하거나 희롱하는 모습이니 가히 좋은 모습이 아니다. 소성괘로도 건금(乾金)괘가 손목(巽木)괘로 변하니 金극木이라 본괘엔 흉하지 않으나 천지가 金이라. 木을 극하니 木이 남아나지 않는다. 육효의 변은 자수(子水)가 축토(丑土)로 변하면 土극水가 되니 길한 듯 하면서도 흉하다. 그러니 움직이면(변화하면) 길하지 않으니 자중하여야 한다는 효사이다.

九二, 見龍在田 利見大人.
구 이 . 현 룡 재 전 이 견 대 인 .

구이, 용이 출현하여 밭에 있으니 대인을 봄이 이롭다.

역설 구이란 두 번째 역시 양효를 말하며, 견룡(見龍)이란 양효를 본 것이다. 용은 음속에 숨어있는 양을 말한다. 때에 따라선 음효도 될 수 있는 변화무쌍한 동물이다. 어디에서 본 것이냐가 재전(在田)으로 밭에 있는 것을 본 것이다. 밭 전(田)이란 글자 모양 그대로 정 중앙에 알맞게 있는 모습이다. 비슷한 듯한 글자에 중(中), 신(申), 왕(王), 용(用)자가 비슷한 모양이나 전(田)이란 글자만큼 알맞은 모양이 아니다. 즉 간명히 하면 내괘의 중심에 양효가 있음을 본 것이며 이것이 음효로 변화하는 것은 이(利)로운 괘이다. 대인을 보는 것이 이롭다는 뜻에 대인(大人: 5효)이란 자신의 위에 자신을 이끌어줄 사람(大)을 말한다. 즉 귀인의 도움을 말하니 이는 2효가 동하여 음효가 되면 음한 자리에 음효가 오는 것이며 천화동인괘가 된다. 동인괘는 길한 괘이니 이로울 수 있음이며 다른 사람과 뜻을 같이 하니 귀인이 나서서 나의 지위와 명예를 얻게 되는 상이다. 소성괘의 변화 역시 내괘인 건금괘가 이화괘로 변하여 화련진금되는 모습이라 외괘(金)의 보호아래 내가 변화하니 길하다. 육효의 변화 역시 본효가 재(財)를 얻는 것이다. 동인괘는 화합하여야 길함이 있는 것이니 주변과의 관계를 잘하여야 한다. 움직이면(변화하면) 길한 것이니 움직이는 것이 좋다는 점사이다.

九三, 君子終日乾乾 夕惕若 厲无咎.
구삼 . 군 자 종 일 건 건 석 척 약 려 무 구 .

구삼, 군자가 종일 굳세게 힘을 다하고 저녁 역시 조심하니 비록 어려움에 처하더라도
재앙이 없다.

역설 구삼이란 3번째 효 역시 양효를 말한다. 군자종일건건이란 3효가 양효의
모습을 설명한 것이다. 즉 군자란 건괘의 실리를 말하며 종일에 종(終)이란 극에
이르다. 끝나다. 완료되다. 마치다란 뜻으로 무엇이 마치느냐는 일(日)을 마치는
것이며 일은 태양을 말하며 태양은 양극을 말한다. 즉 정오(正午)를 말하니 이를
건건이라 하여 강하고 강하다란 뜻이다. 이는 너무 극강하니 염려됨을 말함이
다. 저녁 석(夕)이란 음으로 변화됨을 이야기 한다. 3효는 양자리이며 굳건하여
길한 것이 음효로 변하여 불길함이 엿보인다. 두려움이 있는 것은 양이 있음이
다. 음보단 양한 사람이 겁이 많다. 여성도 지켜야할 양기가 생겼을 때부터 겁이
많아진다. 이 것은 참으로 지켜야할 것이 무엇인지 알고 있는 본성의 작용이다.
3효가 음효로 변하면 대성괘로 천택이가 되니 그 괘가 석척약(夕惕若) 여무구(厲
无咎)를 말한다. 즉 3효에 음이 오면 불길함이 엿보이고 당장은 위험하고 괴로운
모습이 보이더라도 결국엔 길 하다란 말이다. 무구(无咎)는 앞으로도 많이 나오
는 말이니 설명하고 넘어간다. 무구란 재앙이 없다란 뜻이다. 움직임이 없으면
재앙도 없다는 이야기이다. 즉 흉한 듯 하나 자중하면 종국에는 흉하지 않을 때
많이 쓰는 말로 전화위복의 뜻이다. 반흉반길을 말하니 약간 애매하게 들리는
말이기도 하다. 천택이괘의 이(履)란 밟을 이를 말하며 이는 호랑이 꼬리를 밟
은 것과 같아 우환, 질병, 액운으로 대흉처럼 보이나 난관을 극복하면 대길한 운
세이다. 소성괘로 보아도 건금이 태금으로 변화하니 대립되는 듯하나 화합하면
자신의 세력이 된다. 육효의 변화 역시 진(辰)이 축(丑)으로 변화됨은 태극의 변
화라 불길한듯하나 자신이 지변하면 종국엔 자신의 세력이 된다.
　양음의 자리는 매우 중요하다. 초 음효는 대성괘로보면 매우 귀하나 양괘에
눌려있어 귀함을 잃었으나 3번째 음효는 양효에 둘러 쌓여 보호를 받으며 조화
를 이루는 모습이다. 그러니 건괘 3효의 변화는 처음은 자중하며 근신하면 종국
엔 길하게 되는 효사이다.

九四, 或躍在淵 无咎.
구 사 . 혹 약 재 연 무 구 .

구사, 혹 깊은 연못에서 뛰어오르기도 하나 허물이 없다.

역설 참으로 심오한 말이다. 혹약이란 내괘에서 외괘로의 전환을 이야기한다. 3효가 변화하여 내괘가 태택(연못)이 이어질 수 있으면(무변하면) 무구하다(흉하지 않다)로 해석이 가능하며 다른 뜻으론 변화하여도 아래에 음효가 있는 것이니 무구하다란 뜻이다. 자세히 해석해보자. 혹이란 말 그대로 혹시란 뜻이며 뛸 약(躍)이란 글자 모양 그대로 발에 새의 날개를 달았으니 외괘 아래의 효가 변화된다는 말이다. 변화하여 음효가 되면 못 연(淵)은 깊이 있는 물과 같아 흉한 듯 보이나 흉하지 않다는 뜻이다. 외괘 첫효가 변화하면(움직이면) 풍천소축의 대성괘를 만든다. 소축이란 머물게 한다. 적게 모은다란 뜻이다. 이는 변괘가 구름에 가린 하늘로 보여 우울하고 어두운 상황이나 고진감래라 종국에는 비가 온다는 괘이다.

　소성괘의 변화는 외괘인 건금이 손목괘로 변화하여 바깥에 큰 변화로 콩고물을 얻게 되는 상황이다. 육효의 변화는 오화(午火)가 미토(未土)로 변화하여 이득이 있다. 소축괘는 6효의 중간에 있는 음효가 내괘에서 외괘로 튀어 올라갔으니 조화를 이뤄 화합하던 여자가 힘을 얻어 양효를 다스리기 시작한 모양과 같다. 많은 양효들이 음효 하나에 꼼짝 못하고 열심히 일을 하는 모습이다. 하늘에 구름이 종국에는 비를 만드는 효사이다.

九五, 飛龍在天 利見大人.
구 오 , 비 용 재 천 이 견 대 인 .

구오, 용이 하늘에 있어 대인을 봄이 이롭다.

역설 구오란 양효가 5번째를 차지함을 말한다. 밭에 있던 용이 하늘에 있음이라. 다시한번 말하니 용은 변화무쌍하여 음지에 숨어있는 양한 신물이라 너무 양하여 물을 불러 들인다. 그러니 용(辰)을 음이라 말하여도 틀리지 않음이다. 건괘의 5효가 동함은 2효가 동함과 비슷한 모양이나 2효 동한 것보다 조금은 못하다. 2효의 길함은 도움이 있어 길하고 5효의 길함은 스스로의 힘으로 길함이다. 비룡(飛龍)이란 현룡(見龍)이 이(利:추구함)를 얻음이다. 하늘의 중앙을 날고 있는 용을 비룡재천이라 한다. 이견대인이란 2효와 같이 자신을 이끌어줄 사람을 알현함이 길하다는 것이다. 5효가 동하면 참으로 길한 시기를 만난 것이니 한낮 중천에 태양이 뜬 것과 같다. 음효 하나가 모든 것을 다스리니 길하다. 5효가 변하면 대성괘로 화천대유가 된다. 대유란 풍년을 이야기 하며 창고에 곡식이 가득하여 나라로는 치국평천하를 말한다. 소성괘의 변화는 건금이 이화괘로 변하니 외괘가 화련진금이 된다. 이는 나라가 편하니 내가 편한 것과 같고 대성괘로는 스스로가 내실과 외실이 튼튼하여 무엇을 하여도 큰 발전이 있는 것이다. 명예가 앞에 있으니 움직여야 한다.

소성괘는 화련진금하고 육효의 변화는 신(申)금이 미(未)토로 변하여 토의 생을 받는 길한변화라 만물이 빠른 속도로 변화하여 풍요를 이룬다.

上九, 亢龍有悔.
상 구 . 항 룡 유 회 .

상구, 너무 높이 올라간 용은 불운함이 있다.

역설 상구란 마지막 6번째 효가 양효임을 말한다. 항룡유회라 이 또한 참으로 간명하면서도 심오한 말이다. 이 4글자를 양학으로 길게 말하자면 책이 열권이어도 부족하리라. 간명히 하면 항룡(亢龍)이란? 최고 높은 위치의 변화를 말한다. 항(亢)이란 목위를 말하며 이는 얼굴과 머리를 뜻하기도 한다. 천지인의 천의 끝을 말한다. 중천이 아닌 상천을 날고있는 용이라 참으로 불안하다. 이는 인간이 화를 내고있는 모습과 같고, 학자가 고지식하여 자신의 학문만을 내세운 것과 같고, 왕이 지극히 고지식하고 극화한 마음으로 나라를 다스리는 모습과 같으니 만인이 두려워하는 모습과 같다. 최고의 위치에 임하니 더 이상 올라갈 곳이 없어 이젠 내려오는 것만 남은 모습이다. 유회(有悔)란 말 그대로 후회함이 있다는 말이 되나 자세히 살펴보면 회(悔)란 돌아온다는 뜻이며 마음이 모성애로의 변화되는 글자이다. 즉 음이 생기는 글자로 상효가 음효로 변화되는 뜻이다. 간명히 말하면 양효가 극에달해 음이 생기는 모습이 상구의 변화이다. 6번째 효가 음으로 변하면 택천괘의 대성괘로 변화한다.

괘(夬)란 건괘의 입구가 트인 상황이다. 강인함이 극에 이르러 마침내 변화를 만드니 태풍이 생겨난다. 이는 약한 움직임이 아니다. 쾌는 결의, 결단, 결정하여 붕괴시키고 물리치는 싸움의 괘이다. 외괘인 건금이 변하여 태금으로 변화하니 쇠소리만 쩌렁쩌렁하다. 자신의 지나친 강함만 믿고 분별없이 행하니 사방이 위험하다. 원래 풍요로운 임금이라 좋아도 좋은 것으로 느껴지지 않고 안 좋은 것만 느껴진다. 독제자의 강압정치가 이어지니 앞으로의 난관이 무서운 괘이다. 건천괘와 택천괘는 모두 좋은괘이나 좋을 때 자중하여 스스로를 낮추라는 말에 항룡유회라 말하였다.

육효의 변화는 세를 얻은 자리에 술(戌)토가 미(未)로 변화되니 자신의 세력만 강해지는 운이다. 다시 말하지만 쾌괘는 길괘이다. 안 좋다 말하는 건 후회함이 없을 때를 말함이다. 자신을 낮추지 못하면 강한 태풍이 생길 운이기 때문이다.

用九, 見羣龍无首 吉.
용 구 . 견 군 용 무 수 길 .

용구, 용 무리를 보아도 우두머리가 없으니 길하리라.

역설 용구란 양효가 모두 변하는(움직이는) 괘이다. 즉 변화가 완료되면 중지곤의 괘를 말함이다. 건괘는 모두가 왕과 같고 곤괘는 모두가 백성이다. 용구의 변화는 건괘의 6효가 모두 동하니 용무리가 움직이는 것이다. 중천건에 음효하나가 생기면 그효가 귀함이요 머리이다. 중지곤괘에 양효 하나가 생기면 그 양효가 머리요 임금이다. 즉 귀한 것을 대우하며 받드는 것이 기본 성정이다. 용구는 건괘인 하늘의 변화가 지극하여 마침내 곤괘로 이어짐이다. 중지곤은 건천괘의 배합괘니 대성괘로도 참으로 진귀하여 길하다. 용의 무리가 모두 변하여 모두가 백성이 되니 우두머리가 없다는 말이다. 이는 모두가 조화를 이루어 길하니 참으로 길한 효사를 말한다. 건이 곤괘로 변함은 간명하여 길게 말할 필요가 없을 것이다. 소성괘가 모두 건금(乾金)에서 곤토(坤土)로 변하니 토가 금을 생하는 길한 점사이다.

※ 단왈과 상왈, 그리고 공자의 말은 모두가 괘사와 효사를 설명한 것이니 덧붙여 보아야 허물만 더하는 것이라 설명을 안 하려 한다. 간명히 보길 바란다.

彖曰 大哉乾元 萬物資始 乃統天. 雲行雨施 品物流形.
단 왈 대 재 건 원 만 물 자 시 내 통 천. 운 행 우 시 품 물 류 형.
단왈, 위대하도다 만물의 으뜸인 건이여, 만물이 이를 비롯하여 시작되고, 이에 하늘을 거느리는 구나. 구름이 흐르니 비가 내려 만물이 번식하여 형체를 갖춘다.

大明終始 六位時成 時乘六龍以御天. 乾道變化
대 명 종 시 육 위 시 성 시 승 육 용 이 어 천. 건 도 변 화

各正性命 保合太和 乃利貞. 首出庶物 萬國咸寧.
각 정 성 명 보 합 태 화 내 이 정. 수 출 서 물 만 국 함 녕.
시간 흐름은 여섯 단계로 나뉘어져, 여섯 용이 끄는 수레를 타고 천체를 운행한다. 건도의 변화는 성과 명을 각기 바르게 하고 모든 것을 조화롭게 조정하니 크게 길하고 이롭다. 만물의 으뜸으로 나와 만국이 모두 편안하구나.

象曰 天行健 君子以自强不息."潛龍勿用"陽在下也.
상 왈 천 행 건 군 자 이 자 강 불 식. 잠 용 물 용 양 재 하 야.

"見龍在田"德施普也."終日乾乾"反復道也.
현 룡 재 전 덕 시 보 야. 종 일 건 건 반 복 도 야.

상왈, 하늘의 운행이 강건하니, 군자는 이것으로써 스스로를 끊임없이 강화시킨다. 숨은 용을 사용하지 않음은 양효 아래 있기 때문이다. 대지에 출현한 용을 본 것은 널리 덕을 베풀기 위함이다. 온종일 힘을 다하는 것은 반복하는 것이 도이기 때문이다.

"或躍在淵"進无咎也."飛龍在天"大人造也.
혹 약 재 연 　진 무 구 야 . 비 룡 재 천 　대 인 조 야 .

"亢龍有悔"盈不可久也."用九"天德不可爲首也.
항 룡 유 회 　영 불 가 구 야 . 용 구 　천 덕 불 가 위 수 야 .

혹 깊은 연못에 뛰어 오른다는 것은 나아가더라도 병폐가 없다는 것이다. 용이 하늘을 나는 것은 대인이 장악하는 것이다. 너무 높이 올라간 용이 불운함은 가득 찬 상태가 오래하지 못함이다. 양효를 쓰는 것은 하늘의 덕으로는 올바른 우두머리가 될 수 없음이다.

文言曰 元者 善之長也 亨者 嘉之會也 利者 義之和也 貞者
문 언 왈 원 자 선 지 장 야 형 자 가 지 회 야 이 자 의 지 화 야 　정 자

事之幹也. 君子體仁足以長人 嘉會足以合禮 利物足以和義
사 지 간 야 . 군 자 체 인 족 이 장 인 가 회 족 이 합 례 이 물 족 이 화 의

貞固足以幹事. 君子行此四德者 故曰"乾 元 亨 利 貞."
정 고 족 이 간 사 . 군 자 행 차 사 덕 자 고 왈 　건 원 형 이 정 .

문왕의 글에서 말하길 원이란 선의 으뜸이다. 형이란 아름다움의 모임이다. 이란 의리의 평화로움이다. 정이란 일이 중심이다. 군자는 인을 몸소 지키며 사람을 이끌고, 아름다운 모임의 근본엔 예절이 있어야 하며, 이로움이 있는 모든 것은 의리로 조화될 수 있어야 하고, 정이 한결같음을 지킴은 맡은 일을 함에 있다. 군자가 행할 이 네가지 덕을 예로부터 말하길 건은 원, 형, 이, 정이라 한다.

初九曰"潛龍勿用"何謂也.
초 구 왈 　잠 룡 물 용 　하 위 야 .

초구에 숨은 용은 사용하지 않는다 하는데 무엇을 말함인가

子曰"龍德而隱者也. 不易乎世 不成乎名 遯世无悶 不見
자 왈 　룡 덕 이 은 자 야 . 불 역 호 세 불 성 호 명 둔 세 무 민 불 견

是而无悶 樂則行之 憂則違之 確乎其不可拔'潛龍'也."
시 이 무 민 락 칙 행 지 우 즉 위 지 확 호 기 불 가 발 　잠 룡 　야 .

공자왈, 용의 덕을 지니고 숨어 있는 자로서, 세상의 변화에 흔들리지 않고, 이름을 떨

치지도 않고, 옳은 것을 드러내지도 않아 번민이 없이 은둔해 있는 자이다. 즐거우면 행하고 즐겁지 않으면 행하지 않으니, 이런 정신이 확고히 뿌리를 내려 조금도 동요가 없는 것을 일러 숨어 있는 용이라 한다.

九二曰"見龍在田 利見大人"何謂也.
구 이 왈　현 룡 재 전　이 견 대 인　　하 위 야 .

구이에 용이 대지에 출현하니 대인을 만나 이롭다는 말은 무엇을 말함인가.

子曰"龍德而正中者也. 庸言之信 庸行之謹 閑邪存其誠
자 왈　룡 덕 이 정 중 자 야 . 용 언 지 신 용 행 지 근 한 사 존 기 성

善世而不伐 德博而和. 易曰'見龍在田 利見大人'君德也."
선 세 이 불 벌　덕 박 이 화 . 역 왈　현 룡 재 전　리 견 대 인　군 덕 야 .

공자왈, 용의 덕을 갖춘 중정한 자로서, 일상의 말과 행동에 믿음이 있고 부지런하며, 사악한 것을 막아 성실함을 보존하고, 세상을 교화하면서도 뽐내지 않으니 덕이 두터워 교화가 행해진다. 역에서 용이 대지에 출현하여 대인을 만나 이롭다는 말은 군주의 덕을 말함이다.

九三曰"君子終日乾乾 夕惕若 厲无咎"何謂也.
구 삼 왈　군 자 종 일 건 건　석 척 약　여 무 구　　하 위 야 .

구삼에 군자가 온종일 힘을 다하고 저녁에도 조심하니 비록 어려움에 처하더라도 재앙이 없다는 말은 무엇을 말함이오?

子曰"君子進德脩業. 忠信 所以進德也 脩辭立其誠 所以居業
자 왈 군 자 진 덕 수 업 . 충 신 소 이 진 덕 야 수 사 입 기 성　소 이 거 업

也. 知至至之 可與言幾也 知終終之 可與存義也. 是故居上位
야 . 지 지 지 지 가 여 언 기 야 지 종 종 지 가 여 존 의 야 . 시 고 거 상 위

而不驕 在下位而不憂. 故乾乾因其時而惕 雖危无咎矣.
이 불 교　재 하 위 이 불 우 . 고 건 건 인 기 시 이 척　수 위 무 구 의 .

공자왈, "군자가 덕을 쌓고 학문을 증진시키는 것이다. 충과 신으로써 덕을 쌓고 말이나 행동을 성실히 함으로써 사업의 터전을 마련하는 것이다. 사업이 발전할 때가 되면 기회를 놓치지 않고 발전시켜 그만둘 때가 되면 의리에 합당하게 그만둔다. 이 때문에 높은 지위에 있어도 교만하지 않고, 낮은 지위에 있어도 조바심을 내지 않는다. 이처럼 군자가 온갖 힘을 다하고 항시 조심하고 근심하니 비록 위태로운 상황에 처하더라도 허물없는 것이다."

九四曰 "或躍在淵 无咎" 何謂也.
구 사 왈　혹 약 재 연　무 구　하 위 야 .

구사에 혹 깊은 연못에서 뛰어오르기도 하나 허물이 없다는 말은 무엇을 말함이오?

子曰 "上下无常 非爲邪也 進退无恒 非離羣也.
자 왈　상 하 무 상 비 위 사 야　진 퇴 무 항　비 리 군 야 .

君子進德修業 欲及時也 故 '无咎'."
군 자 진 덕 수 업　욕 급 시 야　고　무 구

공자왈, 어떤 때는 높은 자리에, 어떤 때는 낮은 자리에 있어 위아래가 일정함이 없지만 약삭빠른 생각으로 하는 것은 아니다. 나아가고 물러가고 하는 것은 상황의 변화에 따른 것이지 무리를 떠나고자 하는 것이 아니다. 군자는 덕을 쌓고 학문을 닦는 것을 시대적 상황에 맞도록 하므로 허물이 없다.

九五曰 "飛龍在天 利見大人" 何謂也.
구 오 왈　비 룡 재 천 리 견 대 인　하 위 야 .

구오에 용이 하늘을 나니 대인을 만나 이롭다는 말은 무엇을 말함이오?

子曰 "同聲相應 同氣相求 水流濕 火就燥 雲從龍 風從虎 聖
자 왈　동 성 상 응 동 기 상 구　수 류 습　화 취 조　운 종 룡　풍 종 호　성

人作而萬物覩 本乎天者親上 本乎地者親下 則各從其類也."
인 작 이 만 물 도　본 호 천 자 친 상　본 호 지 자 친 하　칙 각 종 기 류 야 ."

공자왈, 같은 소리는 서로 응하고, 같은 기운은 서로 구한다. 물은 습한 곳으로 흐르고, 불은 건조한 곳에서 쉽게 일어난다. 구름은 용을 따르고, 바람은 범을 따른다. 성인이 출현하니 만물이 모두 우러러본다. 하늘에 뿌리를 둔 것은 위로 친하고, 땅에 뿌리를 둔 것은 아래로 친하니, 각기 그 유를 따른다.

上九曰 "亢龍有悔" 何謂也.
상 구 왈　항 룡 유 회　하 위 야 .

상구에 너무 높이 올라간 용은 불운하다는 말은 무엇을 말함이오?

子曰 "貴而无位 高而无民 賢人在下位而无輔 是以動而
자 왈　귀 이 무 위　고 이 무 민　현 인 재 하 위 이 무 보　시 이 동 이

'有悔'也."
유 회 야 .

공자왈, 귀하긴 하지만 지위가 없고, 높긴하지만 다스릴 백성이 없고, 아래에 어진이들이 있긴하지만 도움을 받을 수 없으니 움직이기만 하면 좋지 않은 일들이 생긴다.

"潛龍勿用"下也"見龍在田"時舍也"終日乾乾"
　잠 룡 물 용　하 야　현 룡 재 전　시 사 야　종 일 건 건
行事也"或躍在淵"自試也"飛龍在天"上治也
　행 사 야　혹 약 재 연　자 시 야　비 룡 재 천　상 치 야
"亢龍有悔"窮之災也 乾元"用九"天下治也.
　항 룡 유 회　궁 지 재 야 건 원　용 구　천 하 치 야.

숨어 있는 용을 사용하지 않는 것은 아래에 억눌려 있기 때문이다. 용이 대지에 출현한 것은 시기를 기다리는 것이요 온종일 힘을 다하는 것은 사업을 행하는 것이다. 혹 깊은 연못에서 뛰어오르기도 하는 것은 스스로 시험해 보는 것이요 용이 하늘을 나는 것은 위에서 나라를 다스리는 것이다. 너무 높이 올라간 용이 불운한 것은 극한에 이르러 더 이상 길이 없는 것이다. 건원에 용구는 천하가 잘 다스려지는 것이다.

"潛龍勿用"陽氣潛藏"見龍在田"天下文明"終日乾乾"
　잠 룡 물 용　양 기 잠 장　현 용 재 전　천 하 문 명　종 일 건 건
與時偕行"或躍在淵" 乾道乃革"飛龍在天"乃位乎天德
　여 시 해 행　혹 약 재 연　건 도 내 혁　비 용 재 천　내 위 호 천 덕
"亢龍有悔" 與時偕極 乾元"用九" 乃見天則.
　항 용 유 회　여 시 해 극 건 원　용 구　내 견 천 칙.

숨어 있는 용을 사용하지 않는 것은 양한 기운에 눌려 숨어 있기 때문이다. 용이 대지에 출현한 것은 천하가 문명화된 것이다. 온종일 힘을 다하는 것은 시대에 맞게끔 나아가는 것이다. 혹 깊은 연못에서 뛰어오르기도 하는 것은 건의 도가 혁신되는 것이다. 용이 하늘을 나는 것은 최고의 위치에 이른 것이다. 너무 높이 올라간 용이 불운한 것은 시기가 극한에 이른 것이다. 건원에 용구는 하늘의 법칙이다.

"乾 元"者 始而亨者也."利 貞"者 性情也.
　건 원 자 시 이 형 자 야. 리 정 자 성 정 야.
건을 원, 형이라 한 것은 만물의 시작이면서 동시에 형통하다는 것이다. 이와 정자는 성과 정을 말한다.

乾, 始能以美利利天下, 不言所利, 大矣哉. 大哉乾乎.
　건, 시 능 이 미 리 리 천 하. 불 언 소 리. 대 의 재. 대 재 건 호.

剛健中正, 純粹精也.
강 건 중 정 , 순 수 정 야 .

건은 아름다운 이익으로써 천하를 이롭게 하지만 자신의 은덕을 내세우지 않으니 참으로 위대하다. 위대하도다 건이여! 강건하고 중정하니 순수한 정이로다.

六爻發揮 旁通情也.
육 효 발 휘 방 통 정 야 .

여섯효가 착종복잡(방통)의 관계로 서로 연계된다.

時乘六龍 以御天也 雲行雨施 天下平也.
시 승 육 룡 이 어 천 야 운 행 우 시 천 하 평 야 .

시간적으로는 여섯 용을 타고 천체를 제어하며, 구름을 움직이고 비를 내림으로써 천하를 태평스럽게 한다.

君子以成德爲行 日可見之行也. "潛"之爲言也 隱而未見
군 자 이 성 덕 위 행 일 가 견 지 행 야 . 잠 지 위 언 야 은 이 미 현

行而未成 是以君子弗用也.
행 이 미 성 시 이 군 자 불 용 야 .

군자는 덕을 양성하는 것을 행위의 목표로 삼으며, 그 행위는 일상의 생활에서 그대로 드러난다. '잠'이라는 것은 숨어서 드러나지 않는 것이며, 행하더라도 어떤 결과를 얻지 못하는 것이다. 따라서 군자는 쓰지 않느니라.

君子學以聚之 問以辯之 寬以居之 仁以行之.
군 자 학 이 취 지 문 이 변 지 관 이 거 지 인 이 행 지 .

易曰"見龍在田 利見大人"君德也.
역 왈 현 룡 재 전 리 견 대 인 군 덕 야 .

군자는 배워서 지식을 누적시키고, 물어서 옳고 그름을 판별하고, 항시 포용력이 있어야 하며, 인자함을 갖춰야 한다. 역에서 용이 대지에 나타나니 대인을 만나 이롭다고 한 것은 군주의 덕을 말한 것이다.

九三重剛而不中 上不在天 下不在田 故乾乾因其時而惕
구 삼 중 강 이 불 중 상 불 재 천 하 불 재 전 고 건 건 인 기 시 이 척

雖危无咎矣.
수 위 무 구 의 .

구삼은 중첩된 양효 위에 위치하면서 가운데 자리를 얻지 못해, 위로는 하늘에 위치하지도 못하고 아래로는 대지에 발을 딛지도 못한다. 이 때문에 항시 노력하고 스스로 경계하니, 비록 위험에 처하더라도 허물이 없다.

九四重剛而不中 上不在天 下不在田 中不在人
구 사 중 강 이 부 중　상 부 재 천　하 부 재 전　중 부 재 인

故"或之". "或"之者 疑之也 故无咎.
고 혹 지　　혹 지 자 의 지 야 고 무 구 .

구사는 중첩된 양효위에 위치하면서도 가운데 자리를 얻지 못해 위로는 하늘에 아래로는 대지에 가운데로는 인간의 위치에도 처하지 못하니 '혹지'한다. '혹지'란 의문을 품는 것이기 때문에 재앙이 없다.

夫"大人"者 與天地合其德 與日月合其明 與四時合其序
부 대 인　자 여 천 지 합 기 덕　여 일 월 합 기 명　여 사 시 합 기 서

與鬼神合其吉凶. 先天而天弗違 後天而奉天時.
여 귀 신 합 기 길 흉 . 선 천 이 천 불 위　후 천 이 봉 천 시 .

天且弗違 而況於人乎 況於鬼神乎.
천 차 불 위　이 황 어 인 호　황 어 귀 신 호 .

대인이란 천지와 그 덕을 같이 하고, 일월과 그 밝음을 같이하며, 사시와 그 순서를 같이 하고, 귀신과 그 길흉을 같이한다. 우주의 생성 이전부터 존재하여 우주도 그것을 벗어나지 않으며, 우주의 생성 이후에 나타나 우주의 시간을 따른다. 우주조차 그것을 벗어나지 않는데 하물며 사람이나 귀신이 벗어나겠는가?

"亢"之爲言也 知進而不知退 知存而不知亡 知得而不知喪
항　지 위 언 야 지 진 이 부 지 퇴 지 존 이 부 지 망　지 득 이 부 지 상

其唯聖人乎. 知進退存亡 而不失其正者 其唯聖人乎.
기 유 성 인 호 . 지 진 퇴 존 망 이 불 실 기 정 자　기 유 성 인 호 .

'항'이란 나아가는 것만 알 뿐 물러서는 것을 모르는 것이요, 사는 것만 알고 죽는 것을 모르는 것이며, 얻는 것만 알고 잃는 것을 모르는 것이다. 오직 성인만이 가능할 뿐이다. 진퇴와 존망을 알아 바름을 잃지 않을 수 있는 사람은 오직 성인뿐이다.

제2 중지곤괘

* 상중급운세

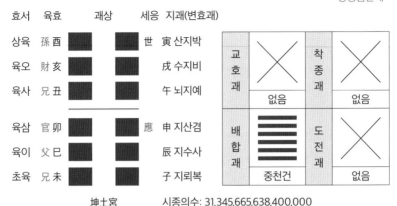

효서	육효	괘상	세응	지괘(변효괘)
상육	孫 酉		世	寅 산지박
육오	財 亥			戌 수지비
육사	兄 丑			午 뇌지예
육삼	官 卯		應	申 지산겸
육이	父 巳			辰 지수사
초육	兄 未			子 지뢰복

坤土宮

시종의수: 31,345,665,638,400,000

교호괘	없음	착종괘	없음
배합괘	중천건	도전괘	없음

- 곤은 대지를 말하며 어머니의 성정이다. 외유내강하며 고요함이다.
- 유순하고 여성스러워 모든 것을 낳고 기르며 만물을 포용하니 평화롭다.
- 가을이 지나 창고를 열어 곡식을 쌓으니 마음은 풍요롭다.

곤(坤)은 '순응하다'. '지극하다'라는 뜻으로 만물을 포용하고 생성시킨다. 여섯 효(爻)가 모두 음(陰)으로 만물을 포용한다. 하늘과 땅에 가득 찬 것은 오직 만물이다. 그래서 이 천지에 가득 찬 것을 둔(屯)괘로 받는다.

1효동 : 모든 것이 얼어 버려 조금은 고통스럽지만 흉함이 없는 괘이다. 재물이 물과 흙에서 나오니 이는 중심부와 북방의 기운이다.

2효동 : 역마성이 강해지니 이동과 변화의 효사이다. 움직이면 관재구설이 생기니 움직이지 않는게 길하다.

3효동 : 관액이라, 국가대사에 참여한다면 이루지 못하고 끝을 보며 겸손하지 못하면 중상모략의 난관이 생긴다. 아랫사람과 슬하에 근심이 생긴다.

4효동 : 장성한 남자가 바깥에서 풍류를 즐기는 모습이니 자칫하면 허영심에 빠지고 교만스럽게 변할 수 있다. 귀인의 도움으로 큰일을 이룬다.

5효동 : 여성은 경쟁이 생기고 남자는 승진, 성취한다. 연애는 좋은 기회가 다가오는 괘이다. 재물 욕이 과해지면 믿는 사람으로부터 피해를 입는다.

6효동 : 박괘는 깨지다. 벗기다. 떨어트리다. 침몰 등을 나타낸다. 주변과의 시비가 많아 정신적 고통이 심해지고 지출과 낭비가 많아지는 때다.

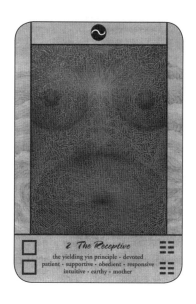

2. The Receptive
수용, 순응

the yeilding yin principle.
수용적인 음의 원리
devoted. patient.
헌신하다. 참다. 인내하다.
supportive. obedient.
부양하다. 순종적인
responsive. intuitive.
민감한, 직관력 있는
earthy. mother.
대지, 지구, 흙, 어머니

사 업 : 확장이나 신규사업 불길하며 의논할 사람이 생긴다.

소 원 : 시일은 걸리지만 성취된다. 윗사람과 의논을 하면 좋다.

거 래 : 상대방의 이익도 고려하면서 순리대로 진행시키면 성취된다.

재 물 : 풍족할 정도는 아니지만 노력한 만큼의 수입은 갖는다.

연 애 : 사랑하지만 결단을 못 내리니 이대로 이어지면 헤어진다.

혼 인 : 성립될 것이다. 훌륭한 인연이나 급히 서두르면 장해가 생긴다.

매 매 : 남의 말에 귀를 기울이면 손해를 본다. 2,3개월 후에 팔면 유리.

구 인 : 저편에서 올 뜻이 있다. 곧 올 것이다. 소식도 먼저 온다.

가출인: 서남쪽 여인 집에 숨어 있으며 여인을 설득하면 데려올 수 있다.

출 산 : 순산은 하겠지만 산후 조심하라. 딸을 낳겠다.

이 사 : 이사할 때다. 이사를 하면 길하다.

여 행 : 단체여행이나 신혼여행은 길하다. 그 밖의 여행은 연기해라.

입 학 : 부모의 의견에 따르면 길하나 부모와 의견일치를 보기가 힘들다.

소 송 : 적당 선에 합의해라. 급히 서두르면 불리한 방향으로 흐르겠다.

실 물 : 집밖에서 잃은 것이라면 찾지 못함. 집안은 금방 나오지는 않는다.

건 강 : 과로에 조심, 간장병, 신경성 스트레스, 대장하고 폐를 조심

직 장 : 무직은 조금 더 기다림. 직장인은 차츰 안정이 되어 간다.

坤, 元亨, 利牝馬之貞. 君子有攸往, 先迷後得, 主利.
곤 . 원 형 . 리 빈 마 지 정 . 군 자 유 유 왕 . 선 미 후 득 . 주 리 .

西南得朋, 東北喪朋, 安貞吉.
서 남 득 붕 . 동 북 상 붕 . 안 정 길 .

곤은 크게 길하고 형통한다. 어미말에게 크게 이롭다. 군자가 먼 길을 나서면 처음에는 어렵더라도 마침내 훌륭한 성취를 얻어 크게 이롭다. 서남쪽으로 가면 친구를 얻으나 동북쪽으로 가면 친구를 잃는다. 비록 그렇다 하더라도 크게 이롭다.

역설 곤은 원형이다. 원이란 이미 말한바와 같이 크다. 극에 달하여 지위가 높다. 대표한다. 우선한다. 란 여러 가지의 뜻을 말한다. 형이란 막히지 않은 것을 말하여 형통하다란 뜻이 있으며 참으로 좋은 괘상을 나타낸다. 어미 말은 아비말의 반대를 말하며 곤괘의 모습을 말한다. 즉 여자에게 이로운 괘상이다. 란 뜻이 있으며 건이 남자괘라면 곤은 여자를 대표하는 괘이다. 군자는 건괘의 실리(뜻, 추구함)를 말하며 역에서 간다는 말은 곤괘로의 변화를 말한다. 즉 건괘가 곤괘로의 변화에서 많은 난관이 처음에 있겠으나 후엔 이득이 있다는 말이다. 주이(主利)의 주(主)는 건괘와 곤괘를 이야기하나 주로 곤괘를 위주한다. 건괘는 주로 왕(王)이며 곤괘는 왕의 안주인인 주(主)로 표시한다. 왕이나 한끝 다른 주나 큰 차이는 없으나 정반대의 성향이 된다. 서남에서 친구를 얻는 것은 곤괘가 土를 말하기 때문이다. 또한 곤괘위 위치가 팔방으로 서남방향을 말하니 같은 세력으로 친구를 얻는다 말하였다. 서남의 상충하는 방향이 북동쪽이며 水방과 木방으로 土의 세력을 잃기 때문이다. 역을 알면 간명한 말이나 모르면 참으로 난해한 이야기이다. 안정길(安貞吉)의 안(安)은 주(主)와 같은 의미이다. 이는 안주인에겐 참으로 길한 괘사이다. 가인괘처럼 여성이 이 괘를 얻으면 내조의 달인이라 가정이 평화롭고 풍요롭다.

象曰 至哉坤元, 萬物資生, 乃順承天.
단 왈 지 재 곤 원 . 만 물 자 생 . 내 순 승 천 .

단왈, 지극하도다 곤의 시작이여, 만물이 의지해 살아가며, 하늘을 본받아 따르는구나.

역설 괘사를 설명한 것으로 간단 명료하게 설명하면 음이 극에 달하여 대지를 나타내니 으뜸이라. 음을 대표하는 괘이다. 만물을 포용하고 생성하며 마음속 가득히 하늘(건괘)로 향하니 이는 하늘을 본받아 따른다.

坤厚載物, 德合无疆, 含弘光大, 品物咸亨.
곤 후 재 물 . 덕 합 무 강 . 함 홍 광 대 . 품 물 함 형 .

대지는 두터워 만물을 빠짐없이 싣고, 그 덕은 끝이 없어 원만하고도 광대하니, 만물이 모두 형통한다.

역설 이 역시 괘사를 설명한 것으로 간명히 하면 대지는 하늘의 뜻을 이어받고자 속이 빈(태극이 없는 음효로 구성됨) 그릇과 같으니 만물을 포용할 준비가 된 괘라, 하늘의 덕과 같이 끝이 없는 포용력을 갖고 있다. '함홍광대'라 함은 하늘의 덕을 믿고 따름이라. 하늘이 비춰준 태극의 씨앗을 모두 머금어 하늘처럼 빛나고자 함이고, 포용하고 있는 모든 만물이 자라나 모두 크게 형통(활동이 왕성)하게 된다.

牝馬地類 行地无疆 柔順利貞.
빈 마 지 류 행 지 무 강 유 순 리 정 .

어미말은 대지와 같은 유로서 대지를 끝없이 달리며, 유순하기 때문에 크게 이롭고 길하다.

역설 '빈마'란 대지와 같으니 만물이 대지의 포용되어 끝이 없는 변화를 만들고(생로병사를 포용하여 변화함), 그 성정은 부드럽고 순응하며 따르니 점사가 참으로 좋다.

君子攸行 先迷失道 後順得常.
군 자 유 행 선 미 실 도 후 순 득 상 .

西南得朋 乃與類行 東北喪朋 乃終有慶.
서 남 득 붕 내 여 류 행 동 북 상 붕 내 종 유 경 .

군자가 먼길을 가면서 처음에는 혼미하여 길을 잃으나 나중에는 순조롭게 정상을 회복한다. 서남쪽에서 친구를 얻는다는 것은 같은 무리끼리 함께 하기 때문이다. 동북쪽에서 친구를 잃더라도 마지막에는 경사스러운 일이 있다.

역설 건괘의 군자와 곤괘의 군자는 왕과 왕을 보좌하는 제후(변방을 다스리는왕)와 같다. 위에 이미 설명한 바가 있으니 보완 설명하면 곤괘는 처음은 혼미하여 무질서하게 난해한 상황이나 후엔 길하며 손해를 입더라도 끝내는 길함이 있다는 말이다.

安貞之吉 應地无疆.
안 정 지 길 응 지 무 강 .

편안하고 곧아서 길한 것은 대지처럼 끝이 없다.

역설 이미 설한바가 있으니 보완 설명하면 곤괘는 편안함을 얻은 괘이니 길한 상이다. 하늘의 물음에 땅이 응하니 하늘의 뜻과 같이 끝없는 마음이라 지극(음이 극에 달함)하여 끝이 시작이 되기도 한다. 즉 건곤이 교합하여 원회하니 그 끝이 어디있겠는가?

象曰, 地勢坤 君子以厚德載物.
상 왈 , 지 세 곤 군 자 이 후 덕 재 물 .

상왈 대지의 형세가 곤의 상이니 군자는 이를 본받아 덕을 두텁게 하여 만물을 포용한다.

역설 곤괘의 모습은 땅위에 땅을 얻었으니 군자(점사자의 올바른 모습)는 이 점사(곤괘의 모습처럼)처럼 만물을 포용하는 대지의 덕을 이어 받아 모든 것을 포용하여 성장시킨다.

初六 履霜 堅冰至.
초 육 이 상 견 빙 지 .

초육은 서리를 밟으면서 곧 대지가 단단히 얼어붙으리라는 것을 추단하는 것이다.

역설 첫효가 음효, 이상(履霜)이란 첫효의 변화하는 모습을 말한다. 견병지(堅冰至)란 음이 가득한 것이 이제 동하여 움직이기 시작하면 만물이 차갑게 얼어버리는 모습을 설명한 것이니 흔히 이를 동지(冬至)라 말한다. 대성괘로는 지뢰복괘가 되니 복괘는 돌아오다는 뜻으로 음이 극에 달하여 양의 기운이 처음 싹트는 시기이다. 그래서 복괘를 동지라 말한다. 건괘에서 곤괘로 변화하는 것을 간다 말하면 곤괘에서 건괘로 변화하는 것을 온다 말한다. 또한 양에서 음으로 변화하는 것을 온다 말하면 음에서 양효로 변화하는 것을 간다 말한다. 물론 가고 오는 것이 중요한 것은 아니며 변화(움직임)를 말하는 것이다. 복괘는 모든 것이 얼어 버려 조금은 고통스럽지만 흉함이 없는 괘이다. 첫효의 자리는 양의 자리이기 때문에 변하여 양이 됨은 길함이나 곤토괘가 진목괘로 변하여 토다목분될 수 있음이니 자중하여야 한다. 눈보라가 치니 움직이면 흉하고 자중하면 길하다. 그러나 2효가 변하는 지수사괘보단 길하다. 즉 목이(새싹) 생하여 많은 토를 다스리니 절제력이 생김이다. 그러나 2효는 토극수니 갑작스런 사고가 생길 수 있음이다.

象曰, 履霜堅冰 陰始凝也 馴致其道 至堅冰也.
상왈, 리상견빙 음시응야 순치기도 지견빙야.

상왈, 서리를 밟으며 단단한 얼음을 추단하는 것은 음기가 응결되기 시작하기 때문이다. 점차 음기가 응결되면 마침내 단단한 얼음이 된다.

六二 直方大 不習无不利.
육이 직방대 불습무불리.

육이는 바르게 움직여서 큰 것이니 익히지 않아도 불리함이 없는 것이다.

역설 육이는 2효가 음효이다. 역을 알지 못하면 참으로 난해한 이야기이다. 직방(直方)은 주로 곧게 뻗어 형성된 직사방(直四方:땅)인 곤괘를 이야기하며 대(大)는 양효를 이야기 한다. 간명하면 곧고 바른 성정인 곤괘의 중정에 큰 움직임이 생긴다는 뜻이다. 항상 염두 하길 예부터 방(方)이라 말하면 사방(四方)의 뜻과 같고 땅(坤)을 의미한다. 불습(不習)은 익히지 않았을 때를 말하며 이는 습(習)의 해석에 답이 있다. 습(習)은 연습, 복습, 실습, 관습, 풍습 등 오래된 것과 새로운 것의 중간에서의 움직임을 말한다. 즉 동하여 곤괘에서 사(師)괘로 변화하냐 변화하지 않느냐를 말한다. 역에서 깃우(羽)자가 들어가면 그 내면에 변화와 움직임이 있다. 그러므로 불습무불리(不習无不利)는 움직임이 없어 곤괘를 이어가도 불리하지 않다. 는 말이다. 변효괘로 지수사괘가 대성괘를 이루니 사(師)란 스승사로 하나의 양효가 5개의 음효를 이끌고자 나서는 모양이다. 사괘를 전쟁과 싸움을 일으키는 괘로 해석하며 마치 전쟁터의 상황을 만드는 괘니 변화가 많을 징조이다. 그러니 길한 괘는 아니므로 움직이는 것이 흉함이다. 즉 곤괘에 머물러도 괜찮다는 해석이다. 소성괘의 변화역시 곤토에서 감수괘로 변화하여 내괘가 토극수로 사라진다.

※ 앞으로도 효사를 설명할 때 변하여 길하면 변하길 바라고 변하면 흉하게 될 경우 변하지 않거나 다시 돌아오길 바라는 마음이 중복되서 나온다. 글자로는 양과 음, 동과 정, 가고 옴, 후회하여 돌아옴 등 모든 이야기가 변괘에서 길흉을

판단하여 자중할 때와 움직일 때를 계속해서 설명할 것이다. 다만 글자가 다를 뿐이다. 음자는 알 수 없으나 양자는 모두가 같은 말로 보인다. 이는 아는 것이 아니라 비추어 보기 때문이다.

象曰, 六二之動 直以方也 不習无不利 地道光也.
상 왈 , 육 이 지 동 직 이 방 야 불 습 무 불 리 지 도 광 야 .

상왈, 육이효의 움직임은 곧음으로 사방을 이루어 익히지 않아도 불리함이 없는 것은 대지의 도가 빛나기 때문이다.

六三 含章可貞 或從王事 无成有終.
육 삼 함 장 가 정 혹 종 왕 사 무 성 유 종 .

육삼은 빛을 속으로 머금고 있어 매우 곧다. 혹시 국가대사에 참여한다면 이루지 못하고 끝을 본다.

역설 육삼은 3효가 음효이다. 음효가 양효로 변할 경우 함장(含章)이란 직역하면 '글(문장)을 속에 품고 있다.'는 말이다. 가정(可貞)이란 '더욱 곧고 바르다.' 란 말이다. 난해한 듯하나 어렵지 않다. 역설하면 글 장(章)은 아침 햇살(이를 조무)이 바로선(설 립立) 글자이다. 머금을 함(含)은 곤의 포용력으로 양효 하나가 바로 선 것이다. 혹종(或從)이란 역설하면 혹시 변화되면이란 뜻이다. 종(從)이란 사람들이 변화를 위해 좇아 움직이는 모양이다. 무슨 변화인가를 보면 왕사(王事)이다. 즉 양효로 변화하면이란 뜻이다. 무성유종(无成有終)은 끝은 있어도 이룬 바는 없다는 뜻 그대로 해석해도 된다. 합쳐서 말하면 '양효를 중간에 포용하니 더욱 곧고 바른 괘사이다. 혹시 양효로 변하면 성공하지 못하고 끝을 보는 괘이다.'라 역설된다. 대성괘로 곤괘가 지산겸괘로 변한다. 겸(謙)괘는 겸손 또는 겸허함의 괘를 말하며 고개를 숙여 자신을 낮춰야하는 괘이다. 길괘는 아니니 동하여 변하지 않는 것이 길하다. 소성괘로 곤토괘가 간토괘로 변하여 흉하진 않다. 효사로는 관(官) 묘목(卯木)이 신금(申金)으로 변하니 金극木으로 관충이다. 길하지 않다. 겸손하지 않고 사욕과 고집이 강하면 구설과 관재에 휘둘리고 중상모략으로 난관을 겪게 된다.

象曰, 含章可貞 以時發也. 或從王事 知光大也.
상 왈 , 함 장 가 정 이 시 발 야 . 혹 종 왕 사 지 광 대 야 .

상왈, 속에 밝은 빛을 품고 있다가 때가 되면 바깥으로 발한다. 혹 국가대사에 참여하는 것은 지혜가 뛰어나기 때문이다.

六四 括囊 无咎无譽. 象曰, 括囊无咎 愼不害也.
육사 괄낭 무구무예 . 상왈 . 괄낭무구 신불해야 .

육사는 푸대의 입구를 단단히 조이는 것이니 허물도 명예도 없다. 상왈, 푸대의 입구를 단단히 조이는 것이니 신중하여 폐단이 없다.

역설 육사는 4번째 효가 음효를 말한다. 팔괘의 입구는 1효이다. 외관은 3효이고 내면은 2효이다. 때론 내면의 입구와 외면의 입구를 나누기도 하니 내면의 입구는 1효이며 외면의 입구는 3효이다. 숙지하면 이롭다. 괄낭(括囊)이란 외괘의 벌어진 입구를 양효로 변하여 막히는 것이다. 즉 주둥이를 묶어 양효로 변하느냐 변하지 않느냐를 말하는 것이다. 변하면 무구무예(无咎无譽)라 이는 '나쁘진 않아도 예는 사라진다.'는 말이다. 예를 명예로 해석하였으나 겸손함이 사라진다는 이야기이다. 그러니 예를 지키길 바라는 뇌지예괘로 변효하며 예(豫)란 미리, 예측, 게으름, 즐거움을 뜻한다. 괘상이 흉하진 않아 변하여도 길하다. 그러나 장성한 남자가 바깥에서 풍류를 즐기는 모습이다. 그러니 자칫하면 과욕에 빠지고 교만스럽게 변할 수 있다. 또한 남자가 괘를 얻으면 주색에 빠질 염려가 있다. 그러니 미리 경계하길 바라는 마음에 예괘가 된다. 소성괘로 곤토가 진목괘로 변하니 많은 토를 다스려 길하다. 변효는 축토(丑土)가 오화(午火)로 변하여 火生土를 이루니 길하다. 만사가 뜻대로 이루어지니 허형심은 강해진다. 뇌지예의 예(豫)를 예(譽) 또는 예(禮)로도 변역된다.

六五 黃裳 元吉. 象曰 黃裳元吉 文在中也.
육오 황상 원길 . 상왈 황상원길 문재중야 .

육오는 황색 치마로서 크게 길하다. 상왈, 황색 치마로서 크게 길하다는 것은 문자의 찬란함이 그 속에 들어 있는 것이다.

역설 육오는 5효가 음효를 말한다. 황상(黃裳)이란 황색치마를 말한다. 팔괘 상의를 미리 알면 간명하나 모르면 난해하다. 황(黃)이란 곤색(坤色:잘익은 감색)을 말하며 상(裳)이란 감수의(坎水衣)를 말한다. 간명히 역설하면 곤괘가 감수괘로 변화하는 것을 말하며 변화는 흉하지 않아 원길(元吉:크게 길함)이라 하였다. 변괘하여 대성괘로 수지비괘를 만든다. 비(比)란 견주다. 비교하다. 화합하다. 란 의미이며 양의 자리인 5효에 양효가 생김이다. 이는 만인(음효들)이 따르는 모양으로 점사자가 왕이나 우두머리가 되는 모습이다. 그러니 그 변화를 고려하여 황상이라 표현하였다. 여성에겐 다소 경쟁이 심해지는 효사이나 남성에겐 선거에 나서면 당선되고 직장이면 승진하며 학업은 뜻을 이루고 연애는 결혼하며 좋은 기회가 다가오는 매우 길한괘로 움직이니 원길하다 말하였다. 겸괘에서 겸손하게 자신을 낮춰 행하고 예괘에서 예를 지켜 행하여야 비로소 비괘를 이어 받을 수 있음이다. 소성괘로는 외괘가 변화가 심한괘이다. 곤괘가 감수괘로 변하여 불길한 모습을 보이나 효사로 財 해수(亥水)가 술토(戌土)로 외변하여 양토가 음토의 세를 이루어지는 모습이다. 더욱 깊게 이야기하면 난해할 수 있으니 간명히 말하면, 비괘는 하늘에서 비를 내리니 가을의 풍년괘를 말한다. 만 백성(음효)이 군왕(5 양효)을 떠 받드는 모습이다. 중용을 찾은 군왕의 모습이다. 그러니 매우 길하지 않을 수 없다. 그러나 떠받드는 군왕의 모습이 이어지면 불길하니 다음 변괘가 흉한 것을 나타낸다.

上六 龍戰于野 其血玄黃. 象曰 龍戰于野 其道窮也.
상 육 용 전 우 야 기 혈 현 황. 상 왈 용 전 우 야 기 도 궁 야.

상육은 용이 대지에서 싸우는 것으로 그 피가 현황색이다. 상왈, 용이 대지에서 싸우는 것은 그 도가 다했기 때문이다.

역설 상육은 6효가 음효이다. 건괘의 6효 동함과 비슷하나 상황이 더더욱 불리하다. 변효를 해석한 내용을 보면 그 흉함을 알 것이다. 용전(龍戰)은 세력의 다툼이다. 또한 욕심이 과하여 생겨나는 흉함이다. 우(于)는 움직임이 있을 때의 어조사이니 변화가 생겼을 때의 모습을 나타낸다. 들판에서 싸운다는 이야기는 본괘와 변괘 모두 곤토(음토)와 간토(양토)이기 때문이다. 들판에서 세력다툼으로 흘리는 피가 현황색이라 함은 흘리는 피가 많기에 그렇다. 즉 대흉하다는 이야기 이다. 등산객은 낙상할 것이요, 선거자는 패망하고 운전자는 큰 사고를 당할 운이며 국가의 운으로는 전쟁을 걱정하여야 한다. 대성괘로 산지박괘로 변화되며 박(剝)괘란 깨지다. 벗기다. 떨어트리다. 깎아 내린다. 침몰 등을 나타낸다. 박괘는 떠받들어 주는 음효들에 의해 자신감이 자만심으로 바뀌어버린 성정이다. 즉 자신 위에 위가 없는 모습이며 먼길을 걸어온 나그네가 산길을 맞은 것과 같다. 덕이 없는 왕 아래 신하들이 어찌 모진 왕을 섬기겠는가? 곤토괘가 간토괘로 변화함은 대흉한 모습이 아니나 쟁투의 모습이 숨어있는 변화이다. 육효의 변화는 유금(酉金)이 인목(寅木)으로 변화하니 금극목이요 목극토의 변화가 이어진다. 지금은 평화롭지만 곧 재난과 위기가 겹칠 운이다.

用六 利永貞. 象曰 用六永貞 以大終也.
용 육 이 영 정. 상 왈 용 육 영 정 이 대 종 야.

용육은 이롭고 길게 좋다. 상왈, 용육이 길게 좋은 것은 위대한 결과가 있기 때문이다.

역설 용육은 여섯효 모두가 양효로 변한 것이다. 중천건괘로의 변화를 이야기 하는 것이며 오래도록(永) 이롭고 길한 괘상이다. 참으로 간명하고 길한 괘사이다. 곤토인 음토가 건금인 양금을 土生金하니 길하지 않을 수 없다. 부부가 평생 회로하니 참으로 좋다. 노음이 노양을 섬기며 천지를 벗 삼아 살아가니 무엇이 흉하겠는가?

文言曰 坤 至柔而動也剛 至靜而德方. 後得主而有常
문 언 왈 곤 지 유 이 동 야 강 지 정 이 덕 방. 후 득 주 이 유 상

含萬物而化光. 坤道其順乎. 承天而時行.
함 만 물 이 화 광. 곤 도 기 순 호. 승 천 이 시 행.

문언왈, 곤괘는 지극히 부드럽지만 움직임은 강하며, 지극히 고요하지만 그 덕은 사방에 있다. 천도를 쫓아 행하지만 일정한 궤도가 있고, 만물을 포용하여 빛을 이룬다. 곤의 도는 참으로 유순하다. 천도를 이어받아 수시로 행한다.

積善之家 必有餘慶 積不善之家 必有餘殃.
적 선 지 가 필 유 여 경 적 불 선 지 가 필 유 여 앙.

선행을 쌓은 집에는 반드시 경사가 있고, 악행을 쌓은 집에는 반드시 재앙이 있다.

臣弑其君 子弑其父 非一朝一夕之故 其所由來者漸矣
신 시 기 군 자 시 기 부 비 일 조 일 석 지 고 기 소 유 래 자 점 의

由辯之不早 辯也. 易曰 "履霜 堅冰至." 蓋言順也.
유 변 지 부 조 변 야. 역 왈 이 상 견 빙 지. 개 언 순 야.

신하가 임금을 죽이고 자식이 아버지를 죽이는 것은 일석일조에 이루어진 일이 아니

다. 그 유래가 오래 전부터 조금씩 쌓아 온 것이나 그것을 일찍 알아채지 못했기 때문에 문제가 생긴 것이다. 역에서 말하길 서리를 밟으면서 장차 대지가 굳게 얼어붙을 것을 추단한다고 했으니, 이것은 자연의 점진적인 추이를 말한 것이다.

直其正也 方其義也. 君子敬以直內 義以方外.
직 기 정 야 방 기 의 야 . 군 자 경 이 직 내 의 이 방 외 .

敬義立而德不孤. 直方大 不習无不利 則不疑其所行也.
경 의 입 이 덕 불 고 . 직 방 대 불 습 무 불 리 즉 불 의 기 소 행 야 .

곧은 것은 바른 것이요, 방정한 것은 의로운 것이다. 군자는 경으로써 마음을 곧게 하고, 의로써 행동을 방정하게 하니, 경과 의가 확립되면 덕이 외롭지 않다. 곧고 방정하고 포용력이 있다면 익히지 않아도 이롭지 않음이 없으니, 그의 행위에 대해 아무도 의문을 품지 않는다.

陰雖有美 含之以從王事 弗敢成也. 地道也 妻道也 臣道也.
음 수 유 미 함 지 이 종 왕 사 불 감 성 야 . 지 도 야 처 도 야 신 도 야 .

地道無成而代有終也.
지 도 무 성 이 대 유 종 야 .

음은 비록 아름다움을 속에 품고 있더라도 국가대사에 종사하면서 감히 어떤 성과를 얻으려 하지 않는다. 그것이 대지의 도리요, 아내의 도리요, 신하의 도리이기 때문이다. 대지의 도리가 어떤 성과를 거두지 못해도 하늘이 대신해서 좋은 결과를 얻는다.

天地變化 草木蕃 天地閉 賢人隱. 易曰括囊 无咎无譽. 蓋言謹也.
천 지 변 화 초 목 번 천 지 폐 현 인 은 . 역 왈 괄 낭 무 구 무 예 . 개 언 근 야 .

천지가 소통되어 변화하면 초목이 무성해지지만, 천지가 서로 소통되지 않으면 현인도 은거한다. 역에서 말하기를, 푸대 입구를 단단히 조이니 허물도 명예도 없다고 했으니, 이것은 조심하고 삼가할 것을 말한 것이다.

君子黃中通理 正位居體 美在其中 而暢於四支 發於事業 美之至也.
군 자 황 중 통 리 정 위 거 체 미 재 기 중 이 창 어 사 지 발 어 사 업 미 지 지 야 .

군자는 황중통리(지극히 높은 인생의 경지)하여 바른 자리에 몸을 거하며, 내면의 아름다움이 사지로 뻗쳐 사업에서 발현되니 아름다움의 극치를 이룬다.

陰疑於陽必戰. 爲其嫌於无陽也 故稱"龍"焉 猶未離其類也
음 의 어 양 필 전. 위 기 혐 어 무 양 야 고 칭 용 언 유 미 리 기 류 야

故稱"血"焉. 夫玄黃者 天地之雜也 天玄而地黃.
고 칭 혈 언. 부 현 황 자 천 지 지 잡 야 천 현 이 지 황.

양을 앞에 두고 음이 극에 이르면 반드시 싸움이 벌어진다. 양이 없는 것을 혐오하기 때문이다. 그래서 용이라 한다. 그렇지만 그 유를 벗어나지 않으므로 혈이라 한다. 현황이란 천지가 뒤섞인 것으로 천이 현, 지가 황이다.

제3 수뢰둔괘

* 중급운세

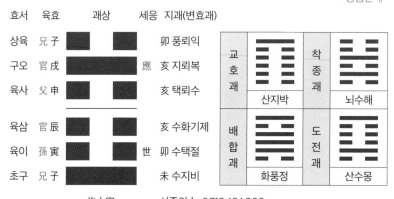

효서	육효	괘상	세응	지괘(변효괘)
상육	兄子			卯 풍뢰익
구오	官戌		應	亥 지뢰복
육사	父申			亥 택뢰수
육삼	官辰			亥 수화기제
육이	孫寅		世	卯 수택절
초구	兄子			未 수지비

坎水宮   시종의수: 6,718,464,000

교호괘	산지박	착종괘	뇌수해
배합괘	화풍정	도전괘	산수몽

- 둔(屯)이란 건곤이 교화하여 산과 대지에 처음 뿌리는 내렸으나 아직 태어나기 전으로 굳은 땅을 뚫고 나오는 상이니 난관과 고민이 많은 시절이다. 주변에 힘을 빌리면 길하며 차후엔 성취하여 길하다.

둔(屯)이란 '진치다', '막히다', '고민하다'라는 뜻으로 가득 채워짐을 말하며, 천지가 생긴 후 만물이 처음 생겨나는 괘이다. 비가 내리고 천둥이 진동하는 상이니, 새싹이 눈 속에서 봄을 기다리는 것과 같다.

1효동 : 아직 움직이지 말아야 할 때이니 움직이려 하면 믿을만한 사람과 움직여야 한다. 불나방과 같으니 가능한 혼자 움직이지 말자.

2효동 : 먼 곳에서 차를 타고 온 남자가 구혼을 하는 상이다. 예기치 않은 곳에서 이득이 생긴다. 아이가 없음은 절개가 강하여 생김이다.

3효동 : 생각 없이 움직이면 곤궁함에 빠진다. 어려운 상황에 빠지겠으나 신중하면 길하다. 선 불리 후 유리하니 지금이 힘들다고 괴로워 말라.

4효동 : 내가 차를 타고 움직여 구혼을 하는 상이다. 움직이면 집안의 복이 많아진다. 과하여 주색에 빠질 수 있으니 주의해야 한다.

5효동 : 복(復)이란 돌아온다. 회복한다. 를 말하며 상처받은 몸이 차차 회복되니 앞날이 길한 괘이다. 한밤에 시시비비가 생길 수 있다.

6효동 : 지금 서글퍼 피눈물을 흘리나 한여름의 장마를 견뎌야 풍년이 오니 어찌 괴롭다 말하는가? 눈물을 흘려야 익(益)이 따르니 세월이 약이다.

3. *Difficulty in the Beginning*
탄생의 고통, 시작하는 어려움

growing pains.
성장통. 아픔만큼 성숙해짐
doubts and fears.
의심과 두려움
awkwardness.
어색함. 다루기 어려움
becoming stronger.
점점 강해짐
vulnerability. inexperience.
상처받기 쉬운, 미숙함, 경험부족

사 업 : 시운이 따르지는 않지만 부하의 힘으로 좋은 성과를 거둘 수 있다.

소 원 : 중간에 장해가 있어 성취되기 어렵다. 조급하면 더욱 어려워진다.

거 래 : 좋지 않다. 원만하게 진행되기는 어렵다. 난관이 생긴다.

재 물 : 어렵지만 바르게 행동하면 현상유지, 여성이나 아랫사람이 귀인.

연 애 : 환경이 너무 달라서 사귀기는 하지만 결합되기는 어렵다.

혼 인 : 급히 서두르면 좋지 않고 다른 상대자와 결혼을 하게 될 것이다.

매 매 : 지금 매매하면 별로 이득이 없다. 다음을 기다리는 것이 좋다.

구 인 : 소식은 온다. 사람이 늦어진다.

가출인: 멀리 가지 않았다. 근처에 숨어있다. 찾기 힘들다.

출 산 : 난산이겠다. 심한 난산은 아니며 득남 하겠다.

이 사 : 당장은 어렵고 이사를 해도 썩 좋지는 못하다.

여 행 : 육지 여행은 무방, 해상 여행은 좋지 않다. 물과 이성에 의해 凶

입 학 : 2차를 지원하면 합격한다. 노력하라.

소 송 : 소송 대리인을 내세워라. 좋은 결과는 기대하기 어렵다.

실 물 : 잃은 것은 찾기 어렵다. 이미 남의 손에 들어갔다.

건 강 : 심장병, 신경통, 히스테리 등을 조심할 것.

직 장 : 취직은 좀 더 기다려야겠다. 선배, 친구, 친지 등이 길하다.

屯 元亨 利貞 勿用有攸往 利建侯.
둔 원 형 리 정 물 용 유 유 왕 이 건 후 .

둔괘는 원형하니 이정하다. 군이 사용할 필요가 없지만 멀리 나아가는 바가 있으니 제
후를 세우면 이롭다.

역설 둔괘는 원형하고 이정하다. 학인은 이부분에서 간명해질수 없으니 손발
이 묶이기 딱 좋은 글귀이다. 건을 원형이정이다라 말했는데 둔괘를 그리 말하
니 답이 없는 것이다. 쉬 보길 바라니 둔이란 양의 뜻을 음이 받아들이며 생겨난
첫 괘상이라 생각하면 된다. 다시 간명히 말하면 둔괘는 하늘의 뜻인 원형의 뜻
을 받드니 이로운 괘상이다. 물용(勿用)은 쓰임이 없다는 글로 이는 건괘의 초효
가 동한바와 같이 잠용물용이나 둔괘의 물용은 그냥 드러나지 않은 모습이다.
그냥 쓰일 때가 아니다란 말이며 유유왕(有攸往)이란 한없이 움직이며 주인(곤
괘)이 되고자 자라고 있는 모습이다. 이건후(利建侯)란 두가지의 뜻으로 해석해
본다. 하나는 자라서 제후가 되면 이롭다는 뜻으로 둔괘는 현재는 어려우나 자
라면 길한 괘상이다. 다른 하나는 위에 괘상 설명처럼 스승과 여인내의 힘을 빌
리면 길하다는 뜻이다. 둔괘는 속은 원형(乾)하고 겉은 이정(坤)한 괘이다. 그러
니 두 글자씩 나누어 해석한다.

彖曰, 屯 剛柔始交而難生 動乎險中 大亨貞.
단 왈 , 둔 강 유 시 교 이 난 생 동 호 험 중 대 형 정 .

雷雨之動滿盈 天造草昧 宜建侯而不寧.
뢰 우 지 동 만 영 천 조 초 매 의 건 후 이 불 녕 .

단왈, 둔은 강유가 교류하기 시작하여 어려움이 발생하는 것이다. 험난함 속에서 움직
이나 곧으면 크게 형통한다. 억수같이 쏟아지는 빗속에 번개가 치고 초목이 싹트기 시
작하니 마땅히 제후를 세워야 하나 평안하지는 못하다.

역설 단왈이란 간명히 말하는 것이다. 둔(屯)이란 강유시교이난생(剛柔始交而
難生) 강유란 음양 또는 건곤을 말한다. 시교(始交)란 교합으로 시작되는 것이다.
난생(難生)이란 어렵게 생하는 것이다. 즉 간명하면 '건곤이 교합하여 어렵게 태
어나기 시작하는 모습이다.' 동호험중(動乎險中)이란 말 그대로 땅속의 움직임은
사방이 막혀있으니 험난함 속에 움직이는 것으로 대형정(大亨貞)하여야 하니 이
는 크게 거침없이 움직이는 괘이다란 뜻이다. 즉 보이지 않는 곳에서의 움직임
이 상당히 크고 힘든 것을 나타낸다. 뇌우지동만영(雷雨之動滿盈)은 빛물이 대지

에 가득하여 번개가 싹을깨워 움직이니 새싹이 자란다. 천조초매(天造草昧)는 하늘이 새벽녘에 초목을 싹트게 한다. 의건후이불녕(宜建侯而不寧)은 이미 설명한 바가 있으니 보완하면 제후를 세워도 편안하지는 않다는 이야기이다.

象曰, 雲雷 屯 君子以經綸.
상 왈 , 운 뢰 둔 군 자 이 경 륜 .

상왈, 구름과 번개가 둔이니 이것으로 군자는 경륜을 행한다고 했다.

역설 상왈이란 괘의 모양을 말하니, 운뢰(雲雷)는 위는 수가 가득한 구름이요, 아래는 천지를 울리는 천둥이 둔(屯)괘의 모양이다. 군자(君子)는 올바른 성현(점사자에게 바라는 마음)을 말하며 둔괘처럼(以) 경륜(經綸)해야 한다는 말이다. 경륜이란 천하를 다스린다는 뜻으로 간명하면 군자는 둔괘처럼 배우고 익히는 것을 게을리 하지 않아야 한다는 뜻이기도 하다. 즉 보이지 않는 곳에서 수신해야 한다는 것이며 그 모양을 말한다.

初九 磐桓 利居貞 利建侯.
초 구 반 환 이 거 정 이 건 후 .

초구는 바위 옆으로 굳세게 자란 초목은, 그 자리에서 가만히 기다리는 것이 이로우며 또 제후를 세우는 것이 이롭다.

역설 초구란 1효가 양효를 말한다. 반환(磐桓)이란 어렵게 자라난 초목의 변화를 말한다. 즉 음효로 변화하는 것이다. 이거정(利居貞) 이건후(利建侯)에서 이미 정(貞)과 후(侯)에 대한 설명을 한바 있으나 다시 한번 하고자 한다. 정(貞)은 여자의 절개를 말하며 정조, 정절등의 말에 쓰인다. 그렇다고 음효를 말하는 것은 아니나 원형(元亨)이 보이지 않는 것을 대표한다면 이정(利貞)은 보이는 것을 대표한다. 즉 실리가 있느냐 없느냐를 말하며 이것은 점사란 말이 되기도 한다 말하였다. 이유는 점 복(卜)자에 조개 패(貝)로 옛날 점사를 치는 방법에서 나온 글자라 이미 말하였다. 후(侯)란 정과 비슷하다. 둘째를 말하며 중앙의 천왕을 보좌하는 변방의 왕이 제후이다. 주나라에서 많이 사용했던 글자이기도 하다. 또한 건을 보좌하는 곤괘이기도 하다. 여기선 스승과 여자 그리고 음효를 말하기도 한다. 초효가 변하면 대성괘로 수지비괘가 되니 매우 길한 듯하여 크게 움직이나 결과는 뿌리를 내리지 못한 새싹이 움직이는 것이다. 불나방과 같은 결과를 초래하니 움직이는 것은 불리하여 이거정(利居貞)이라 말하고, 변하면 자신은 아직 새싹이라 제후를 세우는 것이 이롭다는 말이다.

※ 차후 변효의 육(六:음효)과 구(九:양효)의 설명은 제외한다.

象曰 雖磐桓 志行正也 以貴下賤 大得民也.
상 왈 수 반 환 지 행 정 야 이 귀 하 천 대 득 민 야.

상왈, 비록 바위 옆으로 자라난 초목들이 뒤엉켜 있으나 뜻과 행동이 바르다. 아랫사람들을 귀하게 여기니 크게 백성을 얻는다.

六二 屯如 邅如. 乘馬班如 匪寇婚媾 女子貞不字 十年乃字.
육 이 둔 여 전 여. 승 마 반 여 비 구 혼 구 여 자 정 부 자 십 년 내 자.

육이는 어려움을 따르는 것이니 머뭇거리며 따르는 여인이다. 말에 올라타 안절부절하는 것은 도적이 구혼을 청하는 것이니 여자가 너무 곧아 임신을 못하여 십년이 흐른 뒤에야 아이를 갖는다.

역설 학인에게 참으로 많은 의문을 남길만한 글귀이다. 직역하면 참으로 뜬금없는 글귀이니 난해하지 않을 수 없을 것이다. 자세히 역설하니 잘 따라오길 바란다. 육이는 둔괘가 구이가 되어 수택절이되는 효사이다. 항상 효사는 변하면 어찌되느냐 하는 것을 명심해야 한다. 수택절의 모양은 외괘인 중남이 안에 있는 소녀(태택괘)을 꼬시는 모습이다. 효사의 모습에서 2효는 양효위에 있어 말(양의 기질을 갖고 있는 동물)을 탄 것이다. 본괘의 장남의 욕심(변괘)이 소녀괘로 움직이는 것이다. 수택절은 좋은 괘이다. 그러니 변하면 길하다. 그러나 변괘의 절(節)은 절제, 절약하여 지키는 것을 말하고 유혹을 이겨내는 괘이다. 절은 물이 연못에 넘쳐흐르는 괘이다. 주변의 많은 유혹이 생기는 괘사이다. 그러니 절제하지 않으면 곤궁해질 운이다. 연못의 물이 넘쳐나지 않도록 절제하여야 길하다. 이정도 설명하였으면 위의 효사를 왜 저렇게 썼는지 알아야 할 것이다. 도적은 수뢰둔에서 온 것으로 숨어사는 어리석은 자를 말한다. 여자정불자(女子貞不字)란 여자가 정절(貞)을 지키니 임신을 못하는 것이다. 정(貞)은 이미 몇 번 설명하였듯이 여자의 절개를 나타낸다. 절이란 끊어진 마디와 같으니 태극(아이, 잉태)을 갖기 어렵다. 십년내자(十年乃字)라는 글귀는 절괘가 끝났을 시기를 말한다. 수뢰둔 본괘의 6감수와 변괘인 4진뢰를 보고 10년이라 말할수도 있으나 가능한 순차적인 수리는 순차적인 곳에서 찾는 것이다. 갑작스런 변수를 보고자 할 때 선천적 변수는 팔괘수 즉 변괘인 4진뢰에서 2태택괘의 수를 얻고 후천적 변수는 팔괘수가 아닌 구궁수에서 뽑아내는 것이다. 2태택의 구궁수는 7이다. 익히 설명하였듯이 순차적 수는 본괘와 지괘의 변화에 있으니 본괘2효부터 6효까지 5년 지괘 6효, 5효, 4효, 3효, 2효까지 5년이 지나 수택절괘가 완전히 지나야 괘상이 사라지는 것이다. 후학이 공부하기 편하게 팁을 주자면 선척적인 것에도 팔괘의 기본수가 있고 자리수가 있다. 후천적인 것에도 팔괘 기본수와 위치를 나타내는 구궁수가 있으며 이 변화가 신묘한 변화를 만드는 것이다.

象曰 六二之難 乘剛也 十年乃字 反常也.
상 왈 육 이 지 난 승 강 야 십 년 내 자 반 상 야 .

상왈, 육이의 어려움은 강한 것을 탔기 때문이다. 10년이 지난 뒤에야 아이를 갖는 것은 상리에 어긋난다.

六三 卽鹿无虞 惟入于林中 君子幾 不如舍 往吝.
육 삼 즉 록 무 우 유 입 우 임 중 군 자 기 불 여 사 왕 린 .

육삼은 사슴을 쫓아 길 안내자도 없이 숲속으로 들어가려고 하는 것이다. 군자는 기민하여 더 이상 쫓지 않고 내버려둔다. 계속 쫓다 보면 위험에 처한다.

역설 역설하면 전혀 다른 뜻이 된다. 즉(卽: 곧 변화되면) 록(鹿:산양)이란 글자엔 수지비괘와 수택절괘 그리고 수뢰둔괘가 같이 있다. 스스로 찾아보길 바란다. 무우(无虞)란 헤아릴 근심이 없다. 는 말로 좋다는 말이다. 유입우림중(惟入于林中)이란 산림 깊이 들어가 생각하니 군자기(君子幾)란 군자가 조짐을 느껴 불여사(不如舍)란 록(鹿)을 따라 머물지 않는 것은 왕린(往吝)이란 욕심을 좇아 가는 것이다. 간명하게 이어서 역설하면 '둔괘에서 곧 수화기제괘로 변하면 헤아릴 근심이 없어 길한 괘이다. 처음은 산중에서 난해함이 있으나 군자는 위태로움을 느끼고 산중에 머물지 않고 나아가려 하는 마음은 얻고자 하는 것이 따로 있기 때문이다.' 수뢰둔괘의 3효가 변하여 수화기제괘를 이루니 길괘이며 양(陽)한 이는 위의 효사에서 수화기제의 상을 이미 보았을 것이다. 군자의 도는 움직일 때와 움직이지 말아야 할 때가 있음이며 어디로 가야할지 알아야하는 매우 현명함이 있는 괘이다. 모든 것은 자신의 욕심(추구하는 것)으로 움직이는 것이니 물은 스스로 아래로 움직이고 화는 스스로 위를 향해 움직이니 서로 교합하여 태극을 이룬다. 이런 작용이 위의 효사에 모두 숨어 있으니 찾아보길 바란다. 혹자는 이 효사를 보고 움직이지 말라고 하나 그것은 역설이 아니다. 즉 움직임이 길하고 자신이 추구하는 것을 추구하는 괘이나 너무 큰 욕심은 손재를 부른다. 임중(林中)은 본괘인 내괘 진뢰木을 말한다. 산중(내)과 감수궁(외)을 빨리 벗어나야 길한 괘이다.

象曰 "卽鹿无虞" 以從禽也 君子舍之 往吝 窮也.
상 왈   즉 록 무 우   이 종 금 야 군 자 사 지 왕 인 궁 야 .

상왈, 사슴을 쫓다 길 안내자가 없으면 군자는 더 이상 쫓지 않고 포기한다. 쫓아간다면 위험에 처할 것이다.

역설 학자는 고서의 내용을 들어 위처럼 해석할 것이다. 틀린 내용은 아니나 역인은 역을 기초하여 간명히 보아야 하므로 간명히 해석하면 다음과 같다. '즉록무우'란 날짐승을 좇는 것이라 군자가 머물다 가는 것이니 가고자 하는 마음은 어려움이 생길 것을 느끼기 때문이다. 더 간명히 말하면 변화해야 길하다. 이며 움직여야 어려움을 벗어날 수 있다.는 정반대의 해석이다. 직설한 후 역설한 이유가 때론 자신의 고지식함에 간명히 보아도 알 수 있는 것을 못 보기 때문이다.

六四 乘馬班如 求婚媾 往吉 无不利. 象曰 求而往 明也.
육 사 승 마 반 여 구 혼 구 왕 길 무 불 리 . 상 왈 구 이 왕 명 야 .

육사는 말을 타고 가서 구혼하는 것이니 길하다. 가면 길하니 불리함이 없다. 상왈, 구혼을 하러 가니 앞길이 밝다고 했다.

역설 승마반여는 이미 2효 변효괘에서 보았다. 그 모습과 같으니 본괘의 내괘 진뢰木괘가 태택金괘로 변할 때 보았다. 4효가 변하면 내괘는 진뢰木괘요 외괘는 태택金괘이다. 즉 2효의 변화와 비슷하다. 4효 변효하여 택뢰수괘의 대성괘가 된다. 왕길(往吉)이란 변화를 해야 길한 괘이다. 택뢰수괘의 수(隨)는 따르다. 순종하다.의 뜻이다. 내괘인 장남을 외괘 소녀가 따르는 모습이다. 외괘 감수괘가 태금괘로 변하여 금생수를 한다. 애정운에 특히 좋으며 다소 주색에 빠질 염려가 있으니 조심하여야 한다. 2효 변은 내가 록(鹿:태택괘)을 좇는 것이고 4효 변은 록(鹿:태택괘)이 나를 따르는 것이다. 이는 내괘와 외괘의 차이이다.

九五 屯其膏. 小 貞吉 大 貞凶. 象曰 屯其膏 施未光也.
구 오 둔 기 고. 소 정 길 대 정 흉. 상 왈 둔 기 고 시 미 광 야.

구오는 기름을 쌓아 둔 것으로 적절히 곧으면 길하나 너무 고지식하면 흉하다. 상왈, 기름을 쌓아 두었으나 아직 불을 붙이지 못한 것이라 했다.

역설 둔괘가 변하여 기름진 땅(膏:곤음토)이 된다. 고(膏)란 고(高)+월(月)이라 상월을 말하며 이는 동지(冬至)를 말한다. 변하여 음효가 되면(小 貞吉) 길괘이나 변하기 전은(大 貞凶) 흉하다. 그 모양은 둔괘가 곤괘로의 변화됨이며 빛이 두루 펼쳐지지 못함이다. 변효하여 지뢰복괘를 이루니 복(復)이란 돌아온다. 회복한다.는 뜻으로 매우 길한 괘이다. 상처받은 몸이 회복되니 앞날이 길한 괘이고 흩어졌던 모든 것들이 다시 모여드는 괘이다.

上六 乘馬班如 泣血漣如. 象曰 泣血漣如 何可長也.
상 육 승 마 반 여 읍 혈 연 여. 상 왈 읍 혈 연 여 하 가 장 야.

상육은 무리를 거느리고 말을 타는 것 같고, 피눈물이 끊이지 않는 것 같다. 상왈, 이것을 피눈물이 끊이지 않으니 어찌 오래갈 수 있겠느냐고 했다.

역설 본괘의 변화가 계속 이어지는 모습을 표현한 것이다. 변하면 풍뢰익괘가 되니 승마반여란 한 여인(장녀)이 남자(장남)와 말을 같이 타고 따라오는 모습인데 현재 상황이 너무 서글프고 괴로워 피눈물을 흘리며 따라온다는 것이다. 괴롭고 힘들다고 따라가지 않을 수 없으나 고진감래라. 외괘의 감수괘가 손풍괘로 변하니 감수괘의 괴로움이 눈에 보이는 모습이다. 그러나 변하면 종국에는 길하게 되는 길괘이다. 익(益)은 이익이 더해진다는 뜻이다. 우레위에 비바람이 이니 보기엔 모진 풍파가 이는 듯 하나 가을 녘의 바람이라 현재는 어렵지만 곧 풍년의 결실을 맺는 괘이다. 지금의 고통이 미래의 풍년을 위해 당연한 것이라 생각해야 할 때이다.

제4 산수몽괘

* 하상급운세

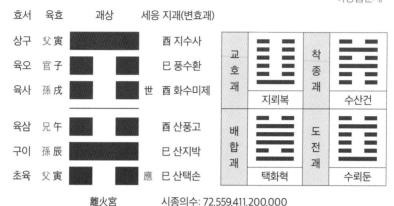

효서	육효	괘상	세응	지괘(변효괘)
상구	父寅			酉 지수사
육오	官子			巳 풍수환
육사	孫戌		世	酉 화수미제
육삼	兄午			酉 산풍고
구이	孫辰			巳 산지박
초육	父寅		應	巳 산택손

	교호괘		착종괘
	지뢰복		수산건
	배합괘		도전괘
	택화혁		수뢰둔

離火宮   시종의수: 72,559,411,200,000

- 소년을 내괘인 청년이 이끈다. 몽은 어린아이라 가르치고 길러야한다.
- 산 아래 물이 밀려오니 자칫 위험하다. 몽은 어리니 배우고 익힌다.
- 물이 산을 넘을 수 없어 답답한 상황이다. 장래는 총망한 괘이다.

蒙(몽)은 '어리다', '어리석다'라는 뜻으로 아직 뚜렷하지 못한 것이다. 시작의 상(象)이며 교육과 밀접한 관계가 있다. 몽괘는 성장까지 기다려야 하니 다음을 수(需)괘로 받는다. 수란 음식으로 기르는 것이다.

1효동 : 어리석은 이를 가르치는 데는 답답함이 앞선다. 손해를 보고 얻음이 있으니 미리 베풀면 손해가 줄 것이다. 때를 기다리는 효사이다.

2효동 : 어리석음이 있으니 강하게 행동하라. 주의하지 않으면 어리석은 이에게 해를 입는다. 어리석은 이가 눈앞에 이익으로 간악해지는 것이다.

3효동 : 손재가 생길 운이다. 중년부인이 젊은 남자를 유혹하는 형상으로 문란함과 배신이 도사리고 있어 삼각관계를 만드는 상이다.

4효동 : 마음처럼 일이 풀리지는 않는다. 먼 곳에서 홀로 자란 열매이니 외롭고 욕심은 강하다. 욕심을 버리고 한손으로 하나의 열매만 얻도록 하자.

5효동 : 어린 아이는 길하나 부부 궁엔 재액이 따르니 이별할 수 있다. 매사에 욕심이 과하여 생기는 것이다.

6효동 : 간괘는 불리하고 곤괘는 유리하니 동북은 불리하고 서남쪽은 이득이 있다. 父인 寅木이 변하여 득이 있으니 문서를 처분함이 좋다.

4. *Youthful Folly*
어리석은 젊은이, 매우 어리석음

impulsiveness, immaturity,
충동, 감정적인, 미성숙한,
bluffing, ignorance,
허풍, 허세, 무지한,
learning, impatience,
배움, 공부, 조바심, 성급함,
reckless behavior.
무모한 행동

사 업 : 투자한 만큼의 배당은 오지 않으니 참고 나아가면 서광이 비친다.

소 원 : 작은 것은 이룰 것이나 분수에 맞지 않게 큰 소원은 해만 부른다.

거 래 : 유능한 사람과 같이하라. 치밀하지 않으면 비용만 나간다.

재 물 : 보이지 않는 지출이 많으니 수입보다 지출에 신경써라.

연 애 : 적극성을 지니면 좋은 결과가 있다. 그렇지 않으면 후회한다.

혼 인 : 혼인할 인연은 아니다. 기다리면 좋은 인연이 나온다.

매 매 : 가격이 하락세로 팔면 손해를 보지만 되사면 이익이 있다.

구 인 : 올 마음은 있으나 방해가 있으니 많이 늦어진다.

가출인: 근처에 있으며 올 의사가 있으니 빨리 찾으면 찾을 수 있다.

출 산 : 대체적으로 순산한다. 아들이다.

이 사 : 이사는 불리하며 손해가 따른다. 보류 또는 하지 말라.

여 행 : 보류하는 것이 좋다. 홍수와 교통사고가 있으니 주의하자.

입 학 : 지금은 실력이 없으니 실력을 쌓고 학교 길에 교통사고 조심.

소 송 : 주위 사람의 의견이 중요하다. 단독으로 고집 부리지 말 것.

실 물 : 잃어버리지 않고 어디에 두고 온 것이니 아이들에게 물어라.

건 강 : 병명이 잘 나타나지 않는 질환으로 고생할 수 있다. 교통사고

직 장 : 직장은 참아야 할 일이 많고 구직자는 윗사람의 도움이 필요함.

蒙亨, 匪我求童蒙 童蒙求我 初筮告 再三瀆 瀆則不告. 利貞.
몽 형. 비아구동몽 동몽구아 초서고 재삼독 독즉불고. 이정.

몽은 형통한다. 내가 어린아이를 구하는 것이 아니라 어린아이가 나를 찾는다. 첫 점에서 일러주지만, 두세 번 반복하는 것은 모독하는 것으로 모독하면 일러주지 않는다. 길한 괘이다.

역설 몽은 어리석음을 깨우치기 위해 거침없이 움직이는 모습이 있는 괘이다. 아직은 어리석음이 강하고 움직임 또한 강하니 길괘는 아니다. 외괘가 어린 소년이요, 내괘가 청년이니 소년이 청년을 찾아오는 것이다. 몽괘가 나오면 성인은 누가 찾아오겠으나 아이는 스승을 찾아야 하는 괘이다. 상황에 따라 달라지는 것이다. 어리석은 이는 몽매하여 역을 믿지 못하니 같은 일로 점사를 두세번 친다. 그것이 몽매함의 시작이다. 자신이 알고 있는 것이 따로 있고 듣고자하는 말이 따로 있으니 몽매한 이에겐 때로는 함구함이 좋다. 몽(蒙)이란 어리석은 아이를 말하며 계몽이 필요한 괘이다. 즉 앞날이 막막하고 밝지 않음을 뜻한다. 어린 학인의 괘로는 참으로 좋은괘이다. 몽매하여 아이처럼 두세번 질문하면 혼탁해진 점사라 답을 하지 않는다는 내용이다. 진실한 물음에 진실한 답이 있다. 마음이 그러하다.

象曰, 蒙 山下有險 險而止 蒙.
단 왈. 몽 산 하 유 험 험 이 지 몽.

단왈, 몽은 산 아래에 위험이 있는 것이니, 위험하여 멈추는 것이 몽이다.

역설 몽의 상황이 산 아래에 위험이 있는 모습이다. 위험하여 멈추고 계몽하는 것이 몽이다. 부설하면 '흐르는 물이 산을 만났으니 거처할 곳이 없구나. 모든 일이 답답하고 잘 풀리지 않으니 스승을 만나 물어보아야 길한 것인데, 깨우침은 한마디를 듣고 열 번 생각해야 함인데 재차 물어보아 대답해 주는 것은 게으른 아이에게 몽매함만 더하는 것이니 스승은 몽매한 이에겐 답을 주지 말아야 한다. 계몽하면 종국에 만사가 성취되고 산수에 청명함이 더해진다. 새싹이 이제야 피어 천지에 수기가 가득하니 하늘빛을 바라는구나.' 내괘 감수는 6음水괘요, 외괘 간산은 7양土이니 무계합화(戊癸合火) 한 것과 같이 이공계와 예술계의 발전성이 매우 뛰어난 재능을 보인다.

蒙亨 以亨行時中也. 匪我求童蒙 童蒙求我 志應也. 初筮告
몽 형 이 형 행 시 중 야. 비아구동몽 동몽구아 지 응 야. 초 서 고

以剛中也 再三瀆 瀆則不告 瀆蒙也. 蒙以養正 聖功也.
이 강 중 야 재 삼 독 독 즉 불 고 독 몽 야. 몽 이 양 정 성 공 야.

몽은 형통하며, 형통함으로써 시중을 행하는 것이다. 내가 어린아이를 구하는 것이 아니라 어린아이가 나를 찾는다는 것은 뜻이 통하는 것이다. 첫 물음에 대답한다는 것은 양효가 가운데 자리를 얻었기 때문이다. 두세 번 묻는 것은 모독하는 것으로, 모독하면 대답하지 않는다는 것은 모독하는 것이 어리석기 때문이다. 어리석은 자를 가르쳐 바르게 하는 것은 성인의 공덕이다.

象曰 山下出泉 蒙 君子以果行育德.
상왈 산 하 출 천 몽 군 자 이 과 행 육 덕.

상왈 산 아래에 샘이 솟아나니 몽이다. 군자는 이것으로써 결과가 있는 행위, 즉 가르치고 길러 좋은 결과를 얻는다.

初六 發蒙 利用刑人 用說桎梏 以往吝. 象曰 利用刑人 以正法也.
초 육 발 몽 이 용 형 인 용 설 질 곡 이 왕 린. 상 왈 이 용 형 인 이 정 법 야.

초육 어리석은 것이 시작된 것으로, 수갑과 족쇄를 채워 말과 형벌로 사람을 다스리면 이로우나 나아가면 재난이 있다. 상왈 형벌로써 사람을 다스리는 것은 법을 바로 잡는 것이라 했다.

역설 몽괘가 움직이기 시작하여 산택손괘를 얻었으니 손(損)이란 손해를 보는 것이며 내것이 줄어드는 괘이다. 크게 흉한 것은 아니나 길하진 않다. 몽을 가르치는데 있어 체벌이 필요하며 체벌을 사용해서라도 계몽하는 것이 이롭다는 말이다. 감수괘가 태택금괘로 변하는 것이니 상생으로 변하는 것에 흉함이 없다. 인목(寅木)이 사화(巳火)로 효변하니 인사가 형(刑)하나 그로인해 법이 바로서는 것이니 변효하는 것이 길하다는 뜻이다. 손해를 보고 얻음이 있는 괘가 손괘니 미리 베풀면 손해가 줄 것이다. 베풀면서 때를 기다리는 괘이다.

九二 包蒙 吉. 納婦 吉 子克家. 象曰 子克家 剛柔接也.
구 이 포 몽 길. 납 부 길 자 극 가. 상 왈 자 극 가 강 유 접 야.

구이는 어리석음을 덮어 싸니 길하다. 신부를 맞아들여 길하며, 자식이 집안을 이룬다. 상왈 아들이 집안을 이루는 것은 강유가 서로 접해 있기 때문이라 했다.

역설 어찌하여 2효가 동하여 산지박괘를 얻었는데 길하다 하였는가? 물론 감수괘가 곤지괘를 얻음은 현명해 져도 길한 것은 없을 것이데, 본괘의 내괘가 극히 힘을 잃어 매우 자중해야 하는 괘이다. 때리고 깨서라도 가르쳐야 하는 것이 몽이라 박괘여도 교육을 위해선 길하다 말한 것인가? 학인이라면 깊이 공부하여야 할 것이다. 외괘와 변괘인 간산토와 곤토를 내세우면 강해진다. 간산은 막내아들을 말하고 곤토는 부인을 말한다. 즉 자신인 감수가 움직이면 큰 흉이 되며 곤토와 간산이 움직여야 길하다. 포몽(包蒙)이란 산지박괘의 모습이 외괘의 밖으로 향하는 입구가 양효로 막혀있는 모습을 말하는 것이다. 포몽이 길하다 말한 것은 추론해 본건데 박(剝)괘가 변괘로 와서일 것이다. 박괘는 현재는 매우 평온하고 풍유로우나 앞으로 큰 재난이 생기는 괘이다. 효사로는 자손인 진토(辰土)가 사화(巳火)로 변효하여 화생토의 기운을 받아 효변은 길하다. 자극가(子克家) 강유접야(剛柔接也)는 산지박괘의 모양이 7간산 양토(막내아들)와 8곤지 음토(노모)로 구성되어 있기 때문이다.

六三 勿用取女 見金夫 不有躬 无攸利. 象曰 勿用取女 行不順也.
육 삼 물 용 취 여 견 금 부 불 유 궁 무 유 리 . 상 왈 물 용 취 여 행 불 순 야 .

육삼은 여자를 취해서는 안 된다. 정부가 나타나 몸을 보존하지 못할 것이니 끝내 이로울 것이 없다. 상왈 여자를 취하면 안된다는 것은 행동이 불순하기 때문이다.

역설 3효가 변하면 산수몽이 산풍고괘를 이룬다. 고(蠱)는 벌레 고를 말하며 벌레들이 과실을 파먹는 상이다. 산아래 바람이 이니 큰 재해가 생길 운이다. 중년 부인이 젊은 남자를 유혹하는 형상이다. 몽매하니 정조를 빼앗기고 뒤에는 배신이 도사리고 있으며 삼각관계를 만드는 괘이다. 그러하니 산수몽괘의 내괘 감수(중남)괘가 산풍괘의 내괘 손풍(장녀)괘를 취하고자 하는 효사이다. 이는 동하여 취하면 좋지 않다는 이야기를 말한다. 오화(午火)가 財인 유금(酉金)으로 변효하니 유금은 양효를 타고(위에) 있다. 오유는 도화라 문란함이 엿보인다. 스스로가 부패한 상태를 나타내니 냉정해야 곤란한 상황을 빠져나갈 것이다.

六四 困蒙 吝. 象曰 困蒙之吝 獨遠實也.
육 사 곤 몽 린 . 상 왈 곤 몽 지 린 독 원 실 야 .

육사는 몽매해서 곤란을 당하는 것이니 좋지 않다. 상왈 곤란을 당해 좋지 않다는 것은 홀로 현실생활과 멀리 떨어져 있기 때문이라 했다.

역설 우물안 개구리처럼 몽매한이가 욕심을 부리는 것이 4효의 동함이다. 그 모습이 사방이 가로막혀 곤란을 겪는 것은 욕심이 있는 것으로 먼 곳에서 홀로 자란 열매와 같다. 4효가 동하면 산수몽괘가 화수미제의 괘를 만드니 미제란 이룬 것이 없다. 이루어지지 않는다. 란 뜻이다. 물위에 불이 있는 모습이니 어찌 불이 생하겠는가? 모든 일이 뜻대로 되지 않는 괘이고 과실이 덜 익은 모습이다. 외괘인 간산이 리화괘로 바뀌었으니 산에 과실이 열리는 것과 같다. 불은 위로향하고 물은 아래로 향하니 서로의 마음이 정반대로 움직인다. 말하지 말아야할 말을 하고, 행하지 말아야할 행을 하고, 생각하지 말아야할 생각을 한다.

六五 童蒙 吉. 象曰 童蒙之吉 順以巽也.
육 오 동 몽 길 . 상 왈 동 몽 지 길 순 이 손 야 .

육오는 어린아이가 길한 것이다. 상왈 어린아이가 길한 것은 장차 손괘로 변하기 때문이다.

역설 지식이 자라기 시작하는 몽매한 어린이라 길하다. 동몽(童蒙)의 동(童)이란 立+里으로 이제야 스스로의 할 일을 할 줄 아는 아이이다. 동몽은 길한 것으로 이는 손(巽)괘의 도를 이어받음 이다. 산수몽이 풍수환으로 대성괘를 이루니 간산 토가 손풍 목으로 변화된다. 목극토로 몽매함을 깨우는 것이다. 물위에 바람이 부니 환(渙)이란 '흩어지다'. '풀어지다'라는 뜻으로 분산되고 흩어지는 것이다. 효사는 官인 자수(子水)가 兄인 사화(巳火)로 변효된다. 세를 이루니 힘이 생기는 효변이다. 환이 길한 이유는 어디든지 흘러가서 배워야 하는 본괘가 몽괘이기 때문이다. 역에는 충극해야 길한 것이 있고, 반대로 충극하면 흉한 것이 있으니 몽은 충극이 길하다. 즉 몽매한 이가 게을러 배우지 않으면 때려서라도 가르쳐야 하기 때문이다. 배우는 자는 길하고, 행하는 자는 흉할 수 있다.

上九 擊蒙 不利爲寇 利禦寇. 象曰 利用禦寇 上下順也.
상 구 격 몽 불 리 위 구 이 어 구 . 상 왈 이 용 어 구 상 하 순 야 .

상구는 몽매함을 공격하는 것이니, 토구에게 불리하며 토구를 방어하는 것이 이롭다. 상왈 토구를 방어하는 것이 이롭다는 것은 상하가 순응하기 때문이라 했다.

역설 격몽(擊蒙)이란 어리석은 몽매함을 때려서라도 깨우치고자 하는 것이다. 불리위구(不利爲寇)는 도적에게 불리한 괘이며 이어구(利禦寇)는 도적을 막는이에겐 길한 괘이다. 위구(爲寇)는 본외괘인 간산괘를 말하고 어구(禦寇)는 변외괘인 곤토괘를 말한다. 지수사의 사(師)는 스승사라 몽매함을 일깨위줄 스승이다. 전쟁을 앞둔 지휘관의 괘이니 도둑을 잡는 것 보다 도둑에 미리 방어를 하는 것이 길하다는 말이다. 대지의 물이 가득하니 따르는 이가 많아진다. 간산 양토가 곤 음토로 변괘된다. 父 인목(寅木)이 財 유금(酉金)으로 변효된다.

※ 어떤 이의 점사가 몽괘를 얻었는데 재차 묻기를 되풀이하면 몽매한 이가 나를 시험하는 것이라 답을 하지 않는 것이 좋다.

제5 수천수괘

* 상하급운세

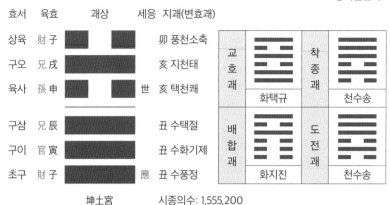

효서	육효	괘상	세응	지괘(변효괘)
상육	財子			卯 풍천소축
구오	兄戌			亥 지천태
육사	孫申		世	亥 택천쾌
구삼	兄辰			丑 수택절
구이	官寅			丑 수화기제
초구	財子		應	丑 수풍정

교호괘	착종괘
화택규	천수송

배합괘	도전괘
화지진	천수송

坤土宮   시종의수: 1,555,200

- 큰 강(감괘)을 맞이한 장부(건괘)이다. 맑은 하늘에 비구름만 있다.
- 종일 일한 군자가 비를 기다리니 수는 기다리고 인내하면 길하다.
- 구름 낀 하늘아래 군자가 마시고 먹고 즐긴다. 비가 내리면 만사가 길하다.

需(수)는 '기다리다'. '기대하다.' 음식을 먹고 마시는 것이다. 안개가 자욱한 상으로 물러서서 기다려야 할 때를 의미한다. 음식을 마음껏 먹고 마시고 하면 다툼이 따르게 마련이다. 그래서 다음을 송(訟)괘로 받는다.

1효동 : 재물이 흩어진다. 변효가 형(兄)이 되어 내실은 생기니, 얻었으나 남은 것은 없다하여 한탄하지 말라. 결국 길하리라.

2효동 : 기도하는 아낙네라. 능력을 감추고 인내하는 강태공이다. 본심을 아는 이가 없으니 조금의 구설은 있겠으나 뜻하는 바를 끝내 이룬다.

3효동 : 유혹을 이겨내고 절재 하라. 절재하지 못하면 질병과 사고가 생기니 액운의 조짐이다. 문밖의 강도를 스스로 부르니 문단속을 잘해야 한다.

4효동 : 재복이 넘쳐나니 많은 움직임이 길하다. 지금까지의 어려움을 극복하였으니 하늘에서 내리는 재화가 크다. 겸손해야 재화가 크게 온다.

5효동 : 지천에 기도하니 마침내 지신이 돕는구나! 건방인 서쪽과 곤방인 서남이 길하다. 친구들과 한잔 하니 풍류를 즐김이다.

6효동 : 3인의 불청객이 찾아오니 처음은 곤란하나 잘 대접하고 순응하면 귀인이 된다. 잘 대접하여 덕을 쌓으니 3가지 길함이 된다.

5. *Waiting*

기다림, 양육함

perseverance, restraint,
인내, 끈기, 제지, 감금,
take care of essentials,
중요한 것을 돌보아야 한다.
leave well enough alone,
혼자서 잘 지낸다.
moderation, right timing.
검토, 적당히, 올바른 타이밍.

사 업 : 신중해야 한다. 규모 확장이나 신규 사업은 꿈도 꾸지 말라.

소 원 : 빠르게 해결되지 않는다. 노력하면 천천히 하나씩 이루어진다.

거 래 : 서두르면 싸우거나 송사가 있다. 살짝 양보하면 순조롭다.

재 물 : 현상유지에 만족하고 욕심을 버려라. 귀인이 곧 온다.

연 애 : 서로 좋아하지만 활발한 교제는 할 수 없다. 결혼은 4~5년 후

혼 인 : 장해가 있다. 억지로 하면 후회하니 좋은 배필이 따로 있다.

매 매 : 서두르면 손해가 생긴다. 매매시 급한 내색을 보이지 말라.

구 인 : 기다리면 오기는 하나 생각한 시간에 오지는 않는다.

가출인: 가까운 곳에 있으며 머지않아 스스로 돌아온다.

출 산 : 난산이며 초산이면 딸이고 그 외에는 아들이다.

이 사 : 머지않아 마음에 꼭 드는 집이 나타나니 조금 더 기다려라.

여 행 : 여행은 연기해야 좋으며 업무상의 여행도 신통치 않다.

입 학 : 선택에 어려움이 있겠지만 안정권에 든 곳이라면 무난히 합격한다.

소 송 : 지루한 싸움, 급히 서두르면 손해가 있으니 타협하는 편이 길하다.

실 물 : 밖에서 잃은 것은 찾기 어렵다. 집안에 있어도 시일이 걸린다.

건 강 : 장기간 치료할 수 있다. 복막염, 늑막염, 간장의 병증 주의

직 장 : 1년 이내 좋은 결과가 있으니 직장을 옮기지 마라. 취직은 6개월 후

需 有孚 光亨 貞吉 利涉大川.
수 유 부 광 형 정 길 이 섭 대 천 .

수는 믿음이 있어 빛나고 형통하며 곧고 길하다. 큰 강을 건너면 이롭다.

역설 수괘는 믿음이 있다는 말은 중용의 도가 있다는 말이다. 중용은 토(土:中孚, 믿음, 신뢰)의 기운이다. 밝게 빛나고 형통하다는 건괘의 아름다움이다. 정길(貞吉)이란 좋은 괘상을 말한다. 밝게 빛나고 거침없이 움직여 형통하니 길한 괘상이다. 란 뜻이다. 이섭대천(利涉大川)이란 말 그대로 큰물을 건너면 더욱 길해진다는 말이다. 큰물이란 외괘인 감수이며 수괘는 중용의 도가 있어 거침없이 빛나 길한 괘이다. 감수괘는 난관이다.

象曰 需 須也 險在前也 剛健而不陷 其義不困窮矣.
단 왈 수 수 야 험 재 전 야 강 건 이 불 함 기 의 불 곤 궁 의 .

단왈 수는 필수적인 것이다. 눈앞에 위험이 닥쳤지만 강건해서 위험에 빠지지 않는다.

역설 단왈, 간단히 말하면, 수(需) 수야(須也)란 수(需)괘는 마땅히 기다려야 하는 것이다. 험재전야(險在前也)란 외괘가 험난함을 나타낸다. 순차적으로 올라가면 수괘에서 험난함이 있어 마땅히 기다려야 한다는 말이다. 강건이불함(剛健而不陷)은 내괘가 강인한 건괘이니 위험에 빠지지 않는다. 기의불곤궁의(其義不困窮矣)에 의(義)는 건금괘의 성정(의리)을 말함이다. 강건함은 의가 있어 곤궁함이 없다는 말이다.

需 有孚 光亨 貞吉 位乎天位 以正中也. 利涉大川 往有功也.
수 유 부 광 형 정 길 위 호 천 위 이 정 중 야 . 이 섭 대 천 왕 유 공 야 .

象曰 雲上於天 需 君子以飲食宴樂.
상 왈 운 상 어 천 수 군 자 이 음 식 연 락 .

수는 믿음이 있는 것으로 빛나고 형통하며 곧고 길하다. 하늘의 자리에 위치해서 가운데 자리를 얻었다. 큰 강을 건너면 이롭다는 것은 나아가면 공을 세울 수 있기 때문이다. 상왈 하늘 위에 구름이 덮인 것이 수로서 군자는 이때가 되면 먹고 마시면서 즐긴다 했다.

역설 위호천위(位乎天位) 이정중야(以正中也)는 건괘보다 위에 위치하여 중정을 차지하였다는 말이다. 이섭대천(利涉大川) 왕유공야(往有功也)란 큰물(감수괘)을 건넘이 이로운 것은 변하여 가는 것은 내괘의 강인함(有功)을 이어받았기 때문이다.

初九 需于郊 利用恒 无咎.
초 구 수 우 교 이 용 항 무 구 .

象曰 需于郊 不犯難行也 利用恒无咎 未失常也.
상 왈 수 우 교 불 범 난 행 야 이 용 항 무 구 미 실 상 야 .

초구는 교외에 비가 내리는 것이니 변하지 않는 마음을 가지면 허물이 없다.

상왈 교외에 비가 내리니 어려운 일을 무모하게 행하지 않는다. 변하지 않는 마음을
가져 허물이 없다는 것은 평상심을 잃지 않았기 때문이다.

> **역설** 수우교(需于郊)는 기다리다 밖으로 움직이면(변화하면) 이용항(利用恒)이란
> 항괘와 같은 모습을 말하는 것이다. 이는 겉은 음하고 속은 양한 모습이다. 항
> (恒)이란 음속에 양괘(日)가 있는 모습이다. 즉 수괘의 5효를 말함이고 감수괘를
> 말함이다. 건금(乾金)이 손풍 목(木)괘로 변하니 금극목이나 위의 감수괘가 있으
> 면 金생水생木으로 유입이 참으로 길하다.

九二 需于沙 小有言 終吉.
구 이 수 우 사 소 유 언 종 길 .

象曰 需于沙 衍在中也 雖小有言 以終吉也.
상 왈 수 우 사 연 재 중 야 수 소 유 언 이 종 길 야 .

구이는 모래사장에 비가 떨어지는 것이니 말썽이 조금 있더라도 끝내 길하다. 상왈 모
래사장에 비가 오니 얼마든지 수용할 수 있어 비록 말썽이 있더라도 끝내 길하다.

> **역설** 간명히 말하면 "수괘는 적은(소:少) 물(수:氵)이 움직(于)이는 것이니 작은
> 구설(言)이 있더라도 마침내(終) 길(吉)한 효사이다." 건금(金)이 이화(火)괘 변화
> 하는 것에 화극금의 적은 파동이 있겠으나 다스릴 수(水)기가 외괘에 있으니 화
> 련진금되는 상황이다. 수화기제란 마침내 작게 가졌던 뜻은 이루어진다는 말이
> 다. 건금이 변한 것이기에 이득은 건금에서 생겨 이화에서 받는 것이다. 효사로
> 관(官)이 동하여 형(兄)의 세력으로 변함이다. 이는 관복이 길함을 나타내기도
> 한다.

九三 需于泥 致寇至. 象曰 需于泥 災在外也 自我致寇 敬愼不敗也.
구 삼 수 우 니 치 구 지 . 상 왈 수 우 니 재 재 외 야 자 아 치 구 경 신 불 패 야.

구삼은 진흙길 위로 비가 쏟아지니 강도가 활개친다.

상왈 진흙길 위로 비가 쏟아지니 재난이 바깥에 있다. 스스로 강도를 불러들인 것이
니, 신중하고 조심스럽게 대처한다면 실패하지 않을 것이다.

역설 수괘의 내괘인 건금(金)괘가 태택금(金)괘로 변하니 쇠소리가 나는 구나. 태택은 어린 소녀이니 외괘인 감수(중남)괘를 도둑이라 말한다. 외괘에서 내괘로 들어오는 입구가 뚫렸으니(음효:--) 강도가 활개친다 하였다. 군건한 건금이 순백(白我)의 어린소녀로 바뀌었으니 누가 무서워 할까? 내가 순수하고 선하면 상대가 악해질 수 있는 것이 역이다. 대성괘로 수택절이 되니 절(節)이란 유혹을 이겨내고 절재 하는 것이다. 절재하지 못하면 끝내 어렵고 절재하면 길하다. 절재하지 못하면 질병과 사고가 생기니 액운의 조짐이다.

六四 需于血 出自穴. 象曰 需于血 順以聽也.
육 사 수 우 혈 출 자 혈 . 상 왈 수 우 혈 순 이 청 야 .

육사는 피로 얼룩진 곳에 있다가 그곳을 벗어난 것이다. 상왈 피로 얼룩진 곳에 있으니 강자의 말에 순응한다고 했다.

역설 혈(血)의 체(겉모습)는 수(水)이나 화(火)로 이루어진 물이다. 내면엔 화기가 강한 물이니 이는 현대에서 알콜이나 용암등과 같은 모습이다. 지혜가 있다면 혈(血)이 감수(水)가 태택금(金)괘로 변화됨을 나타낸다는 것을 알 것이다. 변괘가 택천괘이며 쾌(夬)는 '물리친다. 결단한다.'란 뜻이며 외유내강의 괘이다. 마침내 스스로 구멍에서 나왔다는 말은 어려움을 모두 극복하였다는 말이다. 손(孫)인 신금(申金)이 재(財) 해수(亥水)로 변효되니 움직임이 모두 돈이 된다. 강자에게 스스로 고개를 숙이니 더욱 길하다.

九五 需于酒食 貞吉. 象曰 酒食貞吉 以中正也.
구 오 수 우 주 식 정 길 . 상 왈 주 식 정 길 이 중 정 야 .

구오는 술자리를 차려놓고 청하는 것이니 크게 길하다. 상왈 술자리가 크게 길한 것은 중정한 자리에 있기 때문이라 했다.

역설 술 주(酒)는 감수괘를 말함이요. 밥 식(食)은 곤토의 기운이다. 풍요로움을 뜻하는 글로 지천태로 변하는 모습은 길함이 있는 것이다. 중정이란 곤건의 조화를 말하는 것이다. 감수괘가 곤토괘 변하여도 내괘의 건금괘가 있으니 土생金생水라 유통이 좋다. 형(兄)인 술토(戌土)가 재(財) 해수(亥水)로 변효하니 이재(利財) 생긴다.

上六 入于穴 有不速之客三人來 敬之終吉.
상 육 입 우 혈 유 불 속 지 객 삼 인 래 경 지 종 길 .

象曰 不速之客來 敬之終吉 雖不當位 未大失也.
상왈 불 속 지 객 래 경 지 종 길 수 부 당 위 미 대 실 야 .

상육은 움막으로 들어가는 것이다. 불청객 세명이 찾아오니 잘 대접하면 마침내 길하다. 상에서 말하기를 불청객이 찾아와 잘 대접해서 마침내 길하다는 것은 비록 정당한 자리에 있지 않더라도 큰 잘못이 없다는 것이다.

역설 들어간다. 흩어진다. 는 말은 손풍괘의 움직임이 많다. 즉 소성괘의 1효 또는 3효가 음효일 때 입구가 뚫려 있어 들어가는 것이다. 상괘(외괘)의 입구가 막히니 감수괘가 손풍괘로 변한다. 외괘의 외벽은 막혔으나 내벽에 구멍이 있으니 건금(☰)이 청하지 않은 삼(三)인이다. 건금은 손목에겐 두려운 존재라, 곤경함이 없으면 불리하다. 일반적으로 이와 같이 해석하나 다르게 해석할 수 있으니 손괘는 주로 풍파와 손님 또는 나그네(바람 따라 구름 따라)로 해석한다. 변수의 묘리는 5손풍은 양목(陽木)이라 순차하지 않은 후천수(변화의 수) 3, 8木의 3(양수)이 된다. 그러니 객손 3인이 찾아온다 말하는 것이다. 이는 꼭 3인이 아니라 3가지 난재나 3인의 부탁이 될 수도 있다. 뭐가 되었던 수(需)는 음식으로 다스리는 것이니, 잘 대접하고 응하면 길하다는 효사이다. 소축괘는 욕심 없는 이득(올바른 노력 뒤에 오는 성취함)이다. 재(財) 자수(子水)가 관(官) 묘목(卯木)으로 변효되니 공경하면 길하다.

제6 천수송괘

* 하중급운세

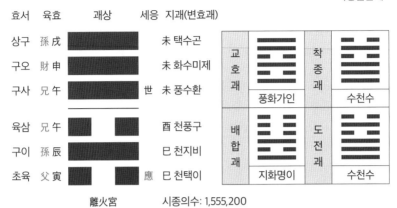

효서	육효	괘상	세응	지괘(변효괘)
상구	孫戌			未 택수곤
구오	財申			未 화수미제
구사	兄午		世	未 풍수환
육삼	兄午			酉 천풍구
구이	孫辰			巳 천지비
초육	父寅		應	巳 천택이

교호괘	풍화가인	착종괘	수천수
배합괘	**지화명이**	**도전괘**	**수천수**

離火宮   시종의수: 1,555,200

- 송(訟)은 소송, 재판을 뜻한다. 관재구설을 뜻하며 결과가 좋지 않다.
- 뜻이 정 반대로 작용하니 서로 고집만 세다. 자신을 낮추어야 한다.
- 결과가 흉하니 윗사람의 조언을 따름이 길하다.

訟(송)이란 '다툼'. '소송'. '재판' 등을 말하며 서로 다투고 시비를 따지는 것이다. 소송을 하게 되면 네 편 내 편으로 무리가 되어 갈라지게 되니 그래서 다음을 사(師)로 받는다. 사란 무리를 말한다.

1효동 : 다툼이 오래지 않아 끝난다. 멘토나 어른의 도움이 길하다. 문서관리에 철저히 하고 가능한 다툼을 빨리 끝내는 것이 길하다.

2효동 : 송사는 바로 구금될 수 있는 매우 불리한 운이다. 성씨에 금목의 기운이 길하며 화토의 기운은 피해야 한다. 송사가 아니라면 길하다.

3효동 : 송사엔 중계자가 나서 길해지며 처음엔 사고와 재난이 있으나 종국에는 길한 괘이다. 국가대사의 일에선 불리함이 있다.

4효동 : 송사는 불리하다. 환이란 그동안 고통은 기쁨이 되고, 기쁨은 고통이된다. 변화되어 안정되면 길하나 실속이 없다. 수재와 사고수가 있다.

5효동 : 송사는 매우 길하며, 재운 역시 길하다. 그 밖의 일은 모두가 불리하니 미제괘의 영향이다.

6효동 : 송사는 이기겠으나 3일 밤낮을 잠 못 이루니 심신이 피폐하다. 실속이 없는 승패라 상대방 의견을 존중하고 자중하도록 하자.

6. Conflict
갈등, 충돌, 싸움

Will-to-power, Hostility
권력행사, 적대감-전투
jealousy, stubbornness
질투-시샘, 왕고한-고집스러운
aggression, fear
공격-침략, 공포-두려움
competitveness
경쟁적인 것, 경쟁심이 강한
controversy.
논란-논쟁

사 업 : 시운이 따르지는 않지만 부하의 힘으로 좋은 성과를 거둘 수 있다.

소 원 : 중간에 장해가 있어 성취되기 어렵다. 조급하면 더욱 어려워진다.

거 래 : 좋지 않다. 원만하게 진행되기는 어렵다. 난관에 생긴다.

재 물 : 어렵지만 바르게 행동하면 현상유지, 여성이나 아랫사람이 귀인.

연 애 : 환경이 너무 달라서 사귀기는 하지만 결합되기는 어렵다.

혼 인 : 급히 서두르면 좋지 않고 다른 상대자와 결혼을 하게 될 것이다.

매 매 : 지금 매매하면 별로 이득이 없다. 다음을 기다리는 것이 좋다.

구 인 : 소식은 온다. 사람이 늦어진다.

가출인: 멀리 가지 않았다. 근처에 숨어있다. 찾기 힘들다.

출 산 : 난산이겠다. 심한 난산은 아니며 득남 하겠다.

이 사 : 당장은 어렵고 이사를 해도 썩 좋지는 못하다.

여 행 : 육지 여행은 무방, 해상 여행은 좋지 않다. 물과 이성에 의해 凶

입 학 : 2차를 지원하면 합격한다. 노력하라.

소 송 : 소송 대리인을 내세워라. 좋은 결과는 기대하기 어렵다.

실 물 : 잃은 것은 찾기 어렵다. 이미 남의 손에 들어갔다.

건 강 : 심장병, 신경통, 히스테리 등을 조심할 것.

직 장 : 취직은 좀 더 기다려야겠다. 선배, 친구, 친지 등이 길하다.

訟 有孚窒惕 中吉 終凶 利見大人 不利涉大川.

송은 믿음이 있으나 막혀서 두려움이 있다. 중간은 길하고 마침내는 흉하다. 대인을 봄이 이롭다. 강을 건넘은 이롭지 않다.

역설 수천수괘와 같이 중용의 도가 있으나 외괘인 건괘의 강인함으로 막혀있는 상황이다. 중(2효, 5효)간은 길지만 끝(1,3,4,6효)는 흉하다. 대인(부모, 스승, 멘토)을 뵙고 조언을 구하는 것이 길하다. 감수괘가 지나면 불리하여 좋지 않다. 과한 움직임은 불리하니 자신을 낮춰 주변에 조언을 구하라는 말이다. 괜한 고집은 패망의 지름길을 나타낸 괘이다.

象曰 訟 上剛下險 險而健 訟. 訟 有孚窒惕 中吉 剛來而得中也.
終凶 訟不可成也. 利見大人 尙中正也. 不利涉大川 入于淵也.

단왈 송은 위는 강하고 아래는 험해서, 험하여 건장함이 송이다. 송이 믿음이 있고 막혀서 두려움이 있으나 중간이 길하다 함은 강함이 와서 중을 얻음이다. 마침내 흉함은 송사를 가히 이루지 못함을 말함이다. 대인을 봄이 이로운 것은 숭상함이 중정이요, 강을 건넘은 이롭지 않으니 못에 들어감이다.

역설 상강하험(上剛下險)은 위는 건괘라 굳건함의 끝이고 아래는 감수괘라 어려움의 시작이다. 험이건(險而健)이란 험난함에 놓여있는 고집스런 굳건함의 성정이 송괘이다. 유부질척(有孚窒惕)이란 내가(내괘) 믿고 있으나(有孚) 상대가(외괘) 마음을 바꿔(惕) 방해(窒)를 하고 있음이다. 강래이득중야(剛來而得中也)란 양효가 2, 5효를 얻었기 때문이다. 란 뜻이다. 송불가성야(訟不可成也)란 싸워봐야 결국에는 이길 수 없기 때문이다. 이견대인 상중정야(利見大人 尙中正也)란 대인을 봄이 이로운 것은 중효에 자리한 양효가 있기 때문이다. 불리섭대천 입우연야(不利涉大川 入于淵也)란 강을 건넘이 이롭지 않음은 연못(곤란함, 위험)에 빠지기 때문이다.

象曰 天與水違行 訟 君子以作事謀始.

상왈 하늘과 물이 어긋나게 행함이 송이니 군자가 이로써 일을 지음에 처음을 꾀하느니라.

하늘은 위를 보고 물은 아래(눈에 보이는 이익)만 보고 움직이니 어찌 하늘을 섬길 수 있겠는가? 이런 움직임은 마치 빈부의 격차가 심해지는 것과 같고, 고집스런 왕아래 음흉한 신하와 같다. 본괘(내괘)가 음흉하니 건괘가 이를 알고 극제한다. 고로 건괘의 성정인 군자는 음흉한 모든 것을 다스리려 모사를 꾸미기 시작한다.

初六 不永所事 小有言 終吉.
초 육 불 영 소 사 소 유 언 종 길.

象曰 不永所事 訟不可長也 雖小有言 其辯明也.
상 왈 불 영 소 사 송 불 가 장 야 수 소 유 언 기 변 명 야.

초육은 일을 길게 아니하면 조금 말이 있으나 마침은 길하다. 상왈 '불영소사'는 송사는 오래하지 못하는 것이니 비록 조금 말이 있으나 그 분별함이 밝음이다.

역설 초변하면 천택이괘를 이루니 불영소사(不永所事)는 오래지 않아 송사함이 끝나고 소유언(小有言)은 작은 구설은 있으나 종길(終吉)은 끝은 길하다. 감수괘가 변하여 태택금괘가 되니 금생수로 본괘를 생한다. 부(父)인 인목(寅木)이 형(兄)인 사화(巳火)로 변효된다. 나에게 도움이 되는 문서이며 어른이고 생각이 나의 세력을 더한다.

九二 不克訟 歸而逋 其邑人三百戶 无眚.
구 이 불 극 송 귀 이 포 기 읍 인 삼 백 호 무 생.

象曰 不克訟 歸而逋竄也 自下訟上 患至掇也.
상 왈 불 극 송 귀 이 포 찬 야 자 하 송 상 환 지 철 야.

구이는 송사를 이기지 못하니, 돌아가 도망하여 읍사람이 300호면 재앙이 없다. 상왈 송사를 이기지 못해서 돌아가 도망하여 숨으니, 아래로부터 위를 다툼으로 근심함을 주어올림에 이른다.

역설 2효가 변하면 천지비라. 본괘인 감수(水)괘가 곤토(土)괘로 변하여 土극水하니 송사에 있어선 바로 쇠고랑이다. 송사함에는 매우 불길하나 천지비괘는 길괘이다. 송사가 아닌 부분에서는 매우 이로운 효사이다. 불극송 귀이포(不克訟 歸而逋)는 송사함에 이기지 못하니 돌아가 도망하여 기읍인삼백호 무생(其邑人三百戶 无眚) 읍사람 300호의 도움을 얻으면 재앙이 없다. 변수의 묘리는 초급자가 알기엔 매우 난해하니 초급자는 간명히 보기 바란다. 그래도 알아야 하니 자세히 설명하면 역에선 1변하면 10수가 더해지고 2변하면 100수가 더해진다.

3변하면 1000수가 곱 더해진다. 위치는 방위를 말하니 후천팔괘의 마방진의 수를 생각한다. 다시 한번 말하지만 팔괘수와 후천수는 다르다. 감수가 변효하여 곤토가 되어 본괘(내괘)를 극한다. 토극수를 방어하기 위해선 금으로 토생금생수로 완화 하던지, 아님 내가(水) 목(木)을 찾아 목극토로 다스려야 한다. 마방진의 자리수로 곤토(2)에서 금으로 가려면 4변해야 한다. 역에선 가능한 3변으로 끝낸다. 그래서 곤토(2)에서 진목(3)으로 1변하여 보니 진목은 음목이라 음곤토를 다스리기 어렵다. 2변하니 손목(4)이라 양목이니 음토를 다스리기 좋다. 손목의 후천수는 3으로 2변하니 100곱 더하면 300이다. 달리 말하면 목씨 성의 도움이 길하다 말한다. 중을 잃었으니 송사함에 불리하다.

六三 食舊德 貞厲 終吉 或從王事 无成. 象曰 食舊德 從上吉也.
육 삼 식 구 덕 정 려 종 길 혹 종 왕 사 무 성 . 상 왈 식 구 덕 종 상 길 야 .
육삼은 옛 덕을 먹어서 바르게 하면 위태로우나 마침내 길하리니 혹 왕의 일(국가대사)을 좇아서 성취함은 없다. 상왈 옛 덕을 먹으니 위를 좇더라도 길하다.

역설 감수괘가 변하여 손목괘가 된다. 중계자가 나서니 송사엔 이롭다. 원래 불리하였으니 조율(합의)하여야 한다. 천수송괘가 변하여 천풍구괘가 된다. 구(姤)란 만난다는 뜻으로 한여자가 여러 남자를 꼬시는 모습으로 추함이 있다. 사고와 망신수가 있는 괘사이나 송괘 보단 길하다. 구괘는 처음엔 사고와 재난이 있으나 전화위복되어 종국에는 길한 괘이다. 식(食)이란 감수를 말한다. 갑작스런 행운이 있으며 국가대사의 일에선 불리함이 있다.

九四 不克訟 復卽命 渝 安貞吉. 象曰 復卽命 渝 安貞不失也.
구 사 불 극 송 복 즉 명 투 안 정 길 . 상 왈 복 즉 명 투 안 정 불 실 야 .
구사는 송사를 이기지 못함이라. 돌아와 바로 명을 이으니 변해서 안정하면 길하리라. 상왈 돌아와 명에 나가서 변해서 안정하면 잃지 않음이라.

역설 송사는 이길 수 없다. 4효가 변하여 천수송괘가 풍수환괘를 이룬다. 환(渙)이란 분산되며 흩어지는 것을 말한다. 물위에 바람이 부니 떠난 배가 돌아온다. 환이란 그동안 고통은 기쁨이 되고, 기쁨은 고통이 된다. 변화되어 안정(종국에는)되면 길하다.

九五 訟 元吉. 象曰 訟 元吉 以中正也.
구 오 송 원 길 . 상 왈 송 원 길 이 중 정 야 .

구오는 송사에 크게 길함이라. 상왈 송사에 크게 길함은 가운데하고 바름으로 써라.

역설 5효가 변하면 화수미제괘를 이룬다. 건괘가 변하여 이화괘가 되니 송사를 일으킨 건금을 화극금하여 송사엔 크게 길하다. 이는 중정의 자리를 얻었기 때문이다. 재(財) 신금(申金)이 손(孫)인 미토(未土)로 변효되니 토생금이라 재물을 얻는다. 그 밖의 일은 모두가 불리하니 미제괘의 영향이다.

上九 或錫之鞶帶 終朝三褫之. 象日 以訟受服 亦不足敬也.
상 구　혹 석 지 반 대　종 조 삼 치 지. 상 왈　이 송 수 복　역 부 족 경 야.

상구는 혹은 반대를 주더라도 아침이 마치는 동안 세 번 빼앗으리라.
상왈 송사로써 항복을 받음이 또한 족히 공경할 만한 일이 아니다.

역설 6효가 동하여 건금괘가 태택금괘로 변하였다. 쇠소리가 요란하니 그 모습이 반(鞶)과 같다. 천수송괘가 택수곤괘로 변하며 곤(困)은 '부족하다'. '곤궁하다'란 뜻으로 매우 답답하며 어려움이 있는 모습이다. 혹석지(惑錫之)란 혹은 건괘(金)가 바뀌어(易) 가면(之) 태택금(鞶帶:파자로 잘 관찰해보자)괘로 되는 것이니 이는 건괘(☰:三)의 세 번째 끝 양을 빼앗아(朝:양음이 조화를 이룬 모양) 변화하는 것이다. 송사하여 항복을 받아 이겼으나 만신창이 몸이 되니 어찌 실속이 있다 말하겠는가?

제7 지수사괘

*중하급운세

효서	육효	괘상	세응	지괘(변효괘)
상육	父酉		應	寅 산수몽
육오	兄亥			戌 중수감
육사	官丑			午 뇌수해
육삼	財午		世	酉 지풍승
구이	官辰			巳 중지곤
초육	孫寅			巳 지택림

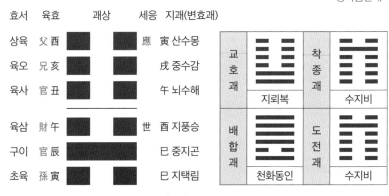

교호괘		착종괘	
	지뢰복		수지비
배합괘		도전괘	
	천화동인		수지비

坎水宮   시종의수: 870,712,934,400,000

- 땅 아래 많은 물이 모이는 상으로 집단을 상징하며 통솔을 의미한다.
- 사(師)는 스승, 군대 뜻한다. 내괘는 청년이요 외괘는 군모이다.
- 싸움터로 나가는 장군의 모습으로 많은 난관이 다가올 상이다.

사(師)는 '선생'. '군대'. '거느리다'를 말하며 군대와 전쟁을 뜻하는 것으로 같은 무리가 많은 것이다. 땅 밑으로 물이 모이는 상이니 여러 사람이 모인 집단을 상징하므로, 통솔한다는 의미에서 사(師)를 괘 이름으로 하였다.

1효동 : 처음부터 규범을 중요시 하여야 한다는 말이다. 계획을 잘 세워 나아가면 대길하니 만사 계획이 중요하다. 원하는 위치에 등용됨이 있다.

2효동 : 지신이 동하니 이동하면 길하다. 중심부로의 이동이며 돕고자 하는 이가 생긴다. 믿음으로 행하니 실리는 없고 관재수가 있으니 조심하자.

3효동 : 스승이 여럿이면 흉하며 목표가 여러 가지여도 흉하다. 동하면 길괘이니 크게는 길하다. 만사 하나의 계획과 거래로 큰 이익을 얻는다.

4효동 : 액운이 사라지고 길운이 오니 막혔던 교역이 이루어지는 운이다. 마음이 편안해 진다. 하늘이 날 깨우니 내가 클 수 있는 계기가 있다.

5효동 : 믿음이 과하면 화를 부르니 가까운 사람과 일을 도모하지 말아라. 관재 구설이 앞에 있으니 과한 움직임은 큰 어려움을 만든다.

6효동 : 같이 움직이면 길하나 혼자 움직이면 불길하다. 지금은 잠시 휴식을 취하면서 배움을 얻을 때이다.

7. Discipline

규율, 수련, 단련, 장군카드

exert authority, define
권한을 행사함, 분명히 밝히다.
it's time to take the bull
by the horns.
문제에 정면으로 맞서야 할 때
create a strategy.
전략을 세우다.
mobilize forces.
영향력(힘)을 동원하다.

사 업 : 하던 일은 평탄하며 다른 일의 장(長)으로 추대되나 구설수가 있다.

소 원 : 당장은 어렵지만 차츰 성취된다. 윗사람의 도움과 실력이 중요함.

거 래 : 상대방과의 교섭에 임할 때는 강경책을 써라. 유비무환이다.

재 물 : 공적인 일엔 좋다. 과한 계획은 좋지 않다. 작은 돈은 들어온다.

연 애 : 순수한 사랑으로 현실과 다른 이상이 있다. 부모의 반대가 있다.

혼 인 : 초혼은 방해자가 있어 어려우며 재혼은 순조롭게 진행된다.

매 매 : 급하게 팔면 손해가 따르니 일단 보류, 구설수 조심.

구 인 : 오지 않는다. 생각지도 않고 있을 때 갑자기 나타난다.

가출인: 서남 간방에 여자 집에 있다. 멀리가지 않았으니 서두르면 찾는다.

출 산 : 초산은 난산이며 아들이다. 초산이 아니면 딸이며 순산한다.

이 사 : 이사는 뜻대로 안되니 하지 않는 편이 좋다.

여 행 : 떠나지 않는 것이 좋다. 불가피한 경우 주색을 주의 할 것,

입 학 : 경찰, 사관학교에 길하지만 다른 곳은 무리이다. 경쟁자가 많다.

소 송 : 많은 비용과 많은 시일이 걸린다. 그러니 합의하는 것이 좋다.

실 물 : 찾을 수 있으며 서남쪽에 있다. 물건은 망가졌다.

건 강 : 감기, 설사 등 대수롭지 않은 병이 오래가며 장기 환자는 위험하다.

직 장 : 경쟁자가 많다. 꾸준히 노력해도 소기 목적만 달성한다.

師 貞 丈人吉 无咎.
사 정 장인길 무구.

사는 바르게 함이니 장인이라야 길하고 허물이 없으리라.

역설 참으로 간단한 글귀에 참으로 많은 내용이 숨어있다. 직역하면 스승은 곧고 바르니 어른에겐 길하고 큰 흉이 없다는 말이다. 역설하면 사괘(스승)는 여성의 곧은 절개를 나타내는 괘라(참된 스승은 자식을 키우는 어미의 마음이라), 외괘인(어른) 곤괘에 이르러야 길하며 흉함이 사라지는 괘사이다.

彖曰 師 衆也 貞 正也. 能以衆正 可以王矣.
단왈 사 중야 정 정야. 능이중정 가이왕의.

剛中而應 行險而順 以此毒天下 而民從之 吉又何咎矣.
강중이응 행험이순 이차독천하 이민종지 길우하구의.

단왈 사는 무리요, 정은 바름이니, 능히 무리로써 바르게 하면 이로써 왕이 될 수 있다. 강한 것이 가운데에서 응하고, 험한 일을 행하여도 순하니, 이로써 천하를 괴롭혀도 백성이 따르니 길하고 또 무슨 허물이리오.

역설 간단히 말하면 스승(사괘)은 무리를 이루니, 정(貞:괘사)은 바르게 함이다. 한 무리를 바르게 가르치는 능력이 있으니 가히 왕(스승)이 될 수 있다.
강이 양효가 2효인 중심을 차지하였으니 만 백성(음효)이 따르는 왕(양효)이 될 수 있다. 만사를 바르게 하기 위하여 위험한 듯 보이나 이 또한 순응하는 것이다. 위험한 행동으로 천하가 괴롭더라도 만 백성이 이를 따르니 결국엔 길하니 어찌 흉하다 하겠는가? 쉽게 말해 스승이 제자를 가르치기 위하여 매를 들고 큰 소리를 치는 것은 바르게 가르치기 위함이다.

象曰 地中有水 師 君子以容民畜衆.
상왈 지중유수 사 군자이용민축중.

상왈 땅 가운데 물이 있음이 사니, 군자는 백성의 풍모로써 무리를 거느린다.

역설 사괘의 모양이 곤괘의 품안(스승의 가르침 아래)에 수괘(가르침이 필요한 이들)가 모여 있는 모습이다. 하나의 뜻으로 뭉쳤으니 하나의 상이 된다. 앞으로 좀 더 간명히 역설하고자 한번더 깊게 설명하고 넘어가려 한다. 효변하여 지괘가 형성되면 그 움직이는 모습의 본체는 본괘에 있다. 즉 사괘는 스승의 가르침 아래 가르침이 필요한 이들이 모인 모습이 어떻게 변화 되는지가 효사이다. 사의 상은 한 가지가 아니니 여왕벌이 일벌을 가르치고 일벌이 따르는 모습이며, 일개미를 다스리는 여왕개미와 같고, 장교 아래 수많은 장병들과 같다. 아이들에게 먹을 것을 사주는 어미의 모습은 수괘이나 먹는 법을 가르치는 것은 사괘가 될 수 있다. 어떠한 하나의 상황이 상이므로 괘가 된다. 더욱 중요한 것은 상은 머리로 정하는 것이 아니라 마음으로 정하는 것이 심역의 기본이다. 마음으로 상을 볼 수 없으니 점사를 통하여 상을 정하는 것이며 상은 내가 정하는 것이 아니라 심이 정하는 것이다. 군자이용민축중(君子以容民畜衆)의 뜻엔 음양의 기본 이치가 있다. 참으로 많은 이야기를 하는 부분이다. 음양의 기본이치를 설명하며, 사괘의 모습을 설명하며, 군자의 모습을 설명한다. 간명히 역설하면 "중정한 양효 하나를 음효들이 보호하고 있다."는 말이다. 군자이용민축중(君子以容民畜衆)란 "군자는 백성을 다스리기 편한 질서와 규범(음의 뜻의)으로 백성을 다스리고 이끈다." 란 뜻이 되기도 한다. 또한 백성의 질서와 규범으로 백성이 군자를 보호한다는 말이며, 군자는 백성의 본의를 알아 백성이 믿고 따른다는 말이다.

初六 師出以律 否臧凶. 象曰 "師出以律" 失律凶也.
초 육 사 출 이 율 부 장 흉. 상 왈   사 출 이 율   실 율 흉 야.

초육은 군사가 나아가는데 율령으로써 함이 아니면 착하더라도 흉하리라. 상왈 '군사는 율령으로써 나아감'은 율령을 잃으면 흉하리라.

역설 내가 착함으로 상대는 악해지는 것이 역의 이치이다. 때론 자신이 착하게 살았다 말하며 하늘을 한탄하는 이가 있으니 자신의 무지한 인에 대한 과이다. 세상 가장 큰 죄가 무지함이 될 수 있으니 이것은 스스로를 볼 수 없는 모습을 말한다. 사출이율 부장흉(師出以律 否臧凶)이란 가르침의 첫 단계이다. 역설은 수십가지로 해석되니 간명하면 "처음 가르침엔 규칙이 있어야 하며 법칙이 두텁지 못하면 흉하다." 다시 말하니 보는 위치에 따라 해석이 달라지니 모두 맞는 해석이다. 배우고 가르치는데 에는 모두 규칙이 있어야 하며 스승은 어리석은 이를 가르침에 처음부터 규범을 중요시 하여야 한다는 말이다. 초변하면 지택임괘가 되니 임(臨)이란 위에서 아래를 내려다보는 모습이며 위에 등용되어 임하는 것과 같다. 계획만 잘 세워 나가면 재수가 대통하는 길괘이다.

九二 在師 中吉 无咎 王三錫命.
구 이 재 사 중 길 무 구 왕 삼 석 명.

象曰"在師中吉"承天寵也"王三錫命"懷萬邦也.
상 왈 재 사 중 길 승 천 총 야 왕 삼 석 명 회 만 방 야 .

구이는 군사가 가운데 있는 것은 길하고 허물이 없으니 왕이 세 번 명을 주도다. 상왈 '재사중길'은 하늘의 은총을 이음이요, '왕의 세 번 명함'은 만방을 품음이라.

역설 재사 중길(在師 中吉) 역시 여러 가지로 해석되니 스승이 있다는 것은 어느정도 길한 것이므로 흉하지 않다는 말이며 스승이 중효에서 움직임은 변괘가 곤괘라 흉하지 않다. 등으로 해석된다. 왕삼석명(王三錫命)의 해석이 난해할 것이나 어렵게 생각하지 말기를 바란다. 아래의 설명이 있듯이 곤괘로 변하여 사방을 얻음과 같다는 말이다. 이는 스승이 제자에게 주는 3가지 규칙과 같다. 土극水의 본괘가 土비(比)土가 된다. 삼양이 나눠진다는 말이다.

六三 師或輿尸 凶. 象曰"師或輿尸"大无功也.
육 삼 사 혹 여 시 흉 . 상 왈 사 혹 여 시 대 무 공 야 .

육삼은 군사가 혹 여럿이 주장하면 흉하리라. 상왈 '사혹여시'면 크게 공이 없으리라.

역설 변하여도 매우 길하나 사공이 많으면 배가 산으로 가니 흉하다는 말이다. 변괘로 지풍승괘가 되니 승이란 새싹이 뻗어 오르는 것을 말한다. 한자리에 여러 새싹은 흉하다.

六四 師左次 无咎. 象曰"左次无咎"未失常也.
육 사 사 좌 차 무 구 . 상 왈 좌 차 무 구 미 실 상 야 .

육사는 군사가 진영으로 물러나는 것이니 허물이 없다. 상왈 '좌차무구'는 떳떳함을 잃는 것이 아니다.

역설 군사가 다음을 기약하며 기다리는 것이다. 그러니 흉하지 않고 길하다. 변괘로는 뇌수해괘로 해(解)란 해결, 풀림 등 눈이 녹는다는 의미이다. 토극수의 괘사가 수생목으로 변하니 그동안 풀리지 않았던 모든 일이 풀리는 내실을 다지는 기운이다.

六五 田有禽 利執言 无咎 長子帥師 弟子輿尸 貞凶.
육 오 전 유 금 리 집 언 무 구 장 자 수 사 제 자 여 시 정 흉 .

象曰"長子帥師"以中行也"弟子輿尸"使不當也.
상 왈 장 자 수 사 이 중 행 야 제 자 여 시 사 부 당 야 .

육오는 밭에 새가 있거든 말을 받드는 것이 이로우니 허물이 없으리라. 장자가 군사를 거느릴지니 제자가 여럿이 주장하면 바르게 하더라도 흉하리라.
상왈 '장자솔사'는 중앙에서 움직임이요, '제자여시'는 부림이 마땅치 않음이라.

역설 육오 변괘는 중수감이라 스승조차 어리석어지는 괘상이다. 밭 전(田)은 중효의 변화를 말하며 이집언(利執言)이란 변화나 동하지 않음이 무구하단 뜻으로 스승의 말을 따르는 것이다. 장자는 중남인 감수괘를 말하는 것으로 곤괘가 변하는 것이다. 사(師)와 수(帥)는 절제를 아는 것과 절제를 모르는 것의 차이이다. 믿음이 과하여 화를 부르는 괘사이다.

上六 大君有命 開國承家 小人勿用.
상 육 대 군 유 명 개 국 승 가 소 인 물 용.

象曰 "大君有命" 以正功也 "小人勿用" 必亂邦也.
상 왈 대 군 유 명 이 정 공 야 소 인 물 용 필 란 방 야.

상육은 대군이 명을 둠이니 나라를 열고 가문을 잇는데 소인은 쓰지 말지니라.
상왈 '대군유명'은 써서 공을 바르게 하고 '소인물용'은 반드시 나라를 어지럽힘이라.

역설 변괘는 산수몽이라 뚜껑이 덮히니 어리석음을 깨야 길하다. 홀로 움직이면 흉하고 스승과 같이 움직이면 길한 효사이다. 음토가 양토로 바뀌는 운이다. 소인물용이란 어리석은이가 움직이면 흉하니 머리가 깨일 때를 기다려야 한다는 말이다.

제8 수지비괘

* 최상급운세

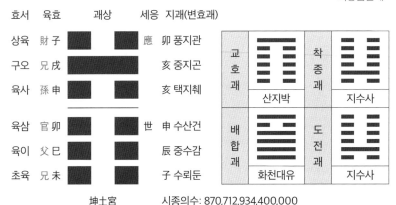

효서	육효	괘상	세응	지괘(변효괘)
상육	財子		應	卯 풍지관
구오	兄戌			亥 중지곤
육사	孫申			亥 택지췌
육삼	官卯		世	申 수산건
육이	父巳			辰 중수감
초육	兄未			子 수뢰둔

교호괘	산지박	착종괘	지수사
배합괘	화천대유	도전괘	지수사

坤土宮　　　시종의수: 870,712,934,400,000

- 비란 서로 견주다. 친하다는 뜻으로 정답게 서로 돕는 형상이다.
- 처음은 어수선하나 차후엔 친구나 협력자가 생겨 일을 도모함에 길하다.
- 남자라면 많은 이가 따르나 여자라면 경쟁이 심하여 스트레스가 많다.

비(比)는 '견주다'. '비교하다'. '인화(人和)'를 말하며 비슷한 기운이 모여 서로 친화하고 협력한다는 뜻이다. 뜻을 같이하는 사람끼리 집단을 이루어 서로 돕고 협력하므로, 비(比)를 괘 이름으로 하였다.

1효동 : 과한 믿음으로 어렵게 얻은 모든 것을 빼앗길 수 있다. 나에겐 득이 없고 상대에겐 득이 많으니 유대하는 것이 길하다. 손재가 있다.

2효동 : 욕심이 과해져 문서 사고에 사기, 도난 등의 어려움을 겪으며 손재가 있다. 비(比)란 경쟁자요 항상 내 재물을 가져갈 수 있는 존재이다.

3효동 : 현재 과로가 쌓여 신경이 예민하다. 우환, 질병이 다가오며 교통사고를 조심해야 한다. 사람 또한 믿어선 안 되는 운이니 자중하여야 한다.

4효동 : 승진, 합격, 당선등 등용문의 괘상이다. 재물은 한번 이익을 보면 또한 한번 손해를 본다. 적당한 것이 길하다. 활동이 활발해 지는 운이다.

5효동 : 고진감래라, 그동안의 힘든 모든 것이 결실을 맺는 운이다. 지신이 집안을 보호하니 만사가 대길하다.

6효동 : 눈앞에 이득이 훤히 보이더라도 관찰하여야 한다. 욕심으로 급히 잡고자 한다면 흉함이 있다. 수장이 둘이니 곧 싸움이 생기는 징조이다.

8. Holding Together
단결하다. 단체, 단결

union, cooperation,
조합-연합-협회, 협력-협동
solidarity, membership,
공동체의 결속, 회원등록
team work, participation,
팀웍-단합, 참가-참여
making a choice.
선택할 시간

사 업 : 시세가 확장되고 수입이 오른다. 순풍에 돛 달았으니 선행하라.

소 원 : 순조롭게 이루어진다. 생각보다 성취가 크지만 항상 신중해라.

거 래 : 잘 풀린다. 상대방의 이익을 생각하여 밀고 나가면 성사된다.

재 물 : 자기 돈보다 투자되는 돈이 크니 유통도 길하고 이익도 있다.

연 애 : 선택의 고민이 생길 정도로 인기가 좋다. 상대자도 좋다.

혼 인 : 때를 만났으니 시일이 걸리더라도 가능한 서둘러 성사시켜라.

매 매 : 사는 건 불리하니 기다리고 파는 쪽은 유리하며 이익도 있다.

구 인 : 바로 오진 않지만 기다리면 소식은 온다.

가출인: 스스로 오진 않으니 서남쪽으로 빨리 찾으면 찾을 수 있다.

출 산 : 순산한다. 초산이면 아들이고 그 밖에는 딸이다.

이 사 : 이사를 해도 좋으니 주변 의사를 참고하여 계획대로 실행하라.

여 행 : 북쪽, 가까운 곳은 길함, 동행자가 있으면 좋고 건강주의요함.

입 학 : 경쟁자가 많지만 생각보다 좋은 곳에 합격한다. 주변도움 길함.

소 송 : 끌고 나가면 손해가 크다. 합의 하는 것이 좋다. 친구도움 필요.

실 물 : 북쪽 물가 근처에서 빨리 찾도록 하자, 지연되면 찾기 힘들다.

건 강 : 지병이 될수 있으니 빨리 치료하고 간, 신장, 과로, 피부병 주의.

직 장 : 경쟁이 많지만 특기가 있으면 무난하게 된다. 직장은 무난하다.

比 吉. 原筮 元永貞 无咎. 不寧方來 後夫凶.
비 길. 원 서 원 영 정 무 구. 불 녕 방 래 후 부 흉.

비는 길하니 처음 점을 치되 원하고 영하고 정하면 허물이 없으리라. 오는 쪽에선 편하지 못하니 뒤에 하면 대장부라도 흉하리라.

역설 청출어람이라 비괘는 길한 괘이다. 원서란 점사의 내괘이며 곤괘는 시간적 공간적으로 길고 먼 것(永:현재에서 과거 쪽으로, 깊은 水를 나타내기도 함)을 대표(元)하는 괘(貞)이니 크게 흉하지는 않다. 즉 깊은 물아래 있는 대지는 흉함이 없다는 말이다. 효사와 달리 괘사에서 가고 오는 것은 가는 것의 시작인 내괘이며 오는 것의 시작은 외괘이다. 사나이 부(夫)는 외괘인 감수괘를 말하며 감수괘에선 편안하지 않으니 흉하다는 말이다. 즉 좋은 듯 하나 겸손하지 않으면 좋지 않다는 말이다.

象曰 比 吉也 比 輔也 下順從也. "原筮 元永貞 无咎"
단 왈 비 길 야 비 보 야 하 순 종 야. 원 서 원 영 정 무 구

以剛中也. "不寧方來"上下應也. "後夫凶"其道窮也.
이 강 중 야. 불 녕 방 래 상 하 응 야. 후 부 흉 기 도 궁 야.

단왈 비는 길한 것이며, 비는 돕는 것이니 아래가 순하게 쫓음이라. '원서 은영정 무구'는 강으로써 가운데 함이요, '불녕방래'는 위와 아래가 응함이요, '후부흉'은 그 도가 다함이라.

象曰 地上有水 比 先王以建萬國 親諸侯.
상 왈 지 상 유 수 비 선 왕 이 건 만 국 친 제 후.

상왈 땅위에 물이 있는 것이 비니, 선왕이 이로써 만국을 세우고 제후를 받아들인다.

역설 선왕은 내괘인 곤괘를 말한다. 곤괘의 형상은 왕(王:삼양이 갈라진 모습)과 같고 축(丑: 흙토가 겹쳐있는 모습)과 같다. 친제후(親諸侯)란 감수괘의 5효의 양을 말한다. 제후에 대한 설명은 이미 한바가 있으니 간명히 설명하면 차선을 말함이다.

初六 有孚比之 无咎 有孚盈缶 終來有它 吉.
초 육 유 부 비 지 무 구 유 부 영 부 종 래 유 타 길.

象曰 比之初六 有它吉也.
상 왈 비 지 초 육 유 타 길 야.

초육은 믿음을 두고 도와야 허물이 없으리니 믿음을 둠이 질그릇에 가득하면 마침내 다른데에서 길함이 있어 오리라. 상왈 '비의 초육'은 다른데에서 길함이 있는 것이다.

역설 유부(有孚)란 이미 말한바와 같이 중앙 10토 곤괘를 말한다. 곤토는 믿음과 신용의 괘니 초육의 변함은 비괘의 믿음이 진목으로 변화하여 수뢰둔괘로 변한다. 변괘가 목이니 목극토로 본괘를 극한다. 고로 믿음인 곤토에 머물러 그릇을 비워둠이 좋다는 말이다. 본괘는 불리하나 변괘인 목에겐 길하다. 즉 수지비괘는 내괘인 곤토가 외괘인 감수를 극하나 진목으로 변하여 토를 다스리니 실리는 외부에 있고 나는 얻은 고기를 빼앗기는 운이다.

六二 比之自內 貞吉. 象曰 "比之自內" 不自失也.
육 이 비 지 자 내 정 길 . 상 왈   비 지 자 내   불 자 실 야 .

육이는 돕는 것을 안으로부터 하니, 바르게 하여 길하도다. 상왈 '비지자내'는 스스로 잃지 아니함이라.

역설 비괘가 변화하여 감수괘가 되니 남괘이다. 본괘인 곤괘에 머물러 내실을 다지는 것이 길하다. 변괘가 감수괘니 본괘의 욕심이 과해져 문제가 생긴다. 문서 사고에 사기, 도난 등의 어려움을 겪으며 손재가 있다. 비란 나와 같은 기운으로 나와 경쟁하는 기운이다. 항상 내 재물을 가져갈 수 있는 존재이다. 감수괘는 그로인한 눈물이며 후회가 된다.

六三 比之匪人. 象曰 "比之匪人" 不亦傷乎.
육 삼 비 지 비 인 . 상 왈   비 지 비 인   불 역 상 호 .

육삼은 돕는데 사람이 아님이라. 상왈 '비지비인'이 또한 상하지 않겠는가.

역설 비괘가 변하면 사람이 아니라는 말은 육효의 변에서 나왔음이다. 비(匪)란 참으로 어려움을 나타내는 글자이다. 사람이 아니다. 로 해석하지만 도적이나 어려움에 처한 사람을 나타내기도 한다. 뒤에 불역상호(不亦傷乎)에서 말하듯 상처가 심한 사람을 뜻한다. 변괘가 수산건이니 건(蹇)은 절름발이가 산을 넘어 왔는데 강가에 배는 떠나 난감한 4난괘 중 하나이다. 현재 과로가 쌓여 신경이 예민하다. 우환, 질병이 다가오며 교통사고를 조심해야 한다. 사람 또한 믿어선 안되는 운이니 자중하여야 한다.

六四 外比之 貞吉. 象曰 外比於賢 以從上也.
육사 외비지 정길. 상왈 외비어현 이종상야.

육사는 밖으로 도우니 바르게 하여 길하도다. 상왈 밖으로 어진이를 돕는 것은 위를 쫓음이라.

역설 밖으로 세력을 견주는 것이다. 감수괘가 태택괘로 변하여 택지췌괘를 이루니 췌(萃)란 초목이 자라 모이는 것이다. 사람이 모여 힘을 이루는 괘상이니 길하다. 내괘인 곤토괘가 태택금을 생하고 태택금이 감수괘를 생한다. 그러니 본괘보단 변괘요, 변괘보단 외괘에 길함이 있다. 승진, 합격, 당선등 등용문의 괘상이다.

九五. 顯比 王用三驅 失前禽 邑人不誡 吉. 象曰 "顯比之吉"
구오 현비 왕용삼구 실전금 읍인불계 길. 상왈 현비지길

位正中也 舍逆取順 失前禽也 邑人不誡 上使中也.
위정중야 사역취순 실전금야 읍인불계 상사중야.

구오는 나타나게 돕는 것이니, 왕이 세군데로 모는 것을 씀에, 앞의 새를 잃으며 읍 사람이 경계하지 아니하니 길하도다. 상왈 '현비지길'은 위치를 정히 가운데 함이요, 거스리지 않고 순응하니 앞의 새를 잃음이요, '읍인불계'는 위에서 부림이 가운데함이라.

역설 5효의 변화는 돕고자하는 토의 기운이 생하는 것이다. 이제 왕(王)이 뜻하는 게 무엇이고 삼(三)이 뜻하는 게 무엇인지 알 것이다. 몰 구(驅) 양효를 음효로 바꿔야 함을 말한다. 읍(邑)자와 비슷한 의미임을 파자를 보면 알 것이다. 날짐승 금(禽)은 감수괘를 말하는 것이다. 전 지수사의 5효가 동하여 감수괘가 되었을 때도 나왔으니 어렵지 않게 알 수 있을 것이다. 외괘인 감수괘가 변하여 중지곤괘가 되니 만사가 대길한 효사이다. 읍인(邑人)이란 곤괘를 말함이다. 그동안의 감수괘의 곤란함이 모두 비(比:본괘와 같은 세력)를 이루며 중지곤괘는 풍요로움을 나타내니 변화하여도 길하다.

上六 比之无首 凶. 象曰 "比之无首" 无所終也.
상육 비지무수 흉. 상왈 비지무수 무소종야.

상육은 돕는데 머리가 없으니 흉하다. 상왈 '비지무수'는 마칠 바 없다.

역설 6효 변괘는 풍지관괘라 관(觀)이란 응시하고 관찰하는 것이다. 감수괘가

변하여 손풍목괘로 변한다. 변괘인 목이 내괘인 곤토괘를 극하니 결과는 불리하다. 눈앞에 이득이 훤히 보이더라도 관찰하여야 한다. 욕심으로 급히 잡고자 한다면 흉함이 있다. 또한 5효와 육효 양효가 둘이 되어 우두머리가 둘이다. 곧 싸움이 생기는 징조이니 불길하다. 신중하면 재화가 다가오니 신중함이 길하다.

제9 풍천소축괘

* 하중급운세

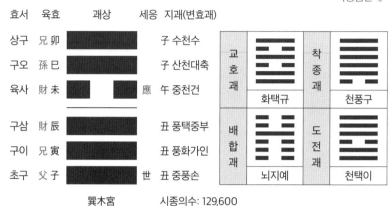

효서	육효	괘상	세응	지괘(변효괘)
상구	兄 卯			子 수천수
구오	孫 巳			子 산천대축
육사	財 未		應	午 중천건
구삼	財 辰			丑 풍택중부
구이	兄 寅			丑 풍화가인
초구	父 子		世	丑 중풍손

巽木宮   시종의수: 129,600

교호괘	화택규	착종괘	천풍구
배합괘	뇌지예	도전괘	천택이

- 하늘에 어두운 구름이 드리워졌으나 비는 오지 않는 상이다.

- 장녀가 노부를 머물게 하여 겉은 굳건하고 밝으나 속은 우울한 모습이다.

- 고진감래라 곧 비가 내릴 것이니 지금은 우울하나 점차 나아진다.

소축(小畜)은 '기르다'. '저축하다'라는 뜻이다. 하늘 위에서 바람이 부는 모습이니, 비가 내리기 전의 상황을 상징한다. 비가 오면 생명체는 그 비를 저장한다. 까닭에 저축한다는 의미로 축(畜)을 괘 이름으로 하였다.

1효동 : 욕심이 과하면 재산상의 손해를 본다. 늦 바람이 무서운 법 자중하여야 한다. 마음속에 바람이 이니 심난하다. 방황과 변화의 운이다.

2효동 : 집안을 지켜라. 형제가 나가고 여자가 들어와 집안을 여인들이 지킨다. 욕심을 버리고 수신재가 해야 길하다. 과한 욕심은 손재를 부른다.

3효동 : 풍요속의 빈곤이라. 겉은 밝으나 속은 슬프고 괴롭다. 집안 모두가 각자의 일로 바쁘니 화목해 보이나 반목함이 눈에 보인다.

4효동 : 감정에 취우쳐 여자는 유혹에 휘둘리고 남자는 주색에 휘둘린다. 모든 것을 주고자 하는 마음이 생기며 허영심과 사치심이 강해진다.

5효동 : 산천대축이라 그동안의 결실을 얻는 효사이다. 풍년이 들어 곡식 창고에 곡식이 가득차는 효사로 관리만 잘하면 된다. 만사대길 하리라.

6효동 : 움직이지 말아야 할 시기에 움직이는 남자는 흉액을 맞고 여자는 괴로움으로 삶을 이어가게 된다. 여자 말 안 들으면 패가망신한다.

9. the taming power of Small
적은 힘을 들임, 적게 얻음, 작은 이익

self-restraint, self-sufficiency,
자제함, 자급자족, 스스로 얻음
careful preparations,
신중한 준비, 철저한 계산
resourcefulness,
계획, 지략
minor impediments,
사소한 장애물
adaptability.
적응성, 융통성

사 업 : 새 사업 보류, 내실을 다지도록 하자, 시작한 사업은 그대로 해라.

소 원 : 빨리는 이루어지지 않는다. 연장자와 상의하고 무리는 금물이다.

거 래 : 최소한의 이익을 생각하면 성사되며 서두르면 실패와 분쟁이 인다.

재 물 : 구하면 얻을 수 있으나 크지 않다. 2, 5개월 기다리면 좋은 일 있다.

연 애 : 신통치 않다. 성격이 비슷해서 서로 고집이 있어 달콤하진 않다.

혼 인 : 보류하는 편이 좋다. 장애물이 있으며 남자보단 여자가 길하다.

매 매 : 2, 5일째 기회가 오며 급히 서두르면 손해를 보니 신중하면 된다.

구 인 : 남한테 속고 있어 빨리 오진 못하니 辰, 戌日 소식이 오겠다.

가출인: 북서쪽 도시나 산(절)에 있는 듯하다. 돌아오니 안심해도 좋다.

출 산 : 산고가 있으나 득남의 운세이다.

이 사 : 이사는 하지 말라. 꼭 해야 한다면 2, 3일 더 미루도록 하자.

여 행 : 불길하다. 단체나 비즈니스는 괜찮지만 그 외는 부상이 따른다.

입 학 : 조금 낮추도록 하자. 경쟁자가 많으니 어려움이 따른다.

소 송 : 불리하니 타협하라. 중재하는 사람에게 모두 맡기는 것이 좋다.

실 물 : 찾기는 힘들겠지만 찾으려면 서북쪽에서 찾아라.

건 강 : 장기 환자는 조심하도록 하고 뇌, 신경계통, 우울증, 히스테리 조심.

직 장 : 공무원은 길하며 남의 도움이 필요하다. 곧 직업을 얻을 괘이다.

小畜 亨 密雲不雨 自我西郊.
소 축 형 밀 운 불 우 자 아 서 교 .

소축은 형통하니, 빽빽한 구름에 비가오지 않는 것은 내가 서로부터 들어옴이라.

역설 소축괘는 막힘이 없이 형통한 괘이다. 빽빽한 구름이란 하늘에 온통 구름이 낀 것을 말한다. 비는 오지 않는 모습이다. 자아(自我)란 본괘인 건괘를 말함이다. 손괘의 입구(안쪽 입구)가 뚫려 있으니 성밖의 입구가 열려있는 것이다. 건괘는 금이라 서북방을 나타낸다.

象曰"小畜"柔得位而上下應之 曰小畜. 健而巽 剛中而志行
상 왈 소 축 유 득 위 이 상 하 응 지 왈 소 축 . 건 이 손 강 중 이 지 행

乃亨."密雲不雨"尙往也"自我西郊"施未行也.
내 형 . 밀 운 불 우 상 왕 야 자 아 서 교 시 미 행 야 .

象曰 風行天上"小畜"君子以懿文德.
상 왈 풍 행 천 상 소 축 군 자 이 의 문 덕 .

상왈 소축은 유가 제자리를 얻음에 위와 아래가 응하니 소축이라 하니라. 굳건하고 겸손하며 강인한 것이 가운데하고 뜻을 행해서 이에 형통하리라. '밀운불우'는 오히려 감행함이요, '자아서교'는 베풂이 행하여지지 않음이라.

상왈 바람이 하늘위에 행하는 것이 소축이니, 군자가 이로서 문덕을 칭송한다.

역설 위 내용은 상을 설명한 내용이라 크게 설명할 부분은 없다. 설명한 부분을 다시 설명함은 조금 우매하지만 간명히 하고자 한다. 유함이 4효에 자리하여 두 소성괘의 중간자리이라 서로 응함이 소축괘이다. 건(健)괘와 손(巽)괘의 중효인 2효 5효 양효(剛)가 자리하니 안에서(乃)의 거침없는(亨) 움직이고자(行) 함(志)이다. "밀운불우"상왕야(尙往也)란 높은 곳에서의 변화이다. 그러니 비는 내리지 않는다. 시미행야(施未行也)란 본괘의 움직임이 강하여 비를 내리지 못함이다. 바람이 상천에서 이는 것이 소축괘이다. 기릴 의(懿)의 파자를 공부하길 바란다. 군자의 문장은 손木괘요, 군자의 덕은 건金괘이다.

初九 復自道 何其咎 吉. 象曰"復自道"其義吉也.
초 구 복 자 도 하 기 구 길 . 상 왈 복 자 도 기 의 길 야 .

초구는 회복하여 스스로 도를 따르니 무슨 허물이 있을까? 길하리라. 상왈 '복자도'는 그 뜻이 길하니라.

역설 초효가 변하면 중풍손괘이다. 손(巽)은 바람이다. 겸손함이다. 바람이란 모든 기운에 흡수되는 존재이다. 건금괘가 손목괘로 변하여 외괘와 상응한다. 복(復)이란 겹치고 중복되며 되풀이 되는 것이 복이다. 외괘와 복이 되어 움직인다. 자도(自道)란 본괘 스스로 행함이다. 중풍손괘는 손이 손해를 뜻하는 것이 아니나 과한 욕심으로 손해를 보는 괘사이기도 하니 이는 본괘는 소축이라 적은 욕심이 필요한 때이다. 본괘의 건금괘의 입장에선 금극목이 다수이니 좋은 변화이다. 길하게 변하는 효사이다.

九二 牽復 吉. 象曰 牽復在中 亦不自失也.
구 이 견 복 길. 상 왈 견 복 재 중 역 불 자 실 야.

구이는 이끌어서 회복함이니 길하리라. 상왈 '견복'은 가운데 있음이라. 또한 스스로 잃지 않음이라.

역설 2변하면 풍화가인이다. 집안에 아녀자가 들어와 가정을 돌보니 가화만사성이다. 견복(牽復)이란 말 그대로 초효의 움직임을 이어받음이다. 집안에 새식구가 들어오거나 나가는 경우가 생기니 주의해야 한다. 위 설명 괘상에서 견복이란 중간인 2효의 움직임이라 하였다. 또한 스스로를 지키기 위한 것이라 하였으니 2변은 움직여야 길한 효사이다. 내외괘가 모두 중녀, 장녀 이므로 집안을 여자들이 책임지는 상이다.

九三 輿說輻 夫妻反目. 象曰 夫妻反目 不能正室也.
구 삼 여 세 복 부 처 반 목. 상 왈 부 처 반 목 불 능 정 실 야.

구삼은 수레의 바퀴살을 벗김이며, 부부가 반목함이로다. 상왈 '부처반목'은 능히 집을 바로하지 못하느니라.

역설 3효가 변하면 3, 4효가 음효이니 그 모습이 여설복(輿說輻)과 같다. 여설복이란 마주보고 있는 모습이라 반목한다 하였다. 변괘로는 풍택중부이다. 중부(中孚)란 중심에 믿음이 가득한 것을 말한다. 어미(장녀)가 아이(소녀)를 품고 있으니 아비는 돈을 벌고자 나간다. 부부에겐 믿음만 남았으나 서로가 자기가 원하는 것만 바라보니 어미는 아이만 바라보고 아비는 할 일만 생각한다. 건금괘가 태금괘로 바뀌니 보이지 않는 경쟁자라 하였다. 그러나 믿음을 지키면 끝내 다시 화합하고 화목해 지니 서로의 할 일이 바쁠 뿐이다. 중부괘는 겉은 밝고 강하나 속은 어둡고 여린 괘상이다. 못 위에 바람이 부니 모습은 풍요롭다.

六四 有孚 血去惕出 无咎. 象曰 "有孚惕出" 上合志也.
육 사 유 부 혈 거 척 출 무 구 . 상 왈 　 유 부 척 출 　 상 합 지 야 .

육사는 믿음을 두면, 피가 사라져가고 두려운데서 나와서 허물이 없으리라. 상왈 '유부척출'은 위와 뜻이 합함이라.

역설 혈거척출(血去惕出)이라 참으로 위대한 말이다. 도가의 기본 이념인 이 말을 후학이 얼마나 이해할지 궁금하다. 이 글을 설명하고자 한다면 책 몇 권이 될 것이다. 간명하면 피가 사라지면 두려움에서 벗어나는 것이니 그런 믿음이 있다면 재앙이 없다. 는 말이다. 유부란 중부를 이어받아 순응하여 변하는 것이다. 4변하면 중천건괘라 하늘에 다다른 인물이 된 것이니 도가의 사상을 내포하고 있다. 선(仙)의 피가 하얗듯이 중천건의 피는 하얗다. 음자에겐 난해한 말이니 머리가 아닌 마음에만 담아두길 바란다.

※ 소축괘의 4효는 음효이다. 음은 실리이며 현실이고 물질이다. 이것이 양효로 바뀜은 적게 모아 놓은 재물을 베풀어 공허한 마음을 채우는 것이다. 양효는 태극이 가득하여 자신의 마음을 베풀고자 함이다. 그러므로 건천괘는 실리가 없는 것이나 이상은 강한 것이다. 그러니 현실적으로는 좋지 않을 수 있으나 물질로 채우면 공허해지던 마음이 베풀어 가득해지니 무엇이 옳다고 말하긴 그렇다.

九五 有孚攣如 富以其鄰. 象曰 "有孚攣如" 不獨富也.
구 오 유 부 련 여 부 이 기 린 . 상 왈 　 유 부 련 여 　 부 독 부 야 .

구오는 믿음을 이어 받은 것이다. 풍요로움을 그 이웃과 같이 하도다. 상왈 '유부연여'는 홀로 부유하지 않는 것이다.

역설 5변하면 산천대축이라 크게 길한 효사이다. 3변하여 풍택중부괘가 이어짐이니 중하여 계속 말한다. 부(孚)란 중심을 뜻하고 중심은 土의 자리이며 土의 오행성정은 신(信), 즉 믿음이다. 외괘인 손풍木괘가 간산土괘로 바뀌어 산천대축괘가 된다. 대축(大畜)이란 크게 모은다는 뜻으로 대부대길한 괘상이다. 항상 5효의 동함은 길한 경우가 많으니 이는 마음이 같이 동하기 때문이다. 위의 따를 여(如)는 음(--:女+口)으로 변(攣:중부가 이어져 변화함)하는 것이다. 산천대축은 풍요로움의 끝이다. 그동안 노력의 대가를 이루는 시기이다. 간산토가 내괘인 건천금을 토생금하며 변효한 자수(子水)가 본궁을 생하는 모습이다.

上九 旣雨旣處 尙德載 婦貞厲 月幾望 君子征凶.
상구 기우기처 상덕재 부정려 월기망 군자정흉.

象曰 "旣雨旣處" 德積載也 "君子征凶" 有所疑也.
상왈 기우기처 덕적재야 군자정흉 유소의야.

상구는 이미 비가오고 이미 그침은 덕을 숭상하여 가득함이니, 지어미가 바르게만 하면 위태하리라. 달이 거의 보름이니 군자가 가면 흉하리라. 상왈 '기우기처'는 덕이 쌓여서 가득 참이요, '군자정흉'은 의심할 바가 있음이라.

역설 6효의 변화는 수천수괘를 만든다. 손풍목괘가 감수괘로 변한 것이니 약간의 퇴보가 있다. 내괘인 건천금괘가 감수괘를 생하고 감수괘는 손풍목괘를 생하니 외괘에 힘이 실어준다. 어쨌든 감수괘는 난괘이다. 이미 산천대축의 풍요로움의 끝을 보았는데 더 길할 수 있겠는가? 양효가 변하여 음효가 되는 것은 불길하다는 내용을 하나의 상황으로 적은 내용이다. 감수괘는 양효가 불리한 상황을 말한다. 간단히 역설하면 "이미 어려움을 겪고 풍요로움 속에 있는데 군자(내괘)가 움직임은 흉함이 훤히 보인다. 이에 처자(손풍목)는 상월(감수)에 정안수 떠 놓고 위태하지 않기를 바라나 위태함이 보이니 내괘인 건괘의 험난함이 앞을 가린다." 더 쉽게 말하면 상덕재(尙德載)란 복덕이 가득한 군자가 움직이니 부정려(婦貞厲) 아내가 근심하는 괘이다. 월기망(月幾望)은 보름달이 와서 멀리 위태로움이 있음을 아니 군자정흉(君子征凶)은 군자는 흉함을 당한다는 이야기이다. 즉 움직이지 말아야 할 시기에 움직이는 남자는 흉액을 맞고 여자는 그로 인한 괴로움으로 삶을 이어가는 효사를 말한 것이다.

제10 천택이괘

* 상급운세

효서	육효	괘상	세응	지괘(변효괘)
상육	兄戌			未 중택태
구오	孫申		世	未 화택규
육사	父午			未 풍택중부
육삼	兄丑			辰 중천건
육이	官卯		應	寅 천뢰무망
초육	父巳			寅 천수송

艮土宮   시종의수: 12

교호괘	풍화가인	착종괘	택천쾌
배합괘	지산겸	도전괘	풍천소축

– 아이가 할배의 수염을 뽑은 거와 같고 호랑이 꼬리를 밟은 것과 같다.

– 지금의 어려운 난관(재난, 질병 등)을 극복하면 대길하다.

– 위는 하늘이요 아래는 못이다. 강인한 군자가 백성의 뜻을 헤아린다.

이(履)는 '밟는다', '따른다'. '예절'이라는 뜻이다. 하늘 아래 저수지가 있으니, 지나침과 부족함이 없이 풍요로워 예절을 나타낸다. 의식(衣食)이 풍족해야 예절을 안다는 말에서 이(履)를 괘 이름으로 하였다.

1효동 : 관제구설이 문 앞에 왔으니 문서사고나 구설수에 신경을 쓰게 된다. 주변에 혼란함에 나에게 갑작스런 병증이 생길 수 있으니 주의하자.

2효동 : 지금은 움직이는 것은 불리함이니 자중하여 내실을 다지도록 하자. 사방에 난관이 있고 이성 간에 문제가 생긴다.

3효동 : 과한 확장이나 과한 욕심은 흉함을 만들지만 원래 과한 움직임을 하는 운동선수나 군경, 몸이 안 좋은 환자에겐 매우 길한 효사란 뜻이다.

4효동 : 문서의 움직임이 생긴다. 취득함에 괴로움이 숨어 있으니 더욱 조심하자. 동남방에 이득이 있음이다. 길한 손님을 맞이하자.

5효동 : 시기하는 눈이 있으니 곧 배반과 반목함이 생긴다. 자신의 언행에 주의를 기울여야 한다. 언행이 그들에겐 큰 화가 될 수 있음이다.

6효동 : 길하다. 웃으면서 옛일을 이야기 할 것이니 이 또한 삶의 교훈이다. 더욱더 큰 설계를 할 때이다. 주위에 시기 질투는 아직 남아 있다.

10. Treading

밟다, 가다, 따라가다,

conduct, self-awareness,
이끌다, 움직임, 스스로 인식
proceed with caution
and sensitivity.
주의하여 조심히 진행하라.
correct behavior,
올바른 행동
act responsibly.
책임감 있게 행동(진행)하라.

사 업 : 자만하고 경거망동하면 분쟁이 일어난다. 매사 신중하면 괜찮다.

소 원 : 당장 이루어지지 않을 것이다. 귀인의 힘을 얻도록 하자.

거 래 : 서두르면 분쟁이 생기니 천천히 진행 시키자. 2,5개월 후 기회 옴.

재 물 : 재수가 좋아 이익이 있지만 너무 이익을 쫓으면 손재가 생긴다.

연 애 : 젊은 여성이 유부남과 연애한다. 일시적이며 동거운도 같이 있다.

혼 인 : 초혼은 불길, 재혼은 길하다. 혼사가 틀어져 후일을 기다릴 운.

매 매 : 구설수가 있다. 매매가 가능하나 별 이익이 없다.

구 인 : 정해가 생겨 속히 오지 못하니 좀 시일이 걸려야 오겠다.

가출인: 반드시 동반자가 있다. 서북쪽에 있으며 수일 내로 기별이 온다.

출 산 : 초산은 난산이며 그 밖에는 순산으로 득녀하겠다.

이 사 : 불길하다. 때를 더 기다렸다가 이사함이 좋다.

여 행 : 여행 중 실물주의하고 놀랄 일이 생긴다. 질병도 생길 수 있다.

입 학 : 경쟁이 많아 불리하다. 목표를 낮추도록 하자.

소 송 : 타협이 최선으로 소송은 안하는게 좋다.

실 물 : 찾기 어렵겠지만 선반 위나 벽장 또는 물건 사이에 끼어있다.

건 강 : 호흡기 질환이나 두통, 성병 등이 염려되며 발병하면 오래간다.

직 장 : 윗사람에게 부탁하면 길하다. 경쟁자가 많은 것을 인지하자.

履虎尾 不咥人 亨.
리 호 미 불 질 인 형.

리괘는 호랑이 꼬리를 밟더라도 사람을 물지 않음이라. 형통하리라.

역설 리괘는 범의 꼬리를 밟은 것과 같은 어려운 모습이나, 범이 사람을 물지 않으니 결국엔 형통하여 전화위복의 괘이다. 즉 항상 윗사람을 공경하고 자신을 낮추어 생활하면 지금은 어렵지만 나를 이끌어주는 기회가 생기는 운이다. 실리는 내괘에 있다.

象曰 履 柔履剛也 說而應乎乾 是以"履虎尾 不咥人 亨"
단 왈 리 유 리 강 야 설 이 응 호 건 시 이   리 호 미 불 질 인 형

상왈 리괘는 부드러움이 강함에 밟힘이니 기쁨으로 건에 응하는지라, 이로써 호랑이 꼬리를 밟아도 물지 않으니 형통함이라.

역설 하늘은 강인한 건천 양금이고 땅은 태택 음금이다. 트러블은 있겠으나 누르는 힘이 그리 강하진 않다. 음하나가 많은 양의 중심에 있으니 조화가 좋다. 천택이괘는 길괘이다. 과거와 지금은 어렵지만 앞으로의 모든 것이 결실을 맺는 괘상이다. 현 상황이 호랑이 꼬리를 밟은 거와 같이 크게 안 좋아 보여도 앞으로의 밝은 미래가 보이는 괘상이다.

剛中正 履帝位而不疚 光明也.
강 중 정 이 제 위 이 불 구 광 명 야.

강건하고 중정함으로 제위를 밟아 병폐가 없으면 광명하니라.

역설 괘사를 설명한 것이라 따로 설명할 것은 없으나 강중정(剛中正)이란 정중앙 2, 5효가 양효란 이야기이다. 차후 어렵지 않은 내용은 설명을 자제하려 한다. 강인함이 이어져 오래된 병조차 사라지니 밝게 빛난다는 말이다. 즉 어려움이 사라지는 길괘이다. 는 말이다.

象曰 上天下澤"履"君子以辯上下 定民志.
상 왈 상 천 하 택   리   군 자 이 변 상 하 정 민 지.

상왈 위는 하늘이요 아래는 못이 리괘이니 군자가 이로서 위 아래를 분별하여 백성의 뜻을 정하느니라.

역설 리괘의 괘상은 강인한 군주아래 태평스런 백성이다.

初九 素履 往无咎. 象曰 "素履之往" 獨行願也.
초 구 소 리 왕 무 구. 상 왈 소 리 지 왕 독 행 원 야.

초구는 본디 신은대로 가면 허물이 없으리라. 상왈 '소리지왕'은 홀로이 원하는 것을 행함이라.

역설 소리(素履)란 하얀 빛이 리괘가 변화하며 움직이니(往) 큰 흉함은 없다는 말이다. 천택이 괘의 초효가 동하면 천수송괘가 된다. 송(訟)이란 소송 또는 관재구설을 말한다. 즉 호랑이 꼬리를 밟기 시작한 것이다. 태금이 감수로 변하여 금의 행동이 과해지는 결과를 말한다. 감수는 함정과 같으니 일시적인 괴로움이라 생각하면 된다.

九二 履道坦坦 幽人貞吉. 象曰 "幽人貞吉" 中不自亂也.
구 이 이 도 탄 탄 유 인 정 길. 상 왈 유 인 정 길 중 부 자 란 야.

구이는 밟는 도가 탄탄하니, 유인이라야 바르고 길하리라. 상왈 '유인정길'은 가운데가 스스로 어지럽지 않음이라.

역설 2효의 변화는 탄탄한 도로를 걷는 것이고 유인(幽人)이란 어두운 세상을 피하여 조용히 산에서 사는 인사라 운둔자나 선(仙)과 같은 삶을 살고자하는 선비의 의미이다. 즉 욕심을 좇아 과하게 움직이면 난관이 많다는 말이다. 그러니 자중하란 뜻이다. 태금괘가 진목으로 변하니 음금이 음목으로 변한다. 사방이 금으로 금다목절이 된다. 변괘가 천뢰무망이니 무망(无妄)이란 하늘아래 우레가 일어나 허망하지 않다는 말이다. 이는 실패 후에 교훈이 있는 괘상이다. 배움이 있는 것은 허망한 것이 아니라는 말이다. 탄(坦)자와 유(幽)자는 파자를 보아야 그 본뜻을 알 수 있다. 파자를 보면 여러 가지 의미가 보이니 공부하도록 하자.

六三 眇能視 跛能履 履虎尾咥人 凶 武人爲于大君.
육 삼 묘 능 시 파 능 리 이 호 미 질 인 흉 무 인 위 우 대 군.

육삼은 소경이 능히 보며 절름발이가 능히 밟는지라. 호랑이 꼬리를 밟아서 사람을 무니 흉하고, 무인이 대군이 되도다.

역설 3효가 변하면 태택인 음금이 건천인 양금으로 변하여 중천건괘가 된다. 내괘와 외괘가 모두 양금이니 일시적인 충돌이 생긴다. 건천금을 따르던 태택금이 건천이 되어 기세가 같음이다. 싸우지 말고 화합을 해야 한다. 기세는 강해지니 길변이나 과한 행동으로 후회를 일으키는 운이 된다. 즉 소경이 앞을 보고 절름발이가 걷게 되는 길괘이나 돌봐주던 외괘와의 대립이 생기니 사람을 문다. 한 것이다. 그러니 과한 확장이나 과한 욕심은 흉함을 만들지만 원래 과한 움직임을 하는 운동선수나 군경에겐 길한 괘사란 뜻이다.

象曰 "眇能視" 不足以有明也 "跛能履" 不足以與行也
상왈　묘능시　부족이유명야　파능리　부족이여행야

"咥人之凶" 位不當也 "武人爲于大君" 志剛也.
　질인지흉　위부당야　무인위우대군　지강야.

상왈 '묘능시'는 족히 밝음이 있지 못함이요 '파능리'는 족히 더불어 행하지 못함이며 '질인지흉'은 위치가 마땅치 않음이다. '무인위우대군'은 뜻이 강함이라.

九四 履虎尾 愬愬 終吉. 象曰 "愬愬終吉" 志行也.
구사 이호미 색색 종길. 상왈　색색종길　지행야.

구사는 호랑이 꼬리를 밟음이니, 놀라 두렵더라도 마침내 길하리라. 상왈 '삭삭종길'은 뜻이 행해짐이라.

역설 4효가 동하면 건금이 손풍 목괘로 변한다. 변괘는 풍택중부괘로 길괘이나 외괘의 이득이다. 손목의 입장에선 불길하고 건금의 입장에서는 이득이며 내괘인 태금에게도 이득이다. 외괘에 이득이 더욱크니 욕심이 과해진다. 문서의 움직임이 생기니 문서를 취득함에 조심하고 조심하여야 한다. 이는 문서로 인한 괴로움이 있을 징조이니 더욱 조심하자.

손풍괘는 동남방이니 이득이 그곳에 있음이다. 손은 또한 객이니 길한 손님을 맞이하자. 두려워할 삭(愬:朔초하루삭+心마음심)

九五 夬履 貞厲. 象曰 "夬履貞厲" 位正當也.
구오 쾌리 정려. 상왈　쾌리정려　위정당야.

구오는 신이 갈라지니, 바르더라도 위태하리라. 상왈 '쾌리정려'는 위치가 정당함이라.

역설 5효의 움직임은 리괘가 갈라지는 것과 같으니 위태로운 괘상이다. 상왈 위정당야(位正當也)란 양효가 올바른 자리란 말이다. 육효 손(孫)이 동하니 자손과 자신의 언행이나 후배를 말한다. 위태함은 그들과 본인에게 있다. 변괘는 건금괘가 리화괘로 변하여 화택규괘가 된다. 규(睽)란 매우 음한 눈이니 배반과 반목함을 뜻한다. 본인에겐 그저 근심일 수 있으나 외괘는 불리하다. 이는 길함에서 흉함으로 가기에 더욱 흉하게 느껴지는 것이나 알고 보면 크게 흉한 것은 아니다. 그리하여 흉(凶)이 아닌 려(厲)자를 쓴 것이다.

上九 視履考祥 其旋元吉. 象曰 元吉在上 大有慶也.
상 구 시 리 고 상 기 선 원 길 . 상 왈 원 길 재 상 대 유 경 야 .

상구는 밟아온 것을 보아서 상서로운 것을 상고하되 두루 잘했으면 크게 길하리라. 상왈 크게 길함이 위에 있음이 큰 경사가 있음이라.

역설 못위에 못으로 변괘되니 어린 소녀의 마음이다. 시리고상(視履考祥)은 건괘의 상서로움을 이어받은 태금괘를 말함이다. 지나온 발자취는 효변을 말한다. 기선원길(其旋元吉)이란 크게 길한 효사임을 말한다. 즉 건천 양금괘가 태택 음금괘로 변하여 중택태괘를 만든다. 매우 길한 괘사로 그동안의 참고 견디었다면 매우 길한 결과를 맞는다는 효사이다. 어린 소녀의 마음이 즐비하니 이성 간에는 조금 문제가 생길 수 있으나 즐거움이 나타난 효사이다. 질투로 인한 경쟁심이 생기며 활동이 강한 시기이다.

제11 지천태괘

* 상중급운세

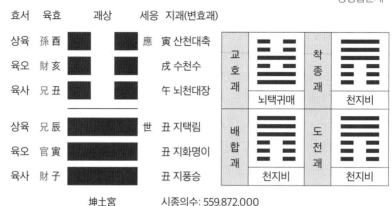

효서	육효	괘상	세응	지괘(변효괘)
상육	孫 酉		應	寅 산천대축
육오	財 亥			戌 수천수
육사	兄 丑			午 뇌천대장
상육	兄 辰		世	丑 지택림
육오	官 寅			丑 지화명이
육사	財 子			丑 지풍승

교호괘	착종괘
뇌택귀매	천지비
배합괘	도전괘
천지비	천지비

坤土宮 시종의수: 559,872,000

- 하늘위에 땅이요 백성이니 민주주의에 표상이다. 참으로 길한 괘상이다.

- 음양의 작용이 수화기제와 같은 작용을 하나 그 작용은 더욱 크다.

- 사람의 몸속에 있는 마음과 같고 대지 속에 끓고 있는 용암과 같다.

태(泰)는 '크다'. '크게 통한다'. '태평하다'라는 말로 크게 번성, 형통 한다는 뜻이다. 땅의 기운은 하늘로 올라가고 하늘의 기운은 땅으로 내려와 서로 조화를 이룬다. 서로 크게 통한다는 의미로 태(泰)를 괘 이름으로 하였다.

1효동 : 사업은 흥황하고 자손 또한 번창한다. 욕심과 색정이 과해진다. 언제나 과욕은 불급이다. 운이 좋다고 겸손함을 잃지 말자.

2효동 : 힘든 나날로 진기가 빠진 상태이며 친구에게 흉함이 있는 효사이다. 길하진 않은 효사이며 가정의 불화 이성 간 문제가 생기는 운이다.

3효동 : 승진, 학업 성취하나 재복은 크지 않고 식복이 크다. 주색에 빠질 염려가 있으며 만사가 바쁘게 돌아간다. 원하는 자리를 얻는 효사이다.

4효동 : 교훈이 있는 효사로 교육이나 학문, 문서에선 길한 운이다. 충돌, 사고, 시비에 주의해야 한다. 주변을 경계하여 신중하면 길하다.

5효동 : 재물이 들어오는 효사이나 욕심이 과해지는 운이다. 잠시 때를 기다리며 휴식을 취하는 것이 더욱 길하다. 집안에 행사가 있다.

6효동 : 벼농사가 풍년이라 수확에 마지막을 걸고 있다. 슬하에 기쁨이 생길 징조이며 큰 재물이 들어오고 욕심이 과해진다. 과욕은 금물이다.

11. Peace
평화, 평온, 조용함,

harmony, balance, perfection,
조화, 일치, 균형 잡힌, 완벽함
a sense of well-being,
복지에 감각적인
favorable conditions,
좋은 조건, 좋은 경관
equipoise, expansion.
균형 유지, 확장.

사 업 : 작은 자본으로 큰 이익을 얻는다. 노력에 비하여 소득이 많다.

소 원 : 모든 소원이 이루어진다. 아직 장해가 있으니 성급하지 말라.

거 래 : 매사가 좋다. 교섭도 잘되고 타협도 잘 이루어진다. 금상첨화.

재 물 : 수입도 좋으며 금전도 막힘이 없다. 뜻밖에 횡재운도 있다.

연 애 : 이상적 연애를 한다. 연인이 없어도 소개로 곧 생긴다.

혼 인 : 순조롭다. 혼인을 하면 원만한 부부생활을 한다.

매 매 : 잘 팔린다. 적당한 가격을 받게 된다. 매입은 신중해라.

구 인 : 조금 늦어질 것 같다. 재촉하면 반드시 온다.

가출인: 멀리 가지 못했다. 서남쪽 친구 집에 있다.

출 산 : 아들이며 순산한다.

이 사 : 이사가 불필요하나 하게되면 서쪽이나 북쪽 아파트가 좋다.

여 행 : 먼 곳에 여행은 삼가는 것이 좋고 가까운 곳은 좋다.

입 학 : 합격한다. 한 단계 낮춰서 지원하면 좋다. 예체능계도 합격한다.

소 송 : 승소한다. 그러나 큰 이득은 없다. 웬만한 선에서 합의가 좋다.

실 물 : 밖에서 잃은 것은 파손되었으며 집안에 것은 곧 찾게된다.

건 강 : 건강은 양호하다. 환자는 곧 회복할 것이며 식사의 균형이 중요함.

직 장 : 승진의 운이 있다. 대인관계를 잘해야 하며 구직자도 희망이 있다.

泰 小往大來 吉 亨.
태 소 왕 대 래 길 형 .

태괘는 작은 것이 가고 큰 것이 오니 길하여 형통하리라.

소(小:음)는 곤괘를 말함이요, 간 자리는 하늘인 외괘를 말함이다. 대(大: 양)는 건괘이며 온 자리는 내괘인 땅을 말함이다. 이젠 서로가 서로의 올바른 자리를 찾아감이니 대길함이 더욱 많음이다.

象曰 "泰 小往大來 吉 亨." 則是天地交而萬物通也
단 왈 태 소 왕 대 래 길 형 . 즉 시 천 지 교 이 만 물 통 야

上下交而其志同也. 內陽而外陰 內健而外順 內君子而外小人
상 하 교 이 기 지 동 야 . 내 양 이 외 음 내 건 이 외 순 내 군 자 이 외 소 인

君子道長 小人道消也.
군 자 도 장 소 인 도 소 야 .

단왈 '태 소왕대래 길 형'은 곧 이 천지가 사귀어 만물이 통하는 것이며, 위아래가 사귀어 그 뜻이 같음이라. 안은 양이고 밖은 음이며, 안은 강건하고 밖은 유순하다. 안으로는 군자요, 밖으로는 소인이니 군자의 도는 자라고 소인의 도는 사라진다.

象曰 天地交 泰 后以財成 天地之道 輔相天地之宜 以左右民.
상 왈 천 지 교 태 후 이 재 성 천 지 지 도 보 상 천 지 지 의 이 좌 우 민 .

상왈 하늘과 땅의 교합함이 태니, 황후가 이로써 천지의 도로 재물을 이루며, 천지는 마땅히 서로 도움으로써 백성을 좌우에 둔다.

천지교(天地交)란 하늘(天:양, 튼튼함, 건괘, 대인)은 아래에 있어 본성이 위로 향하여 움직이고 땅(地:음, 유순함, 곤괘, 소인, 后)은 위에 있어 본성이 아래로 향하니 천지가 서로 만나 교합할 수 있게 된다. 이것이 태(泰)괘이다. 후이재성천지도(后以財成天地道)에서 후(后:토지의 신)란 곤괘를 말함이다. 곤괘(음: 어머니, 물질, 실리, 이성)가 본괘(건괘인 양:아버지, 이상, 희생, 감성)를 품고 재물을 이루니(財成) 이것이 천지의 도이며 마땅히 천지가 서로를 추구하고 도와주고자 하는 마음에서 생기는 것이다. 이는 백성을 중히 여김과 같다. 유순히 따르는 백성의 마음을 본괘인 건괘에 깊이 새겨줌으로 모든 것을 만들어 나간다. 태(泰:三 +人+水)는 천지인이 막힘이 없어 편안하고 서로 만나 화합하여 커지는 것이다.

初九 拔茅茹 以其彙 征吉. 象曰 拔茅征吉 志在外也.
초 구 발 모 여 이 기 휘 정 길. 상 왈 발 모 정 길 지 재 외 야.

초구는 띠 뿌리를 뽑는 것이다. 그 무리로써 길함을 취하는 것이다. 상왈 '발모정길'
은 뜻하는 바가 밖에 있음이다.

역설 초효의 동함은 내괘인 건천 양金괘가 손풍 양木으로 변하여 지풍승괘를
만든다. 승(升)은 상승하다. 번성하다란 뜻의 길함이다. 초효의 움직임은 욕심이
있는 것이니 금극목으로 변괘되어 목극토로 외괘를 조절한다. 발모여(拔茅茹)란
움직임이 큰 것이다. 이는 초가산간 집 담에 꽂아 놓은 벽을 허무는 것과 같다.
많은 이들이 움직이기 위함이니 얻고자 하는 것(志:十 +一 +心)은 곤괘에 있음이
다. 손풍괘는 내괘에 문이 생기는 것과 같다. 지재외야(志在外也)란 마음이 움직
이는 방향을 말한다. 지(志)란 나의 마음(心)속에 있는 스승(士)을 나타낸다. 마음
은 양(빛)이다. 음이 실리이니 음이 치우친 곳이 행하는 곳이다. 외란 바깥으로
통하는 문이 열렸을 때 주로 쓰이며 양함을 추구한다. 즉 위로 움직이는 기운이
며 양함을 추구한다. 손풍 양목의 움직이고자 하는 곳은 뿌리가 아닌 하늘이다.
이익이 있는 효사이다.

九二 包荒 用馮河 不遐遺 朋亡 得尙于中行.
구 이 포 황 용 빙 하 불 하 유 붕 망 득 상 우 중 행.

象曰 "包荒得尙于中行" 以光大也.
상 왈 포 황 득 상 우 중 행 이 광 대 야.

구이는 거친 것을 싸며 강물을 건너는 것에 쓰고 먼 것을 버리지 아니하며 친구를 잃
고, 오히려 가운데 행함을 얻으리라. 상왈 '포황득상우중행'은 빛이 큰 것이다.

역설 직역하면 "거친 포대를 강을 건넘에 사용하면 멀리서 친구를 잃고 포대
를 버린다는 뜻이다." 역을 해석하다 보면 이런 비슷한 글귀가 많다. 비슷한 괘
의 효사에서 포대나 입구나 입구를 묶는다, 싼다, 덮는다를 많이 쓴다. 한학자
가 보더라도 뜬금없는 글귀일 것이다. 후학이 알아야 하는 것은 효사는 변화되
는 본괘와 변괘에 대한 상황을 설명하는 것을 명심해야한다. 즉 내용에 본괘와
변괘, 특히 변괘에 대한 설명이 다수일 것이다. 그것이 효사인 것이다. 위에 내
용엔 교호괘가 포함되어 있다. 역에서 형제나 친구란 글이 나오면 항상 본괘와
변괘의 교호괘를 살피고 처나 여자를 말하면 배합괘를 결과는 착종괘를 싸움이
있으면 도전괘를 살펴본다. 본괘의 2효가 동하면 건천 양금이 이화괘로 변하여
지화명이괘를 만든다. 명이(明夷)란 빛이 상하고 깨지는 것이다. 본인에겐 불리

함이 없으며 힘든 나날로 진기가 빠진 상태일 뿐이다. 그러나 친구에겐 흉함이 있는 효사이다. 길하진 않은 효사이며 가정의 불화 이성간 문제와 구설이 생기는 운이다. 남자라면 여자의 치마폭에서 노는 꼴이다. 강물이 나오면 적어도 태택괘나 감수괘가 나와야 하는데 본괘와 변괘엔 없다. 교호괘에서 감수괘를 말한다. 역설함에 있어 효사의 처음은 본괘에 대한 한두 글자가 나오고 다음은 변화에 대한 한 글자, 다음은 변괘에 관한 글자가 나온다. 그다음은 상황을 간단히 설명하고 변하면 吉한지 凶한지에대한 결과가 나온다.

九三 无平不陂 无往不復 艱貞无咎 勿恤其孚 于食有福.
구 삼 무 평 불 피 무 왕 불 복 간 정 무 구 물 휼 기 부 우 식 유 복 .

象曰 "无往不復" 天地際也.
상 왈 무 왕 불 복 천 지 제 야 .

구삼은 평평함이 없고 비탈지지 않아, 가고 옴이 없으니, 괴로워도 바르게 하면 재앙이 없다. 근심치 않더라도 그 믿음으로 식복이 있으리라.
상왈 '무왕불복'은 천지가 사귐이라.

역설 술잔에 담긴 술이요, 깊은 우물을 말한다. 3효가 동하면 건천 양금괘가 태택 음금괘로 변하여 지택임괘가 된다. 림(臨)이란 군림하다. 순서를 밟다. 위에서 아래를 내려다보는 모습이며 노모가 어린 여아를 않고 있는 모습이다. 길괘이긴 하나 주색이 과해지는 운이며 외괘에겐 손해가 있다. 주색이 과함은 태괘에서 온 것이며 본문에 식복이 많아진다. 하였다.

六四 翩翩 不富 以其鄰不戒以孚.
육 사 편 편 불 부 이 기 린 불 계 이 부 .

象曰 "翩翩不富" 皆失實也 "不戒以孚" 中心願也.
상 왈 편 편 불 부 개 실 실 야 불 계 이 부 중 심 원 야 .

육사는 빨리 날고자 하는 것이니 부유하지 않고 그 이웃이 경계하지 않아 미덥도다.
상왈 '편편불부'는 모두 실질을 잃음이요, '불계이부'는 중심으로 원함이라.

역설 4효가 동하면 곤지 음土가 진뢰 음木으로 변하여 뇌천대장괘가 된다. 대장(大壯)은 성대하다. 씩씩하다. 란 뜻으로 하늘위에 우레 소리만 크고 비는 안온다. 금극목 목극토로 싸움이 생기나 헛된 싸움이다. 천뢰무망과 같이 교훈이 있는 효사이다. 교육이나 학문, 문서에선 길한 운이다. 충돌, 사고, 시비에 주의해야 한다. 겸손하면 흉하지 않은 효사이다.

六五 帝乙歸妹 以祉元吉. 象曰 "以祉元吉" 中以行願也.
육 오 제 을 귀 매　이 지 원 길.　상 왈　　이 지 원 길　중 이 행 원 야.

육오는 임금의 두번째 누이동생을 시집보내는 것이니 이로써 복이 되며 크게 길하리라. 상왈 '이지원길'은 가운데로써 원함을 행함이라.

역설 여기서 나오는 임금 제(帝)란 글자는 곤괘가 아닌 건괘를 말함이다. 효사에 친구나 형제를 말하면 교호괘를 보라 하였으니 교호괘가 뇌택귀매이다. 귀매(歸妹)란 글자에 음효(곤지괘)가 양(감수:중남)으로 변화하는 모습이 숨어 있으니 찾아보기 바란다. 여하튼 5효에 양효가 오는 것은 매우 길하다. 그래서 이지원길(以祉元吉) '하늘에서 복을 얻어 크게 길함은' 중이행원야(中以行願也) '중효인 5효가 원래 원하는 바를 행함이기 때문이다.'라 한 것이다. 변괘인 수천수괘는 음식을 먹고 마시며 때를 기다리는 것이다. 곤지 음土가 감괘 음水로 변하여 상충하니 불길하나 내괘에서 금생수를 해주니 능히 이익이 되는 효사이다. 물욕이 강해지나 자중할 시기이다.

上六 城復于隍 勿用師 自邑告命 貞吝. 象曰 城復于隍 其命亂也.
상 육 성 복 우 황 물 용 사 자 읍 고 명 정 린. 상 왈 성 복 우 황 기 명 난 야.

상육은 성을 쌓고 해자를 둘렀으니 군사를 쓸이 없다. 마을로부터 명을 고할지니, 바르더라도 인색하니라. 상왈 '성복우황'은 그 명이 어지러움이라.

역설 성 쌓을 성(城:土를 이루었으니 곤괘를 뜻함)이 해자 황(隍: 성벽 밖을 둘러싼 움푹 판 부분으로 간산土를 말함)한 모습이 외벽을 둘러싼 산천대축괘와 같다. 음토변 양토이니 큰 변화는 아니나 큰 재물이 들어오면서 욕심 또한 많아지는 효사이다. 정린(貞吝)이란 말이 욕심을 부리는 효사란 말이다. 실리는 외괘에 있으니 마음이 행하는 곳이 내괘에서 외괘로 움직인다. 고로 명을 고함은 건괘에서 온 것이다. 간산괘는 난괘로 그 명함이 어려움을 요구함이다. 군사를 쓰지 않음은 태평함을 말한다. 마을에서 스스로 명을 고함은 내실을 다지는 것이다. 성을 이루어 해자를 만드는 것은 매우 어려우나 가장 마지막에 행하는 것이라 생각한다. 남아가 밖에서 놀고 어미가 집안을 지킨다. 손(孫)이 동하여 길괘를 만드니 슬하에 기쁨이 생길 징조이다.

제12 천지비괘

* 하하급운세

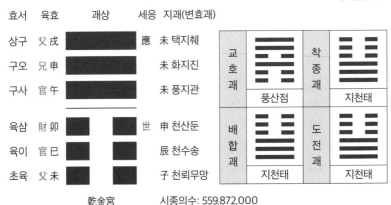

효서	육효	괘상	세응	지괘(변효괘)
상구	父戌		應	未 택지췌
구오	兄申			未 화지진
구사	官午			未 풍지관
육삼	財卯		世	申 천산둔
육이	官巳			辰 천수송
초육	父未			子 천뢰무망

乾金宮   시종의수: 559,872,000

- 아비는 밖으로 나돌고 아내는 집안을 지키고 있어 화합은 없는 괘상이다.
- 건은 위를 향하고 곤은 아래를 향하니 소통하지 못하는 괘상이다.
- 강한 벽으로 갇힌 백성이라 하여 이를 도적괘 또는 죄인괘에 비유한다.

비(否)는 '막히다'. '답답하다'란 뜻으로 앞이 가로 막히고 성취가 안 된다는 말이다. 하늘은 하늘대로 위에 있고, 땅은 땅대로 아래에 있다. 천지 화합이 일어나지 않아 막혀 답답하다는 뜻으로 비(否)를 괘 이름으로 하였다.

1효동 : 가뭄의 단비가 온다. 후손에게 기쁜 일이 생기며 교육엔 유리한 효사이다. 문서를 얻으며 배움 또한 얻으니 이것이 단비로다.

2효동 : 문서로 인한 싸움이 생긴다. 적당한 타협이 필요하다. 너무 과한 선행은 상대를 악하게 만드니 어느 정도 자신의 이익은 챙겨야 할 것이다.

3효동 : 주변을 경계하라. 여럿이 모여 구설을 만들고 나를 한 구석으로 모는구나. 화합하지 못하고 성장하지 못한다. 인내하며 자중해야 할 때이다.

4효동 : 교육자나 학인에게 성취가 있으며 문서와 관운이 길하다. 윗사람에 명이 곧 있으니 근면히 순응하면 길하여 이득이 있다.

5효동 : 곳곳에 함정이 도사리고 있다. 여행하다 사고수가 있으니 조심하자. 차마 구입이 있을 운이다. 침착하게 주의하면 대길한 운이다.

6효동 : 겸손하면 대길하다. 그동안의 고통이 모두 사라지고 만사형통한다. 그러나 이성 간에 작은 문제가 있을 수 있으니 주의하자.

12. Standstill

정지, 침체, 가만히 있다.

alienation, a stalemate,
멀리함, 소외, 교착상태
stagnation, withholding,
고임, 부진, 정체, 원천 징수,
grinding to a halt,
서서히 멈추다.
insensitivity, mistrust.
무감각, 불신하다.

사 업 : 내실이 더욱 중요한 때이며 큰 투자나 사업은 불리하다.

소 원 : 4개월 내지 5개월 후면 기회가 와서 소원이 이루어지겠다.

거 래 : 상대방이 유리하니 기다려 장기적인 안목으로 거래함이 좋겠다.

재 물 : 손재가 있으니 도난에 주의하며 문서나 신분도용에 주의하자.

연 애 : 별로 신통치 않다. 헤어짐이 있으며 여성은 외로움이 있다.

혼 인 : 한쪽은 마음에 있으나 한쪽이 그렇지 않으니 시일이 걸려야 한다.

매 매 : 가격 면에서 손해를 보겠으나 매매는 이루어진다. 신중하자.

구 인 : 지금은 오지 못한다. 장애가 있다.

가출인: 먼 곳에 있다. 서남쪽에 있으나 빨리 찾기는 어렵다.

출 산 : 아들일 경우가 높으며 난산할 우려도 있다.

이 사 : 지금은 불길하니 때를 기다려라. 여성 홀로인 경우 특히 주의.

여 행 : 먼 여행은 좋지 않다. 가까운 곳은 가도 되지만 주의하자.

입 학 : 지금은 불가능하다. 분수에 맞는 곳을 택하라.

소 송 : 순조롭지 못하다. 소송은 기각될 염려가 있으며 성급하면 안 된다.

실 물 : 밖에서 잃어버린 것이라면 찾기 어렵고 집안의 것은 시일이 걸린다.

건 강 : 식욕부진, 정력감퇴, 뇌일혈이나 암계통의 병에 주의, 치료가능.

직 장 : 좀 더 기다려라. 연락을 받지 못해 좋은 자리를 놓칠 염려가 있다.

否之匪人 不利 君子貞 大往小來.
비 지 비 인 불 리 군 자 정 대 왕 소 래 .

비는 비인이라 올곧은 군자도 이롭지 않고 대인이 가고 소인이 오는 것이다.

역설 비(否)란 막힘이 있는 괘로 곤(困)과 비슷하다. 그래서 비인(匪人)이라 하였으니 비(匪:匚+非)란 삼양(三)의 틀 안에 삼음(곤괘:☷)이 갇혀있는 상황의 글자이다. 고지식하여 자신의 틀에 갇힌 거와 같고, 무지하여 감정만으로 사는 것과 같은 사람이다. 역에선 감정만을 우선하는 자와 고지식하여 자신이 알고 있는 지식을 최고로 생각하는 이를 같게 본다. 곤괘(음극괘)의 본성이 만족을 모르기 때문에 비(非:아니다 부정, 배반하여 등짐)자를 사용하였다. 비(非)란 작은 것에도 만족하는 삼양(三)을 반으로 나누어 완벽히 분리한 글자이다. 그러니 비인이란 마음속에 어둠이 가득하고 만족을 모르며 겉은 밝고 속은 음한 인사이다. 남자에겐 참으로 불리한 괘상이며 현대에서 비인은 괴씸죄에 걸리기 쉽다. 강한 벽에 갇혀있는 백성이기에 현대에선 감옥의 죄수나 3인 이상의 도적, 사기꾼이기도 하다. 대왕소래(大往小來)는 내괘는 곤괘를 외괘는 건괘가 된 상황을 말함이다.

象曰 "否之匪人 不利 君子貞 大往小來."
단 왈   비 지 비 인 불 리 군 자 정 대 왕 소 래 .

則是天地不交而 萬物不通也 上下不交而天下无邦也.
즉 시 천 지 불 교 이 만 물 불 통 야 상 하 불 교 이 천 하 무 방 야 .

內陰而外陽 內柔而外剛 內小人而外君子 小人道長 君子道消也.
내 음 이 외 양 내 유 이 외 강 내 소 인 이 외 군 자 소 인 도 장 군 자 도 소 야 .

단왈 '비지비인 불리군자정 대왕소래'는 천지가 소통하지 못하면 만물 역시 통하지 못하는 것이 옳은 이치이므로 상하가 사귀지 못하여 하늘아래 나라가 없음이라. 안은 음하고 밖은 양하며, 안은 유하고 밖은 강하며, 안은 소인이요 밖은 군자이니, 소인의 도가 자라나고 군자의 도는 사라진다.

象曰 天地不交 "否" 君子以儉德辟難 不可榮以祿.
상 왈 천 지 불 교   비   군 자 이 검 덕 피 난 불 가 영 이 록 .

상왈 천지가 사귀지 않는 것이 비니, 군자는 검소함을 덕으로 삼아 어려움을 피해서 가히 녹봉을 받는 것으로써 영화를 누리지 않느니라.

初六 拔茅茹 以其彙 貞吉 亨. 象曰 "拔茅貞吉" 志在君也.
초 육 발 모 여 이 기 휘 정 길 형. 상 왈 발 모 정 길 지 재 군 야.

초육은 띠 뿌리를 뽑음이라. 그 무리로써 바름이니 길해서 형통하나라. 상왈 '발모정길'은 뜻이 임금에 있음이라.

역설 지천태의 초효 효사와 거의 흡사하다. 다른 곳은 정길형(貞吉亨) 길하여 막힘이 없는 효사를 말하고(지천태의 초효보단 좋음) 지재군야(志在君也)로 실리가 안에 있음을 뜻한다. 지천태의 초효 변은 건金이 손풍 양木괘로 변하였으나 천지비괘의 초효변은 곤지 음土괘가 진뢰 음木괘로 변하여 천뢰무망괘가 되었다. 효사로는 자손이 번창하고 교훈이 크며 문서운이 길한 운이다. 무망괘 하나로 보면 크게 길하진 않으나 본괘 보단 길괘이므로 가뭄에 단비라 생각하면 좋다. 앞에서 효사를 설명할 때 군자(君子)를 건괘의 실리라 표현한 바가 몇 번 있을 것이다. 여기서 군(君)이란 글자를 짚고 넘어가 보자. 군(君: 尹+口)이란 하늘의 뜻을 이어받아(尹) 말(口)로 백성을 다스리는(尹) 하늘의 오른팔(右)과 같은 존재이다. 그리하여 늙은 노인이 젊은 사내를 보고 ~군(君)이라 하고 왕의 자식들에게 ~군(君)이라 칭하였다. 이 글자를 음양 어디에 배속하든 상관없지만 곤괘와 같이 하늘의 뜻을 이어받은 사람임을 명심해야 한다. 음양을 교합하여 중용의 도를 이어 받아 백성을 이끌고 가르치는 존재이기도 하다. 건곤이 교합하여 만물이 형성되니 그것을 실리라 말한다.

六二 包承 小人吉 大人否 亨. 象曰 "大人否 亨" 不亂羣也.
육 이 포 승 소 인 길 대 인 비 형. 상 왈 대 인 비 형 불 란 군 야.

육이는 포용하여 받드는 것이니, 소인은 길하고 대인은 형통하지 않다. 상왈 '대인비형'은 무리를 어지럽히지 않음이라.

역설 포(包)란 글자는 앞서 나온 글자로 싼다. 덮는다. 묶는다는 뜻이 있는 것이다. 무엇에 둘러싸여 있을 때나 입구가 막혔을 때에 많이 쓰는 단어이다. 포(包)의 파자엔 화(양)의 기운이 내포되어 움직임을 규제함이다. 승(承)이란 글자엔 곤괘와 감수괘가 들어있다. 이젠 이정도 파자는 쉽게 볼 수 있기를 바란다. 감수괘는 양효 하나가 중간에 있고 음효에 둘러싸여 있는 모습이다. 역에 효사에서 소인은 음효이고 대인은 양효를 말한다. 괘사에서 소인은 음하나에 양효가 둘인 소음괘이고 대인은 양효가 하나에 음효가 둘인 소양괘를 말한다. 건은 대인이요, 곤은 소인이다. 본괘인 곤지 음土가 감수괘로 변하여 천수송괘를 만든다. 송은 싸움이다. 외괘보단 내괘에 힘이 있다는 말이다. 관재수가 생기나 적당한 타협으로 길함을 얻는 괘이다. 천지비의 비(否)는 일반적으로 막힌다는 뜻이나 위에선 아닐 부(否)로 해석된다. 천지비나 천지부나 둘 다 틀리지 않는 해석이다.

六三 包羞. 象曰 "包羞" 位不當也.
육삼 포수. 상왈 포수 위부당야.

육삼은 싼 것이 부끄럽도다. 상왈 '포수'는 위치가 마땅치 않음이라.

역설 포수(包羞)의 올바른 직설은 '맛있는 음식을 쌓아 하늘에 받친다.'는 말이다. 수(羞)란 글자에 건금과 곤토의 모습이 있다. 3효가 동하면 곤토가 간산 양토가 되니 천산둔괘가 된다. 소 두 마리에 담장이 4개이다. 즉 허영심이 강하고 포부는 크나 얻은 바는 적은 것이다. 조금 얻고 천하를 얻은 것처럼 행동하니 보는 이가 고개를 돌린다. 꼴 불견 이란 뜻이다. 어려운 고비의 효사이니 자중하고 경거망동하지 말아야 한다. 주위에 이 꼴을 우습게 보고 장난을 치니 하나의 난관이 생기는 운이다. 무엇을 보고 이런 말을 하는가 물어보면 답은 수(羞)란 글자에 있다. 양(羊)과 소(丑)의 위치가 바뀌었으니 소의 우직함을 비웃는 양이 소에게 가르침을 주면서 보호한다. 덩치 큰 소가 망신을 당하는 구나.

九四 有命无咎 疇離祉. 象曰 有命无咎 志行也.
구사 유명무구 주리지. 상왈 유명무구 지행야.

구사는 명을 받으니 허물이 없다. 무리가 복이 있어 흩어진다. 상왈 '유명무구'는 뜻이 행하여짐이라.

역설 4효가 동하면 건천 금괘가 손풍 목괘로 변하여 풍지관괘가 된다. 곤토가 건금을 생하고 건금이 손목을 극제한다. 외괘에 득이 있다. 관(官) 오화(午火)가 동하여 부(父) 미토(未土)를 생하니 교육자나 학인에게 성취가 있으며 문서와 관운이 길하다. 풍지관의 관(觀)은 관찰하고 응시하는 것이며 윗사람이 보는 시선이다. 윗사람에 명이 있으니 순응하면 길하다.

九五 休否 大人吉 其亡其亡 繫于苞桑.
구오 휴비 대인길 기망기망 계우포상.

象曰 "大人之吉" 位正當也.
상왈 대인지길 위정당야.

구오는 비괘가 쉬는 것이다. 대인에겐 길함이니 그것이 망하여 그것이 죽으니 무성한 뽕나무에 매어지리라. 상왈 '대인지길'은 정당한 위치이다.

역설 5효가 동하여 건천 금괘가 이화괘로 변하여 화지진괘를 만든다. 진(晉)이란 나아간다. 진출한다는 뜻으로 장수가 병사를 끌고 뜻을 이루고자 출병하는 것과 같다. 흉괘이나 함정이 도사리니 잠시 기미를 봄이 이롭다. 휴비(休否)는 막힘이 있어 쉬는 것이나 휴부(休否)는 쉬는 것이 아니다. 이미 응하는 2효에 포(包)자를 써서 5효엔 안 썼지만 이화괘 역시 양효에 둘러싸인 음효이다. 그러니 진출하는데 조심하고 조심하여야 함을 나타낸다. 계사전 하권에 공자가 '편안함이 있을 때 위험이 다가온다.'라 하며 이 내용을 한번 더 이야기 한다. 즉 휴(休)는 나무 아래에서 영원히 휴식을 취함이니 부대인길(否大人吉)은 대인이 길한 것이 아니다. 기망기망(其亡其亡)은 신중하지 않으면 망하여 죽는 것이니, 계우포상(繫于苞桑)는 무성한 뽕나무에 매단다. 란 전혀 다른 해석이 나온다. 변괘가 火괘이니 火극金으로 위험을 암시한다. 그러나 변괘가 길괘로 조심하면 전화위복의 운이 되어 길하다. 망(亡)이란 글자는 원래 망(凶)이란 글자에서 나왔다. 사람이 망하고 도망쳐 숨는다는 뜻이다.

上九 傾否 先否後喜. 象曰 否終則傾 何可長也
상 구 경 비 선 부 후 회 . 상 왈 비 종 즉 경 하 가 장 야

상구는 막혀서 기울어짐이니, 먼저는 막히더라도 뒤에는 기뻐하도다. 상왈 끝이 없어 곧 기울어지니 어찌 옳게 길다 하리오.

역설 기울 경(傾)이란 사람이(亻) 숟가락(匕)을 뜨기 위해 고개를(頁) 숙이는 것이다. 즉 겸손함을 뜻하며 결실을 뜻한다. 5효가 동하면 건금괘가 태금괘로 변하여 택지췌 괘가 된다. 췌(萃)란 병사들이 모이는 괘이며 막힘이 있고 기울어져 있어 물이 모이는 것이다. 건금은 결실이 없으나 태금은 음金으로 실리가 있는 괘상이다. 화합과 번영의 효사로 만사가 대길한 운세이다. 위 내용은 천지비괘의 괴로운 나날이 끝나고 마침내 결실이 다가온다는 내용이다. 원하던 계약이 이루어지고 학업은 성취되며 명예와 복록이 다가오는 것이다. 땅위에 연못이 있는 것이 택지췌 괘이다. 물이 모이려면 기울어짐이 있어야 한다. 군자가 겸손함을 지키는 괘이다. 벼는 자라서 종국엔 고개를 숙이고 모든 것이 길게 나아가면 기울어지기 마련이다. 다만 기울어짐이 흉이 아닌 길임을 나타낸다.

제13 천화동인괘

* 상상급운세

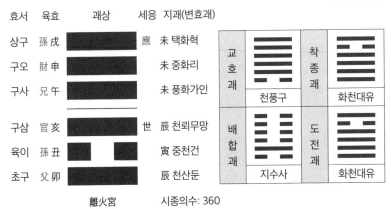

효서	육효	괘상	세응	지괘(변효괘)
상구	孫戌		應	未 택화혁
구오	財申			未 중화리
구사	兄午			未 풍화가인
구삼	官亥		世	辰 천뢰무망
육이	孫丑			寅 중천건
초구	父卯			辰 천산둔

離火宮 시종의수: 360

교호괘	착종괘
천풍구	화천대유
배합괘	도전괘
지수사	화천대유

- 가을 녘에 맑은 하늘아래 불이타고 있으니 만인이 뜻을 같이 함이다.

- 중녀가 장부를 받들고 모시니(유혹이 있다.) 서로 백년해로도 가능하다.

- 중녀에게 마음이 가니 하늘의 마음이라, 서로의 뜻이 같아 거침이 없다.

동인(同人)은 '뜻을 같이 한다'. '협력'을 말한다. 어두운 하늘 아래 불이 타오르며 세상을 밝히는 상이다. 즉 어두운 밤길에 등불을 얻은 상이다. 마음을 같이 하면 만물이 반드시 모여들게 되므로 대유괘가 이어진다.

1효동 : 첫 난관을 만나 다소 의기소침해 진다. 초심으로 천천히 나아가면 성공을 하는 효사이다. 움직임이 길하나 신중함을 말하는 효사이다.

2효동 : 처와 자손에게 문제가 있다. 윗사람과 조상에게 잘해야 길해지는 효사이다. 역마성이 강해지며 화마를 조심해야 하는 운이다.

3효동 : 같이 움직이던 친구에게 어려움이 생긴다. 보이지 않는 경쟁자가 있어 어려움을 겪으니 참고 견디며 멘토에게 상담할 일이 생긴다.

4효동 : 친구와 가족 식구를 잃을 수 있음이다. 다른 친구와 가족이 들어올 수다. 주변 분위기가 새로이 변화하며 손재가 있을 수 있다.

5효동 : 재복이 있으며 경쟁이 심하나 승승장구한다. 소원하던 일 또한 성취하나 남녀 간에 약간의 불화가 생기니 감정이 앞서기 때문이다.

6효동 : 움직여라. 기존의 모든 것을 새로 바꿔 혁신해야 하는 길한 효사이다. 근면하면 성공을 부르나 후손과 친구에겐 불리하니 주의를 요한다.

13. Companionship

동료애, 우정, 교제, 도반

friendliness, mutual respect,
친절, 친목, 상호존중
shared goals,
목표 공유, 공동목표
interdependence, agreement,
상호 의존, 합의
strengthening bonds.
공감대를 굳히다. 채권강화

사 업 : 만사 순조롭고 길하다. 협동이나 친구, 윗사람의 도움도 길하다.

소 원 : 순조롭게 이루어진다. 귀인의 도움이 있다.

거 래 : 주도권이 이쪽에 있다. 상대방이 먼저 여럿이 상담요청을 한다.

재 물 : 동업이나 남과 함께 더불어 하면 좋은 일이 있다. 과욕은 금물.

연 애 : 라이벌이 많다. 인기 많은 여자 하나를 두고 남성이 대립하는 상.

혼 인 : 결혼은 순조롭다. 상대방은 약간 불순하여 다른 곳에도 관심 있다.

매 매 : 매매관계가 이쪽에게 유리하나 욕심이 과하면 실패한다.

구 인 : 동행자가 있으며 반드시 온다.

가출인: 동반자가 있다 북서쪽이나 남쪽에서 찾아라.

출 산 : 순산이며 아들을 낳겠다. 辰巳酉日은 딸을 낳는다.

이 사 : 주변이 찬성하면 이사를 해도 무방하다. 아파트가 좋다.

여 행 : 단체여행은 길하고 혼자 여행하는 것은 불길하다. 구설수 있다.

입 학 : 합격 운이 있다.

소 송 : 귀인이 돕고자 하니 협조를 얻으면 승소한다.

실 물 : 여자나 경찰의 도움이 있으면 찾는다. 남쪽에 있다.

건 강 : 오랜 지병은 조심하고 전염병과 감기 안질, 고열병 조심하자.

직 장 : 경쟁자가 많지만 순조롭다. 북서쪽과 친구에게 부탁하면 길하다.

同人于野 亨 利涉大川 利君子貞.
동 인 우 야 형 이 섭 대 천 이 군 자 정 .

들에서 사람과 같이 하면 형통하리니, 큰 내를 건너는 것이 이로우며, 군자의 올바름이 이롭다.

역설 이화괘는 건천괘의 실리이다. 즉 땅위에 존재하는 하늘과 같은 존재이다. 반대로 감수괘는 곤괘의 실리이다. 동인(同人)이란 뜻이 같은 사람을 말한다. 글자를 파하면 딱 천화괘가 된다. 인(人)이나 심(心)은 양의 기운이다. 둘 다 오행으로 火를 나타낸다. 동(同:冂+一+口)이란 한가지를 말하는 무리이다. 경(冂)은 건괘를 말함이다. 뜻이 굳건함을 말한다. 구(口)는 구멍을 말하며 역에선 음을 말한다. 들 야(野:田+土+予)는 마을에서 함께 한다는 의미이다. 밭 전(田)이란 글자는 중천건괘의 2효 변괘인 이화괘를 설명하면서 이미 하였으니 참고하길 바란다. 파자를 보고자 할 때는 한 점까지 완벽히 파해야 한다. 형(亨)이란 막힘이 없는 양의 기운이 강할 때 쓴다. 이섭대천(利涉大川)이란 같이 하는 동인에게 해당되는 내용이다. 배합괘가 지수사괘이니 친구에겐 처음이 매우 불리하고 이군자정(利君子貞)은 본괘인 내괘에겐 유리한 괘사의 내용이다. 이괘를 뽑으면 배우자와 동업자에게 처음이 불리하다.

象曰 "同人" 柔得位得中而應乎乾 曰同人. 同人曰 "同人于野
단 왈 동 인 유 득 위 득 중 이 응 호 건 왈 동 인 . 동 인 왈 동 인 우 야

亨 利涉大川" 乾行也. 文明以健 中正而應 君子正也. 唯君子
형 이 섭 대 천 건 행 야 . 문 명 이 건 중 정 이 응 군 자 정 야 . 유 군 자

爲能通天下之志. 象曰 天與火 同人 君子以類族辨物.
위 능 통 천 하 지 지 . 상 왈 천 여 화 동 인 군 자 이 유 족 변 물 .

단왈 동인은 유가 자리를 얻으며 중을 얻어서, 건에 응하니 가로되 동인이라. 동인에 가로되 '동인우야형이섭대천'은 하늘이 행하는 것이요, 문명해서 군세고 중정해서 응함이 군자의 바름이니, 오직 군자라. 능히 천하가 서로 뜻을 통하느니라. 상왈 하늘과 불이 동인이니, 군자가 이로써 류와 족으로 물건을 분별하느니라.

初九 同人于門 无咎. 象曰 出門同人 又誰咎也.
초 구 동 인 우 문 무 구 . 상 왈 출 문 동 인 우 수 구 야 .

초구는 동인을 문에서 함이니 허물이 없으리라. 상왈 문에 나가서 동인하는 것을 또 누가 허물하리오.

1효가 동하면 이화괘가 간산 양토괘로 변하면 천산둔괘이다. 화생토하여 본기가 많이 빠지는 운이나 火生土생金으로 변화가 좋다. 천산둔괘의 둔(遯)은 '피하다'. '은둔하다'란 의미이다. 둔이 아닌 돈이라 불러도 된다. 무구(无咎)란 그리 좋지는 않은 상황에서 큰 문제가 없을 때 주로 쓰는 말이다. 동인 길괘가 움직이는 것이라 허물이 없다는 것이다. 천산둔괘는 계획을 세움에 신중해야 함을 말한다. 모든 것이 뜻대로 되는 상황이 아니다. 너무 적극적인 행동은 삼가야 하는 효사이다.

六二 同人于宗 吝. 象曰 "同人于宗" 吝道也.
육 이 동 인 우 종 린 . 상 왈   동 인 우 종   인 도 야 .

육이는 동인이 가장 중요한 자리에서 움직이니 이를 소중히 여긴다. 상왈 '동인우종'이 인색한 도라 한다.

2효가 동하니 이화괘가 건금괘로 변하여 중천건괘가 된다. 아주 길한 괘에서 길한괘로 변한 것이다. 동인우종(同人于宗) 동인괘의 가장 중요한 자리에서 움직인다는 말이다. 종(宗)이란 글자가 종친, 우두머리, 하늘에 재를 올리는 사당, 가장 뛰어난 것, 근본이 이어진 자리를 말한다. 가장 뛰어나고 가장 중요한 자리이므로 아끼고(吝) 소중히 여기는 것이다. 아끼고 소중하니 인색하며 탐욕을 나타내는 글자가 된다. 뜻과 행함이 강해지는 운이다. 손(孫) 축토(丑土)가 부(父) 인목(寅木)으로 변하여 목극토를 당하니 자손에게 문제가 있다. 윗사람에게 잘해야 길해지는 효사이다.

九三 伏戎于莽 升其高陵 三歲不興.
구 삼 복 융 우 망 승 기 고 릉 삼 세 불 흥 .

象曰 "伏戎于莽" 敵剛也 "三歲不興" 安行也.
상 왈   복 융 우 망   적 강 야   삼 세 불 흥   안 행 야 .

구삼은 우거진 숲에 적이 숨어 있으니 그 높은 언덕에 올라 3년을 일어나지 못하도다. 상왈 '복융우망'은 적이 강함이요, '삼세불흥'은 안으로 움직이는 것이다.

점사한 당사자보단 같이하는 친구에게 문제가 있는 것이다. 물론 괘사와 효사는 달리 본다. 이미 말했듯이 적이 나오면 도전괘를 보라 하였고 친구는 호괘를 보라 하였다. 3효가 동하면 내괘인 이火괘가 진뢰 木괘로 변하여 천뢰무망괘를 만든다. 대성괘 하나만을 보면 상대자나 적은 외괘를 말한다. 이미 앞서 설명하였듯이 三자가 나오면 건천괘를 말함이다라 말하였다. 그러나 뒤에 해 세

(歲)가 나와 3년이 되니 건괘인 3년이 지난 다음으로 해석 가능하며 교호괘의 내괘인 손목괘의 후천수를 말할 수도 있다. 또한 3리화이니 3년이라 해석하여도 된다. 그러나 이는 순차적인 수로 지금부터 3년을 말한다. 적이 강함은 본괘와 변괘의 내괘가 모두 건금으로 목이 위험함을 나타낸다. 건금은 양금으로 음木보단 손풍인 양木이 위험함을 말한다. 복융(伏戎)은 이화괘를 말하고 숲우거질 망(莽)은 진뢰 목괘를 말함이다. 동인괘는 교호괘와 배합괘에 관심을 갖고 봐야 한다. 그들이 나와함께 하는 동인이기 때문이다. 괘사에서 나와 같이하는 동인에게 문제가 있을 수 있다고 말했다. 3변하면 천뢰무망괘이다. 천뢰무망의 배합 괘가 지풍승이며 교호괘는 풍산점이다. 승기고릉(升其高陵) 삼세불흥(三歲不興)은 지풍승괘와 풍산점괘사의 내용이 들어있다. 모든 주변괘에 삼(三:건괘)의 세력이 강하여(歲:步+戌:건방인 서북방 끝까지 간다는 뜻과 재물을 바쳐 제사를 지낸다는 뜻도 있음) 함께하지 못한다.(不興:同+舁)라 해석이 된다. 주변에 토금의 세력이 너무 강하여 목이 위태롭다. 본 내괘는 이화가 진목으로 변화되니 더불어 불길함이 있으나 윗사람(건)과 멘토에게 조언을 구하면 길한 효사이다. 무망이란 큰소리가 많아 나를 일깨우는 괘로 교훈이 큰 괘상이다. 관(官) 해수(亥水)가 손(孫) 진토(辰土)로 바뀌어 土극水를 하니 제대로 된 관재구설이다. 자중해야 하는 효사이다.

九四 乘其墉 弗克攻 吉.
구 사 승 기 용 불 극 공 길 .

象曰 "乘其墉" 義弗克也 其吉 則困而反則也.
상 왈 승 기 용 의 불 극 야 기 길 즉 곤 이 반 즉 야 .

구사는 그 성벽에 올라 때려 이기지 못하니 길하니라. 상왈 '승기용'은 의가 이기지 못함이요, 그 길한 것은 즉 곤해서 법에 돌아옴이라.

역설 4효가 동하여 건금괘가 손풍 木괘로 변하여 풍화가인괘가 되었다. 가인 (家人)이란 아낙네들이 돌아와 집을 지킨다는 뜻이다. 승기용(乘其墉)이란 말 그대로 성벽에 올라탄 것이다. 성벽은 건괘의 손하절을 뜻한다. 승(乘)자는 원래 나무에 올라 적의 동태를 살필 때 쓰던 말이고 그런 모습이다. 내괘인 이火괘가 건金을 이길수 있으나 이젠 손木괘로 변하여 木생火의 조력을 받게 된다. 그래서 '때려 이길 수는 없으나 생조를 받아 길하다.' 라 말한다. 교호괘에 불리했던 상황이 끝을 맺으나 친구는 오고 간곳이 없다. 미제이기 때문이다.

九五 同人 先號咷 而後笑 大師克相遇.
구 오 동 인 선 호 도 이 후 소 대 사 극 상 우.

象曰 同人之先 以中直也 大師相遇 言相克也.
상 왈 동 인 지 선 이 중 직 야 대 사 상 우 언 상 극 야.

구오는 동인이 먼저는 부르짖어 울고 뒤에는 웃으니, 큰 군사로 이겨야 서로 만나도다. 상왈 '동인지선'은 가운데 하니 곧음이요 '대사상우'는 서로 이김을 말함이라.

역설 5효가 동하여 건천 金괘가 이火괘로 변하여 중화리괘가 되었다. 매우 길한괘로 마음이 중정하고 예의가 바른 효사이다. 서로 대등하게 반목함이 없이 같이 불타고자 함이다.

너무 과함은 자신조차 태우니 적당한 움직임이 길하다. 화는 자신을 태워 남을 비춰주는 기운이라 희생정신이 강하니 사회복지와 의료, 구활업에 더욱 길한 효사이다. 변괘의 교호괘는 택풍대과라 크게 지나친다는 난괘이나 큰 교훈을 얻고 깊은 반성과 뉘우침을 얻는 괘이다. 중화리는 서로 경쟁하며 커가는 괘이다. 그러나 남녀사이엔 불리함이 있다.

上九 同人于郊 无悔. 象曰 "同人于郊" 志未得也.
상 구 동 인 우 교 무 회. 상 왈 동 인 우 교 지 미 득 야.

상구는 동인을 성 밖에 함이니 뉘우침이 없느니라. 상왈 '동인우교'는 뜻을 얻지 못함이다.

역설 6효가 동하여 건금괘가 태금괘로 변하여 택화혁괘가 된다. 혁(革)이란 혁신, 혁명, 개혁을 뜻하며 기존의 것을 모두 버리고 새로운 변화를 만드는 효사이다. 교호괘는 불리하나 본괘의 내괘는 유리하다. 즉 나에겐 길하고 친구에겐 불리한 효사이다. 친구와 같이하니 나에게도 그 피해가 올수 있음이다. 갑작스런 사고수를 조심해야 한다. 건금은 실리가 없으나 태금은 실리가 있으니 변화를 줌이 나에겐 이롭다. 친구와 아랫사람에게 약간에 문제가 생길 수 있는 효사이다. 혁괘는 혁신하여 모든 것을 바로 잡아야 하는 괘이다.

제14 화천대유괘

*상하급운세

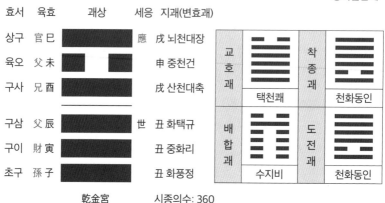

효서	육효	괘상	세응	지괘(변효괘)
상구	官巳		應	戌 뇌천대장
육오	父未			申 중천건
구사	兄酉			戌 산천대축
구삼	父辰		世	丑 화택규
구이	財寅			丑 중화리
초구	孫子			丑 화풍정

乾金宮　　　시종의수: 360

교호괘	택천쾌	착종괘 천화동인
배합괘	수지비	도전괘 천화동인

- 장부가 중녀를 받아들이니 참으로 아름답다. 중천에 떠있는 태양이다.
- 덕이 넘치는 괘상으로 예를 갖춘 양효가 덕이 있는 제후를 따른다.
- 중천의 햇빛이 세상을 두루 살피고 풍년이라 창고에 곡식이 가득하다.

대유(大有)는 '크게 만족하여 즐거워하는 상태'를 말한다. 가지고 있는 저력이 풍부하고 큰 것을 뜻한다. 하늘의 불인 태양이 온 천하를 비추는 상이다. 즉 해가 중천에 떠 빛나는 상이니, 천하를 소유한다는 의미이다.

1효동 : 자손과 아랫사람에게 근심이 있다. 나에겐 이득이 다가오니 어찌 불안하리오. 곧 안정을 되찾고 번영하니 지금 괴롭다고 슬퍼하지 말자.

2효동 : 재물이 들어오니 그 재물로 새로운 문서를 얻음이다. 모든 일이 뜻대로 이루어지니 만사가 대길하다. 작은 사고는 있겠으나 해는 없다.

3효동 : 주변이 모두 나를 삐딱하게 보는 것이니 배신과 시비가 즐비하여 불화와 분쟁이 생긴다. 싸우면 불리하니 자중하고 인내해야 길하다.

4효동 : 지금 괴롭다 한탄하지 말라. 재물을 창고에 가득 쌓일 것이니 어찌 괴롭다 말 하겠는가? 곧 옛말하며 웃게 되니 서두를 필요도 없음이다.

5효동 : 문서와 학문으로 자신의 세력을 얻음이니 실리는 사라지나 명예는 하늘에 이른다. 자신의 세력이 많아지니 친구와 같이 함이다.

6효동 : 수입이 늘어나고 기술력이 좋아지며 자신의 능력을 인정받다. 싸움을 통하여 교훈과 문서를 얻음이니 관직의 명이 길한 운이라 하겠다.

14. Presperity
번영, 번성

wealth, good fortune, success,
부, 행운, 성공
express gratitude
by supporting others,
다른 사람을 지지함으로 감사를 표함
material possessions.
물질적 부유함, 물질적 재산

사 업 : 현 상태를 유지하라. 욕심이 과하면 불리하니 지금에 만족하라.

소 원 : 순조로우며 과하지 않다면 지금이 아니더라도 곧 이루어진다.

거 래 : 시기가 빠를수록 유리하다. 혼자보다 2-3명이 거래에 길하다.

재 물 : 자금은 풍족하지만 지출이 많다. 소액은 융통이 원활하다.

연 애 : 서로의 성격이 비슷하다. 똑같이 이지적, 자존심이 강한 사람이다.

혼 인 : 조금 늦어질 수 있지만 길하게 성취된다. 여자는 서두르지 말자.

매 매 : 사는 것도 좋지만 파는 것이 이롭다. 조금 시간이 필요하다.

구 인 : 오기는 하는데 늦어진다. 한번 더 재촉하는 것이 좋다.

가출인: 서북쪽에 있으나 여자로 인해 돌아오려 하지 않는다.

출 산 : 난산이니 의사와 상담하라. 辰巳酉日에 낳으면 순산하고 딸이다.

이 사 : 이사는 하면 좋다. 수리나 개축의 시기이다.

여 행 : 안 좋다. 단체 여행은 좋으나 실물수가 있다. 약간 놀랄 일이 있다.

입 학 : 대길하다. 1순위에 자신 있게 응시하라. 수면을 깊이 취해라.

소 송 : 처음은 불리하나 승소된다. 유리하니 적극적으로 추진해라.

실 물 : 늦어지지만 찾기는 찾는다. 가능한 서둘러라.

건 강 : 고열병과 과로로 인한 발병 주의, 서남방의 한의사가 길하다.

직 장 : 직업을 바꾸는 건 좋지 않고 취직은 늦어지더라도 꼭 된다.

大有 元亨. 彖曰 "大有" 柔得尊位大中 而上下應之 曰大有.
대유원형. 단왈 대유 유득존위대중 이상하응지 왈대유.

其德 剛健而文明 應乎天而時行 是以元亨.
기덕 강건이문명 응호천이시행 시이원형.

대유괘는 큰 형통하리라. 단왈 대유는 유한 것이 존귀한 자리를 얻고 크게 가운데 하여 위와 아래가 응함에 가로되 대유이다. 그 덕이 강건해서 문명하고, 하늘에 응하여 시간을 행함이라. 이로서 원형하다.

역설 이제 원형이라 하면 어느 정도 알아야 할 것이다. 원(元)이라 말하면 으뜸이고 떠받들어 짐이며, 모든 것에 앞에 서고, 모든 것을 대표하며, 모든 것에 위에 있음이다. 여기선 양함의 우두머리를 말함이다. 형(亨:亠+口+了)이란 양이 지극함을 말한다. 즉 활동성이 왕하고 막힘이 없어 형통하다 말하는 것이다. 또한 파자에서 보듯이 하늘을 떠받드는 모습이다.

象曰 火在天上 "大有" 君子以 遏惡揚善 順天休命.
상왈 화재천상 대유 군자이 알악양선 순천휴명.

상왈 불이 하늘위에 있는 것이 대유이니 군자가 이로써 악한 것을 막고 선한 것이 위로 올라서 하늘에 순응하니 명을 멈춘다.

역설 익히 말하였듯이 군자란 건괘의 실리이다. 뜻이 하늘과 같으니 이화괘가 중천에 자리하여 대지의 만물에 평등하게 빛을 비추어 밝음을 선사한다. 대유괘는 장부가 현모양처를 받아들이는 괘이다. 이화가 건괘의 성정을 본받아 건괘의 명을 알아서 따르니 무엇을 더 말하겠는가? 이젠 명(命)이란 글자가 어느 때 주로 나오는지 알 것이다. 화천대유는 외괘가 내괘를 극제하는 괘상이다. 이 火가 건金을 火극金 하는 것이다. 건금이 나약하지 않으니 화련진금이라. 이화로 자신을 갈고 닦음에 아름다운 괘이다.

初九 无交害 匪咎 艱則无咎. 象曰 大有初九 无交害也.
초구 무교해 비구 간즉무구. 상왈 대유초구 무교해야.

초구는 해로운 만남 없으니 허물이 아니나, 어렵게 하면 허물이 없으리라. 상왈 대유의 초구는 해로운 사귐이 없느니라.

역설 1효가 동하면 건천 金괘가 손풍 木괘로 변하여 화풍정괘로 변한다. 金극木으로 다시 木생火로 다시 火극金을 하는 모습이 아름다워 보이진 않는다. 화천대유는 내괘가 노양(남성)이며 외괘가 소음(여성)괘로 사귐이 있으나 화풍정은 둘 다 소양이라 사귐이 사라진다. 화천대유는 음양이 교합하나 극제함이 있어 해로움이 있는 사귐이었는데 그것이 사라짐이다.

그러나 화풍정괘로 변화됨은 金극木으로 이득은 있으나 괴로움이 있는 효사이다. 역에서 교(交)란 글자는 양효와 음효, 양괘와 음괘가 서로 마주볼 때에 쓰이는 말이다. 정(鼎)이란 안정을 뜻한다. 손(孫) 자수(子水)가 부(父) 축토(丑土)로 효변하니 후손이 문서와 학식을 얻었으나 내괘의 근심이라. 잠시 근심하나 차후 안정된다. 이를 어렵지만 곧 무구(无咎)하다 말하는 것이다. 해(害)란 火극金 하던 집안의 잔소리가 사라짐이다. 비(匪)란 양효에 막힌 음효를 말한다. 간(艮)은 변하여 난관이 있으나 끝내 안정을 찾음을 나타낸다.

九二 大車以載 有攸往 无咎. 象曰 "大車以載" 積中不敗也.
구 이 대 거 이 재 유 유 왕 무 구. 상 왈   대 거 이 재   적 중 불 패 야.

구이는 큰 차량에 싫고 가는바가 있어 허물이 없으리라.

상왈 '대거이재'는 가운데 쌓아서 패하지 않음이라.

역설 대(大)는 건이며 차(車)는 이화괘를 말한다. 재(載:十+戈+二+申)는 변하였을 때 차에 재록을 가득 싫은 것이다. 2효가 동하면 건금이 이화괘로 변하여 중화리괘가 된다. 모든 일을 같이 대등하게 경쟁하면서 쌓아가는 괘상이다. 이젠 효사가 어떻게 구성되는지 알 것이다. 본괘에 대한 해석뿐 아니라 주변괘에 대한 해석도 있으니 본괘의 괘상이 어떠하냐에 따라 무엇이 중점 되는지를 봐야 한다. 역을 해석할 때 뜻만 보면 깊이가 없음이고 파자와 뜻을 보면 깊이는 있으나 해석이 어려우며 파자를 역(음양)으로 해석해야 삼재를 모두 해석하는 것이다. 파자를 해석함에 점하나도 음양으로 분류할 수 있으니 한 점이면 양이고 두 점이면 음이다.

九三 公用亨于天子 小人弗克. 象曰 公用亨于天子 小人害也.
구 삼 공 용 형 우 천 자 소 인 불 극. 상 왈 공 용 형 우 천 자 소 인 해 야.

구삼은 공을 천자에게 바침이니 소인은 이기지 못하느니라.

상왈 '공용향우천자'는 소인은 해로우리라.

역설 3효가 동하면 건천 金이 태택 金으로 변하여 화택규괘가 된다. 규(睽)는 '서로 등지다'. '노려보다'. '사팔눈'을 뜻하며 빗나가고 뒤틀려 서로 시기하여 배신하는 것을 말한다. 배신하는 것은 상대일수도 있으나 변하는 것은 본괘의 내괘이다. 너무 실리를 좇아 변하는 것이니 서로가 배신함을 뜻한다. 소인(음효)은 이길 수 없다는 것은 음효와 음괘를 말함이다. 외괘는 사상으로 소음(중녀)괘이나 3리화이니 양수괘이다. 내괘의 변괘는 2태택 금으로 소음괘(소녀)이면서 음수괘이다. 외괘인 이화괘가 내괘를 火극金하니 내괘가 지는 것이다. 적이 생기면 도전괘를 보라 하였으니 도전괘의 내괘가 이화이니 본괘의 변괘가 매우 불리하며 시비가 즐비하여 불화와 분쟁의 효사이다. 자신에게 불리하니 자중하고 인내해야 길하다.

九四 匪其彭 无咎. 象曰 "匪其彭无咎" 明辯晢也.
구 사 비 기 방 무 구 . 상 왈   비 기 방 무 구   명 변 제 야 .

구사는 그 성씨가 아니니 허물이 없다. 상왈 '비기방무구'는 밝게 말을 잘하니 총명함이다.

역설 4효가 동하니 이화괘가 간산괘로 변하여 산천대축괘가 된다. 하늘의 마음으로 간산괘가 이루어 졌으니 모든 만물이 하늘을 향해 뻗어간다. 그러니 대축이라 크게 저축한다는 뜻이 된다. 처음은 고통과 괴로움이 과하다. 이는 산을 이루기 위한 큰 변화이다. 비(匪)란 이미 많이 설명하여 알 것이다. 양효에 갇힌 음효이므로 산천대축괘를 말함이다. 흔히 비(匪)를 폐백 상자를 말한 이유이기도 하다. 팽(彭)이란 글자는 하늘에 예를 갖추는 것이다. 풍족하여 하늘에 제를 올리는 글자이니 파자를 잘 보면 제사상에 이것저것 구색을 잘 갖추어 놓는 모습이다. 한자는 상형에서 온 것이다. 물론 뜻도 중요하지만 한자는 뜻보단 모양을 우선으로 한다. 비기팽(匪其彭)이란 창고에 재물이 가득(匪)하니 한상 제대로 차려 하늘에 제(彭)를 올리는 것이다. 그러니 허물이 없다고 말하는 것이다.

六五 厥孚交如 威如 吉.
육 오 궐 부 교 여 위 여 길 .

象曰 "厥孚交如" 信以發志也 "威如之吉" 易而无備也.
상 왈   궐 부 교 여   신 이 발 지 야   위 여 지 길   역 이 무 비 야 .

육오는 그 믿음을 따라 사귀니 위엄을 따르면 길하리라. 상왈 '궐부교여'는 믿음으로써 뜻을 발함이요, '위여지길'은 역이 갖출 것이 없음이라.

역설 이젠 효사를 보면 쉽게 알아야 한다. 궐(厥:厂+欠+屰)은 그냥 그를 말함이 아니다. 파자하면 양효에 둘러싸인 홈이 있는 것을 바꾸는 것을 말한다. 부(孚)는 단순한 믿음이 아니다. 역에선 중부(中孚)를 말함이고 중부는 상괘에 중부를 말함이다. 교여(交如)란 서로 만나 교역함을 말한다. 이는 건괘를 따르는 마음이다. 서로 상응함에 변화가 일어나는 것이다. 여(如)란 이미 말한바가 있으니 여인(음효, 중효)이 무엇인가를 않고 있는 모습이다. 이미 보따리를 쌓아 품고 양효를 따라간다 말한바가 있다. 위엄 위(威:戌+女)는 곤의 마음을 품은 건괘를 말한다. 술(戌)자는 건방을 뜻하니 역에서 건괘를 말할 때 파자로 많이 숨겨 이야기할 것이다. 5효가 동하니 이화괘가 건천괘로 변하여 중천건괘가 된다. 더 이상 채울 것이 없어 무비(无備)하다 하였다. 부(父) 미토(未土)가 형(兄) 신금(申金)으로 변효되니 문서와 학문으로 자신의 세력을 얻음이다. 실리는 사라지나 명예는 하늘에 이르니 실리 있는 이가 우러러봄 이다.

上九 自天祐之 吉无不利. 象曰 大有上吉 自天祐也.
상 구 자 천 우 지 길 무 불 리 . 상 왈 대 유 상 길 자 천 우 야 .

상구는 하늘로부터 돕는지라. 길하여 이롭지 않음이 없도다. 상왈 '대유의 상구가 길함'은 하늘이 돕는 것이다.

역설 스스로 자(自)는 이화괘를 말함이다. 천(天)은 건괘인 내괘를 말하니 그 모습이 우(祐)란 글자는 옳게 제를 올리니 천신이 돕는다는 글자이다. 이는 내괘를 극하던 이화가 6효 변하여 진뢰 木괘가 된 것이다. 내괘의 실리가 되니 이를 金극木이라 한다. 이는 화금의 싸움이 헛된 결과를 말함이다. 하늘 위에 우레는 시비 구설 함이 있으나 나에게 득이 있음이다. 6변하여 뇌천대장을 만드니 대장(大壯)이란 '힘차다'. '성대하다'. '씩씩하다'로 기운이 건장하고 능력이 왕성하여 어두운 기운이 물러감을 뜻한다. 자신의 기운이 강해져 싸움에서 이기고 싸움으로 교훈이 생기는 효사이다. 수입이 늘어나고 기술력이 좋아지며 자신의 능력을 인정받는 효사이니 실리가 있는 효사이다. 관(官) 사화(巳火)가 부(父) 술토(戌土)로 변하니 싸움을 통하여 문서를 얻음이다. 관직의 명이 길한 운이라 하겠다.

제15 지산겸괘

* 상하급운세

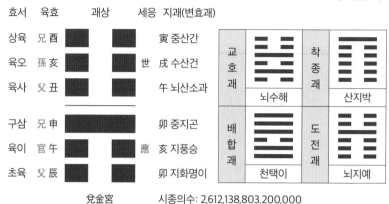

효서	육효	괘상	세응	지괘(변효괘)
상육	兄酉			寅 중산간
육오	孫亥		世	戌 수산건
육사	父丑			午 뇌산소과
구삼	兄申			卯 중지곤
육이	官午		應	亥 지풍승
초육	父辰			卯 지화명이

	교호괘		착종괘	
	뇌수해		산지박	
	배합괘		도전괘	
	천택이		뇌지예	

兌金宮   시종의수: 2,612,138,803,200,000

- 땅 아래 산이니 겸손하여 고개를 숙이는 것으로 만사 겸손함이 필요하다.
- 아래는 소년이고 위는 어미이니 자식을 품에 않은 노모의 모습이다.

겸(謙)은 '겸손'. '겸양'으로 자기보다 부족한 사람을 이끌어주고 도와준다는 뜻으로 항시 자기를 낮추어 겸손함에 머물러 자중할 줄 아는 것 이다. 높은 산이 땅 밑에 파묻힌 모습이다. 벼가 익어 고개를 숙이는 상이므로 겸손하다는 의미에서 겸(謙)을 괘 이름으로 하였다.

1효동 : 문서가 나가고 재물이 들어온다. 현재는 어려운 때이니 들어온 재물이 있다면 아끼고 아끼어 자중하는 것이 자신을 바르게 함이다.

2효동 : 승진과 관직에 오르는 길한 효사로 명예를 얻는다. 작은 것으로 큰 이득을 얻으니 겸손함을 잃지 않고 모든 일을 행하면 만사대길하다.

3효동 : 열심히 일한 결과를 얻고 잠시 휴식하나 이내 재록이 달아나려 할 수 있으니 주의해야 한다. 너무 고지식하여 이성간의 운이 불미하다.

4효동 : 조금만 무리를 해도 손해와 관재가 보이니 겸손함을 우선으로 움직여야 한다. 하나의 자리를 다수가 얻고자 하니 분열에 조짐이 보인다.

5효동 : 후손이 문서를 얻으나 얻기 전과 후에 괴로움이 있다. 경쟁이 심하고 이익은 바깥에 있어 움직임이 많아진다. 동반자에게 이익이 있다.

6효동 : 주변을 경계하라. 믿음이 배신으로 바뀌는 효사이니 흉함이 어디에서 올지 모른다. 관재와 구설이 많고, 시비와 사고가 있다.

15. *Modesty*
겸손, 얌전함, 단정함

moderation, humility,
적당함, 절제, 겸손,
keep it simple,
간단하게 해라.
lack of pretension,
가식 없는, 주장이 약한
self-respect, sincerity,
자존심, 자긍심, 성실함,
respectability.
존경할 만함, 훌륭함.

사 업 : 현상유지는 되겠지만 큰 기대는 할 수 없다. 내실중요, 신규사업X

소 원 : 뜻대로 이루어지지 않는다. 귀인의 도움이 있으면 성취된다.

거 래 : 직선적 태도는 실패한다. 천천히 접근하여 순서를 정하여 거래하자.

재 물 : 서서히 재운이 좋아진다. 금전유통은 노인에게 부탁하라.

연 애 : 남성에게 여자가 너무 많다. 진실성이 필요하며 진실하면 길하다.

혼 인 : 시일은 걸리나 성사된다. 남성의 패기가 부족하며 윗사람 도움필요.

매 매 : 팔리기는 하겠으나 조금은 보류하였다가 기회를 보고 팔자.

구 인 : 소식은 있지만 늦게 온다.

가출인: 멀리 가지는 못했으니 서남쪽 산 근방에 있다.

출 산 : 순산이나 예정일을 넘기면 딸이고 이전이면 아들이다.

이 사 : 아파트는 이사해도 좋다. 그렇지 않은 경우는 미루는 게 좋다.

여 행 : 여행은 무방하다. 이성문제로 낭비가 우려된다. 음식물 주의.

입 학 : 눈 높이를 낮춰라. 지금 어렵다. 예체능도 좋지 않다.

소 송 : 오래 끌고 갈 염려가 많다. 이긴다 해도 손해를 보니 합의해라.

실 물 : 동북쪽의 큰 물건 아래에 있다. 찾을 수 있으나 시일이 걸린다.

건 강 : 과로, 신경과민, 속히 치료 하는 게 좋으며 장기로 갈 염려가 있다.

직 장 : 재능을 인정받는다. 구직인은 기대엔 어긋나지만 구해진다.

謙 亨 君子有終.
겸 형 군자유종.

겸은 형통하니 군자가 마침이 있느니라.

역설 겸괘는 형통하다는 말은 형통함이 겸손함을 갖은 것이다. 군자란 3효에 있는 양효를 말함이다. 군자(君子)는 천자(天子)의 실리라 말하였으니 건괘와 곤괘에 오고감에 있는 것이다. 겸괘는 중심에 천자의 마음으로 실리를 추구하는 괘이다. 내괘의 간산괘인 어려움이 있어 실리 앞에 고개를 숙이는 것이다.

象曰 謙 亨. 天道下濟而光明 地道卑而上行.
단왈 겸 형. 천도하제이광명 지도비이상행.

단왈 '겸형'은 하늘의 도가 아래를 구제하며 광명하고, 땅의 도가 낮은데서 위로 행함이다.

역설 겸손함은 형통하다. 내괘에 천지인 삼재인 천의 자리에 양효가 있어 아래를 보살피고 광명을 비춘다. 실리가 위에 있어 위로 변화되는 모습이라 상행(上行)한다 하였다. 그러나 이 괘는 실리가 위아래로 향한다. 변화는 위로 변화됨이다.

天道虧盈而益謙 地道變盈而流謙 鬼神害盈而福謙
천도휴영이익겸 지도변영이유겸 귀신해영이복겸

人道惡盈而好謙. 謙尊而光 卑而不可踰 君子之終也.
인도오영이호겸. 겸존이광 비이불가유 군자지종야.

象曰 地中有山 謙 君子以裒多益寡 稱物平施.
상왈 지중유산 겸 군자이부다익과 칭물평시.

하늘의 도는 가득 찬 것이 부족하여 겸손함이 더하고, 대지의 도는 가득함을 변화시켜 겸손함이 흐른다. 귀신은 가득 찬 것을 해롭게 하며 겸손함에는 복을 주고, 사람의 도는 가득 찬 것을 미워하며 겸손한 것을 좋아하니, 겸은 높아도 빛나고, 낮아도 넘지 아니하니 군자의 마침이라. 상왈 땅 가운데 산이 있는 것이 겸이니 군자가 이로써 많은 것을 덜고 적은 것에 더해서, 만물을 저울질하여 베풂을 고르게 한다.

역설 겸손함에 천지가 임하는 바와 산자와 죽은 자가 임하는 바를 설명하니 현자의 말이다.

初六 謙謙君子 用涉大川 吉. 象曰 "謙謙君子" 卑以自牧也.
초 육 겸 겸 군 자 용 섭 대 천 길. 상 왈　겸 겸 군 자　비 이 자 목 야.

초육은 겸은 군자가 겸손한 것이니, 대천을 건넘에 사용함이 길하다. 상왈 '겸겸군자'
란 낮추어 스스로를 기르는 것이다.

역설 겸 본괘 하나만으로는 크게 흥하지 않으나 변효가 되면 그 변화가 길하지
않다. 초효 변하면 지화명이라 명이(明夷)는 밝은 빛이 깨지고 위태로움과 손상
함을 말한다. 간산토가 리화괘로 변화되는 것이니 화생토로 외괘를 생한다. 아
직은 주변에 싸우고자 하는 인사뿐이라 고개를 숙이고 겸손함이 길하다. 대천
(大川)이란 감수괘를 말함이다. 지금 이 상태의 겸손함에 더욱 겸손하게 4효 까
지 건넘이 좋다는 말이다. 겸겸군자는 스스로를 낮춰 자중하고 겸손함이 스스
로를 옳게 키우는 것이라는 말이다. 부(父) 진토(辰土)가 재(財) 묘목(卯木)으로 효
사 하니 문서가 나가고 돈이 들어옴이라 그 돈을 아껴 씀이 길하다.

六二 鳴謙 貞吉. 象曰 "鳴謙貞吉" 中心得也.
육 이 명 겸 정 길. 상 왈　명 겸 정 길　중 심 득 야.

육이는 울리는 겸이니 정하고 길하니라. 상왈 '명겸정길'은 중심을 얻음이다.

역설 이젠 파자보는 법을 모두 설명하였기에 굳이 파자를 설명하지 않으나 후
학은 스스로 파자를 보아야 할 것이다. 울 명(鳴)은 닭이 아침을 알리는 울음소
리요 산속에 새들이 우는 소리이다. 어둠이 가고 있는 밝은 기운을 나타낸다. 입
구(口)는 음효를 말한다. 겸(謙:言+兼)의 말씀 언(言)은 양효 하나가 길게 보이고
나머진 짧다. 입구가 있으니 음효와 양효가 바르게 자리하여 말하는 것이다. 어
느 땐 구설이 되겠으나 여기 겸자에선 말을 아끼는 것이다. 겸(兼)은 진중한 팔
괘(八)라 삼효가 수풀 속(秝)에 있어 자신을 보이지 않음이다. 겸괘를 갖은 자는
그 마음의 깊이가 어느 정도인지 모르게 겸손함이 많다. 파자에 대한 각설은 접
고 2효가 동하면 간산토가 손풍목이 되어 지풍승괘를 만든다. 승(升)이란 위로
상승함이고 번성하는 것이다. 겸손함으로 높이 자라는 것을 말한다. 승진과 영
전의 효사이니 매우 길하다. 변괘가 木극土하나 외괘가 土의 기세로 극제함이
완만하다. 적절한 극제는 처세술과 자기 조절능력에 암기력이 더해진다. 또한
남의 말에 귀를 기울임이 더한다.

九三 勞謙 君子有終 吉. 象曰 勞謙君子 萬民服也.
구삼 노겸 군자유종 길. 상왈 노겸군자 만민복야.

구삼은 겸손함으로 일을 하니, 군자가 마침이 있으니 길하니라. 상왈 '노겸군자'는 모든 백성이 따르는 것이다.

역설 3효가 동하니 간산토가 곤지토를 변하여 중지곤괘가 된다. 양함이 다함이다. 겸손함으로 일을 한다는 말은 양한 기운이 겸손해진다는 말이다. 파자를 보기 바란다. 군자유종이란 양효가 끝을 봄이다. 모두 음효인 곤괘로 변하니 길하다는 이야기 이다. 음효는 백성의 따르는 유순한 성정이라 백성이 따른다고 한 것이다. 간토의 마음은 산을 넘고자 하는 마음이나 곤토의 마음은 따르고 복종하는 마음이라. 같은 토이나 한결 편한 마음이다. 곤괘는 만물을 생육하는 성정이니 재록이 풍부해지며 힘든 시기를 지나 휴식의 시기이다. 열심히 일한 결과를 얻고 잠시 휴식하나 이내 재록이 달아나려 할 수 있으니 주의해야 한다. 이 성간의 운이 불미하니 너무 고지식한면이 강해지기 때문이다.

六四 无不利 撝謙. 象曰 "无不利撝謙" 不違則也.
육사 무불리 휘겸. 상왈 무불리휘겸 불위칙야.

육사는 불리하지 않으니 겸손함으로 돕고자 함이다. 상왈 '무불리휘겸'은 법칙에 어긋나지 않음이라.

역설 무불리란 무구하다란 말과 비슷하나 이익적인 면이 더 크다. 무구란 큰 재앙이 없다는 말이며 무불리란 큰 손해가 없다는 말이다. 중복하여 말하지만 그리 좋지도 않고 아주 나쁘지도 않다는 이야기이다. 4효가 동하면 곤土가 진뢰木괘로 바뀌어 뢰산소과괘가 된다. 소과(小過)는 조금 지나침을 나타낸 괘이다. 겸손함을 잃으면 불리한 좋지 못한 효사로 진뢰목괘가 木극土를 하나 土의 세력이 강하여 토다목절, 신왕관약하다. 조금만 무리를 해도 손해와 관재가 보이는 효사로 겸손함을 우선으로 움직여야 한다(撝謙)고 한 것이다. 자리는 하나인데 얻고자 하는 이는 3인(손풍木)이라 분열에 조짐이 보인다.

六五 不富 以其鄰 利用侵伐 无不利. 象曰 "利用征伐"征不服也.
육오 불부 이기린 이용침벌 무불리. 상왈 이용정벌 정불복야.

육오는 부유하지 않아 그 이웃을 침벌함에 쓰니 불리함이 없고 이롭다. 상왈 '이용침

벌'은 복종치 않는 것을 치는 것이다.

5효가 동하니 곤지 토괘가 감수괘로 변하여 수산건괘의 난괘가 되었다. 간산토인 내가 곤토와 더불어 변괘인 감수괘를 극제하니, 감수괘를 얻기 위한 경쟁이 심하다. 감수괘엔 군자의 실리가 있다. 이미 건괘의 실리를 설명하였으니 군자의 실리는 5의 양효임을 알아야 할 것이다. 곤괘에겐 주변국의 반발이 심해진다. 곤괘가 실리를 얻었으니 내괘는 이익이 적다. 손(孫) 해수(亥水)가 부(父) 술토(戌土)로 바뀌어 후손이 문서를 얻으나 얻기 전과 얻은 후에 괴로움이 있는 효사이다. 또한 내괘에겐 토의 세력이 강하니 경쟁이 심하고 이익은 바깥에 있어 움직임이 많아진다. 유비무환이다.

上六 鳴謙 利用行師 征邑國.
상 육 명 겸 이 용 행 사 정 읍 국.

象曰 "鳴謙" 志未得也 "可用行師" 征邑國也.
상 왈 명 겸 지 미 득 야 가 용 행 사 정 읍 국 야.

상육은 겸손함이 우는 것으로, 군사 사용을 행하여 읍국을 침벌함이 이롭다. 상왈 '명겸'은 뜻을 얻지 못함이니, 가히 군사 사용을 행하여 읍국을 침벌함이다.

6효가 동하여 곤지 토괘가 간산 토괘로 변하니 중산건괘가 된다. 한발짝도 앞으로 나아가기 힘든 효사이니 어려움이 있다. 겸손함 슬픈 것이니 2효의 명겸(鳴謙)과는 다른 분위기 이다. 변괘가 간산토 이니 내괘와 더불어 곤괘를 구박함이다. 읍국이란 여러 가지 의미가 있다. 읍국이란 중심이 아닌 나라이며 백성(음효)이 다스리는 나라이고 음효가 많은(풍요롭지 못한) 나라이다. 즉 원국(元國:☰)이나 제국(제국:☷)이 아닌 제삼국을 말함이다. 제삼국은 제국인 곤괘(邑)와 삼국인 감수괘(師)가 같이 포함이 된다.

제16 뢰지예괘

* 상중급운세

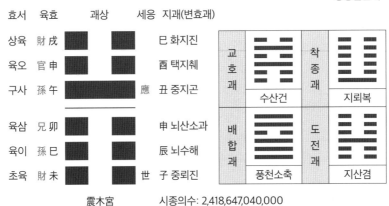

효서	육효	괘상	세응	지괘(변효괘)
상육	財戌			巳 화지진
육오	官申			酉 택지췌
구사	孫午		應	丑 중지곤
육삼	兄卯			申 뇌산소과
육이	孫巳			辰 뇌수해
초육	財未		世	子 중뢰진

震木宮

시종의수: 2,418,647,040,000

교호괘	수산건	착종괘	지뢰복
배합괘	풍천소축	도전괘	지산겸

- 노모가 장남을 받드는 모습으로 장남의 활발한 활동이 기대되는 상이다.

- 땅위에 산천초목이 잘 자라니 기뻐하며 집안에 잔치가 열린 상이다.

- 천지가 잠에서 깨어 기지개를 피는 상으로 풍족함이 있는 상이다.

예(豫)는 '예측 한다'이며 미리 위험에 대비하고 장애를 예방하는 것을 즐거워 한다는 뜻이다. 땅 위에서 천둥 번개가치면 비가 내리는 것을 예측할 수 있으므로, 예(豫)를 괘 이름으로 하였다.

1효동 : 인장이나 문서를 철저히 관리하라, 소 잃고 외양간 고치게 된다. 문서로 인한 관재 구설이 있으니 주의해야 한다.

2효동 : 역마성이 문에와 비치니 운수업을 하면 이득을 얻을 괘다. 지조가 있어야 길함이니 소신대로 밀고 나아가야 길하다.

3효동 : 타인으로부터 정신적인 충격을 받게 된다. 의견충돌하지 말라. 주변과의 다툼이 있고 자신의 언행에 후회가 있는 효사이다.

4효동 : 남의 말을 소중히 여기고 행하면 이익을 볼 때다. 토지관련 대길하다. 친구나 귀인의 도움으로 이익이 생겨난다. 슬하의 경사로다.

5효동 : 주색을 가까이 하지 말라. 관제구설이 두렵다. 재복이 길하나 질병이 침범하니 몸 관리를 잘해야 하며 움직임을 조심해야 한다.

6효동 : 묵은 나무에 입이 돋아나니 옛것으로 이익을 얻으리라. 어두운 밤에 홀로 일하는 형국이니 서러워말고 물이올 때 노를 저어야 한다.

16. Enthusiasm
열광, 열정, 종교적 열광

self expression,
자기표현

inspiring others,
다른 사람에게 영감을 주는 사람

self-confidence, totality,
자기 확신, 전체, 완전무결

success, sharing,
성공, 공유, 분할

a positive response.
긍정적인 반응

사 업 : 길하다. 내부를 충실히 하면 더욱 길하겠다. 서두르지 말라.

소 원 : 귀인의 도움으로 성취된다. 혼자는 시일이 좀 걸리니 기다리자.

거 래 : 잘 진행된다. 신규 거래도 원만하지만 자만하지 말자.

재 물 : 수입이 많으나 지출도 많다. 절약하고 인척에 투자하면 좋다.

연 애 : 조금 들뜬 기분이며 아기자기한 정이 흐른다. 사치와 낭비가 있다.

혼 인 : 연애결혼은 약간 말썽이 있겠으나 순조롭게 진행된다.

매 매 : 상승세이다. 파는 것은 중개인에게 의뢰함이 좋다.

구 인 : 중도 장해가 있으나 오기는 한다.

가출인: 곧 소식이 오며 동남쪽을 찾아라. 들어오면 또 나가니 관리필요.

출 산 : 순산이며 딸을 낳겠다.

이 사 : 이사하면 좋다. 신축은 더욱 좋다.

여 행 : 여행은 친구간은 좋고 이성간이면 중단하라. 가까운 곳이 길하다.

입 학 : 합격은 하나 무리하면 어렵다. 침착한 마음이 필요하다.

소 송 : 실패하기 쉬우니 냉정해야 한다. 손해를 보더라도 합의해라.

실 물 : 외출해서 잃어버리는 일이 있겠으며 찾기는 힘들다.

건 강 : 장기 환자는 좋아진다. 피로, 과로로 인한 간 손상을 유의하자.

직 장 : 직장인은 매우 좋다. 취직을 원하는 이는 취직된다.

豫 利建侯行師.
예 리 건 후 행 사 .

예괘는 제후를 세워 군사를 움직임이 이로우니라.

역설 예(豫:予+象)는 미래를 천천히 준비하는 모습이다. 조금은 게으르고 즐기는 모습이 보인다. 제후를 세워 군사를 움직임이 좋다는 말에서 제후란 곤괘를 말함이고 군사의 움직임은 상괘와 하괘의 중심부분이 4효의 양효를 말함이다. 이는 강인함을 내포한 부드러움이다. 제후에 대해 다시 설명하고자 한다. 건곤에 있어 곤이 후(侯)이며, 내 외괘에 외괘가 후(侯)이다. 곤괘와 감수괘에선 감수괘가 후(侯)이다. 건괘와 이화괘에선 이화괘가 후이다. 5효가 왕이면 2효가 후이다. 사(師)란 글자의 파자는 이미 설명한 바가 있을 것이다. 음효 속에 양효로 음효(백성, 병사)를 이끄는 모습을 나타낸다. 즉 4효의 양효가 이끄는 모습을 말함으로 이미 말했듯이 백명의 남성 속에 한명의 여성이 여왕이고, 백명의 여성 속에 한명의 남성이 군왕이니 음중(陰衆) 양의 기운이 귀하며 양중에 음이 귀한 것이다. 예괘는 신중함을 나타낸다.

彖曰 豫 剛應而志行 順以動 豫. 豫 順以動 故天地如之而
단 왈 예 강 응 이 지 행 순 이 동 예 . 예 순 이 동 고 천 지 여 지 이

況建侯行師乎! 天地 以順動 故日月不過而 四時不忒
황 건 후 행 사 호 ! 천 지 이 순 동 고 일 월 불 과 이 사 시 불 특

聖人以順動 則刑罰淸而民服. 豫之時義 大矣哉.
성 인 이 순 동 즉 형 벌 청 이 민 복 . 예 지 시 의 대 의 재 .

단왈 예는 강이 응함으로 뜻을 행하고 순함으로 움직이는 것이 예이다. 예가 순함으로 움직이니, 고로 천지가 이를 따름으로 제후를 세우고 군사를 움직이는 것이라! 천지가 순응하여 움직임으로 일월이 지나치지 아니하며 사시가 어긋나지 않고, 성인이 순응하여 움직인다. 곧 형벌이 맑아서 백성이 따른다. 예는 옳은 시간으로 큰 것에서 비롯되었다.

象曰 雷出地奮 豫 先王以作樂崇德 殷薦之上帝 以配祖考.
상 왈 뇌 출 지 분 예 선 왕 이 작 악 숭 덕 은 천 지 상 제 이 배 조 고 .

상왈 우뢰가 땅위에 내려 떨어지니 예괘는 선왕이 덕을 숭상함에 즐거움이 일어나고, 성대한 공물을 상제께 올리니 조상은 이를 살펴서 나눈다.

역설 내괘(본괘)와 외괘, 선왕과 제후, 천과 지, 양과 음 등 모두 순서를 말함이다. 때가 되면 닭이 먼저냐, 달걀이 먼저냐 말하겠지만 모든 것은 나를 기점으로 바라본다. 인간의 몸은 음하지만 그 속엔 양한 기운의 씨앗이 있음이다. 덕을 숭상한다는 것은 양효가 외괘에 있지만 두괘의 중간에 있음이라 이 역시 중용이다. 음중 찬란히 빛나는 양이니 지혜를 말하며 땅을 깨우치고자 하는 우뢰인 것이다. 예(豫)는 또한 예(例)와 예(禮)가 되기도 하니 하늘의 덕을 숭배하는 괘상이다. 두루 바꿔 보는 것이 역이다.

初六 鳴豫 凶. 象曰 "初六鳴豫" 志窮凶也.
초 육 명 예 흉. 상 왈 초 육 명 예 지 궁 흉 야.

초육은 미리 우는 것이니 흉하니라. 상왈 '초육의 명예'는 뜻이 궁해서 흉함이라.

역설 1효가 동하면 곤지 土괘가 진뢰 木괘로 변하여 중뢰진괘가 되었다. 사방이 본 내괘를 극하는 木이 되니 자중하여야 한다. 천지에 우레 소리가 동하니 하늘이 울고 땅이 우는 상이다. 궁하여 흉함은 양효 효변하여 바닥을 치고 있음을 말함이다. 志란 뜻(욕구, 방향)과 곤괘를 말함이다.

六二 介于石 不終日 貞吉. 象曰 "不終日貞吉" 以中正也.
육 이 개 우 석 부 종 일 정 길. 상 왈 부 종 일 정 길 이 중 정 야.

육이는 절개가 돌과 같음이라. 하루가 끝나지 않아 정하고 길하니라. 상왈 '부종일정길'은 중앙이 바름이라.

역설 2효가 동하면 곤지 土괘가 감水괘로 변하여 뇌수해괘가 되었다. 내괘엔 극제 당하나 水生木으로 외괘를 생하며 '개우석'이란 돌과 같은 지조(강인함)를 말함이니 정(貞:곤괘)이 양의 혼(중 2효)을 얻어 빛을 얻었으니 길하다는 말이다. '이중정야'란 중효를 얻은 양효로 바른 지조를 말한다.

六三 盱豫悔 遲有悔. 象曰 "盱豫有悔" 位不當也.
육 삼 우 예 회 지 유 회. 상 왈 우 예 유 회 위 부 당 야.

육삼은 미리 뉘우침을 바라보는 것이니, 늦더라도 뉘우침이 있으리라. 상왈 '우예유회'는 위치가 부당함이라.

3효가 변하면 곤지 土괘가 감산 土괘로 변하여 뢰산소과라 조금 지나침이 있어 어려움을 겪는 상황이 된다. 그러나 동변상련이라 같은 힘이 생기니 친구와의 반목과 자신의 언행으로 후회함이 있음을 말한다. 육효변도 3효 변하여 金剋木 회두극하니 좋지 않다.

九四 由豫 大有得 勿疑 朋盍簪. 象曰 "由豫大有得" 志大行也.
구 사 유 예 대 유 득 물 의 붕 합 잠. 상 왈   유 예 대 유 득   지 대 행 야.

구사는 따르는 예라. 크게 얻음이 있으니 의심이 없으면 벗이 비녀를 꽂음이다. 상왈 '유예대유득'은 뜻이 크게 행해짐이라.

역설 4효의 동함은 진뢰 木이 변하여 곤지 土가 되니 중지곤괘가 된다. 곤괘는 유순하여 순리를 따르는 괘상이라 유(由)란 글자가 곤괘를 말함이고 비녀를 꽂은 글자이다. 곤(坤:土+申)이란 소리없는 뜻이 있어 행함이니 얻는바가 있으며 외괘의 변화가 내괘를 도우니 길한 변화를 말함이다. 유(由)란 밭전(田)에 이로움이 있으니 토지를 통하여 이득이 있음을 말함이고 순리를 따라야 길함을 말하기도 한다. 유변하여 내괘와 같은 土이니 친구를 말함이라, 귀인의 도움을 말하기도 한다. '붕합잠'이란 같은 뜻으로 움직임이니 화합이 좋으며 손(孫)이 변하여 길하니 슬하의 기쁨이다.
'지대행야'란 곤(실리)의 뜻으로 크게 움직이는 것을 말함이다.

六五 貞疾 恒不死.
육 오 정 질 항 불 사.

象曰 "六五貞疾" 乘剛也 "恒不死" 中未亡也.
상 왈   육 오 정 질   승 강 야   항 불 사   중 미 망 야.

육오는 바르게 병들으니 항상하게 죽지 않는 것이다. 상왈 '육오의 정질'은 강을 올라탄 것이다. '항불사'는 중간이 망하지 않는 것이다.

역설 5효가 변하면 진뢰 木괘인 외괘가 태택 金괘로 변하여 택지췌괘가 되어 만물이 모이는 형상을 이룬다. 나(내괘)를 극하는 외괘가 金剋木을 하니 나에겐 큰 능력이 생긴 것과 같아 내기가 빠져 병든 듯 하여 흉한 듯 하나 길한 것이다. 항(恒)이란 뢰풍항처럼 중간(혼 또는 태극의 자리)이 양효로 되어 있을 때 쓰는 글자이다. 즉 파자하면 '忄마음이+ 二 음효의 중간에 +日양효로 있음이다.' 혼이 살면 불사함이다. 승강(乘剛)이란 양효위에 올라탄 효란 표현과 곤토위에 강인함이란 뜻도 같이 있음이다. '중미망야'란 중간에 있어 보호를 받음을 말한다.

上六 冥豫成 有渝无咎. 象曰 "冥豫"在上 何可長也
상 육 명 예 성 유 투 무 구 . 상 왈   명 예   재 상 하 가 장 야

상육은 어둠이 예를 이룸이나, 변화가 있으면 허물이 없으리라. 상왈 '명예'가 위에 있는 것이니 어찌 오래 있겠는가.

역설 6효가 변하면 진뢰 木괘가 리火괘가 되어 내괘를 생하니 中爻를 얻지 못하여 흉한 듯 보이나 활동성이 왕 해지고 원하는바가 성취되니 길함이 있다는 말이다. 변하여 화지진이 된 것은 나아가는 것이니 유(渝)란 음을 덮은 양을 말함이요. 명(冥)이란 겉이 양함이 안에서 사라짐을 나타냄을 말한다. 무구란 계속 설명하지만 재앙이나 액운이 생각만큼 없을 때 쓰는 말이다. 명예를 말함에 '재상 하가장야'란 너무 위에 있는 양은 곧 사라지니 길함이 오래가지 못함을 말한다. 시간으로 말하면 亥시가 될 것이니 양이 사라지는 괘상이 되었다는 것이다.

※ 차후 원문 해석은 간명히 하겠으나 역을 공부하는 학인은 지금까지 해왔던 형태로 세부하게 해석하길 바라는 마음이다.

제17 택뢰수괘

* 중상급운세

효서	육효	괘상	세응	지괘(변효괘)
상육	財未	▬▬ ▬▬	應	戌 천뢰무망
구오	官酉	▬▬▬▬		申 중뢰진
구사	父亥	▬▬▬▬		申 수뢰둔
육삼	財辰	▬▬ ▬▬	世	亥 택화혁
육이	兄寅	▬▬ ▬▬		卯 중택태
초구	父子	▬▬▬▬		未 택지췌

교호괘	풍산점	착종괘	뇌택귀매
배합괘	산풍고	도전괘	산풍고

震木宮   시종의수: 51,840

- 장남이 소녀를 만나 이끌어 주는 모습이다. 흐름에 순종하는 것이다.

- 태금이 진목을 극하니 불길하고 귀혼이라 과한 움직임은 피해야 한다.

隨(수)는 '따르다'. '순종한다'이며 수동적이며 종속적인 의미다. 하늘에서 진동해야 할 우레가 연못 아래 있으니, 꼼짝 못하고 연못의 뜻에 따를 수밖에 없어 수(隨)를 괘 이름으로 하였다. 수는 남을 뒤따른다는 뜻이며, 즐겨 쫓는 무리가 생기면 반드시 말썽이 생기므로 다음을 고괘로 받는다.

1효동 : 문서를 처리하여 재물을 얻게 되니 님도 보고 뽕도 따겠다. 관재수로 흉한 줄 알았으나, 종국에는 길하여 손해가 없다.

2효동 : 친한 사이에 금전으로 인해 난처한 일이 생기겠다. 친구나 동업자간에 다툼이 있을 수 있으니 마음을 넓게 가져야 한다.

3효동 : 금전의 지출수가 많고 윗사람으로 인해 고민이 따르겠다. 너무 과한 욕심과 낭비로 어려움에 처할 운이다. 색정을 조심하라.

4효동 : 이익을 탐하지 말라. 재물만 손실된다. 마음을 안정하여라. 탐욕이 손실을 불러오니 자신을 바르게 하면 만사가 길하다.

5효동 : 직위가 향상되고 신의 축복을 받아 소원성취 된다. 신의를 저버리지 않으면 귀인이 나서 나를 돕는다. 관운이 좋다.

6효동 : 문서계약이 일어나는 때다. 신속히 처리하면 이익을 볼 수다. 성심으로 뜻을 펼치면 산 하나를 옮긴다. 다툼이 있을 수 있다.

17. Following
수행원, 뒤따라감

loyalty, adaptability,
충성도, 적응력,
cooperation, trust,
협력, 신뢰, 믿음,
reliability, service,
믿음직함, 봉사적인
sensitivity to others,
타인에 민감함
receiving guidance.
안내를 받다.

사 업 : 길한 운세이다. 욕심 부리지 말고 부하를 잘 다스려라.

소 원 : 소원성취 한다. 윗사람의 협조를 얻으면 쉽게 이루어진다.

거 래 : 상대방이 수단이 좋아 쉽사리 응하지 않겠으나 끈질기면 성사됨.

재 물 : 금전 융통이 원활하다. 수입과 지출이 모두 많고 소액융통가능

연 애 : 연령차가 많이 난다. 여성은 연하의 남성일 경우가 많다.

혼 인 : 잠시 장해는 있으나 순조롭게 진행된다. 서로 호감이 있다.

매 매 : 매수자가 생기며 이익이 크지 않다고 거래를 미루지 말라.

구 인 : 동행자가 있으며 두 사람이 같이 온다.

가출인: 동북쪽 물가나 여자 집으로 멀리 갔으며 돌아올 생각 중에 있다.

출 산 : 순조롭다. 순산이며 딸일 경우가 크다.

이 사 : 대길하며 조용한 곳이 나타날 것이다. 바로 이사함이 좋다.

여 행 : 대길하며 동행이 있으면 더욱 좋다. 위로여행, 애정 도피여행이다.

입 학 : 합격된다. 눈높이는 적당히 낮추는 것이 좋다.

소 송 : 승소하겠다. 게임은 이겼으나 승부엔 진 형국으로 손해가 있다.

실 물 : 물속이 아니라면 쉽게 찾는다. 북서쪽 높은 곳을 보라.

건 강 : 호흡기 계통과 수족의 병 그리고 두통 등 발병 조심, 남서쪽의원

직 장 : 길하다. 구하면 얻을 수 있으며 직장을 바꿀 때이다.

隨 元亨 利貞 无咎.
수 원 형 이 정 무 구 .

수괘는 크게 형통하여 곧게 이로우니 허물이 없다.

역설 택뢰수괘는 흉한 듯 보이나 순종하면 재앙이 없음을 말한다. 원형이정이
란 건리감곤이며 생로병사에 근묘화실이다.

象曰 隨 剛來而下柔 動而說. 隨 大亨 貞无咎而 天下隨時.
단 왈 수 강 래 이 하 유 동 이 열 . 수 대 형 정 무 구 이 천 하 수 시 .

隨時之義 大矣哉. 象曰 澤中有雷 隨 君子以嚮晦入宴息.
수 시 지 의 대 의 재 . 상 왈 택 중 유 뢰 수 군 자 이 향 회 입 연 식 .

단왈 수는 강함(양효)이 와서 유함(음효)의 아래에 있으니 움직임(우레)을 기뻐함(태
택)이니, 크게 형통하고 바름으로 허물이 없어 천하가 때를 따른다. 수는 때와 의가 크
다. 상왈 못 가운데 우뢰가 있는 것이 수이다. 군자는 이로서 그믐과 같이 들어가서 잔
치하고 쉬는 것이다.

初九 官有渝 貞吉 出門交有功.
초 구 관 유 투 정 길 출 문 교 유 공 .

象曰 "官有渝" 從正吉也 "出門交有功" 不失也.
상 왈 관 유 투 종 정 길 야 출 문 교 유 공 불 실 야 .

초구는 관이 변함이 있어 바르면 길하다. 문 밖에 나가 사귀면 공이 있다. 상왈 '관유
유'는 바르게 따르면 길하다, '출문교유공'은 손실이 없다.

역설 1효가 변하면 진뢰 木괘가 곤지 土로 변하여 택지췌가 된다. 췌는 모임으
로 길한 것이며 土生金하여 관인 외괘를 생하여 내괘를 극하니 길한중 난관이
있겠으나 결론은 길한 효사이다.

六二 係小子 失丈夫. 象曰 "係小子" 弗兼與也.
육 이 계 소 자 실 장 부 . 상 왈 계 소 자 불 겸 여 야 .

육이 소자가 매이면 장부를 잃는다. 상왈 '계소자'는 어울리지 못함이다.

역설 2효가 변하면 진뢰 木괘가 변하여 태택 金괘가 된다. 변하여 본괘의 내괘
를 극하니 불리하다. 변괘가 내괘를 손상함은 친구와 불화를 말함이다. 계소자
란 실리를(중부) 너무 추구함을 말함이다.

六三 係丈夫 失小子 隨有求得 利居貞. 象曰 "係丈夫" 志舍下也.
육삼 계장부 실소자 수유구득 리거정. 상왈　계장부　지사하야.

육삼은 장부가 매임으로 소자를 잃으니 수괘가 구하여 얻는 것이다. 바르게 자리함이 이롭다. 상왈 '계장부'는 아래를 버린다는 뜻이다.

역설 3효 변하면 진뢰 木이 리火 변하여 택화혁 괘가 된다. 순응함이 무너지니 불리하다. '계장부 실소자란' 실리(중부)보단 명예를 추구하니 실리를 잃고 명예를 얻고자 함을 말한다. '이거정'이란 움직이지 않는 것이다.

九四 隨有獲 貞凶 有孚在道 以明 何咎.
구사 수유획 정흉 유부재도 이명 하구.

象曰 "隨有獲" 其義凶也 "有孚在道" 明功也.
상왈　수유획　기의흉야　유부재도　명공야.

구사는 수는 얻는게 있으면 올바르더라도 흉하니 믿음을 갖고 도에 있어 밝아지면 무슨 허물이이리오. 상왈 '수유획'은 그 뜻이 흉함이오, '유부재도'는 밝은 공이다.

역설 4효가 동하면 태택 金이 감水가 되어 수뢰둔괘가 된다. 둔이란 모든 것이 막힌 것이다. 빼앗으므로 흉하다 말하니 탐욕을 말함이다.

九五 孚于嘉 吉. 象曰 "孚於嘉吉" 位正中也.
구오 부우가길. 상왈　부어가길　위정중야.

구오 아름답게 믿으니 길하다. 상왈 '부우가길'은 바름이 중에 자리한다.

역설 5효가 변하여 태 金이 진 木으로 변하여 내괘를 도우니 길하다. 바라던 명예가 쌓인다. '부우가'란 중효가 음효로 변함을 말한다.

上六 拘係之 乃從 維之 王用亨于西山. 象曰 "拘係之" 上窮也.
상육 구계지 내종 유지 왕용형우서산. 상왈　구계지　상궁야.

상육은 잡아매어 좇아 끝내 얻는 거니, 왕이 형통함으로 서산을 이룬다. 상왈 '구계지'는 위에서 다함이다.

역설 6효가 변하면 태 金이 건 金이 되어 외괘를 돕고 내괘를 극하나 순응하면 길한 효사이다. 힘으로 얻으니 빠르고 강하게 속성속패의 움직인다.

제18 산풍고괘

* 하하급운세

효서	육효	괘상	세응	지괘(변효괘)
상구	兄寅		應	酉 지풍승
육오	父子			巳 중풍손
육사	財戌			酉 화풍정
구삼	官酉		世	午 산수몽
구이	父亥			午 중산간
초육	財丑			子 산천대축

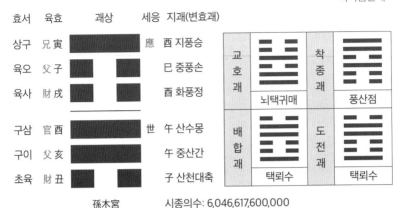

교호괘	뇌택귀매	착종괘	풍산점
배합괘	택뢰수	도전괘	택뢰수

孫木宮   시종의수: 6,046,617,600,000

- 장녀가 소남을 만났으니 고난이 있다. 귀혼이니 움직이지 말라.

- 고(蠱)는 '벌레'. '벌레가 나뭇잎을 갉아 먹는다'는 뜻으로 어려운 일을 말한다. 산 밑에 바람이 머물고 있으니, 공기가 혼탁하여 부패하기 쉽다. 더러운 벌레가 생기므로, 고(蠱)를 괘 이름으로 하였다. 바쁘고 분주한 일이라는 뜻이니 많은 수고와 노력을 기울 인 다음에야 사물을 크게 이룰 수 있고, 말썽이 생긴 후에야 커질 수 있으므로 다음을 임괘로 받는다.

1효동 : 서북쪽에서 역마성이 비치니 재물과 더불어 기쁨이 있도다. 집안에 송사나 부친의 병고가 아니면 슬하의 기쁜 일이 생긴다.

2효동 : 아랫사람이 불리하니 문서 조심하라. 망신수가 있다. 삶에 장애가 많이 생길 운이니 모든지 차근차근함이 좋을 것이다.

3효동 : 먼저는 가난하고 나중에는 풍부하니 고생 끝에 낙이다. 술이나 대화 중의 언행으로 상대에게 구설을 만드니 자중함이 길하다.

4효동 : 연못에 광풍이 일어나 연꽃이 몹시 시달리고 있다. 신의풍파다. 하는 일은 많겠으나 노력한 대가가 적으니 몸만 고달프다. 병증 주의

5효동 : 슬하에 근심이 있고 손재수도 있으니 불조심, 문단속을 잘하라. 뼈에 바람이 드니 풍치와 중풍에 주의하며 문서에 변동이 있다.

6효동 : 여섯 마리 말이 사귀어 달리니 나라가 평정된다. 귀인이 나와 나를 돕고자 하니 그 뜻을 따르자. 학업 성취와 직장 승진이 있는 운이다.

18. Work on what has been poiled
부패한 것에 대한 작업

healing, correct past mistakes,
치료, 과거의 실수를 바로잡다.
make repairs, restore balance,
수리하다, 균형을 회복하다.
clean up corruption,
부패를 정리하다.
responsible action.
책임 있는 행동.

사 업 : 실속을 다져야 하며 급하게 진행하는 것보다 천천히 행동하라.

소 원 : 성취가 어렵다. 작은 것은 성취되지만 아직은 때가 아니다.

거 래 : 상대방에서 교섭이 들어온다. 무리한 대응은 손해만 커진다.

재 물 : 무리한 투자와 출비를 삼가라. 수입보다 지출이 많아 힘이 든다.

연 애 : 장해가 있어 어렵다. 지금까지 연애는 안 좋고 지금부터가 좋다.

혼 인 : 혼담이 있어도 정식 결혼은 뒤로 미루어라. 무엇인가 속고 있다.

매 매 : 파는 것은 괜찮으나 사는 것은 보류하라. 구설과 손해가 있다.

구 인 : 연락은 오겠으나 방해하는 사람이 있어 당분간 못 온다.

가출인: 빠른 시일 내에 찾기는 힘들게 북쪽으로 멀리 갔다.

출 산 : 유산 염려가 있으니 의사와 상의하라. 난산이며 초산은 아들이다.

이 사 : 이사는 빨리 하는 것이 길하다. 속을 염려가 있으니 전문가 필요.

여 행 : 가까운 곳으로 여행은 무방하나 먼 곳은 보류함이 좋다. 손재수O

입 학 : 머리가 복잡하여 정리가 안 되었다. 목표를 바꿈이 좋다.

소 송 : 오래 계속되며 불리하다. 손해가 있어도 합의하라.

실 물 : 집안에 있으며 찾기는 하여도 파손의 우려가 있다.

건 강 : 과로나 신경계통, 고질병에 주의, 심장부담 주의할 것.

직 장 : 자리가 불안하다. 겸손하여야 한다. 구직자는 경쟁자가 많다.

蠱 元亨 利涉大川 先甲三日 後甲三日.
고 원 형 이 섭 대 천 선 갑 삼 일 후 갑 삼 일 .

고괘는 원형하니 큰내를 건넘이 이로운 것은 갑으로 먼저 삼일과 갑으로 뒤에 삼일이 이롭다.

역설 흔히 감水를 건넘도 '이섭대천' 이지만 양효가 음효를 건넌 것도 '이섭대천'이다. 감괘가 나온 앞머리 3일과 뒷머리 3일을 제외한 모든 날이 괴로운 괘상이 산풍고 괘이다. 즉 변효괘(지괘)인 중산간, 산수몽, 화풍정, 중풍손이 모두 좋지 않음을 나타낸다. 갑(甲)이란 3 木도 되지만 전글의 유(由)란 글자와 반대로 밑이 뚫려있는 글자로 음효를 건넌 양효괘이다.

선갑은 辛, 壬, 癸日이며 후갑은 乙, 丙, 丁일로 7일(甲포함)을 말한다.

象曰 蠱 剛上而柔下 巽而止蠱. 蠱 元亨而天下治也.
단 왈 고 강상이유하 손이지고 . 고원형이천하치야 .

"利涉大川"往有事也. "先甲三日 後甲三日"
이 섭 대 천 왕 유 사 야 . 선 갑 삼 일 후 갑 삼 일

終則有始 天行也. 象曰 山下有風 蠱 君子以振民育德.
종 즉 유 시 천 행 야 . 상 왈 산 하 유 풍 고 군 자 이 진 민 육 덕 .

단왈 고는 강이 위에 있고 유가 아래 있어 겸손해서 그침이 고다. 고가 크게 형통해서 천하가 다스려짐이요. '이섭대천'은 가는 것이 일이요. '선갑삼일 후갑삼일'은 마치면 곧 시작함이 하늘이 행하는 법칙이다. 상왈 산 아래 바람이 고니, 군자가 이로써 덕을 길러 백성에게 떨친다.

初六 幹父之蠱 有子考 无咎 厲終吉. 象曰 "幹父之蠱" 意承考也.
초 육 간 부 지 고 유 자 고 무 구 여 종 길 . 상 왈 간 부 지 고 의 승 고 야 .

초육은 아비의 독함을 말함이니 유자하면 죽은 아비가 허물이 없고 위태하나 마침내 길하다. 상왈 '간부지고'는 죽은 아비의 뜻을 이음이다.

역설 1효가 변하여 손 木괘가 건 金괘로 변하여 산천대축 괘가 되어 가업을 이어받아 큰 부를 이루는 괘가 되었다. 송사는 있으나 큰 기쁨이 있다.

九二 幹母之蠱 不可貞. 象曰 "幹母之蠱" 得中道也.
구 이 간 모 지 고 불 가 정 . 상 왈 간 모 지 고 득 중 도 야 .

구이는 어미의 독함을 말함이니 가히 바르지 못하다. 상왈 '간모지고'는 중도를 얻은 것이다.

역설 2효가 변하면 손 木괘가 간산 土괘로 변하여 중산간 괘가 되어 산넘어 산괘이다. 문서가 동하고 구설이 생기니 모사가 있는 효사이다.

九三 幹父之蠱 小有悔 无大咎. 象曰"幹父之蠱"終无咎也.
구삼 간부지고 소유회 무대구. 상왈   간부지고 종무구야.

구삼 아비의 독함을 말함이니 작게 후회하나 큰 허물은 없다. 상왈 '간부지고'는 끝내는 허물이 없음이다.

역설 3효가 동하여 손 木괘가 감 水괘로 변하여 산수몽이 되었으니 어리석은 언행으로 고통이 생길 효사이다. 큰 고통은 아니나 자중함이 좋다.

六四 裕父之蠱 往見吝. 象曰"裕父之蠱"往未得也.
육사 유부지고 왕견린. 상왈   유부지고 왕미득야.

육사는 아비의 독함을 너그럽게 함이니 가서 인색함을 보리라. 상왈 '유부지고'는 가면 얻지 못함이다.

역설 4효가 동하면 간산 土괘가 리 火괘가 되어 화풍정이라 그릇을 얻게 되나 木生火, 火生土로 내 힘만 빠지니 움직이지 않는 것이 좋겠다.

六五 幹父之蠱 用譽. 象曰"幹父用譽"承以德也.
육오 간부지고 용예. 상왈   간부용예 승이덕야.

육오는 아비의 독함을 말하니 사용하여 명예롭다. 상왈 '간부용예'는 덕으로써 이어짐이다.

역설 5효가 동하여 간산 土가 손풍 木으로 변하여 중풍손 괘가 되니 바람이 인다. 木인 내괘를 도와주나 슬하에 근심이 도사린다.

上九 不事王侯 高尚其事. 象曰"不事王侯"志可則也.
상구 불사왕후 고상기사. 상왈   불사왕후   지가칙야.

상구는 왕후가 일하지 못함은 그 일을 높이 숭상함이다. 상왈 '불사왕후'는 뜻이 가히 모범으로 삼는 것이다.

역설 6효가 동하면 간산 土가 곤지 土로 변하여 제후괘가 되어 지풍승괘가 되었다. 왜괘인 곤지의 세를 따르면 매우 길한 효사이다. 곤감은 실리다.

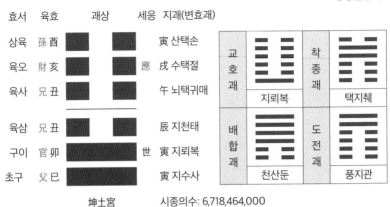

효서	육효	괘상	세응	지괘(변효괘)
상육	孫 酉			寅 산택손
육오	財 亥		應	戌 수택절
육사	兄 丑			午 뇌택귀매
육삼	兄 丑			辰 지천태
구이	官 卯		世	寅 지뢰복
초구	父 巳			寅 지수사

坤土宮　　시종의수: 6,718,464,000

- 소녀가 어머니를 만났으니 기쁨이 있다. 지금까지의 고통이 사라진다.

- 봄꽃이 피는 형상이라 많이 움직여 성취함이 있는 상이다.

임(臨)은 '순서를 밟다'. '군림하다'라는 뜻이다. 땅속에 물이 가득하니 곧 새로운 시작에 임한다는 뜻에서 임(臨)을 괘 이름으로 하였다. 여러 사람 위에 있는 지도자 상이다. 임(臨)은 크게 되는 것이며, 크게 된 후에야 볼 만한 것이 있으므로 다음을 관(觀)괘로 받는다.

1효동 : 물고기가 변하여 용이 되었으나 여의주가 없으니 어찌할꼬. 구설이 있다. 아직 자신을 갈고 닦아 남을 가르치고 다스림을 준비할 때이다.

2효동 : 구름이 걷히고 하늘이 맑게 개이니 둥근 해가 빛을 내는구나! 관재가 동하니 흉하지 않고 경쟁과 대립으로 모든 것을 바로 잡는다.

3효동 : 가까운 사람들과 원만히 하라, 원망과 손재가 두렵다. 하늘에서 내리는 축복에 주변이 기뻐하는구나. 주변의 유혹에 마음이 흔들린다.

4효동 : 사고파는 것에 기쁨이 있으니 더불어 좋은 귀인이 나타난다. 노력하여 얻음이나 과한 욕심은 화를 부르니 적당한 선에 만족하자.

5효동 : 두 사람이 서로 힘을 합하여 보석으로 그릇을 만들겠다. 출산엔 득남의 운세이다. 수행자가 수행하는 상이니 절제를 해야 하는 효사이다.

6효동 : 학식이 깊어 책들이 가득하니 만인이 우러러본다. 욕심이 과하여 안에서부터 재물이 새니 내실을 돈독히 해야 손해를 보지 않는다.

19. *Approach*
접근, 가까이 가다.

advancing, hopefulness,
전진하다, 희망 가득한
lightening up, an arrival,
반짝이는, 밝게하다, 도착
a warm reception,
따뜻한 환영
prosperous conditions,
호황, 왕성하다.
increased influence.
상승하는 영향력(작용)

사 업 : 실속이 없다. 그러나 노력한다면 애쓴 보람은 있을 것이다.

소 원 : 성취되며 그동안 들인 공에 하늘이 감동함이다. 장기소원은 X

거 래 : 순조롭게 진행된다. 계약은 분명하게 하라. 엉뚱한 일이 생긴다.

재 물 : 상업은 좋지 않으나 일반적으로 재운이 좋다. 저축을 한다.

연 애 : 친구 같은 사이이며 서둘러 결혼함이 좋다.

혼 인 : 연애나 중매 모두 좋다. 이혼한 부부도 좋다. 인연이니 택일하라.

매 매 : 지금은 때가 아니니 보류함이 좋다. 7~8월이 지나 내놓으면 좋다.

구 인 : 방해가 있어서 곧 오지 않는다. 빠르면 당일 아니면 다음날 온다.

가출인: 서남쪽의 여인 집에 있다. 자진해서 돌아올 수도 있다.

출 산 : 순산할 것이며 딸이다. 해산일이 卯日이면 아들이다.

이 사 : 불길하니 보류하라. 이사 하고 싶지만 마음대로 안 된다.

여 행 : 먼 곳이나 처음 가는 곳이면 사고수가 있으니 피하는게 좋다.

입 학 : 1차는 합격할 확률이 8할이다. 2차는 합격한다.

소 송 : 승소한다. 화해하면 더욱 길하다.

실 물 : 찾을 수 있으며 물건이 겹쳐있다. 밖에서 분실함은 찾기 어렵다.

건 강 : 중병도 회복될 가능성이 있다. 위, 간, 심장병, 고혈압 조심.

직 장 : 직장 운은 복귀함이 있으며 스카우트 등의 변동 운이 따른다.

臨 元亨 利貞 至于八月有凶.
임 원형 이정 지우팔월유흉.

임괘는 크게 형통하고 바르니 이로우니 8월엔 흉함이 있다.

역설 원형은 내괘인 태택 金괘를 말하고 이정은 외괘인 곤지 土괘를 말한다. 항상 흉함을 말함에 도전괘(싸움, 경쟁자)를 보아야 한다. 지택임에서 순차하여 도전괘인 풍지관 까지 가면 8월이 된다. 즉 1월 지천태, 2월 뇌천대장, 3월 택천쾌, 4월 중천건, 5월 천풍구, 6월 천산둔, 7월 천지비, 8월 풍지관, 9월 산지박, 10월 중지곤, 11월 지뢰복, 12월 지택림이 된다. 효사로도 세를 극하는 酉月(음8월)은 흉함이 있으나 대체적으로 길괘이다.

象曰 "臨" 剛浸而長 說而順 剛中而應.
단 왈   임   강침이장 열이순 강중이응.

大亨以正 天之道也. "至于八月有凶" 消不久也.
대 형이정 천지도야.   지우팔월유흉   소불구야.

象曰 澤上有地 臨 君子以教思无窮 容保民无疆.
상 왈 택상유지임 군자이교사무궁 용보민무강.

단왈 임은 강(양효)이 점차 늘어나 순응함을(坤) 기뻐하니(兌) 강이 가운데하고 응해서, 크게 형통하고 바르니 하늘의 도라. '지우팔월유흉'은 사라져 오래하지 못한다. 상왈 못 위에 땅이 임이니, 군자(양효)는 이를 가르치며 생각함에 막힘이 없으며, 백성을 편히 받아들여 경계를 없애는 것이다.

初九 咸臨 貞吉. 象曰 "咸臨貞吉" 志行正也.
초구 함임 정길. 상왈   함임정길   지행정야.

초구 모두를 돌봄으로 바르니 길하다. 상왈 '항림정길'은 바르게 행함이다.

역설 1효가 동하여 태택 金괘가 감 水괘로 변하여 지수사의 길괘가 나왔다. 자신을 갈고 닦는 괘이니 움츠린 개구리이며 만인의 스승인 격이다.

九二 咸臨 吉无不利. 象曰 "咸臨吉无不利" 未順命也.
구이 함임 길무불리. 상왈   함임길무불리   미순명야.

구이 모두를 돌봄은 불리함이 없으니 길하다. 상왈 '함림길무불리'는 명에 순응하지 않음이다.

2효가 동하여 태택 金괘가 진뢰 木괘가 되어 내괘를 극하지 않지만 대립을 만드는 지뢰복괘가 된다. 모든 것이 대립함으로 제 자리를 찾는다.

六三 甘臨 无攸利 旣憂之 无咎.
육삼 감임 무유리 기우지 무구.

象曰 "甘臨" 位不當也 "旣憂之" 咎不長也.
상왈 감임 위부당야 기우지 구부장야.

육삼 돌보는 것을 즐기니 이로운 바가 없으나 이미 근심하여 허물이 없으리라. 상왈 '감림'은 마땅한 자리가 아니다, '이미 근심함은' 허물이 오래하지 않음이다.

3효가 동하면 태택 金이 건천 金으로 변하여 내괘를 돌봄이 크니 돌봄으로 지천태가 되었다. 감(甘)이란 입속 달콤함이니 감언이설에 주의하라.

六四 至臨 无咎. 象曰 "至臨无咎" 位當也.
육사 지임 무구. 상왈 지임무구 위당야.

육사는 지극히 돌봄이니 허물이 없다. 상왈 '지림무구'는 마땅한 자리다.

4효가 동하여 곤지 土괘가 진뢰 木괘가 되어 구이 효변과 같이 대립이나 외괘의 변화이다. 뇌택귀매괘니 물욕과 색욕이 과해지는 괘상이다.

六五 知臨 大君之宜 吉. 象曰 大君之宜 行中之謂也.
육오 지임 대군지의 길. 상왈 대군지의 행중지위야.

육오는 돌봄을 앎으로 대군의 마땅함이니 길하다. 상왈 '대군지의'는 중앙에 움직임을 위함이다.

5효가 동하면 곤지 土괘가 감 水괘로 변하여 수택절괘가 되니 지혜가 자리함을 나타낸다. 수택절이란 지혜로와 스스로를 절제함을 말한다.

上六 敦臨 吉 无咎. 象曰 "敦臨之吉" 志在內也.
상육 돈임 길 무구. 상왈 돈임지길 지재내야.

상육 돌봄에 온힘을 다하니 길하여 허물이 없다. 상왈 '돈림지길'은 뜻이(음:실리) 안에 있음이라.

6효가 동하여 곤지 土괘가 간산 土괘로 변하여 산택손이 되었다. 욕심이 과하여 손해를 보나 무구함이니 큰 재앙은 없음이다.

제20 풍지관괘

* 상하급운세

| 효서 | 육효 | 괘상 | 세응 | 지괘(변효과) |

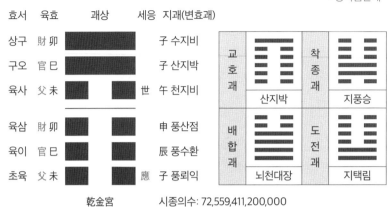

乾金宮　　　시종의수: 72,559,411,200,000

- 땅위에 바람이 이니 마음이 움직이는 구나. 질서가 붕괴되고 어지러워질 조짐이라 위에서 가르침을 주는 것이니 교육자, 학자, 연구가는 길하다.

관(觀)은 '살핀다'로 살피고 측정한다는 뜻이다. 땅위에 바람이 불어 새로운 변화가 일어난다. 이러한 변화를 잘 관찰해야 한다는 뜻에서 관(觀)을 괘 이름으로 하였다. 서로가 추구하며 볼 만한 것이 있은 뒤에야 합쳐질 수 있으므로 다음을 서합(噬嗑)괘로 받는다. 합이란 합치는 것이다.

1효동 : 보증을 서는 것은 말썽이 있겠고 가까운 사람으로 손해를 본다. 소탐 대실의 운으로 땅을 통한 문서가 오히려 안 좋은 기운을 가져온다.

2효동 : 상문살을 조심하고 부정한 음식을 먹으면 건강에 해롭다. 이유 없이 힘이 빠지고 정신적 스트레스가 심하다. 시기 질투가 많다.

3효동 : 수입보다 지출이 많을 운세이니 누군가 재수를 막고 있음이다. 나를 돌이켜 바라보아야 한다. 보이지 않는 낭비와 손재가 있다.

4효동 : 분수 밖의 일은 손대지 말라. 돈도 잃고 사람도 잃는다. 증권 및 도박 등에 손재수가 있다. 주변과 소통함이 좋아지는 방법이다.

5효동 : 관성이 문에 닿았는데 아랫사람의 시기가 많다. 덕을 베풀어야 한다. 관록이 좋아 승진이나 인정을 받는다. 재운을 불미하여 돈이 센다.

6효동 : 집안에 길성이 비치니 뜻 밖에 재물이 들어올 수다. 재운이 좋아 돈이 수입과 지출이 많다. 하고자 하는 일은 돕는 이가 있으면 진행하라.

20. Contemplation
사색, 명상, 응시, 관찰

gaining overview, solitude
개요 얻기, 고독, 쓸쓸한 곳,
detached observation,
분리하여 관찰하다.
increased understanding,
이해 증진
integration through reflection.
투영된 것을 통합하여 관찰,
자기 성찰을 하다.

사 업 : 신규사업, 확장은 불리하고 정직하면 귀인의 도움이 있다.

소 원 : 지적, 정신적 분야는 성취되나 그렇지 않은 것은 협조를 구하라.

거 래 : 이루어지지만 이익이 적다. 상대방 이익을 고려하여 교섭하라.

재 물 : 궁핍한 생활을 하던 사람에게 뜻밖의 재물이 생긴다.

연 애 : 가정사정, 사업 등이 대립이 있다. 여자가 이끌고 가야 성공한다.

혼 인 : 장애물이 있어 남자보단 여자가 원할 때에 성사가 된다.

매 매 : 매물은 팔리고 약간의 이익을 얻는다. 처음은 상승, 차후엔 하락함.

구 인 : 여성의 방해가 있어 생각중에 있다. 소식이 오면 사람도 곧 온다.

가출인 : 동남쪽 먼 곳 까지 갔다. 자진해서 돌아오기 어렵다.

출 산 : 난산의 기미가 있으니 의사의 도움으로 안산하며 아들이다.

이 사 : 환경의 전환이 필요하며 이사는 나쁘진 않다. 필히 옮기게 된다.

여 행 : 여행은 길하며 주색을 조심하면 좋은 성과를 올린다.

입 학 : 합격의 운이나 욕심이 과하면 실패한다. 기술직, 공무원은 길함.

소 송 : 서두르면 불리하며 천천히 진행하면 승산이 있다.

실 물 : 밖에서 잃은 것은 찾기 어렵고 집안에 실물한 것은 찾을수 있다.

건 강 : 불의의 사고를 조심하라. 중환자는 위험하다. 정력감퇴, 신경통...

직 장 : 지금까지의 직장을 유지하라. 취직은 주변인의 도움이 있음이다.

觀 盥而不薦 有孚顒若.
관 관이불천 유부옹약.

관괘는 손을 씻고 제물을 드리지 않았음이니 믿음이 있어 우러러 봄이다.

역설 관이란 기미를 보는 것이니 중부(土)의 움직임을 기미의 흐름을 믿음(孚, 마음, 土, 신뢰함)으로 살펴 관찰하고 연구하여 아는 것이다.

彖曰 大觀在上 順而巽 中正以觀天下.
단 왈 대관재상 순이손 중정이관천하.

"觀 盥而不薦 有孚顒若"下觀而化也.
관 관이불천 유부옹약 하관이화야.

觀天之神道而 四時不忒 聖人以神道設敎 而天下服矣.
관 천지신도이 사시불특 성인이신도설교 이천하복의.

象曰 風行地上 觀 先王以省方觀民設敎.
상 왈 풍행지상 관 선왕이성방관민설교.

단왈 크게 봄으로 위에 있음이니 순(곤지괘)해서 겸손(손풍괘)하고, 중정으로 천하를 보는 것이니 '관 관이불천 유부옹약'은 아래를 보아 화합함이다. 하늘의 신의 도를 관찰하니 사시가 어긋나지 아니하다. 성인이 이러한 신의 움직이는 바의 가르침을 베푸니 천하가 복종한다. 상왈 바람이 땅위를 행하는 것이 관이니(바람이 땅위에 행하는 바가 神道라), 선왕이 사방을 살피어 관찰함으로써 백성을 가르치고 베푸느니라.

初六 童觀 小人无咎 君子吝. 象曰 初六"童觀"小人道也.
초 육 동관 소인무구 군자린. 상왈 초육 동관 소인도야.

초육은 아이의 관찰함이니 소인(음, 곤토)은 허물이 없고 군자(양, 5효)는 후회가 있다. 상왈 초육의 '동관'은 소인의 도이다.

역설 1효가 동하면 곤지 土괘가 진뢰 木괘로 변하여 풍뢰익으로 적은 이익은 있으나 큰 손해가 따를 수 있음을 말함이다. 소탐대실의 효사이다.

六二 闚觀 利女貞. 象曰"闚觀女貞"亦可醜也.
육 이 규관 이여정. 상왈 규관여정 역가추야.

육이는 몰래 관찰하는 것이니 곧은(곤괘) 여자(손풍괘)라 이롭다(감수괘). 상왈 '규관여정'은 또한 다름이 있음이다.

역설 2효가 동하면 곤지 土괘가 감 水괘로 변하여 풍수환괘로 물안개와 같다. 외괘를 도와 내괘를 극하니 시기와 질투, 설기됨이 강한 효사이다.

六三 觀我生 進退. 象曰 "觀我生進退" 未失道也.
육삼 관아생 진퇴. 상왈 관아생진퇴 미실도야.

육삼은 나의 삶을 관찰함이니 나아가고 물러나도다. 상왈 '관아생진퇴'하니 도를 잃지 않는 것이다.

역설 3효가 동하여 곤지 土가 간산 土로 변하여 풍산점괘가 되었다. 나를 돌이켜 보아야 하는 괘이니 점차 좋아지는 효사이다. 학습하는 효사이다.

六四 觀國之光 利用賓于王. 象曰 "觀國之光" 尚賓也.
육사 관국지광 이용빈우왕. 상왈 관국지광 상빈야.

육사는 나라의 흥황을 관찰함이니 왕(건괘)의 손님(사신:손괘)으로 쓰이면 이롭다(곤괘). 상왈 '나라의 빛을 관찰함'은 손님을 받드는 것이다..

역설 4효가 동하여 손풍 木괘가 건천 金괘가 되어 천지비이다. 변하여 외괘를 극함은 내괘가 힘이 생기겠으나 대립을 만드는 효사이다. 천지비는 화수미제와 같이 통함이 없음으로 막힘을 말함이니 답답함이 강해진다.

九五 觀我生 君子无咎. 象曰 "觀我生" 觀民也.
구오 관아생 군자무구. 상왈 관아생 관민야.

구오는 나의 삶을 관찰하니 군자(5효 양효)는 허물이 없다(흉한 듯 하나 결과는 괜찮다). 상왈 '관아생'은 백성(음효, 곤괘)을 살피는 것이다.

역설 5효가 동하면 손풍 木이 간산 土가 되어 산지박의 흉괘가 되었다. 그러나 내괘의 세력을 도와주니 움직여도 무구하다. 5효는 군자를 말한다.

上九 觀其生 君子无咎. 象曰 "觀其生" 志未平也.
상구 관기생 군자무구. 상왈 관기생 지미평야.

상구는 그 생함을 관찰하여 군자는 허물이 없다. 상왈 '관기생'은 뜻이 평안치 않음이다.

역설 6효가 동하면 손풍 木이 감 水가 되어 수지비의 길괘가 된다. 수지비는 화합을 의미하니 참으로 조화로워 화합함으로 재물을 만든다.

제21 화뢰서합괘

*상상급운세

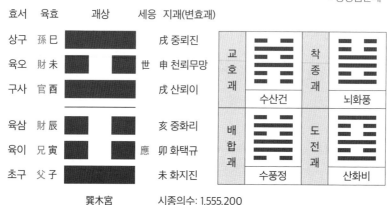

효서	육효	괘상	세응	지괘(변효괘)
상구	孫巳			戌 중뢰진
육오	財未		世	申 천뢰무망
구사	官酉			戌 산뢰이
육삼	財辰			亥 중화리
육이	兄寅		應	卯 화택규
초구	父子			未 화지진

교호괘		착종괘	
	수산건		뇌화풍
배합괘		도전괘	
	수풍정		산화비

巽木宮 시종의수: 1,555,200

- 방해물이 있으니 씹어 없애 버리고 주위 환경을 재정리해야 한다.
- 진목이 리화를 만나 큰 움직임이 있으니 차분히 질서를 확립해야 한다.

서합(噬嗑)의 서는 '꽉 물다', '씹다'라는 뜻이고, 합은 '입을 다물다'라는 뜻으로 서합은 '음식을 입안에 넣고 씹는다.'는 의미다. 불과 우레가 만나면 천지를 진동하니, 격렬한 언쟁과 싸움에 휘말릴 수 있다. 잘게 씹어 정리하는 것이나 합쳐질 수 없는 것이 있으니 다음을 비(賁)괘로 받는다.

1효동 : 시작은 있겠으나 끝을 맺지 못하겠다. 잘 생각해서 출발하라. 먼 곳으로 배움을 찾아 떠나겠으나 실속은 없겠구나. 움직임은 불리하다.

2효동 : 도둑맞을 우려가 있으니 문단속을 조심하고, 슬하의 자손에 근심이 있겠다. 보이지 않는 시기 질투로 관재와 구설이 생긴다.

3효동 : 재성 문 앞에 다다르니 일석이조의 운이로다. 과욕으로 인한 병증이 생길까 걱정이다. 심란한 마음이 헤어짐과 낭비심을 만든다.

4효동 : 부부간에 의논하면 뜻이 이루어진다. 화합을 말한다. 발달한 미각이라 연구하고 화합하면 지금의 어려움이 좋은 결과를 만들어 낸다.

5효동 : 의외의 수입이 있겠으니 횡재수가 있다. 길운이니 미리준비하자. 만사가 길하겠으나 풍요속의 빈곤이라 마음은 더욱 공허하게 될 것이다.

6효동 : 객사한 귀신이 집안에서 움직이니 놀라는 일과 구설이 있다. 운은 좋은듯하나 보이지 않는 모사가 도사린다. 주변을 경계하라.

21. Biting Through
물다, 물어뜯는 소리

take decisive action,
결정적인 행동을 취하다.
restore order, justice,
질서(체계)를 세우다, 정의하다,
force applied with sensitivity,
민감하게 적용되는 힘, 쟁취욕
tenacious devotion to a task
과제(임무)에 대한 끈질긴 헌신

사 업 : 당장은 어려우나 장차 큰일을 이룰 수 있다. 끈기가 필요하다.

소 원 : 다소 장해물이 있어 끝까지 밀고 나가면 이루어진다.

거 래 : 방해는 빠르게 제거하고 강력히 밀고 나가면 좋은 결과를 얻는다.

재 물 : 수입과 지출이 비슷하니 착실하고 끈기 있는 노력이 필요하다.

연 애 : 이성관계가 좀 복잡하다. 정리하지 않으면 문제가 생길 수 있다.

혼 인 : 결혼은 장해가 있어 어려우니 기대하지 말자. 방해가 많다.

매 매 : 아직은 때가 아니니 침착하게 때를 기다리자. 좋은 운이 온다.

구 인 : 소식이 오고 방해자가 있으나 이쪽에서 연락하면 10일 이내 온다.

가출인: 서남쪽 방향 깊숙하게 숨어 있으며 동행자가 있다. 소식은 온다.

출 산 : 아들일 것이며 난산이겠으나 걱정할 정도는 아니다.

이 사 : 이사는 서둘러 하는 것이 좋다.

여 행 : 가까운 곳이 좋으며 도중에 말다툼과 시비가 있으니 조심하자.

입 학 : 불리하며 2차를 보는 것이 좋다. 경쟁자가 많다.

소 송 : 오래 끌게 되니 서두르지 말라. 합의가 들어오면 하는게 좋다.

실 물 : 밖에서 잃은 것은 경찰에 알리고 안에서 잃은 것은 찾게 된다.

건 강 : 신경성 질환이면 오래간다. 폭음폭식을 특히 주의하라.

직 장 : 직장에서는 노력이 필요하며 취직은 윗사람의 힘을 빌리자.

噬嗑 亨 利用獄.
　서 합 형 이 용 옥 .

서합괘는 형통하니 옥(감옥,형벌)을 씀이 이로우니라.

역설 입안의 음식과 같은 모습이다. 잘 섞이지 않는 것들을 한데 모아 토론시키는 것이다. 대립과 경쟁의 모습으로 싸움이 강하니 감옥으로 다스린다. 형(亨)이란 이화 외괘를 말하며 외형이 강한 모습의 양효를 말함이다.

彖曰 頤中有物 曰噬嗑. 噬嗑而亨 剛柔分 動而明
　단 왈 이 중 유 물 왈 서 합 . 서 합 이 형 강 유 분 동 이 명

雷電 合而章. 柔得中而上行 雖不當位 利用獄也.
　뢰 전 합 이 장 . 유 득 중 이 상 행 수 부 당 위 이 용 옥 야 .

象曰 雷電 噬嗑 先王以明罰勅法.
　상 왈 뢰 전 서 합 선 왕 이 명 벌 칙 법 .

단왈 턱 가운데 물건이 있는 물체가 서합이다, 씹어 합하여 형통하다, 강과 유가 나뉘고, 움직임으로 밝히니 우뢰와 번개가 합하여 빛난다. 유(음효)가 중(2효, 5효)을 얻어 위로 올라가니, 비록 부당한 자리임으로 감옥을 사용해도 이롭다. 상왈 우뢰와 번개가 서합이니, 선왕이 벌줌으로 밝혀내어 법을 어기지 않게 하는 것이다.

初九 履校滅趾 无咎. 象曰 "履校滅趾" 不行也.
　초 구 구 교 멸 지 무 구 . 상 왈 　구 교 멸 지 　불 행 야 .

초구는 형틀을 신겨서 발을 멸하니 허물이 없다. 상왈 '구교멸지'는 행하지 못하게 함이다.

역설 1효가 동하면 진뢰 木이 곤지 土괘가 되어 화지진이 되었다. 불을 담은 밑바닥이 사라지니 움직임이 허황됨을 말함이다.

六二 噬膚 滅鼻 无咎. 象曰 "噬膚滅鼻" 乘剛也.
　육 이 서 부 멸 비 무 구 . 상 왈 　서 부 멸 비 　승 강 야 .

육이는 피부를 씹되 코를 멸하니 허물이 없다. 상왈 '서부멸비'는 강함을 타고 있음이다.

역설 2효가 동하면 진뢰 木이 태택 金이 되어 화택규가 되었다. 金剋木은 내괘를 규제함이니 나를 시기하고 질투하는 경쟁자가 생김이다.

六三 噬腊肉 遇毒 小吝 无咎. 象曰 "遇毒" 位不當也.
육삼 서석육 우독 소린 무구 . 상왈 우독 위부당야 .

육삼이 말린 고기를 씹다 독을 만나니 조금 후회하나 허물이 없다. 상왈 '우독'은 부당한 자리이다.

역설 3효가 동하여 진뢰 木이 리 火가 되어 중화리가 되었다. 내괘를 설기하니 열정은 가득하나 욕구가 충만하여 병이 된다. 과유불급이다.

九四 噬乾胏 得金矢 利艱貞 吉. 象曰 "利艱貞吉" 未光也.
구사 서건자 득금시 이간정 길 . 상왈 이간정길 미광야 .

구사는 오래된 말린 고기를 씹다가 황금 화살을 얻으나, 어렵고 바르게 함이 이로우니 길하다. 상왈 '이간정길'은 빛나지 못함이다.

역설 4효가 동하여 이 火괘가 간산 土괘가 되어 왜괘를 설기하는 산뢰이가 되었다. 이(履)란 불길한 듯해도 극복하면 매우 길하다. 간(艱:이화+간산)

六五 噬乾肉 得黃金 貞厲 无咎. 象曰 "貞厲无咎" 得當也.
육오 서건육 득황금 정려 무구 . 상왈 정려무구 득당야 .

육오는 마른 고기를 씹어 황금을 얻으니, 곧은 위태함이라 허물이 없다. 상왈 '정려무구'는 당연한 결과이다.

역설 5효 황궁이 동하니 이 火가 건천 金이 되어 천뢰무망이다. 외괘가 동하여 金剋木하니 불리하다. 황금을 얻었으나 이로 인한 인생무상 함이다.

上九 何校滅耳 凶. 象曰 "何校滅耳" 聰不明也.
상구 하교멸이 흉 . 상왈 하교멸이 총불명야 .

상구는 보호구를 씌우니 귀가 없어져 흉함이다. 상왈 '하교멸이'는 귀 밝음이 밝지 못함이다.

역설 6효가 동하여 이 火가 진뢰 木이 되니 중뢰진이다. 내괘를 도와주나 선길 후흉으로 4+4의 음목의 대립이다. 효사도 사술이니 불미한 기운이다. 멸(滅:이화의 변함), 교(校:4진뢰 木) 돕고자 하는 행동이 나의 귀와 눈을 어둡게 하여 올바르지 못함을 불러일으킨다는 뜻이다.

제22 산화비괘

*중중급운세

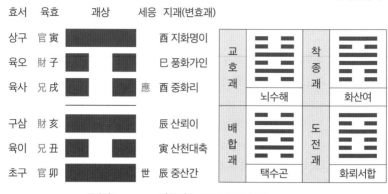

효서	육효	괘상	세응	지괘(변효괘)
상구	官 寅			酉 지화명이
육오	財 子			巳 풍화가인
육사	兄 戌		應	酉 중화리
구삼	財 亥			辰 산뢰이
육이	兄 丑			寅 산천대축
초구	官 卯		世	辰 중산간

艮土宮   시종의수: 16,796,160,000

| 교호괘 | 뇌수해 | 착종괘 | 화산여 |
| 배합괘 | 택수곤 | 도전괘 | 화뢰서합 |

- 중녀가 소남을 만나니 작은 일에는 좋으나 큰일은 해롭다. 리화가 간토를 만났으니 아름다움의 표현이라. 영화, 방송, 종교에 길함이 있다.

비(賁)는 '꾸미다'. '장식하다'로 장식하고 꾸미는 것이다. 산 아래 불이 있음은 해가 서산에 기울어 찬란한 황혼 노을을 나타낸다. 아름답게 꾸민다는 뜻의 비(賁)를 괘 이름으로 하였다. 겉치레만 하느라고 실속이 없다. 꾸민 뒤에 형통하면 이미 극에 이른 것이므로 다음을 박(剝)괘로 받는다.

1효동 : 관록의 운이 문에 와 비치니 입학, 취직, 결혼, 승진의 운세이다. 욕심을 버리고 꾸준히 노력할 때이다. 과욕하면 사고가 있으니 주의하자.

2효동 : 나를 속이려 하는 자를 물리치니 시원한 바닷바람이 불어온다. 고지식하여 감언이설을 좋아할 시기이다. 모사가 있음을 주의하라.

3효동 : 한 밤중에 피리 소리가 처량하니 마음이 흔들린다. 산란한 마음. 기분전환의 운이다. 다소 놀랄 일이 생기나 돕고자 하는 이가 있다.

4효동 : 이름은 중천에 뜨니 해와 같이 빛났으나 고독함을 어찌할 까? 연애의 운이며 청혼이 있다. 도와주고자 온 귀인을 입으로 몰아낸다.

5효동 : 서북쪽에서 문서의 기쁨이 있어 재물이 생길 운이다. 길한 운이다. 가만있어도 풍요로우니 길하다. 자신의 기재를 갈고 닦아야 한다.

6효동 : 영적인 보살핌이 있어 가화만사성이다. 주변 빛(생명)이 사라지고 나에게로 온다. 아름다움이 빛을 발하는 시기이니 길연이 오는 것이다.

22. *Grace*
우아함, 품위, 기품 있는

adornment, elegance, vanity,
장식품, 우아함, 허영심,
bring out beauty,
아름다움을 만들다. 미의 창출
the outer as a reflection of the inner,
내면에 투영된 것을 투출시킴
charisma, self-expression.
카리스마, 자기표현

사 업 : 분수에 넘치면 실패한다. 발전도 좋고 자금융통도 원활하다.

소 원 : 작은 소원은 성취되며 큰 소원은 정성을 다하여야 가능하다.

거 래 : 평소에 하던 거래는 원만하게 진행된다. 사기수가 있다.

재 물 : 크게 힘들거나 궁하진 않다. 그러나 소문난 잔치에 먹을 건 없다.

연 애 : 오랫동안 사귀어 온 사이라면 서둘러 결혼 할 것. 배신 주의.

혼 인 : 거짓이 있을 가능성이 있으니 깊이 알아보는 것이 좋다. 구설수 O

매 매 : 큰 액수는 구설수만 있고 이익도 없는 때이니 기회를 미루자.

구 인 : 빨리 오기는 힘드나 오기는 온다.

가출인: 가까운 곳에 숨어 있으니 동남쪽을 찾아보면 찾을 수 있다.

출 산 : 예정일을 넘기게 되겠다. 순산하고 딸일 가능성이 있다.

이 사 : 이사해도 좋다. 능력이 안되면 전문가와 상의하자.

여 행 : 여행은 좋은데 따뜻한 곳으로의 여행이 좋다.

입 학 : 문과, 종교, 문학, 어학, 미술이면 무난히 합격한다. 일반계통 불리

소 송 : 오래 끌면 불리하다. 처음은 유리하나 갈수록 불리하니 합의하라.

실 물 : 집에서 잃어버린 것은 찾을 수 있다. 장롱 안을 찾아보라.

건 강 : 성인병, 지병, 정력감퇴나 성병 등 정사로 인한 질병에 주의해라.

직 장 : 직장인은 승진하겠다. 구직자도 서서히 취업이 될 운이다.

賁 亨 小利有攸往.
비 형 소 이 유 유 왕.

비괘는 형통하다. 가는 바가 있으면 작은 이익이 있다.

역설 비(賁:卉+貝)괘는 얼굴에 분을 바름이라, 아름답게 보이고자 꾸미는 것이 비괘이다. 양이 음을 보호하고 있으나 중녀에게 소남이 와 진목이 이화를 생함이니 가는 것이 이롭다. 치중함이 과하면 결과가 나쁘다.

彖曰 賁 亨 柔來而文剛 故亨 分剛上而文柔 故小利有攸往.
단왈 비 형 유래이문강 고형 분강상이문유 고소이유유왕.

天文也 文明以止 人文也. 觀乎天文 以察時變 觀乎人文
천문야 문명이지 인문야. 관호천문 이찰시변 관호인문

以化成天下. 象曰 山下有火 賁 君子以明庶政 无敢折獄.
이화성천하. 상왈 산하유화 비 군자이명서정 무감절옥.

단왈 비의 형통함은 유가 와서 강을 빛내니 형통하다. 강함이 나뉘어 올라와 유를 빛내는 것이니 가는 바가 있으면 조금 이로운 것이다. 하늘이 펼침은 밝음이 펼쳐짐이 미침으로 인문인 것이다. 천문을 보고 변화의 시기를 살핌은 인문을 살펴 천하의 조화를 이룸이다. 상왈 산 아래 불이 비니, 군자는 이로써 밝혀 무리를 다스리니 함부로 죄를 판단하지 않는다.

初九 賁其趾 舍車而徒. 象曰 "舍車而徒" 義弗乘也.
초구 비기지 사거이도. 상왈   사거이도   의불승야.

초구는 그 발을 꾸밈이니, 차를 버리고 걷는 것이다. 상왈 '사거이도'는 올바르면 타지 못함이다.

역설 1효가 동하여 이 火가 간산 土가 되어 중산간이 되었다. 산이 가로 막았으니 걸음을 말함이며 탐욕 없이 노력하면 무난하게 오를 것을 말한다.

六二 賁其須. 象曰 "賁其須" 與上興也.
육 이 비 기 수. 상왈   비기수   여상흥야.

육이는 그 수염을 꾸밈이다. 상왈 '비기수'는 위와 같이하여 일어남이다.

역설 2효가 동하면 이 火가 건천 金으로 변하여 산천대축이다. 움직여 수염을 만지겠으나 외괘의 시기함이 눈에 보이니 모사를 조심해야 한다.

九三 賁如 濡如 永貞吉. 象曰 "永貞之吉" 終莫之陵也.
구삼 비여 유여 영정길 . 상왈 영정지길 종막지릉야 .

구삼은 윤택하게 꾸미는 것이니 오래도록 바르면 길하다. 상왈 '영정지길'은 마침내 업신여기질 못한다.

역설 3효가 동하면 이 火가 진뢰 木이 되어 산뢰이가 된다. 호랑이 꼬리를 밟은 것이나 불안함을 다스리면 길한 효사이다.

六四 賁如 皤如 白馬翰如 匪寇 婚媾.
육사 비여 파여 백마한여 비구혼구 .

象曰 六四當位 疑也 "匪寇婚媾" 終无尤也.
상왈 육사당위 의야 비구혼구 종무우야 .

육사는 드러내고자 꾸밈이니 백마가 난다, 도적이 아니면 청혼하리라. 상왈 육사는 당연한 자리를 의심함이니, '비구혼구'는 마침내 허물이 없다.

역설 4효가 동하면 간산 土가 이 火로 변하여 중화리가 된다. 유흥과 예술의 성향으로 친구들과 자신을 태우는 것이다. 백마(배합괘와 이화괘)

六五 賁于丘園 束帛戔戔 吝 終吉. 象曰 六五之吉 有喜也.
육오 비우구원 속백전전 린 종길 . 상왈 육오지길 유희야 .

육오는 동산 언덕을 꾸밈이니 비단 묶음이 계속 작아짐을 한탄하나 마침내 길하다. 상왈 '육오의 길함'은 기쁨이 있음이다.

역설 5효가 동하여 간산 土가 손풍 木으로 변하여 풍화가인이다. 5효가 양효로 변하여 외롭지만 외관이 풍요로운 효사이다.

上九 白賁 无咎. 象曰 "白賁无咎" 上得志也.
상구 백비 무구 . 상왈 백비무구 상득지야 .

상구는 희게 빛나니 허물이 없다. 상왈 '백비무구'는 위에서 뜻을 얻음이다.

역설 6효가 동하여 간산 土가 곤지 土가 되어 지화명이가 된다. 명이란 매우 어두운 곳에서 빛나고자 함이니 빛이 깨질까 걱정이나 유혼괘로 선흉후길 함의 효사이다. 6효가 음이 됨은 길함의 징조이다.

제23 산지박괘

* 하하급운세

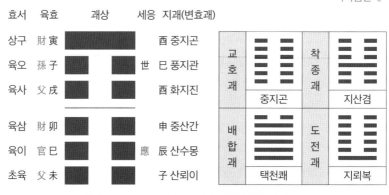

효서	육효	괘상	세응	지괘(변효괘)
상구	財寅			酉 중지곤
육오	孫子		世	巳 풍지관
육사	父戌			酉 화지진
육삼	財卯			申 중산간
육이	官巳		應	辰 산수몽
초육	父未			子 산뢰이

교호괘	중지곤	착종괘	지산겸
배합괘	택천쾌	도전괘	지뢰복

乾金宮   시종의수: 2,612,138,803,200,000

– 얇은 껍질에 물이 가득하니 계란과 같아 깨짐이 있어 조심해야 한다.

박(剝)이란 '벗기다'. '빼앗다'로 벗겨지고 깎여지는 것을 뜻한다. 산이 땅위에 우뚝 솟아 있으니, 비바람에 깎여 벗겨지고 상처를 입는다는 뜻에서 박(剝)을 괘 이름으로 하였다. 매사에 조심해야 한다. 사물은 영원히 침식당할 수 없다. 위로 올라가면서 모두 침식당하면 반대로 아래로부터 다시 시작하므로 다음을 복(復)괘로 받는다.

1효동 : 재물이 주위를 맴돌기만 하고 찾아오지 못하는 구나! 노력한 만큼의 성과가 없으며 생각이 많아 실수가 생기니 조심하자.

2효동 : 가택에 신이 발동하니 하는 일마다 왜 이리 막힐까? 강하게 대립이 되니 모든 일이 갈라진다. 내실을 다지지 않으면 흉하다.

3효동 : 수입보다 지출이 많아지니 돈이 어디로 간지 없다. 재앙이 점차 소멸한다. 산 넘어 산이나 이젠 희망을 가져도 될 때이다.

4효동 : 봄에 화초가 서리를 만나니 어느 때 꽃이 필 것인가. 시기상조이다. 아직까진 인고의 시간으로 살을 깎는 고통으로 성숙할 시기이다.

5효동 : 횡액수가 있으니 몸을 조심해야 한다. 낙상수도 있다. 한눈을 파는 경우가 있으니 만사 예의주시해야 하는 효사이다.

6효동 : 봉숭아 나무에 꽃이 다투어 피었으니 재물도 들어오는 운세이다. 할 일은 많겠으나 고진감래란 말이 실감이 될 시기이다.

23. Splitting apart
빠개지다. 조각나다.

impermanence, collapse,
일시적인, 덧없음, 붕괴,
deterioration, separation,
악화, 하락, 퇴보, 분리,
let go, surrender,
가다, 항복, 투항하다.
eliminate the old, death
오래된 것을 없애다. 죽음.

사 업 : 지금의 내부의 여러 가지 어려운 문제를 정리함이 중요하다.

소 원 : 힘들다. 지금은 실력과 기운이 역부족임을 깨달아 인내하자.

거 래 : 위험한 때이니 면밀하게 파악하고 점검하여 거래에 임하자.

재 물 : 지출이 많으니 지출을 줄이고 욕심을 부리지 말자. 위험하다.

연 애 : 두 사람의 관계가 무질서하고 장래가 없는 상태이다. 정리하자.

혼 인 : 결혼은 불리하다. 중매도 중매인에게 속기 쉽다. 재혼은 좋다.

매 매 : 지금은 때가 아니니 좀 더 기다리자. 서두르면 손해이다.

구 인 : 소식이 온다. 방해가 있어 쉬 오지 못함이니 시일이 걸린다.

가출인: 동북쪽으로 갔으며 동행자가 있다. 당분간 찾지 못한다.

출 산 : 유산할 염려가 있으니 주의하고 아들을 낳겠다.

이 사 : 이사는 중단할 것, 지금은 사정이 어려우니 조금은 더 신중하자.

여 행 : 여행은 불길하다. 중도에 사고수가 있으니 주의하자.

입 학 : 희망한 곳은 어렵다. 예능과 특수기능분야를 지망하면 가능하다.

소 송 : 매우 불리하다. 사람을 중간에 넣어 합의할 것.

실 물 : 찾기 어렵다. 시간과 노력만 낭비할 뿐이니 단념하라.

건 강 : 환자의 경우 치료를 서두르고 교통사고, 불의의 사고에 대비하자.

직 장 : 직장인은 승진, 승급에 누락되거나 감원대상에 오를 수 있다.

剝 不利有攸往.
박 불 리 유 유 왕 .

박괘는 나아가는 것이 있으면 이로움이 없다.

역설 박이란 깨지는 것이니 순한 8곤 土가 외괘인 7간산 土와 대립으로 모양이 계란이나 수박처럼 깨질까봐 조심스러운 괘상이다. 어려움이 많은 난괘로 양이 마침내 사라지는 괘이다.

象曰 "剝" 剝也 柔變剛也. 不利有攸往 小人長也.
단 왈 박 박 야 유 변 강 야 . 불 리 유 유 왕 소 인 장 야 .

順而止之觀象也君子尙消息盈虛天行也.
순 이 지 지 관 상 야 군 자 상 소 식 영 허 천 행 야 .

象曰 山附於地 剝 上以厚下安宅.
상 왈 산 부 어 지 박 상 이 후 하 안 택 .

단왈 박은 깎는 것으로 유가 강을 변하게 하는 것이다. 나아가는 바는 불리하니 소인(음)이 자란 것이다. 순응하여 멈춘 것은 상을 관찰함이며 군자가 숭상함은 사라지고 불어나고 차고 빔은 하늘의 행함이다. 상왈 산이 땅에 붙은 것이 박이니, 위에서 아래를 두텁게 집안을 편안하게 한다.

初六 剝牀以足 蔑 貞凶. 象曰 "剝牀以足" 以滅下也.
초 육 박 상 이 족 멸 정 흉 . 상 왈 박 상 이 족 이 멸 하 야 .

초육은 평상의 발을 벗김이니 바른 것을 없애면 흉하다. 상왈 '박상이족'은 아래를 없애는 것이다.

역설 1효가 동하면 곤지 土가 진뢰 木이 되어 산뢰이가 된다. 내괘가 변하여 木剋土를 하니 자리할 곳이 사라질 수 있음이다. 문서 조심할 효이다.

六二 剝牀以辨 蔑 貞凶. 象曰 "剝牀以辨" 未有與也.
육 이 박 상 이 변 멸 정 흉 . 상 왈 박 상 이 변 미 유 여 야 .

육이는 평상의 나뉜 부분을 깎으니 바른 것을 없애면 흉하다. 상왈 '박상이변'은 같이 하고 있지 않음이다.

역설 2효가 동하면 곤지 土가 감 水가 되어 산수몽이 된다. 어리석은 행동이 앞길을 막는구나. 어리석음이 과하여 관재를 부르니 바르지 못함이다.

六三 剝之无咎. 象曰 "剝之无咎" 失上下也.
육 삼 박 지 무 구 . 상 왈   박 지 무 구   실 상 하 야 .

육삼은 깎음에 허물이 없다. 상왈 '박지무구'는 상하를 잃은 것이다.

역설 3효가 동하면 곤지 土가 간산 土로 되어 중산간이 된다. 흉중 길한 괘이니 고진감래이다. 허물이 없음은 그리 크게 나쁘진 않다는 것이다.

六四 剝牀以膚 凶. 象曰 "剝牀以膚" 切近災也.
육 사 박 상 이 부 흉 . 상 왈   박 상 이 부   절 근 재 야 .

육사는 평상에 살갗을 벗기니 흉하다. 상왈 '박상이부'는 가까이 있는 재앙을 끊어주는 것이다.

역설 4효가 동하면 간산 土가 이 火가 되어 화지진이 된다. 변하여 내괘를 생하니 바른 자리가 아니나 어려움을 극복하여 서광이 비추는 효사이다.

六五 貫魚 以宮人寵 无不利. 象曰 "以宮人寵" 終无尤也.
육 오 관 어 이 궁 인 총 무 불 리 . 상 왈   이 궁 인 총   종 무 우 야 .

육오는 물고기를 꿰이니 궁인으로 왕의 총애를 받으니 불리함이 없다. 상왈 '이궁인총'은 마침내 허물이 없다.

역설 5효가 동하여 간산 土가 손풍 木이 되어 풍지관이 되었다. 5효를 양효가 자리하니 불리하진 않으나 아직까진 완전히 풀린운은 아니다.

上九 碩果不食 君子得輿 小人剝廬.
상 구 석 과 불 식 군 자 득 여 소 인 박 려 .

象曰 "君子得輿" 民所載也 "小人剝廬" 終不可用也.
상 왈   군 자 득 여   민 소 재 야   소 인 박 려   종 불 가 용 야 .

상구는 먹지 않은 큰 열매이니, 군자는 수레를 얻고 소인은 집을 벗긴다. 상왈 '군자득여'는 백성을 실어주며, '소인박려'는 마침내 쓰지 못함이다.

역설 6효가 동하면 간산 土가 곤지 土가 되어 중지곤괘이다. 중지곤은 실리를 추구하는 괘이다. 그 동안에 고통이 천천히 걷히니 힘들지만 낙이 있는 효사이다. 보이지 않게 지출을 줄이려고 노력하는 모습이다.

제24 지뢰복괘

* 중상급운세

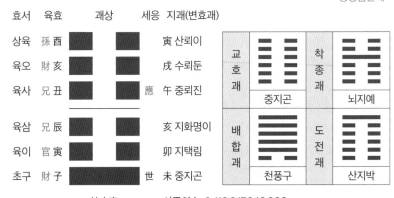

효서	육효	괘상	세응	지괘(변효괘)
상육	孫 酉			寅 산뢰이
육오	財 亥			戌 수뢰둔
육사	兄 丑		應	午 중뢰진
육삼	兄 辰			亥 지화명이
육이	官 寅			卯 지택림
초구	財 子		世	未 중지곤

교호괘	중지곤	착종괘	뇌지예
배합괘	천풍구	도전괘	산지박

坤土宮   시종의수: 2,418,647,040,000

- 추운 계절로 동지를 나타내니 개혁과 개척 그리고 변동이 일어난다.
- 추운계절이 가고 양기가 생기기 시작하니 전환의 시기, 회복을 말한다.

복(復)이란 '돌아오다'. '회복하다'로 다시 되돌아옴을 뜻하는 것이다. 땅 밑에서 천둥 우레가 울린다는 것은 땅위에 새로운 시작을 알리는 것과 같으므로, 복(復)을 괘 이름으로 하였다. 곧 성공할 운을 맞고 있다. 잘못을 수정하여 다시 시작하면 새로운 각오로 임하므로 무망으로 받는다.

1효동 : 급히 먹는 밥은 체하기 쉬우니 경거망동을 삼가라. 시기가 필요하니 마음만 급하게 갖지 말고 자신을 수신하며 기다리자.

2효동 : 범의 꼬리를 밟았으니 이성간의 교제를 조심할 것, 궁합을 보아라. 학업은 성취하고 직장에선 승진과 인정을 받는 운이다. 관이 길하다.

3효동 : 칠일을 참고 칠일을 기도하면 백날이 무사하다. 아직은 참고 자신을 갈고 닦아야 할 때이다. 명예에 흠이 가는 일이 생길 수 있다.

4효동 : 문에 액성이 비치니 재앙을 조심하고 부정을 타서 그런 것이다. 활발히 움직이나 아직은 이익이 생길 운은 아니나 곧 재물이 생길 수다.

5효동 : 재물로 인해 가까운 사람과 정이 변할 염려가 크다. 재운은 좋으나 그로인한 분쟁이 생길까 걱정이다. 어리석음이 술로 인할 수 있다.

6효동 : 잃었던 것을 다시 찾고 헤어졌던 사람과 다시 만나니 신의 가호이다. 언행으로 명예가 실추되니 언행을 주의해야 할 때이다.

24. The turning Point
전환점, 새로운 시작

return, right timing,
돌아오다. 올바른 시간,
the start of a new cycle,
새로운 주기의 시작
regeneration, inevitability,
갱생, 재생, 회생, 불가피함,
steady improvements.
꾸준한 개선.

사 업 : 새로운 투자는 절대 안 되며 그동안 해온 것으로 추진해야 한다.

소 원 : 조급하면 손실과 고통만 더할 뿐, 기다리면 기쁨의 결실이 있다.

거 래 : 계약을 분명하게 하라. 순조롭지만 고집은 불리하다.

재 물 : 상업은 자금문제가 있다. 조금은 힘들지만 점차 나아진다.

연 애 : 멀리 있던 사람과 가까워지며 교제중이라면 택일을 해도 된다.

혼 인 : 연애결혼인 경우 노력하면 가능하다. 중매나 재결합도 좋다.

매 매 : 좋지 않다. 조금 더 기다리는 것이 좋다. 전문가와 상의하자.

구 인 : 방해가 있어 바로 오지 못한다. 그래도 당일이나 다음날 온다.

가출인: 서남쪽의 여인 집을 찾아라. 자진해서 돌아올 가능성이 있다.

출 산 : 순산이며 딸이다. 卯日이면 아들이다.

이 사 : 이사는 시기상조이다. 불길하니 보류하라. 전문가와 상의하자.

여 행 : 여행은 무방하나 비즈니스는 불리하다. 화액을 주의하자.

입 학 : 1차 어렵고 2차는 쉽게 된다. 제2지망이나 재수일 경우 합격이다.

소 송 : 시일이 오래 걸리나 승소할 수 있는 운이다. 합의함이 좋다.

실 물 : 밖에는 길 위에 떨어뜨려 찾기 어렵고 집안에서 잃은 것은 찾는다.

건 강 : 중병도 회복 가능하나 재발가능성 있다. 소화기, 신경계통 주의

직 장 : 복귀 운이며 스카우트될 가능성도 있다. 구직자는 조금 늦는다.

復 亨 出入无疾 朋來无咎 反復其道 七日來復 利有攸往.
복 형 출 입 무 질 붕 래 무 구 반 복 기 도 칠 일 래 복 이 유 유 왕.

복괘는 형통하니 출입에 병이 없어 벗이 와야 허물이 없다. 그 도를 반복해서 칠일에 와서 회복하니 가는바가 있으면 이롭다.

역설 붕(朋:月+月=중지곤) 교호괘와 도전괘에 흉함이 강하지만 곤이 오고 7일째가 되어 복이 되니 힘을 얻어 만사가 회복되어간다.

象曰"復 亨"剛反 動而以順行 是以"出入无疾 朋來无咎"
단 왈 복 형 강 반 동 이 이 순 행 시 이 출 입 무 질 붕 래 무 구.

"反復其道 七日來復"天行也."利有攸往"剛長也.
반 복 기 도 칠 일 래 복 천 행 야. 이 유 유 왕 강 장 야.

復 其見天地之心乎. 象曰 雷在地中 復 先王以至日閉關
복 기 견 천 지 지 심 호. 상 왈 뢰 재 지 중 복 선 왕 이 지 일 폐 관

商旅不行 后不省方.
상 려 불 행 후 불 성 방.

단왈 '복형'은 강(양)이 돌아와 움직임이 순응하여 행함으로써 '출입무질붕래무구'다. '반복기도칠일래복'은 하늘의 행함이요, '이유유왕'은 강함이 자라나 복으로 보여지는 것은 천지의 마음이다. 상왈 우뢰가 땅 속에 있는 것이 복이니 선왕은 이로써 일양이 처음 생기는 동짓날은 관문을 닫아 상인과 여행자의 행함을 없애 임금도 지방을 살피지 않았다.

初九 不遠復 无祇悔 元吉. 象曰"不遠之復"以脩身也.
초 구 불 원 복 무 지 회 원 길. 상 왈 불 원 지 복 이 수 신 야.

추구는 머지않아 회복함이니 조심함이 없어 뉘우침으로 크게 길하다. 상왈 '불원지복'은 수신(자신을 갈고 닦음)함이다.

역설 1효가 동하면 진뢰 木이 곤지 土가 되어 중지곤괘가 되었다. 너무 힘들었던 시기를 견디고 사라나는 형상이니 조바심이 강하구나.

六二 休復 吉. 象曰 "休復之吉"以下仁也.
육 이 휴 복 길. 상 왈 휴 복 지 길 이 하 인 야.

육이는 아름다움이 돌아오니 길하다. 상왈 '휴복지길'은 아래가 어질다.

역설 2효가 동하여 진뢰 木괘가 태택 金이 되어 지택림이 되었다. 관명이 좋아 지는 괘상으로 승진과 학업성취 등이 있겠으나 관재구설도 조심하라.

六三 頻復 厲无咎. 象曰 "頻復之厲" 義无咎也.
육 삼 빈 복 여 무 구. 상 왈　 빈 복 지 려　 의 무 구 야.

육삼은 회복이 빈번함이니 위태하나 허물은 없다. 상왈 '빈복지려'는 올바르면 허물이 없다.

역설 3효가 동하여 진뢰 木괘가 이 火가 되어 지화명이가 되었다. 명이란 어둠 속에 빛이 깨질 수 있음이니 스스로를 지킴이 필요한 효사이다.

六四 中行獨復. 象曰 "中行獨復" 以從道也.
육 사 중 행 독 복. 상 왈　 중 행 독 복　 이 종 도 야.

육사는 중행하려 홀로 돌아온다. 상왈 '중행독복'은 도를 좇음이다.

역설 4효가 동하여 곤지 土가 진뢰 木으로 변하여 중뢰진이 되었다. 중뢰진이 란 강한 움직임이니 명예와 평온함을 위한 활발한 움직임을 말한다.

六五 敦復 无悔. 象曰 敦復无悔 中以自考也.
육 오 돈 복　 무 회. 상 왈　 돈 복 무 회　 중 이 자 고 야.

상오는 돈독하게 회복되니 후회가 없다. 상왈 '돈독무회'는 중심을 스스로 이룬 것이다.

역설 5효가 동하여 곤지 土가 감 水괘가 되어 수뢰둔이다. 둔이란 아직 새싹이 자라지 못한 어려움이 있으나 실리는 있는 효사이다.

上六 迷復 凶 有災眚. 用行師 終有大敗 以其國 君凶
상 육 미 복　 흉 유 재 생. 용 행 사 종 유 대 패 이 기 국 군 흉

至于十年不克征. 象曰 "迷復之凶" 反君道也.
지 우 십 년 불 극 정. 상 왈　 미 복 지 흉　 반 군 도 야.

상육은 희미하게 회복하여 흉하니 재앙이 있다. 군사(교호괘, 음효)를 쓰면 마침내 크게 패하니 그 나라로썬 임금이 흉하여 10년에 이르도록 나아가 이김이 없다. 상왈 '미복지흉'은 임금의 도에 반함이다.

역설 6효가 동하여 곤지 土가 간산 土가 되니 산뢰이가 되었다. 산뢰이는 행 동과 말로 자신의 명예가 흠집이 생김이니 언행을 주의해야 한다.

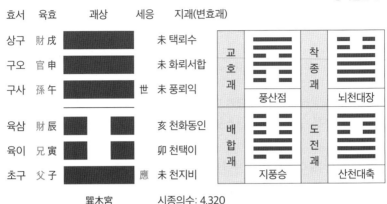

无妄卦第二十五

제25 천뢰무망괘

* 중하급운세

효서	육효	괘상	세응	지괘(변효괘)
상구	財戌			未 택뢰수
구오	官申			未 화뢰서합
구사	孫午		世	未 풍뢰익
육삼	財辰			亥 천화동인
육이	兄寅			卯 천택이
초구	父子		應	未 천지비

巽木宮　　　시종의수: 4,320

교호괘	착종괘
풍산점	뇌천대장
배합괘	도전괘
지풍승	산천대축

- 맑은 하늘에 천둥이 치니 나의 과함을 하늘이 일깨워 주는 것이다.

무(无)는 '없다'라는 뜻이고, 망(妄)은 '허망하다'는 뜻이다. 실패 후에 오는 교훈을 뜻한다. 하늘에 천둥이 울리니 머지않아 비가 오겠지만 당장은 아니다. 초조하지 말고 침착하게 때를 기다려야 한다. 잘못이 없어진 뒤에야 축적될 수 있으므로 크게 저축한다는 뜻으로 다음을 대축(大畜)괘로 받는다.

1효동 : 부모님과 선배에게 근심걱정을 끼치는 운세이니 상하를 분별하자. 나의 행동으로 윗사람과의 불화가 생길까 두렵다.

2효동 : 금전거래가 활발히 융통이 되니 재수는 있겠으나 손재수가 있다. 윗사람을 따르고 예의를 지키는 것이 내가 잘되는 지름길이다.

3효동 : 생각지 못한 재앙이 닥쳐오니 조상이 발동한다. 기도하면 길함이며 순응하면 길하다. 과한욕심, 과한행동으로 몸을 해함이다.

4효동 : 주색잡기에 주의하라. 달밤에 체조하는 격이다. 관재구설이 있으나 여자에게 맡겨라. 재운이 길하며 실수가 있음이나 인정하면 길하다.

5효동 : 백약이 무효이다. 질병을 조심하고 건강을 지키며 재앙을 소멸하라. 섭생으로 인한 질병이니 먹는 것에 주의할 때이다.

6효동 : 욕심이 과하다. 금전으로 인해 망신수가 있으니 욕심을 부리지 말자. 사고수가 있으니 원행시 주의하고 또 주의하라.

25. Innocence
결백, 무죄, 천진함, 깨끗함

a trusting nature,
신뢰하는 순수한 성격,
originality, spontaneity,
독창성, 신선함, 자발적임, 즉흥적임,
open-heartedness,
열린 마음으로
simplicity, the unexpected.
단순함, 예상치 못한

사 업 : 표면상으로는 양호하지만 실소득은 시원치 않다. 신중하자.

소 원 : 조금은 어렵지만 가능하다. 소문난 잔치에 먹을 건 없다.

거 래 : 상대의 행동을 보아가며 행동하자. 천천히, 신중함이 필요하다.

재 물 : 얻을 수 있다. 그러나 크지는 않으며 실리도 없으니 집착금지.

연 애 : 정신 및 종교적인 면에서 일치한다. 같은 성격의 인연이 좋다.

혼 인 : 초혼보다 재혼, 재결합은 좋다. 초혼은 방해가 있다.

매 매 : 서서히 이루어지니 서두르지 말라. 서두르면 손해를 본다.

구 인 : 쉽게 구하지 못한다. 천천히 구해진다.

가출인: 서북방에 멀리 갔으니 찾지 마라. 헛수고만 한다.

출 산 : 약간 난산이며 득남의 운이다.

이 사 : 이사는 때가 아니니 3개월 후에나 계획해 보자.

여 행 : 여행은 좋지 않으며 비즈니스로 갑자기 여행하면 득은 없다.

입 학 : 좋지 않다. 낮추어 지원하라. 사람 따라 차이가 있다.

소 송 : 장기화될 가능성이 많으며 불리하니 타협해라. 이겨도 손해다.

실 물 : 이미 남의 손이나 물건 속에 있어 쉽게 돌아오지 않는다.

건 강 : 오래된 병은 위험하며 불면증이 발생하며 자연치료법이 좋다.

직 장 : 취직은 되지만 쉽지 않다. 안심하고 당분간 기다리는 것이 좋다.

无妄 元亨 利貞 其匪正有眚 不利有攸往.
무 망 원 형 이 정 기 비 정 유 생 불 리 유 유 왕.

무망은 크게 형통하고 바름으로 이로우니 그 바름이 아니면 재앙이 있어 갈 바가 있으면 이롭지 않다.

역설 외괘인 陽金이 陰木을 극제함이다. 유생(眚:生+目)은 진뢰 木(目)을 이야기하는 것으로 불리한 괘사이나 목을 보호하면 흉함이 없다는 말이다.
가는 바가 이롭지 않음은 동해봐야 별로 득이 없음을 말함이다. 그러므로 어떤 효가 동하여도 이괘가 나오면 허망함이 있음을 말한다.

象曰 无妄 剛自外來而爲主於內 動而健 剛中而應 大亨以正
단 왈 무 망 강 자 외 래 이 위 주 어 내 동 이 건 강 중 이 응 대 형 이 정

天之命也. 其匪正有眚 不利有攸往 无妄之往 何之矣 天命不
천 지 명 야. 기 비 정 유 생 불 리 유 유 왕 무 망 지 왕 하 지 의 천 명 불

祐 行矣哉. 象曰 天下雷行 物與无妄 先王以茂對時育萬物.
우 행 의 재. 상 왈 천 하 뢰 행 물 여 무 망 선 왕 이 무 대 시 육 만 물.

단왈 무망은 강(양,건괘)이 밖으로부터 와서 안 주인이 되니, 움직임이 굳건하고, 강함이 가운데 해서 응하면 크게 형통하고 바로 잡으니 하늘의 명이다. '기비정유생 불리유유왕'은 무망이 가면 어디로 가겠는가? 천명이 돕지 아니하면 행하겠는가? 상왈 하늘 아래에 우뢰가 행하여 물건마다 무망을 줌으로 선왕은 때를 맞춰 힘씀으로 만물을 기른다.

初九 无妄 往吉. 象曰"无妄之往"得志也.
초 구 무 망 왕 길. 상 왈 무 망 지 왕 득 지 야.

초구는 무망은 가는 것이 길하다. 상왈 '무망지왕'은 뜻을 얻는 것이다.

역설 1효가 동하여 진뢰 木이 곤지 土가 되어 천지비가 되었다. 서로 소통하지 못함이다. 곤지 土가 왜괘를 생하니 위를 공경함이 길한 효사이다.

六二 不耕穫 不菑畬 則利有攸往. 象曰"不耕穫"未富也.
육 이 불 경 확 불 치 여 즉 이 유 유 왕. 상 왈 불 경 확 미 부 야.

육이는 갈지 않고 수확하니, 개간하지 않아도 좋은 밭임으로, 곧 나아가는 바가 있어 이롭다. 상왈 '불경확'은 넉넉하지 않음이다.

역설 2효가 동하면 진뢰 木이 태택 金이 되어 천택이괘이다. 천택이는 하늘을 따르지 않으면 흉함이 있는 효사로 예의를 지켜야 함을 말한다.

六三 无妄之災 或繫之牛 行人之得 邑人之災.

육삼 무망 지재 혹 계 지 우 행인지득 읍인지재.

象曰 行人得牛 邑人災也.

상왈 행인득우 읍인재야.

육삼은 무망이 재앙이라 혹 매어놓은 소를 행인이 같게 되면 읍인에겐 재앙이다. 상왈 지나가는 사람이 소를 얻음이 읍인의 재앙이다.

역설 3효가 동하여 진뢰 木괘가 이 火가 되어 천화동인이다. 생각지 못한 재산의 손실을 말함으로 행인은 이화요 소우(牛)는 건괘와 2, 5효를 말함이니 중부가 달라 귀혼괘가 된다. 내괘인 木이 生火하여 金을 극한다.

九四 可貞 无咎. 象曰 可貞无咎 固有之也.

구 사 가 정 무 구. 상 왈 가 정 무 구 고 유 지 야.

구사는 가히 바름이니 허물이 없다. 상왈 '가정무구'는 굳게 지킴이다.

역설 4효가 동하여 건천 金이 손풍 木이 되어 풍뢰익이다. 열심히 움직여 이익을 만드나 실수가 있음이다. 정(貞:음)하면 무구하니 고(固:곤괘인 중음을 지킴)를 유지함이 좋은 효사이다. 음직임에 순응함을 말한다.

九五 无妄之疾 勿藥有喜. 象曰 "无妄之藥" 不可試也.

구 오 무 망 지 질 물 약 유 희. 상 왈 무 망 지 약 불 가 시 야.

구오는 무망의 병은 약을 쓰지 않으면 기쁨이 있다. 상왈 '무망지약'은 가히 알아보지 못함이다.

역설 5효가 동하면 건천 金이 이 火가 되어 화뢰서합이다. 서합이란 입에 넣어 잘게 끊어서 다시 정렬하는 것이니 예기치 않은 병으로 휴식의 시기를 갖는다. 이는 먹음으로 생긴 것이니 섭생을 중요시해야한다.

上九 无妄 行有眚 无攸利. 象曰 无妄之行 窮之災也.

상 구 무 망 행 유 생 무 유 리. 상 왈 무 망 지 행 궁 지 재 야.

상구는 무망은 움직이면 재앙이 있어서 이로운 바가 없다. 상왈 '무망지행'은 끝에 다른 재앙이다.

역설 6효가 동하면 건천 金이 태택 金으로 변하여 택뢰수가 되었다. 재욕이 강하여 망신을 당하고 사고의 기운이 보이니 불리함을 인지함이 중요시 여기는 효사이다. 스스로를 돌이켜 보는 시기인 것이다.

제26 산천대축괘

* 상상급운세

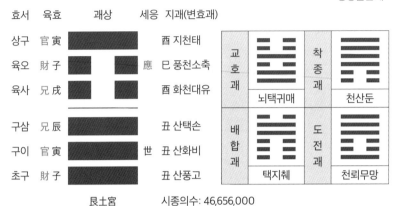

효서	육효	괘상	세응	지괘(변효괘)
상구	官寅			酉 지천태
육오	財子		應	巳 풍천소축
육사	兄戌			酉 화천대유
구삼	兄辰			丑 산택손
구이	官寅		世	丑 산화비
초구	財子			丑 산풍고

교호괘		착종괘
	뇌택귀매	천산둔
배합괘		도전괘
	택지췌	천뢰무망

艮土宮   시종의수: 46,656,000

- 건금이 간토의 생을 받고 장부가 열심히 일하고 끝을 맺으니 길하다.

대축(大畜)은 '크게 쌓다', '많이 모이다'라는 뜻으로 크게 저축하여 모으는 것을 말한다. 하늘 위로 산이 높이 솟아 오른 모습이다. 크게 축적된 상이므로, 대축(大畜)을 괘 이름으로 하였다. 새로운 변화가 하늘을 찌르고 있다. 만물이 축적된 자원이 있은 뒤에야 사람을 부양할 수 있으므로 다음을 이(頤)괘로 받는다. 이란 부양하는 것이다.

1효동 : 부부 친구 간 언쟁을 하지 말고 불리한 운세를 잘 넘겨야 한다. 확장이나 신규 투자는 하지 않는 것이 이로우니 유비무환인 것이다.

2효동 : 하나를 얻으면 하나를 잃을 수 있으니 득이 없으니 분수를 지켜야 한다. 잘하려고 하는 것이 자꾸 틀어지는 경우의 운이다.

3효동 : 남의 시비에 참여하지 마라. 횡액이 있으니 주변을 조심하라. 행이불행이라 친구와 휩쓸림이 불리하여 생각지 않은 손해가 생길 운이다.

4효동 : 친한 사람들 끼리 서로 대화를 나누니 적은 것이 모여 큰 것을 이룰 운이다. 귀인이 나서 돕고자 하니 따름이 길하다.

5효동 : 비는 순하게 내리고 바람이 조화롭게 부니 신의 은총이 있다. 스스로 자중하니 길하다.

6효동 : 연못속의 잠긴 용이 마침내 승천할 때를 만났다. 만사가 대길하니 운이 열림이다. 관의 명이 좋고 명예가 쌓인다.

26. The taming power of the great
강인하게 길들여진 힘, 큰 성과

self-discipline, concentration,
자기 훈련, 집중, 전심 전력,
strengthen your character from within,
내면의 당신에 성품을 강화시키기.
self-awareness,
자기 인식, 자기 성찰,
realizing potential.
잠재력 발현

사 업 : 원대한 포부와 희망이 있는 시기이나 서두르면 오히려 좋지 않다.

소 원 : 서서히 이루어 질 것이니 급히 서두르거나 조바심내지 말라.

거 래 : 큰일에 착수할 시기이나 지나친 욕심은 안 좋다. 사욕은 금물.

재 물 : 금전유통이 가능하고 모든지 자연스럽게 이루어진다.

연 애 : 장래성 있는 두 사람 사이의 교제가 이루어지니 결혼은 서두르자.

혼 인 : 좋은 인연이다. 장해가 있더라도 성립시키도록 노력하자.

매 매 : 서서히 상승한다. 매매는 순조롭게 진행되나 기다렸다 팔아도 좋다.

구 인 : 소식은 오지만 좀 늦는다. 빨리 오려고 해도 방해가 있다.

가출인: 동북쪽으로 움직이니 찾을 수 있다. 자발적으로 올수도 있다.

출 산 : 순산이며 예정보다 늦으며 아들이다. 일찍 낳으면 딸이다.

이 사 : 이사는 해도 좋다. 좀처럼 마음에 드는 주택이 나서지 않는다.

여 행 : 여행은 좋지 않다. 장해가 있어 불길하다.

입 학 : 합격한다. 학업에 있어서 아주 좋은 괘이다.

소 송 : 급하게 서두르면 불리하다. 오래 이어지면 승소한다.

실 물 : 밖에서 잃은 것은 찾기 어렵다. 집안은 큰 물건 아래 있다.

건 강 : 빠르게 치료해라. 오래 이어지면 고생한다. 소화계통, 신경계통.

직 장 : 승진의 운이 있다. 구직자는 안정되게 직장을 구할 수 있다.

大畜 利貞 不家食吉 利涉大川.
대 축 리 정 불 가 식 길 이 섭 대 천 .

대축은 바르게 하면 이로우니 집에서 먹지 아니하면 길하여 대천을 건너면 이로운 것이다.

역설 이정은 후반이 좋음을 말한다. '불가식'이란 내괘인 건괘가 집안에 있는 것이니 움직여 상괘인 음효 두 개를 건너면 길함을 말한다. '이섭대천'이란 음효 두 개를 건넌 양효와 음효 사이에 긴 양효를 말한다.

象曰 大畜 剛健篤實 輝光日新其德 剛上而尙賢 能止健
단 왈 대 축 강 건 독 실 휘 광 일 신 기 덕 강 상 이 상 현 능 지 건

大正也. "不家食吉" 養賢也. "利涉大川" 應乎天也.
대 정 야 . 불 가 식 길 양 현 야 . 이 섭 대 천 응 호 천 야 .

象曰 天在山中 大畜 君子以多識前言往行 以畜其德.
상 왈 천 재 산 중 대 축 군 자 이 다 식 전 언 왕 행 이 축 기 덕 .

단왈 대축은 튼튼하고 강함이니 두텁게 빛나서 날로 그 덕을 새로워지고, 강(양효)이 올라가서 어진 이를 숭상하고, 능히 굳건함(건천)을 그치게 하니 크게 바른 것이다. '불가식길'은 어진 이를 기름이요, '이섭대천'은 하늘에 응함이다. 상왈 하늘이 산 가운데 있음이 대축이니, 군자가 이로써 많이 알려진 앞선 말과 행동으로 나아가 그 덕을 쌓는다.

初九 有厲 利已. 象曰 "有厲利已" 不犯災也.
초 구 유 려 이 이 . 상 왈 유 려 이 이 불 범 재 야 .

초구는 위태로움이 있으니 마침이 이롭다. 상왈 '유려이이'는 재앙의 침범함을 없앰이다.

역설 1효가 동하여 건천 金이 손풍 木이 되어 산풍고괘가 되었다. 흉하니 행함을 피해야 한다. 움직이지 않는 것은 시기를 아니 현명한 것이다.

九二 輿說輹. 象曰 "輿說輹" 中无尤也.
구 이 여 세 복 . 상 왈 여 설 복 중 무 우 야 .

구이는 수레의 바퀴통이 풀려지는 것이다. 상왈 '여탈복'은 가운데함이라 허물이 없다.

역설 2효가 동하여 건천 金이 이 火가 되어 산화비이다. 아름답게 보이려다 火剋金한 것이니 하던 일에 작은 변화가 일어남이다.

九三 良馬逐 利艱貞 曰閑輿衛 利有攸往.
구삼 양마축 이간정 왈한여구 이유유왕.

象曰 利有攸往 上合志也.
상왈 이유유왕 상합지야.

구삼은 좋은 말로 쫓아가니 어렵고 바름이 이롭다. 날로 수레와 호위를 익히면 가는 바가 있어 이롭다. 상왈 '이유유왕'은 위에 뜻을 합함이다.

역설 3효가 동하여 건천 金이 태택 金으로 변하여 산택손이 되었다. 내괘에 비괘이고 외괘에 관괘니 규제함이 이롭다. 간정(艱:간산에 貞음효를 더함)

六四 童牛之牿 元吉. 象曰 六四 "元吉"有喜也.
육사 동우지곡 원길. 상왈 육사   원길   유희야.

육사는 어린 소의 울타리니 크게 길하다. 상왈 '육사원길'은 기쁨이 있다.

역설 4효가 동하면 간산 土가 이 火가 되어 화천대유이다. 적음이 모여 큰 뜻이 된 것이니 火剋金은 재련이라 뜻이 있어 만족함을 나타내는 효사다.

六五 豶豕之牙 吉. 象曰 六五之吉 有慶也.
육오 분시지아 길. 상왈 육오지길 유경야.

육오는 거세한 돼지의 어금니니 길하다. 상왈 '육오의 길함'은 경사가 있음이다.

역설 5효가 동하여 간산 土가 손풍 木이 되어 풍천소축이다. 적게 돈이 들어오는 효사로 앞으로 길하게 변함을 나타낸다. 분(집돼지:천산둔豚+산화비賁), 시(豕:戌방이 아닌 亥방의 건괘)이며 어금니가 빠짐은 산돼지(간산괘)가 집돼지가 되었다는 말이다. 5효가 양효로 변하니 길하다.

上九 何天之衢 亨. 象曰 "何天之衢"道大行也.
상구 하천지구 형. 상왈   하천지구   도대행야.

상구는 무엇이 하늘의 큰길인가? 형통하다. 상왈 '하천지구'는 도가 크게 행하는 것이다.

역설 6효가 동하여 간산 土가 곤지 土로 변하여 지천태이다. 음토가 양금을 생하니 참으로 길하다. 泰는 큰 뜻을 이룸이니 모양은 수화기제와 비슷하나 더 큰 기쁨이다. 구(衢:行+瞿 하늘에 길이 열려 조심스레 가는 것임)

제27 산뢰이괘

* 중상급운세

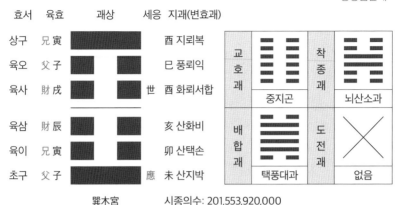

효서	육효	괘상	세응	지괘(변효괘)
상구	兄寅			酉 지뢰복
육오	父子			巳 풍뢰익
육사	財戌		世	酉 화뢰서합
육삼	財辰			亥 산화비
육이	兄寅			卯 산택손
초구	父子		應	未 산지박

巽木宮　　　시종의수: 201,553,920,000

교호괘		착종괘
	중지곤	뇌산소과
배합괘		도전괘
	택풍대과	없음

- 산 아래 천둥이 치니 구설과 시비가 있을 수 있다. 욕심이 과하다.

- 진목이 간토를 맞이하니 말과 생각의 차이가 남으로 답답함이 생긴다.

이(頤)는 '턱'. '기르다'. '봉양하다'로 키우고 기른다는 뜻이다. 산 아래 천둥우레가 진동하는 상이다. 무언가 산 위로 올라가는 모습이므로, 생명을 기른다는 의미의 이(頤)를 괘 이름으로 하였다. 부양하지 않으면 움직일 수 없으므로 다음을 대과(大過)괘로 받는다.

1효동 : 한 밤중 흉조가 울었으니 명예에 손상과 재앙이 생길까 두렵다. 소탐대실로 눈이 어두워 존귀함을 버리고 실리를 추구함이다.

2효동 : 가택의 신이 발동하여 믿는 도끼에 발을 찍힌다. 배신을 조심하라. 손실과 관재가 있으며 자신의 세력이 사라짐을 뜻한다.

3효동 : 금계가 두 마리씩이나 집안에 들어 왔으니 길흉을 분간하기 어렵다. 분쟁과 시기 질투의 운이니 실리보단 명예를 추구함이 좋다.

4효동 : 관청에 이로움이 있으니 명예보다 재물 쪽이 유리하다. 매사 신중함을 나타내는 효사이며 어지러웠던 현실이 자리를 잡는 시기이다.

5효동 : 남의 보증을 서는 거나 매매 관계가 불안하다. 관제구설 조심. 명예가 얻어 활동이 강하니 이익이 많아지나 신규로 확장은 불리하다.

6효동 : 분수에 맞게 행동하라. 남의 재물을 탐내고 있을 수 있음이다. 현실에 충실하면 길한 효사이니 만족하고 지켜나가는 것이 길하다.

27. The corners of the mouth

턱, 입의 구석, 구업 조심, 입 관련

nourishment, health,
영양, 건강, 수행하라.
well-being, creating balance,
복리, 행복, 균형 잡기,
providing for others,
다른 사람들에게 제공하기,
nurturing the body mind
and spirit.
육체에서 정신과 영혼을 육성한다.

사 업 : 혼자보다 친구와 협력하면 크게 성취할 수 있다. 사기 조심.

소 원 : 적은 일은 성취되며 큰일은 시간이 걸린다. 주변과 협력하라.

거 래 : 의견 일치를 보며 순조롭게 이루어진다. 브로커가 끼면 안 좋다.

재 물 : 부족함이 없다. 욕심은 줄이자. 주위와 협력하면 더 많아진다.

연 애 : 비교적 원만히 진행되며 경제적 어려움으로 결혼은 결정이 어렵다.

혼 인 : 맞벌이에 아주 좋다. 서두르지 않고 서서히 진행시키면 좋다.

매 매 : 적은 것은 가능하나 큰 것은 시일이 걸린다. 시기를 두면 좋다.

구 인 : 중간에 소식은 오지 않고 사람도 늦게 온다.

가출인: 찾을 수 있다. 가까운 산 아래에 있다.

출 산 : 예절일보다 늦으면 난산이고 아들을 낳겠다.

이 사 : 이사하면 좋은 때다. 주변과 화합하면 길하다.

여 행 : 가까운 곳은 길하나 원행은 동행자와 같이 가라. 식중독 주의

입 학 : 합격하지만 경쟁자가 많다. 욕심 부리지 말자.

소 송 : 오래 끌고 가면 승소는 하나 이익이 없다. 타협 하는 게 좋다.

실 물 : 내부는 상자나 서랍을 찾고 외부는 동북쪽에서 찾아라.

건 강 : 폭음폭식으로 건강을 상했다. 소화계통, 간장에 병증 조심

직 장 : 직장인은 승진, 영전하나 주의하라. 구직자도 취직이 된다.

頤 貞吉 觀頤 自求口實.
이 정길 관이 자구구실.

이는 곧음으로 길하니 기름을 보아가며 스스로 입안 가득히 구함이다.

역설 이괘는 양효가 음을 보호하고 있음이다. 그러니 정(貞:음효, 실리, 열매實)으로 길하다. 관이(☶ 관괘觀卦 : 관뢰 높이 있는 새가 견見 먹이를 보고 얻으니 頤 입안이 가득하다.)란 입안에 실리가 가득함이다.

象曰 頤 貞吉 養正則吉也. 觀頤 觀其所養也 自求口實 觀
단 왈 이 정길 양정 즉길야. 관이 관기소양야 자구구실관

其自養也. 天地養萬物 聖人養賢以及萬民 頤之時 大矣哉.
기 자양야. 천지양만물 성인양현이급만민 이지시 대의재.

象曰 山下有雷 頤 君子以愼言語 節飮食.
상왈 산하유뢰 이 군자이신언어 절음식.

단왈 '이정길'은 바르게 기르면 곧 길한 것으로 '관이'는 스스로 기름을 보는 것이다. '자구구실'은 그 스스로 기름을 보는 것이다. 하늘과 땅이 만물을 길러가며 성인이 어진 이를 길러감으로 모든 백성에게 미치니 기르는 때가 위대함이다. 상왈 산 아래에 우뢰가 있으니, 군자는 이로써 언어를 조심하며 음식을 절제한다.

初九 舍爾靈龜 觀我朶頤 凶. 象曰 "觀我朶頤" 亦不足貴也.
초구 사이영귀 관아타이 흉. 상왈 관아타이 역부족귀야.

초구는 너의 신령한 거북이를 버림이니 나의 늘어나는 기름을 봄이 흉하다. 상왈 '관아타이'하니 또한 귀함이 부족한 것이다.

역설 1효가 동하여 진뢰 음木이 곤지 음土가 되어 산지박이다. 외괘엔 길하나 내괘엔 욕심이 과하여 귀함이 사라짐의 예시이다. 소탐대실을 말한다. '사이영귀'는 거북이 배 껍질이 부드러워 사라진 것으로 깨짐을 말한다.

六二 顚頤 拂經于丘 頤征凶. 象曰 "六二征凶" 行失類也.
육이 전이 불경우구 이정흉. 상왈 육이정흉 행실류야.

육이는 기름이 엎어지니 높이 다스림을 거스름으로 길러 나감에 흉하다. 상왈 '육이정흉'은 행하는 같은 무리를 잃었음이다.

역설 2효가 동하여 진뢰 음木이 태택 음金이 극하는 산택손괘이다. 손해를 나타내는 효사이니 兄이 변하여 손해를 끼친다. 자신의 세력의 손실이다.

六三 拂頤 貞凶 十年勿用 无攸利. 象曰"十年勿用"道大悖也.
육 삼 불 이 정 흉 십 년 물 용 무 유 리 . 상 왈 십 년 물 용 도 대 패 야 .

육삼은 길러줌을 버리니 곧은 것은 흉하여 십년이 지나도 쓰지 않으니 이로운 바가 없다. 상왈 '십년물용'은 도가 크게 패한 것이다.

역설 3효가 동하여 진뢰 木이 이 火로 변하여 산화비가 되었다. 비(賁)은 木生火 火生土로 유기하니 설기되며 활동이 강한 자유로움을 뜻한다. 정(貞:음속에 양이 생한 것이니) 뜻이 양분한 것이다. 실리보단 명예이다.

六四 顚頤 吉 虎視耽耽 其欲逐逐 无咎.
육 사 전 이 길 호 시 탐 탐 기 욕 축 축 무 구 .

象曰 顚頤之吉 上施光也.
상 왈 전 이 지 길 상 시 광 야 .

육사는 길러짐이 엎어져 길하다. 호랑이가 계속하여 노려보니 그 원함을 쫓아가도 허물이 없다. 상왈 '전이지길'은 위에서 빛나게 베풀어줌이다.

역설 4효가 동하여 간산 土가 이 火가 되어 화뢰서합이다. 서합은 질서를 잡아 나아감을 나타내니 그 동안의 힘든 시기가 길해지려 함이다.

六五 拂經 居貞吉 不可涉大川. 象曰"居貞之吉"順以從上也.
육 오 불 경 거 정 길 불 가 섭 대 천 . 상 왈 거 정 지 길 순 이 종 상 야 .

육오는 다스림을 버렸으니 바르게 머물면 길하며 큰 내를 건너는 것은 불가하다. 상왈 '거정지길'은 순응함으로써 위를 따름이다.

역설 5효가 동하여 간산 土가 손풍 木으로 변하여 풍뢰익이 되었다. 양효가 중정하니 길하며 변괘인 외괘가 본 내괘를 도우니 위를 따름이 길하다.

上九 由頤 厲吉 利涉大川. 象曰"由頤厲吉"大有慶也.
상 구 유 이 여 길 이 섭 대 천 . 상 왈 유 이 여 길 대 유 경 야 .

상구는 길러냄을 이어가니 위태롭지만 길하다. 큰내를 건넘이 이롭다. 상왈 '유이려길'은 크게 경사가 있음이다.

역설 6효가 동하여 간산 土가 곤지 土로 변하여 지뢰복이 되었다. 유이는 양효의 뚜껑이 사라져 열림(由)을 말하며 깊은 유혹에 빠져 있으니 큰내를 건넘은 음효를 지나야 더욱 길함을 뜻함이다. 탐욕이 없으면 길하다.

제28 택풍대과괘

* 중하급운세

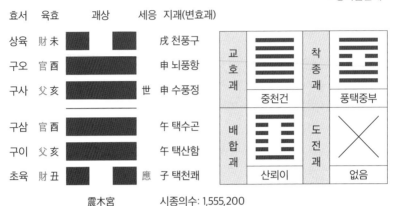

효서	육효	괘상	세응	지괘(변효괘)
상육	財未			戌 천풍구
구오	官酉			申 뇌풍항
구사	父亥		世	申 수풍정
구삼	官酉			午 택수곤
구이	父亥			午 택산함
초육	財丑		應	子 택천쾌

震木宮　　시종의수: 1,555,200

- 수입은 적고 지출은 많으며 욕심은 과하구나! 자신이 저지른 일들이니 누구를 원망하겠는가? 욕심을 조절하지 못함이니 자중하여야 한다.

- 뉘우침으로 일을 풀어나가야 할 때이다. 그래야 귀인이 나선다.

대과(大過)는 일반적, 정상적인 것에서 크게 벗어나 '지나치다'라는 뜻이다. 잔잔한 못에 바람이 불어 물결이 크게 일어난다. 눈앞의 이익만보고 일을 크게 키웠으니 지나치다. 라는 뜻에서 대과를 괘 이름으로 하였다.

1효동 : 마음이 누각에 있으니 색정을 조심하라. 낭비가 심하며 달콤한 유혹이 다가와도 부동함을 말한다. 크게 보아 길함이 없는 유혹이다.

2효동 : 문서를 조심하고 슬하자손으로 인해 근심 걱정이 있다. 큰 유혹을 뿌리치지 못하니 문서로 움직인다. 윗 귀인과 화합함이 있다.

3효동 : 아랫사람을 조심하라. 구사일생의 어려운 고비를 대비할 때이다. 주변이 나를 멀리하니 홀로 외로움을 말한다. 인사로 스트레스가 많다.

4효동 : 이동이나 변동수가 있으니 이로운 일이 생길 것이다. 역마가 동하니 움직임이 길하며 명예가 있으니 직장과 하는 일이 순조롭다.

5효동 : 꽃으로 만든 누각 위에서 귀인을 만나는 수다. 여자로 인해 손해를 본다. 그러나 여자는 젊은 남자로 인해 기쁨이 있다.

6효동 : 친근한 사람에게 배반을 당할 운세이다. 서북쪽이 길하다. 구설이 있으며 귀인의 도움으로 난관을 이겨 나가게 된다.

28. Exess

과잉, 과도한 부담, 끝내라.

stress, overload, exhaustion,
정신적 고통, 초과 적재, 피로, 소진,
obsessiveness, gluttony,
강박관념, 폭식, 과식, 과음,
burdens, worries,
부담, 짐, 걱정, 우려
the breaking point.
파괴 지점, 절단 점

사 업 : 투자과잉, 내부불화로 부도 일보직전의 상황이다. 정리함이 좋다.

소 원 : 불가능하다. 분수에 맞는 소원이면 이루겠으나 욕심이 과해진다.

거 래 : 대체적으로 무리다. 오랜 친구의 도움이 있으면 가능하다.

재 물 : 궁색하다. 지금 자금난에 봉착해 있다. 수입보다 지출이 많다.

연 애 : 연령차이가 심하며 복잡 미묘한 관계이다. 늦바람이다.

혼 인 : 어렵다. 재혼자나 나이가 많으면 무방하다. 한쪽에 사고가 있다.

매 매 : 성사되기 어렵고 계약은 해약된다. 겸손한 자세로 때를 기다려라.

구 인 : 오지 않는다. 서로 어긋난다.

가출인: 서남쪽으로 멀리 갔다. 돌아오기 어렵다. 정신불안이 심하다.

출 산 : 초산은 딸이며 태아가 커서 난산이겠으나 길하다. 두 번쨌 아들.

이 사 : 이사는 불길하니 보류해라. 불길하니 무리하지 말자.

여 행 : 일단은 중단해라. 아무리 불가피한 경우라도 보류나 중단할 것.

입 학 : 예체능계는 길하며 실력보다 낮은 곳을 지망하라.

소 송 : 소송은 안 좋다. 타협이 길하나 의견의 일치가 어렵다.

실 물 : 찾을 수 없으니 단념하는 것이 좋겠다.

건 강 : 오랜 병은 위험하다. 여자는 생식기 조심, 남성은 과로 조심.

직 장 : 방해가 있어 직장을 옮기는 것도 좋다. 취직이 어렵다.

大過 棟撓 利有攸往 亨.
대 과 동 요 이 유 유 왕 형 .

대과는 휘어진 용마루라 가는 바를 두면 이롭고 형통하다.

역설 지나친 행동으로 큰 짐을 짊어진 괘상으로 동요(棟: 木+東손목괘 撓:부드러움
이 강함을 쌓고 있어 휘어짐을 떠받드는 모습)는 능력 없는 부드러움이 강함을 둘러쌓
고 있어 위태한 모습을 말함이다.

彖曰"大過"大者過也"棟撓"本末弱也. 剛過而中.
단 왈 대 과 대 자 과 야 동 요 본 말 약 야 . 강 과 이 중 .

巽而說行 利有攸往 乃亨."大過"之時大矣哉.
손 이 열 행 이 유 유 왕 내 형 . 대 과 지 시 대 의 재 .

象曰 澤滅木 大過 君子以獨立不懼 遯世无悶.
상 왈 택 멸 목 대 과 군 자 이 독 립 불 구 둔 세 무 민 .

단왈 '대과'는 크게 지나침이다. '동요'는 약함이 시작(초효)과 끝이며 지나친 강함
(양효)이 가운데하여 겸손(巽卦)히 즐김(兌卦)으로 (외괘를 받들어) 가는 것이 이로우며
이에 형통하다. '대과'는 시(때)의 위대함이다. 상왈 못이 나무를 멸함이 대과니, 군자
가 홀로 세워져도 두려워 않고 세상을 멀리해도 답답함이 없다.

初六 藉用白茅 无咎. 象曰 藉用白茅 柔在下也.
초 육 자 용 백 모 무 구 . 상 왈 자 용 백 모 유 재 하 야 .

초육은 깨끗한 잔디를 사용하여 깔아주니 허물이 없다. 상왈 '자용백모'는 부드러움
이 아래에 있음이다.

역설 1효가 동하여 손풍 木괘가 건천 金이 되어 택천쾌가 되었다. 택천쾌, 결은
굳은 결의로 큰 흉은 아니다. 유혹이 다가오는 패이니 정조하라.

九二 枯楊生稊 老夫得其女妻 无不利.
구 이 고 양 생 제 노 부 득 기 녀 처 무 불 리 .

象曰"老夫女妻"過以相與也.
상 왈 노 부 녀 처 과 이 상 여 야 .

구이는 마른 버들에 싹이 나니 늙은 사내가 그 젊은 처를 얻음은 불리함이 없다. 상왈
'노부여처'는 지나침으로써 같이 도와주는 것이다.

역설 2효가 동하여 손풍 木이 간산 土가 되어 택산함이다. 베개 속 정사를 갈

구하여 결합(성혼)하고자 함(咸)이니 노부와 처녀는 1효변을 말한다.

九三 棟橈 凶. 象曰 "棟橈之凶" 不可以有輔也.
구삼 동요 흉. 상왈   동요지흉   불가이유보야.

구삼은 구부러진 용마루니 흉하다. 상왈 '동요지흉'은 도와줌이 불가하다.

역설 3효가 동하면 손풍 木괘가 감 水괘로 변하여 택수곤이 되었다. 곤은 난괘로 흉하다. 水生木하나 부목이요. 관재와 구설의 효사이다.

九四 棟隆 吉 有它 吝. 象曰 "棟隆之吉" 不橈乎下也.
구사 동륭 길 유타 린. 상왈   동륭지길   불요호하야.

구사는 높아지는 용마루니 길하나 달라짐이 있으면 한탄한다. 상왈 '동륭지길'은 아래로 구부러지지 않는 것이다.

역설 4효가 동하여 태택 金이 감 水괘로 변하여 수풍정이 되었다. 수풍정이란 어려움을 해결하여 시원함을 느끼는 효사이다. 회두생 효하여 길하다.

九五 枯楊生華 老婦得其士夫 无咎无譽.
구오 고양생화 노부득기사부 무구무예.

象曰 "枯楊生華" 何可久也 "老婦士夫" 亦可醜也.
상왈   고양생화   하가구야   노부사부   역가추야.

구오는 마른 버들에 꽃이 피니 늙은 여자가 그 젊은 남자를 얻음이니, 허물은 없고 즐김도 없다. 상왈 '고양생화'가 어찌 불변 할 수 있으며, '노부사부'가 이 또한 달라질 수 있음이다.

역설 5효가 변하면 태택 金이 진뢰 木이 되어 뇌풍항이다. 항이란 오래도록 변하지 않는 것이나 내괘인 손풍 木을 도우니 흉하진 않다. 마른 나무에 꽃이 핀 것은 뇌풍(木+木)항을 말하며 노부사부는 4효변이 이어짐이다.

上六 過涉滅頂 凶 无咎. 象曰 "過涉之凶" 不可咎也.
상육 과섭멸정 흉 무구. 상왈   과섭지흉   불가구야.

상육은 이마가 없어지면서 지나치게 건너가니 흉하지만 허물은 없다. 상왈 '과섭지흉'은 잘못이라 할 수는 없다.

역설 6효가 동하여 태택 金이 건천 金으로 변하여 천풍구가 되었다. 구(姤)는 장녀가 노부와 입을 마주한 모습이라 욕이 과해 정을 멸함을 말한다.

제29 중수감괘

* 하하급운세

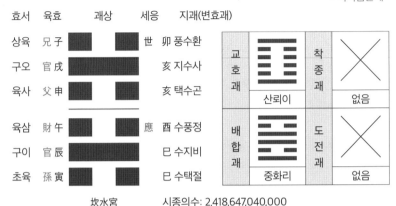

효서	육효	괘상	세응	지괘(변효괘)
상육	兄子		世	卯 풍수환
구오	官戌			亥 지수사
육사	父申			亥 택수곤
육삼	財午		應	酉 수풍정
구이	官辰			巳 수지비
초육	孫寅			巳 수택절

坎水宮   시종의수: 2,418,647,040,000

교호괘	산뢰이	착종괘	없음
배합괘	중화리	도전괘	없음

- 감수가 감수를 만났으니 늪과 같은 깊은 함정이 도사리고 있음이다.

감(坎)은 '구덩이', '험난하다'로 도가 지나쳐 붕괴되어 빠진다는 뜻이다. 물이 겹쳐 있으니, 수(水)를 괘 이름으로 하였다. 두 소성괘 모두 두 음효 중간 구덩이에 양효가 빠져있다. 모든 일은 지나치면 위험에 빠지게 되어 실패, 좌절, 파산, 병고 등의 어려운 일을 뜻한다. 함몰하면 반드시 아름다운 것이 있으므로 이(離)괘로 받으며 이란 아름다움이다.

1효동 : 여자로 인해 관제구설수가 있으니 손재수를 조심하라. 세속의 일로 멀리 떠날 수 있음이니 언행이 구설이 된다. 여행은 불길하다.

2효동 : 가택이 발동하니 문서의 하자가 생겨 손재수가 오고 있다. 상대와 소통이 안되며 냉대가 서로 심해지는 불화의 운이다.

3효동 : 재성이 문에 와 비치니 토지, 건물로 이익을 볼 운이다. 어려움이 풀리는 듯하나 재차 어려움이 비추니 유비무환의 자세가 필요하다.

4효동 : 어두운 밤길에 지팡이를 얻었으니 천리 길도 무난하다. 귀인이 온다. 아직은 주변이 모두 어두우니 힘들고 고난하며 스트레스가 많다.

5효동 : 아무 일도 아닌 것을 가지고 말썽이 일어나겠으니 관제구설을 조심하라. 자신을 갈고 닦아 운이 오면 맞을 준비를 해야 한다.

6효동 : 내 마음을 갈피 잡을 수 없으니 정신이 혼동되고 손재수가 있다. 눈앞에 모든 것이 있으나 하고 싶어도 하지 못하는 효사이니 자중하자.

29. The abysmal
골짜기, 깊은 계곡, 함정

danger, insecurity,
위험, 불안정,
overwhelm, unpredictability,
압도하다, 휩싸다, 예측 불가능한,
hazardous conditions,
위험한 조건
dark emotions, courage,
어두운 감정, 용기, 담력,
facing fear.
두려움에 직면하다.

사 업 : 현상유지하며 때를 기다려라. 도처에 곤경이니 신규, 확장 안 좋다.

소 원 : 대단히 어려운 시기이다. 지금은 실력을 쌓고 때를 기다릴 때다.

거 래 : 자칫하면 사기당할 염려가 있으니 조심하여야 한다. 유비무환이다.

재 물 : 낭비를 억제하고 근검절약해야 한다. 잘못하면 매우 어려워진다.

연 애 : 사랑에 빠졌으나 환경이 허락하지 않아서 고민한다.

혼 인 : 혼인의 시기가 아니다. 노인들의 재혼은 길하다. 성립도 어렵다.

매 매 : 단념하라. 사는 건 안 좋고 파는 건 성립된다. 손해이다.

구 인 : 소식은 온다. 사정 있어서 오지 못하니 기다려라.

가출인: 찾기 어렵다. 바닷가나 멀리 떠났으니 돌아오려면 시일이 걸린다.

출 산 : 유산의 우려가 있으며 쌍둥이일 가능성이 있다. 초산은 딸이다.

이 사 : 이사는 불길하다. 집 하나에 소유자가 두 명일 가능성이 있다.

여 행 : 보류해라. 수액과 함정이 많으니 하지 않는 것이 좋다.

입 학 : 희망하는 곳은 어렵겠다. 실력을 쌓아야 한다. 눈높이를 낮춰라.

소 송 : 득이 없다. 돈 잃고 망신당하는 운이니 고집은 접자. 합의해라.

실 물 : 손재수가 있으니 조심해야 한다. 범인은 두 명이고 찾기 힘들다.

건 강 : 장과 신경계통의 질환주의 하고 중병이 되니 빨리 치료하자.

직 장 : 장해가 따르니 현실에 충실하자. 구직자는 취직사기 조심해라.

習坎 有孚 維心亨 行有尙.

습 감 유 부 유 심 형 행 유 상 .

습감은 믿음이 있어 마음에 근본으로 형통하다, 행하면 높아짐이 있다.

역설 습(羽+自)이란 申과 같은 말로 어둠을 극복하고 날아가고자 하는 마음이다. 중효에 모두 양이라 빛이 있어 날수 있다는 믿음이 있는 것이다.

象曰 "習坎" 重險也 水流而不盈. 行險而不失其信

단 왈 습 감 중 험 야 수 류 이 불 영 . 행 험 이 불 실 기 신

維心亨 乃以剛中也 "行有尙" 往有功也. 天險不可升也

유 심 형 내 이 강 중 야 행 유 상 왕 유 공 야 . 천 험 불 가 승 야

地險山川丘陵也 王公設險以守其國 險之時用大矣哉.

지 험 산 천 구 릉 야 왕 공 설 험 이 수 기 국 험 지 시 용 대 의 재 .

象曰 水洊至 習坎 君子以常德行 習敎事.

상 왈 수 천 지 습 감 군 자 이 상 덕 행 습 교 사 .

단왈 습감은 거듭 험하니, 물이 흘러 채우지 않고 험함을 행해도 그 믿음을 잃지 않음에, '유심형'은 이에 강(양)이 중에 임하여, '행유상'은 나아가면 공로가 있음이다. 하늘은 험하여 가히 오를 수 없고, 땅도 험하여 산천이 구릉지니, 왕과 관리는 험한 것을 설치하여 그 나라를 지키니, 험함의 때맞으면 쓰임이 크다. 상왈 물이 거듭 와서 습감이니, 군자가 이로써 덕행을 지속하여 가르치는 일에 익숙해지는 것이다.

初六 習坎 入于坎窞 凶. 象曰 "習坎入坎" 失道凶也.

초 육 습 감 입 우 감 담 흉 . 상 왈 습 감 입 감 실 도 흉 야 .

초육은 익숙하게 빠져드니 구덩이에 들어감으로 흉하다. 상왈 '습감입감'은 도를 잃음이니 흉하다.

역설 1효가 동하여 감 水가 태택 金이 되어 수택절이다. 절이란 모든 것을 끊어 절제하는 것이니 흉함을 생함이라 길하지 않다. 구설수가 있다.

九二 坎有險 求小得. 象曰 "求小得" 未出中也.

구 이 감 유 험 구 소 득 . 상 왈 구 소 득 미 출 중 야 .

구이는 감에 험함이 있으나 구하여 작은 것을 얻는다. 상왈 '구소득'은 안쪽을 떠나지 않음이다.

역설 2효가 동하여 감 水괘가 곤지 土가 되어 수지비이다. 수지비는 서로 등을

지고 막힘이 있는 것이니 작은 것을 구하는 데에도 험함이 있다.

六三 來之坎坎 險且枕 入于坎窞 勿用. 象曰"來之坎坎"終无功也.
육 삼 래 지 감 감 험 차 침 입 우 감 담 물 용 . 상 왈 래 지 감 감　종 무 공 야 .

육삼은 거듭 빠져들게되니 험난함이 또 막혀서 구덩이에 빠져 들어감으로 사용하지
말라. 상왈 '래지감감'은 마침내 공로가 없어짐이다.

역설 3효가 동하여 감 水가 손풍 木이 되어 수풍정이다. 수풍정은 시원한 물에
재차 빠져들어 시원스레 물을 즐기는 것으로 허물이 없는 효사이다.

六四 樽酒 簋貳 用缶 納約自牖 終无咎.
육 사 준 주 궤 이 용 부 납 약 자 유 종 무 구 .

象曰"樽酒簋貳"剛柔際也.
상 왈　준 주 궤 이　강 유 제 야 .

육사는 술병과 짝하는 대그릇이니 항아리를 쓰며 들창으로 검소히 드림에 마침내 허
물이 없으리라. 상왈 '준주궤이'는 강함이 유와 사귐이다.

역설 4효가 동하여 감 水가 태택 金이 되어 택수곤이다. 주변의 기운이 나를
힘들게 하는 운이나 태금의 도움으로 잠시 즐거움을 나타낸다.

九五 坎不盈 祗旣平 无咎. 象曰"坎不盈"中未大也.
구 오 감 불 영 지 기 평 무 구 . 상 왈　감 불 영　중 미 대 야 .

구오는 감에 넘치지 않아 조심스레 이미 평평하게 차면 허물이 없다. 상왈 '감불영'은
가운데가 크지 않은 것이다.

역설 5효가 동하여 감 水괘가 곤지 土로 변하여 지수사가 되었다. 사(師)는 갈
고 닦아 남을 가르치는 사람이라, 수신해야 하는 효사이다.

上六 係用徽纆 寘于叢棘 三歲不得 凶. 象曰 上六失道 凶三歲也.
상 육 계 용 휘 묵 치 우 총 극 삼 세 부 득 흉 . 상 왈 상 육 실 도 흉 삼 세 야 .

상육은 끈으로 묶어 사용하다 가시덩쿨에 두어 삼년동안 얻지 못하여 흉하다. 상왈
'상육실도'는 그 흉함이 삼년이다.

역설 6효가 동하여 감 水괘가 손풍 양木괘가 되어 풍수환이다. 빠진 입구가 닫
혔으니 양목인 3년이 고비인 것이다. 하는 일은 많으나 고비가 많다.

제30 중화리괘

* 상상급운세

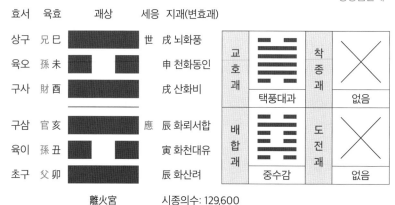

효서	육효	괘상	세응	지괘(변효괘)
상구	兄巳		世	戌 뇌화풍
육오	孫未			申 천화동인
구사	財酉			戌 산화비
구삼	官亥		應	辰 화뢰서합
육이	孫丑			寅 화천대유
초구	父卯			辰 화산려

離火宮   시종의수: 129,600

교호괘	착종괘
택풍대과	없음

배합괘	도전괘
중수감	없음

- 태양이요 밝음의 뜻으로 정열적이고 예의가 바르며 급성급패의 운이다.

- 자신의 열정을 태워 남을 비춰주니 봉사와 예술적 성정이 커질 때이다.

이(離)는 흩어진 두 개의 불이 짝을 이루어 들러붙는다는 뜻으로 불 두 개가 겹쳐 화(火)를 괘 이름으로 하였다. 영적이며 예술적이고 정열과 왕성한 의욕을 뜻한다. 이(離)는 열정을 말하며 부부의 도를 이룬다는 뜻이며, 부부는 같음 마음이어야 함으로 다음을 함(咸)괘로 받는다.

1효동 : 가족이 생기겠으나 함께하는 사람과의 실속은 없겠다. 문서의 이동수가 있으며 여행은 불길하다. 원하는 바는 귀인이 나서서 도와준다.

2효동 : 사고파는 것에 이익이 있으니 기쁨이 있겠다. 사람다루길 잘하면 기쁨이 있으리라. 후손에 길함이 있으며 얻는바가 크다.

3효동 : 효사가 불리하니 횡액수를 조심하라. 금전손해수요 사고 운세이다. 어른에게 불리함이 있으니 주의하라. 내실을 다지도록 하자.

4효동 : 재물 복이 다다르니 서남쪽에서 재물이 들어온다. 지출이 많은 해이다. 모든게 타버리는 화병이 생길 수 있음이다.

5효동 : 우환이 사라지고 재물 운이 왔으니 대성하리라. 서로가 뜻함이 있어 모이고 이룸이 있는 효사로 활동이 강해지는 운입니다.

6효동 : 겨울에는 질병을 앓을 수요. 얼음, 빙판, 교통사고를 조심하라. 과한 움직임이 스스로를 힘들게 하는 운으로 주변을 살피도록 하자.

30. The Clinging
애착, 열정, 몸에 달라붙는

fire, illumination, inspiration,
화재, 불빛, 조명, 영감(예술적),
devotion, regeneration,
헌신, 전념, 갱생, 재건, 부흥,
an all-consuming, virtue,
모든 것을 소비하는, 선행, 미덕,
spirituality, enlightenment.
정신적임, 영적임, 개화, 깨우침.

사 업 : 확장이나 장기적 안목의 투자는 금물, 단기이익을 노려야 한다.

소 원 : 선배나 귀인의 도움으로 성취되겠다. 간단한 소원은 성취된다.

거 래 : 계약은 신중을 기하고 물질보단 명예이며 예술과 문예물이 좋다.

재 물 : 금전 융통은 친구에게 부탁하자. 손재수와 낭비수가 있다.

연 애 : 정열적인 관계로 결혼은 망설이지만 서로의 장단점을 잘 안다.

혼 인 : 초혼은 어렵고 재혼은 길하다. 될듯하면서 성사가 어렵다.

매 매 : 서두르지 말고 잠시 보류하며 신중을 기하자. 시세는 상승한다.

구 인 : 소식과 함께 빠른 시일 안에 사람이 온다.

가출인: 서남쪽으로 멀리 가 있으며 소식은 오나 빨리 찾기는 어렵다.

출 산 : 약간 난산이나 위험하진 않으니 안심해라. 쌍둥이나 딸이다.

이 사 : 하지 않는 것이 좋다. 아파트는 괜찮다.

여 행 : 연기하는 것이 좋다. 금전의 손실이 있다.

입 학 : 어렵지만 합격된다. 재시험을 볼 수도 있다.

소 송 : 오랜 시일이 걸린다. 시일이 걸리면 불리하니 빨리 합의함이 좋다.

실 물 : 밖에서 잃은 것은 남의 손에 들어가 있으나 찾을 수 있다.

건 강 : 고열과 신경계통의 질환으로 고생하는 때이다. 급성질환 조심.

직 장 : 현재 매우 불안한 상태이며 구직자는 6개월 후 귀인이 돕는다.

離 利貞 亨 畜牝牛吉.
리 이정 형 축빈우길.

리는 곧음으로 이롭고 형통하니 암소를 길러 길하다.

역설 이정이란 음이 바르게 자리함이라 실리가 있음을 말한다. 형이란 밝게 빛나 활동이 왕한 것이다. 축(爻음 + 田중앙) 빈우(음이 강한 빛이다)

彖曰 離 麗也. 日月麗乎天 百穀草木麗乎土. 重明以麗乎正
단왈 리 여야. 일월여호천 백곡초목려호토. 중명이여호정

乃化成天下 柔麗乎中正 故亨 是以畜牝牛吉也.
내화성천하 유여호중정 고형 시이축빈우길야.

象曰 明兩作 離 大人以繼明照于四方.
상왈 명양작 리 대인이계명조우사방.

단왈 리는 빛남이 드러남이니 해와 달이 하늘에 빛나고 백곡과 초목이 땅에 드러나니 거듭 밝음은 바로잡아 드러냄으로 이에 천하를 화하여 이룬다. 유(음)가 중앙에 바로잡아 빛남이니 고로 형통하다. 이로써 암소를 길러 길하다. 상왈 밝은 것이 양쪽을 만든 것이 리괘로 대인이 이로써 밝음을 이어서 사방에 비춘다.

初九 履錯然 敬之 无咎. 象曰 "履錯之敬" 以辟咎也.
초구 이착연 경지 무구. 상왈 이착지경 이피구야.

초구는 섞으며 밝음이니 조심하면 허물이 없다. 상왈 '이착지경'은 허물을 피함이다.

역설 1효가 동하여 이 火가 간산 土가 되어 화산려이다. 나그네가 먼길을 움직이는 효사이니 윗사람의 원조가 필요하다. 움직임에 조심스러움이 있으니 멀리 여행하거나 이사함은 피함이 좋겠다.

六二 黃離 元吉. 象曰 "黃離元吉" 得中道也.
육이 황리 원길. 상왈 황리원길 득중도야.

육이는 누렇게 빛나 크게 길하다. 상왈 '황리원기'는 중도를 얻음이다.

역설 2효가 동하여 이 火가 건천 金으로 변하여 화천대유이다. 하늘위에 밝게 빛나니 크게 얻는바가 있어 만족함이 있는 효사이다.

九三 日昃之離 不鼓缶而歌 則大耊之嗟 凶.
구삼 일측지리 불고부이가 즉대질지차 흉.

象曰 "日昃之離" 何可久也.
상왈　일측지리　하가구야.

구삼은 기우는 해가 빛남이니 장구를 치고 노래하지 않으면 즉 큰 노인이 슬퍼하여 흉하다. 상왈 '일측지리'가 어찌 가히 오래갈 수 있는가.

역설 3효가 동하여 이 火가 진뢰 木이 되어 화뢰서합이다. 질서를 잡아야 하는 어지러운 시기이나 주의하여 정리하면 흉함이 없다. 노인은 2효변

九四 突如其來如 焚如 死如 棄如.
구사 돌여기래여 분여 사여 기여.

象曰 "突如其來如" 无所容也.
상왈　돌여기래여　무소용야.

구사는 갑자기 그것이 오는 것이니. 불살라지고 죽여지고 버려진다. 상왈 '돌여기래여'는 받아들인 바가 없음이다.

역설 4효가 동하여 이 火괘가 간산 土괘로 변하여 산화비이다. 아름다움을 태우니 너무 과한 아름다움이라. 수입만큼 지출이 큰 효사이다.

六五 出涕沱若 戚嗟若 吉. 象曰 六五之吉 離王公也.
육오 출체타약 척차약 길. 상왈 육오지길 이왕공야.

육오는 눈물 흘림이 비오듯하니 슬퍼 탄식함이 길하다. 상왈 '육오지길'은 왕과 관리의 빛남이다.

역설 5효가 동하여 이 火괘가 건천 金괘로 변하여 천화동인이다. 5효 중궁에 양효가 오니 길함이 있다. 뜻을 같이함이니 이룸이 있는 효사이다.

上九 王用出征 有嘉折首 獲匪其醜 无咎.
상구 왕용출정 유가절수 획비기추 무구.

象曰 "王用出征" 以正邦也.
상왈　왕용출정　이정방야.

상구는 왕이 출정함이니 우두머리를 꺾을 뛰어남이 있으면 그 다르지 않음을 얻으면 허물이 없다. 상왈 '왕용출정'은 나라를 바로 잡음이다.

역설 6효가 동하여 이 火가 진뢰 木이 되어 뇌화풍이다. 木生火로 내괘를 생하니 길하나 불 위에 우레는 큰 소리와 큰 움직임이다. 왕의 출정은 5효가 이어짐을 뜻하니 6효가 열려 길이 열린 것이다.

제31 택산함괘

* 상중급운세

효서	육효	괘상	세응	지괘(변효괘)
상육	父未		應	戌 천산둔
구오	兄酉			申 뇌산소과
구사	孫亥			申 수산건
구삼	兄申		世	卯 택지췌
육이	官午			亥 택풍대과
초육	父辰			卯 택화혁

兌金宮   시종의수: 559,872,000

- 소남이 소녀를 만났으니 만감이 소통한다. 귀인의 도움이 생긴다.

함(咸)은 감(感)과 같은 뜻으로 '느낌이 좋다', '같은 마음이다'로 부부의 도리이며 남녀의 사랑으로 음양이 교감하는 상과 같다. 젊은 여자를 상징하는 태(兌)괘 아래 젊은 남자를 상징하는 간(艮)괘가 있다. 남녀 간의 순수한 사랑을 상징하는 감상적인 의미의 함(咸)이다. 이는 부부의 도리니 오래 가야 하므로 다음을 항(恒)괘로 받는다.

1효동 : 음양이 상합하니 호박이 넝쿨체로 굴러오고 있다. 출산한 이는 득남 운세이다. 주변과 뜻을 같이하여 크게 움직임이 길하다.

2효동 : 가택이 발동하니 건강에 조심하라. 서남쪽으로 움직여라. 지나친 과로에 몸이 힘들고 지나친 언행이 나를 힘들게 하는구나.

3효동 : 동남쪽에서 재물이 동하는데 엉뚱한 곳을 바라보고 있다. 한 발짝 물러나 주변을 둘러보고 무엇을 놓쳤나 자신을 돌아보는 시기이다.

4효동 : 재물의 손실이 많으니 오는 백발 막을 사람이 없다. 자연의 섭리이로 친구를 잃었으나 노력하여 자주 움직이면 귀인을 얻는다.

5효동 : 자신을 너무 믿고 지나치게 계획을 세우지 마라. 가득하면 모자라만 못하다. 뜻을 잃었으니 빨리 주변을 정리하고 새롭게 출발하자.

6효동 : 재물의 손재는 있을 지라도 뜻밖의 희소식이 있다. 구설이 있어 마음이 심란하며 조그만 이익을 보고 일보 후퇴해야 하는 효사이다.

31. Influence

조화, 영향력, 영향을 주다.

courtship, mutual attraction,
구애, 구혼, 상호간의 끌림
genuine affection,
진정한 애정, 진정한 사랑
natural magnetism,
자연 발생적 자기력
stimulation, connecting.
자극, 흥분, 연결, 접속.

사 업 : 시기는 있으나 매사가 순조롭다. 색정을 조심하면 길하다.

소 원 : 스피드가 중요한 때이며 귀인의 도움이 있어 매사가 순조롭다.

거 래 : 거래가 원만하다. 먼 곳의 거래도 쉬 성취되니 서두름이 좋다.

재 물 : 수입과 지출이 많다. 주변의 조언을 들으면 이익이 있다.

연 애 : 상대를 얻는 괘이며 매우 정열적인 괘로 색정이 넘친다.

혼 인 : 좋은 인연으로 윗사람의 도움으로 빨리 성사함이 좋다.

매 매 : 매입은 유리하며 큰 이익은 없다. 서서히 이루어진다.

구 인 : 며칠 안으로 기다리는 사람이 올 것이다.

가출인: 여자를 내세워 찾으면 찾을 수 있으며 서쪽에 여자 집에 있다.

출 산 : 딸이며 순산한다.

이 사 : 적당한 집이 곧 발견되며 가옥을 신축함도 좋다. 이사는 길하다.

여 행 : 즐거운 여행이 될 것이다. 실물수를 주의해라.

입 학 : 합격의 운이다. 문과가 좋다.

소 송 : 이익이 없으니 합의함이 좋다. 쉽게 결말이 난다.

실 물 : 가까이 있으며 발견된다. 가까운 사람에게 물어보면 찾는다.

건 강 : 전염병, 성병, 감기, 호흡기 질환, 화병, 심장병 등 조심하자.

직 장 : 경쟁에 뒤지지 않도록 서두르는 것이 좋다. 처음이 좋다.

咸 亨 利貞 取女吉.
함 형 리정 취여길.

함은 형통하니 바른 것이 이롭고 여자를 취하면 길하다.

역설 함은 형통한 양효가 음효에 둘러싸여 형이정이다. 겉은 차가우나 속은 정열적인 괘이다. 함이란 음양의 뜻을 이루면 길한 괘사이다.

彖曰 咸 感也 柔上而剛下 二氣感應以相與. 止而說
단왈 함 감야 유상이강하 이기감응이상여. 지이열

男下女 是以"亨 利貞 取女吉也."天地感而萬物化生 聖人
남하여 시이 형 리정 취여길야. 천지감이만물화생 성인

感人心而天下和平 觀其所感 而天地萬物之情 可見矣.
감인심이천하화평 관기소감 이천지만물지정 가견의.

象曰 山上有澤 咸 君子以虛受人.
상왈 산상유택 함 군자이허수인.

단왈 함은 느낌이니, 유(태택)가 올라가고 강(간산)이 내려와 두 기운이 맞춰가며 느낌으로 같이하며 돕는다. 멈춤(간산)으로 기뻐(태택)하고 남자가 여자 아래 임함으로써 '형 이정 취녀길야'이다. 천지가 느낌으로 온갖 만물이 탄생 되며, 성인이 사람의 마음을 느껴 천하를 화평하게 하니, 그 느끼는 바를 보아 천지만물의 정을 볼 수 있음이다. 상왈 산위에 연못이 함이니, 군자는 이로써 비워줌으로 사람을 받아들인다.

初六 咸其拇. 象曰"咸其拇"志在外也.
초육 함기무. 상왈 함기무 지재외야.

초육은 그 엄지발가락에 같이함으로 상왈 '함기무'는 뜻이 밖에 있음이다.

역설 1효가 동하여 간산 土가 이 火가 되어 택화혁이다. 혁신과 변화를 나타내며 火生土하니 크게 변화함이 길하다. 주변과 뜻을 같이함이 길하다.

六二 咸其腓 凶 居吉. 象曰 雖凶居吉 順不害也.
육이 함기비 흉 거길. 상왈 수흉거길 순불해야.

육이는 그 장딴지를 같이하니 흉하나 머물면 길하리라. 상왈 비록 흉하나 머물면 길하다는 것은 순응하면 해롭지 않은 것이다.

역설 2효가 동하여 간산 土가 손풍 木이 되어 택풍대과의 흉괘이고 木剋土하나 움직이지 않으면 길하다. 큰 욕심에 지나친 짐을 짊어진 효사이다.

九三 咸其股 執其隨 往吝.
구삼 함기고 집기수 왕린.

象曰 "咸其股"亦不處也 志在隨人 所執下也.
상왈 함기고 역불처야 지재수인 소집하야.

구삼은 그 허벅지를 같이하니 그 따름을 잡아가면 한탄한다. 상왈 '함기고'는 또한 머물지 않고 뜻이 사람을 따름에 있으면 아래를 잡는 바이다.

역설 3효가 동하여 간산 土가 곤지 土가 되어 택지췌이다. 재물이 모이나 뜻하는바가 서로 다를 수 있으니 이기심을 버리고 주변을 둘러보자.

九四 貞吉 悔亡 憧憧往來 朋從爾思.
구사 정길 회망 동동왕래 붕종이사.

象曰 "貞吉悔亡"未感害也 "憧憧往來"未光大也.
상왈 정길회망 미감해야 동동왕래 미광대야.

구사는 곧으면 길하며 뉘우침이 없어진다. 매우 그리워 오가면 벗이 너의 생각을 따른다. 상왈 '정길회망'은 해롭게 느끼지 않음이며 '동동왕래'는 크게 빛나지 않음이다.

역설 4효가 동하여 태택 金이 감 水가 되어 수산건이다. 난괘이나 움직이지 않으면 길하고 후회함도 덜하다. 붕(곤괘와 교호괘를 말한다.) 이사(감수괘와 간산괘를 말함) 수산건은 벗을 잃는 괘이나 오고감에 벗을 구한다.

九五 咸其脢 无悔. 象曰 "咸其脢"志末也.
구오 함기매 무회. 상왈 함기매 지말야.

구오는 그 등에 같이하면 뉘우침이 없다. 상왈 '함기매'는 뜻이 다함이다.

역설 5효가 동하면 태택 金이 진뢰 木이 되어 뇌산소과이다. 조금은 지나쳐 괴로움이 있는 효사이다. 5효의 음함은 좋지 못하다.

上六 咸其輔頰舌. 象曰 "咸其輔頰舌"滕口說也.
상육 함기보협설. 상왈 함기보협설 등구열야.

상육은 그 볼과 뺨과 혀로 같이한다. 상왈 '함기보협설'은 구설에 오름이다.

역설 6효가 동하여 태택 金이 건천 金이 되어 천산둔이다. 둔(遯)은 물러남이며 돈(豚)은 작은 이득은 있음이다. 마음이 심란한 효사이다. 장고 끝에 악수가 나올 수 있음이다.

제32 뇌풍항괘

* 상중급운세

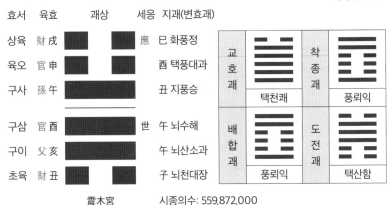

효서	육효	괘상	세응	지괘(변효괘)
상육	財戌		應	巳 화풍정
육오	官申			酉 택풍대과
구사	孫午			丑 지풍승
구삼	官酉		世	午 뇌수해
구이	父亥			午 뇌산소과
초육	財丑			子 뇌천대장

교호괘	착종괘
택천쾌	풍뢰익
배합괘	도전괘
풍뢰익	택산함

震木宮   시종의수: 559,872,000

- 장녀에게 장남이 왔음이니 밝은 빛은 비추어 순종하면 앞날이 길하다.

항(恒)은 '변함이 없다'. '항시 계속 된다'로 한결같음이 오래간다는 뜻이다. 장남이 장녀 위에 있다. 남편이 위에 있고 아내는 아래에 있는 상이다. 그 법도가 한결 같다는 뜻에서 항(恒)을 괘 이름으로 하였다. 모든 사물은 계속 정체 되거나 한 곳에 오랫동안 머물 수만은 없으니 물러난다는 뜻의 둔(遯)괘로 받는다.

1효동 : 부정한 일에 가담하지 마라. 마침내 놀라는 일이 생긴다. 고집이 너무 강하고 모든지 자기 뜻대로 밀고 나가는 성정이니 상대를 배려하자.

2효동 : 가까운 사람끼리 거래는 삼가라. 돈 잃고 사람 잃는다. 하는 일에 인정을 받겠으나 대립이 예상되니 인관관계에 힘쓰도록 하자.

3효동 : 가택에 신이 동하니 슬하에 기쁜 일이 있겠으나 출행은 조심하라. 그동안의 인사가 풀리니 마음이 시원하게 해방감을 얻는다.

4효동 : 옛것을 지키고 분수를 지키면 마침내 많은 것을 쌓으리라. 보이지 않던 싸움은 사라지고 편안함만 남았으나 준비된 자만이 길하다.

5효동 : 새로운 것을 시작하지 말라. 끝에 가서는 꿩도 매도 잃는다. 주색을 조심하라. 사고 수가 있으니 주의하나 여자는 길하다.

6효동 : 여자가 남편을 섬기니 집안이 화목하여 웃을 꽃이 가득하다. 재운이 길하여 증식하나 속에 화병이 생김은 하는 일로 인한 스트레스이다.

32. *Duration*

지속성, 항상, 한결같이

constancy, continuity, stability,
불변성, 지조, 영구적인, 안정, 착실,
endurance, perseverance,
인내, 지구력, 끈기,
maturity, strengthening,
성숙함, 만기, 강하게 하는 것,
a deep commitment.
깊은 헌신,

사 업 : 지금을 유지함이 좋다. 새로운 사업과 확장은 금물이다.

소 원 : 서두르지 말고 지금을 유지하면 귀인의 도움으로 성취된다.

거 래 : 기존의 하던 식이나 하고자 하는 그대로 진행하면 성취된다.

재 물 : 재물 운이 좋으며 행운이 따른다. 하는 일에도 이익이 따른다.

연 애 : 적극성은 없지만 서로 교제는 오래도록 이어진다.

혼 인 : 초혼은 어렵겠지만 이루어지면 좋은 인연이 된다.

매 매 : 매입은 천천히 매도는 차후 불리하다. 시세가 곧 하락한다.

구 인 : 오기는 하는데 도중에 방해가 있어 조금 늦어진다.

가출인: 동남쪽으로 멀리 떠나려 한다. 늦게 찾으면 더욱 오래 걸린다.

출 산 : 딸이며 순산한다. 산모의 산후를 조심시켜야 한다.

이 사 : 이사는 불리하다. 현 위치가 이사할 위치보다 좋다.

여 행 : 여행은 길하나 장거리 여행은 불리하다.

입 학 : 노력을 조금만 더 하면 무난히 합격한다.

소 송 : 매우 오래 끌겠다. 불리해지니 중개자를 통해 합의하는 게 좋다.

실 물 : 물건사이에 끼어 있다. 밖에서 잃어버린 것은 찾기 어렵다.

건 강 : 절제하지 못한 질병이 생기며 요통, 신경통, 위장병 주의

직 장 : 직장인은 오래 일하고 구직자는 좀 시간이 걸린다.

恒 亨 无咎 利貞 利有攸往.
항 형 무 구 리정 이유유왕.

항은 형통하여 허물이 없어 곤면 이롭다. 가는바가 있으면 이롭다.

역설 함괘와 같이 양효가 가운데 임하여 형통함을 갖고 있다. 가는 바가 있으면 이로움은 변화하여 움직임으로 실리를 얻을 수 있음이다.

象曰 恒久也. 剛上而柔下 雷風相與 巽而動 剛柔皆應 恒.
단왈 항구야. 강상이유하 뇌풍상여 손이동 강유개응 항.

"恒 亨 无咎 利貞" 久於其道也. 天地之道 恒久而不已也.
항 형 무구 이정 구어기도야. 천지지도 항구이불이야.

"利有攸往" 終則有始也. 日月得天而能久照 四時變化而
이유유왕 종즉유시야. 일월득천이능구조 사시변화이

能久成 聖人久於其道而天下化成 觀其所恒 而天地萬物之
능구성 성인구어기도이천하화성 관기소항 이천지만물지

情可見矣. 象曰 雷風 恒 君子以立不易方.
정가견의. 상왈 뇌풍 항 군자이입불역방.

단왈 항은 오래함이니 강(진뢰)이 올라가며 유(손풍)가 내려오고, 우뢰와 바람이 서로 같이한다. 겸손(내괘)하게 움직이고, 강함과 부드러움이 서로 응하는 것이 항이니, '항 형무구이정'은 오래함이 그 도라, 하늘과 땅의 도가 오래 지속되어서 마침이 없음이다. '이유유왕'은 마치면 시작함이 있음이다. 해와 달이 하늘을 얻어 능히 오래 비추며, 사시가 변화해서 능히 오래 이루고, 성인은 오래도록 그 도를 천하를 이루도록 바꾸어간다. 그 지속되는 바를 관찰함에 천지 만물의 마음을 가히 볼 수 있음이다. 상왈 우뢰와 바람이 항이니 군자는 이를 세워 방향을 바꾸지 않는다.

初六 浚恒 貞凶 无攸利. 象曰 "浚恒之凶" 始求深也.
초 육 준항 정흉 무유리. 상왈 준항지흉 시구심야.

초육은 항상함을 파고듦이니 곤면 흉하여 이로울 바가 없다. 상왈 '준항지흉'은 처음부터 깊이 구함이다.

역설 1효가 동하면 손풍 木이 건천 金이 되어 뇌천대장의 강함을 나타내는 괘가 되었다. 큰 소리가 요란하니 경기가 있으며 허풍이 심해진다.

九二 悔亡. 象曰 "九二悔亡" 能久中也.
구 이 회 망. 상왈 구 이 회 망 능구중야.

구이는 뉘우침이 없어짐이다. 상왈 '구이회망'은 능히 중앙에 오래감이다.

 역설 2효가 동하여 손풍 木이 간산 土가 되어 뇌산소과이다. 소과는 조금은 지나치어 손해 봄이 있는 괘임으로 가는바에 조심스러움이 있어야 한다.

九三 不恒其德 或承之羞 貞吝. 象曰 "不恒其德" 无所容也.
구삼 불항기덕 혹승지수 정린. 상왈   불항기덕   무소용야.

구삼은 그 덕이 지속되지 않음이니. 혹 이어감이 부끄러우면 곧음을 한탄한다. 상왈 '불항기덕'하니 받아들인 바가 없음이다.

 역설 3효가 동하면 손풍 木이 감 水가 되어 뇌수해이다. 해(解)는 해방을 나타낸다. 정린이란 이어가지 않으면 후회함이다. 곧 움직이면 길하다.

九四 田无禽. 象曰 久非其位 安得禽也.
구사 전무금. 상왈 구비기위 안득금야.

구사는 짐승이 없는 사냥터다. 상왈 오래하여도 그 자리가 아닌데 어찌 짐승을 얻겠는가.

 역설 4효가 동하여 진뢰 木이 곤지 土가 되어 지풍승이다. 명예가 쌓이는 운이다. 전(田) 곤토, 금(禽:今+凶+内)은 대립함, 편안(安)한 효사이다.

六五 恒其德 貞 婦人吉 夫子凶.
육오 항기덕 정 부인길 부자흉.

象曰 婦人貞吉 從一而終也 夫子制義 從婦凶也.
상왈 부인정길 종일이종야 부자제의 종부흉야.

육오는 그 덕을 지속하니, 정하면 부자는 흉하다. 상왈 부인정길하니 하나를 좇아서 마침이요, 부자는 뜻을 누르고 부인을 따르니 흉하다.

 역설 5효가 동하면 진뢰 木이 태택 金이 되어 크게 지나친 택풍대과이다. 완벽한 대립을 이루니 외괘와 배합괘는 길하고 본괘인 내괘는 흉하다.

上六 振恒 凶. 象曰 振恒在上 大无功也.
상육 진항 흉. 상왈 진항재상 대무공야.

상육은 항상 움직이니 흉하다. 상왈 진항은 위에 있으니 큰 공이 없도다.

 역설 6효가 동하여 진뢰 木이 이 火가 되어 화풍정이다. 불을 담은 그릇으로 속이 타는 화병의 상이다. 진(振: 辰이 변한 이화괘를 말한다.)

제33 천산둔괘

* 중하급운세

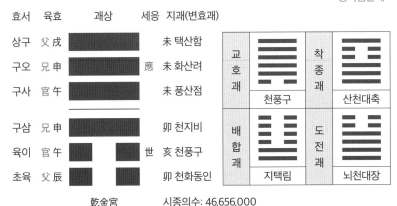

효서	육효	괘상	세응	지괘(변효괘)
상구	父 戌			未 택산함
구오	兄 申		應	未 화산려
구사	官 午			未 풍산점
구삼	兄 申			卯 천지비
육이	官 午		世	亥 천풍구
초육	父 辰			卯 천화동인

乾金宮   시종의수: 46,656,000

교호괘	착종괘
천풍구	산천대축

배합괘	도전괘
지택림	뇌천대장

- 강함이 밖에서 몰려오니 고개를 숙여 일보 후퇴하라는 뜻이다.

- 매사 뜻대로 되지 않으니 의욕이 없으며 신중히 때를 기다려야 한다.

돈(豚) 또는 둔(遯)은 '피하다'. '물러나다'. '은둔하다'란 의미로 물러나 은둔하고 달아나 숨는다는 뜻이다. 산이 아무리 높다하더라도 하늘 아래 있다. 이제 물러나라는 뜻에서 둔(遯)을 괘 이름으로 하였다. 사물은 영원히 물러날 수 없으므로 다음을 대장(大壯)괘로 받는다.

1효동 : 돈이 잘 순환되지 않는다. 적극적인 방법은 쓰지 말라. 뜻을 같이하고자 사람이 나서니 배우고 익혀 행함이 있다. 원행을 삼가라.

2효동 : 동남쪽에서 귀인이 내조하여 재수가 있고 명예가 향상된다. 싸워서 명예를 쟁취함이니 필히 도움을 얻어야 한다. 색이 동한다.

3효동 : 가까운 사람으로부터 일이 도모되니 가뭄속의 단비와 같다. 병이 생겨 위태로울 수 있으니 건강관리에 힘을 써야 한다. 불화가 있다.

4효동 : 길이 아닌 길을 가려고 하지마라. 직업과 관직은 구하면 얻는다. 그러나 장사나 신규 사업은 실속이 없는 효사이다.

5효동 : 붉은 계수나무 가지를 꺾어 머리에 꽂으니 천지가 백합꽃이다. 친구와의 여행이나 홀로 여행에서 뜻하지 않는 수확이 있는 운이다.

6효동 : 생각하지 않았던 윗사람의 도움을 받을 수 있다. 인고한 결과이다. 연애와 결합을 나타내는 효사이나 서로 믿음이 없음이다.

33. *Retreat*
후퇴, 퇴각, 물러서다, 멀리가다.

a timely departure,
시기 적절한 출발,
letting go, withdrawal,
풀어주다, 철수, 물러남,
reevaluation, retirement,
재평가, 퇴직, 은퇴,
don't hesitate to walk away.
멀리 걸을 것을 주저하지 말라.

사 업 : 빛 좋은 개살구로 겉은 실하나 속이 비었으니 내실을 다져라.

소 원 : 지금은 이루어지기 어렵다. 큰 욕심은 재난과 손해를 불러온다.

거 래 : 아직은 불리하고 힘들어 진전이 어렵다.

재 물 : 수입보다 지출이 많으니 금전이 궁할 때이다. 지출을 아끼자.

연 애 : 실속 없는 연애로 낭비가 심해진다. 진실한 사랑이 어렵다.

혼 인 : 성사가 어렵고 이루어지더라도 힘들게 이루어 진다.

매 매 : 불리한 시기로 설령 이루어지더라도 말이 많게 된다.

구 인 : 중간에 장해가 있어 당분간 오지 않는다.

가출인: 서북쪽으로 멀리 가고자 한다. 늦어지면 찾기 어려우니 서두르자.

출 산 : 아들이나 초산은 난산이니 주의하자.

이 사 : 이사는 길하며 큰집을 줄여 작게 움직이면 더욱 길하다.

여 행 : 등산, 도보여행, 동료들 간의 여행은 길하다. 돌풍에 주의하라.

입 학 : 좋지않다. 배우나 기술계통, 호텔 계열학교에 지망하면 좋다.

소 송 : 불리하니 사람을 내세워 합의함이 좋다. 한발 양보하자.

실 물 : 빨리 찾으면 찾을 수 있다.

건 강 : 감기나 냉병, 신경성, 만성병으로 병을 가벼이 보지 말라. 사망X

직 장 : 구직이 어렵지만 오락관계, 음식관련, 여행관련 사업소가 길하다.

遯 亨 小利貞.
둔 형 소 이정.

둔은 형통하여 바르면 조금 이롭다.

역설 형이란 양이 음보다 많음을 나타내며 음의 움직임은 이로움이 적다.

彖曰 "遯 亨" 遯而亨也 剛當位而應 與時行也.
단 왈 둔 형 둔이형야 강당위이응 여시행야.

"小利貞" 浸而長也. 遯之時義大矣哉.
소리정 침이장야. 둔지시의대의재.

象曰 天下有山 遯 君子以遠小人 不惡而嚴.
상왈 천하유산 둔 군자이원소인 불오이엄.

단왈 '둔 형'은 물러나서 형통하니, 강한(양효) 것이 당연한 자리에 응하여 같은 시 (때)에 행함이다. '소리정'은 점차 길어지니 둔의 때와 뜻이 크다. 상왈 하늘 아래 산 이 있는 것이 둔이니, 군자는 이로써 소인(음)을 멀리하되 악하지 않게 엄하게 함이다.

初六 遯尾 厲 勿用有攸往. 象曰 "遯尾之厲" 不往 何災也.
초 육 둔미 려 물용유유왕. 상왈 둔미지려 불왕 하재야.

초육은 따라가 숨으니 위태하며 나아가는 바가 있으면 쓰지말라. 상왈 '둔미지려'는 나아가지 않으면 무엇이 재앙이겠는가.

역설 1효가 동하여 간산 土가 이 火가 되어 같이 움직이는 천화동인이다. 나아 가면 혼은 사라지고 몸만 남는다 귀혼괘이니 火生土하여 움직임에 길하고 뜻이 통하나 재앙이 있음이다. 그러니 움직이지 말아야 길하다.

六二 執之用黃牛之革 莫之勝說. 象曰 執用黃牛 固志也.
육 이 집지용황우지혁 막지승설. 상왈 집용황우 고지야.

육이는 힘이 센 황소를 잡음으로 사용함을 바꾸어 없애서 이긴다 말한다. 상왈 '집용 황우'는 뜻이 완고함이다.

역설 2효가 동하여 간산 土가 손풍 木로 변해 木剋土하는 천풍구가 되었다.구 설과 관재가 있음이다. 그러나 木을 다스리는 金이 있으니 싸워 이기는 효사임 을 말한다. 완고한 뜻을 지켜 싸워 이김으로 바꾸어 간다는 뜻이다.

九三 係遯 有疾厲 畜臣妾 吉.
구삼 계둔 유질려 축신첩 길.

象曰 "係遯之厲" 有疾憊也 "畜臣妾吉" 不可大事也.
상왈 계둔지려 유질비야 축신첩길 불가대사야.

구삼은 숨어 이어감이니. 병이 있어 위태하나 신하와 첩을 기르는 데에는 길하다. 상왈 '계둔지려'는 병이 있어 고달프니, '축신첩길'은 큰일은 할 수 없음이다.

역설 3효가 동하여 간산 土가 곤지 土로 동하여 천지비이다. 위 아래가 소통하지 못하는 괘임으로 유질(有疾)이다. 아래를 돌보는 일에는 길하다.

九四 好遯 君子吉 小人否. 象曰 君子好遯 小人否也.
구사 호둔 군자길 소인비. 상왈 군자호둔 소인비야.

구사는 숨어서 좋아하니 군자(양효와 5효)는 길하고 소인(음효)은 막힘이다. 상왈 '군자호둔'은 소인의 막힘이다.

역설 4효가 동하면 건천 金이 손풍 木이 되어 풍산점이라 길한 괘이나 木剋土하니 높은 관직의 명이 길하나 세인의 장사일은 불미한 효사이다.

九五 嘉遯 貞吉. 象曰 "嘉遯貞吉" 以正志也.
구오 가둔 정길. 상왈 가둔정길 이정지야.

구오는 숨어서 줄거움이니 곧으면 길하다. 상왈 '가둔정길'은 바른 뜻으로 임함이다.

역설 5효가 동하면 건천 金이 이 火가 되어 나그네괘인 화산여가 되었다. 火生土로 내괘를 생하니 친구와 차를 타고 멀리 움직임이 길한 효사이다.

上九 肥遯 无不利. 象曰 "肥遯无不利" 无所疑也.
상구 비둔 무불리. 상왈 비둔무불리 무소의야.

상구는 숨어서 살찌우니 불리함이 없다. 상왈 '비둔무불리'는 의심할 바가 없음이다.

역설 6효가 동하여 건천 金이 태택 金으로 변하여 연애와 혼인을 나타내는 택산함이 되었다. 그러나 변괘가 金剋木하여 내괘를 극하니 서로간의 의심을 키우는 효사가 되었다. 흉괘는 아니다.

제34 뇌천대장괘

* 중상급운세

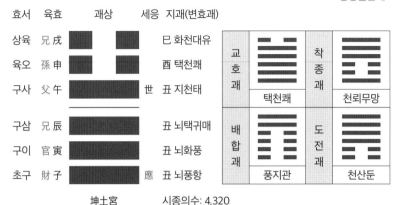

효서	육효	괘상	세응	지괘(변효괘)
상육	兄戌			巳 화천대유
육오	孫申			酉 택천쾌
구사	父午		世	丑 지천태
구삼	兄辰			丑 뇌택귀매
구이	官寅			丑 뇌화풍
초구	財子		應	丑 뇌풍항

坤土宮   시종의수: 4,320

교호괘		착종괘
택천쾌		천뢰무망
배합괘		도전괘
풍지관		천산둔

- 처음은 호기가 있으나 차후 모든 일이 될 듯 같으면서 결말이 아쉽다.

- 건강한 아비가 화가 난 상태와 같으니 헛됨과 실속이 없음을 말한다.

대장(大壯)이란 '힘차다', '성대하다'. '씩씩하다'로 기운이 건장하고 능력이 왕성하며 우울함과 쇠퇴함을 물리침을 뜻한다. 하늘 위에서 우레가 움직이고 있으므로 힘차고 씩씩하다는 뜻에서 대장(大壯)을 괘 이름으로 하였다. 장성하면 사회에 진출해 나가야 옳으니 다음을 진(晉)괘로 받는다.

1효동 : 재성이 몸에 와 닿으니 기회를 잡아라. 대길한 운이 다다르니 준비함이 더욱 이롭다. 자신의 고집을 밀고 나아가면 성취가 있다.

2효동 : 봉황새가 지붕 위를 날으니 필시 경사가 분명하다. 직장에선 승진하고 구직자는 취직하며 시험자는 합격한다.

3효동 : 뜰 앞에 백일홍이 피었으니 귀인이 나를 돕겠다. 애인이 생긴다. 주변의 도움으로 직접 움직이는 것보다 주변 움직임을 활용하라.

4효동 : 구름 속에 달을 보려하니 마음이 답답하도다. 관재구설이 생길 수 있음이나 만사가 대길하다. 막힌 길이 서서히 열리고 있음이다.

5효동 : 북두칠성이 밝게 빛나니 기쁜 일이 있겠다. 임신한 이는 득남의 운이다. 아래 사람에게 길함이 더욱 더해지는 효사이다.

6효동 : 겉으로는 그럴 듯하나 빛 좋은 개살구로다. 귀인을 만나 기쁨이 찾아온다. 움직임이 강하나 귀인의 도움이 없으면 성과가 크지 못하다.

34. Great Power
강력한, 강대국

strength of character,
의지의 힘, 성격의 힘,
authority, dignity,
권위, 존엄, 위계
influence, self-confidence,
영향력, 자신감,
leadership, potency,
지휘력, 역량, 효능,
peak condition.
최고의 컨디션.

사 업 : 지금의 세를 이어감이 중요하다. 조급하지 말아야 한다.

소 원 : 쉽게 이루어지지 않는다. 너무 큰 욕심은 화를 부르는 괘이다.

거 래 : 서로가 권세가 있어 고집만 내세울 수 있다. 온건책이 필요하다.

재 물 : 수입과 지출이 많다. 금전의 구애는 받지 않지만 실수가 많다.

연 애 : 상호간에 마음만 들뜨고 마음만 서로 착잡하다.

혼 인 : 일단 보류하는 것이 좋다. 연분이 아니니 보류하도록 하자.

매 매 : 차츰 시세가 오르니 기다리자. 지금 팔면 손해이다.

구 인 : 온다. 동행한 사람이 있으면 같이 올 것이다.

가출인: 찾을 수 있으나 빨리 찾지 않으면 먼 데로 간다.

출 산 : 대체로 순산하나 조심하지 않으면 놀라는 일이 생긴다.

이 사 : 이사는 좋으나 봄, 가을이 더욱 좋다. 손재수 조심하라.

여 행 : 반흉반길, 도중에 재난이나 장애와 구설수가 있으니 주의하자.

입 학 : 1지망은 흉하고 2지망은 길하다. 신중을 기하자.

소 송 : 상대방이 교묘하게 빠져 나가 내가 불리하다. 타협하도록 하자.

실 물 : 외출 시 밖에서 잃었다면 찾기 힘들다.

건 강 : 간견병증, 위장병, 신경과민 증세로 병세가 악화될 우려가 있다.

직 장 : 구직자는 길하지만 직장인은 불화가 있으니 주의해야 한다.

大壯 利貞.
대 장 이 정 .

대장은 바름으로 이롭다.

역설 대장은 음효가 있는 상괘에 실리가 있으며 상효의 변화가 좋다.

彖曰 "大壯" 大者壯也 剛以動 故壯.
단 왈 대 장 대 자 장 야 강 이 동 고 장 .

"大壯 利貞" 大者正也. 正大而天地之情可見矣.
대 장 이 정 대 자 정 야 . 정 대 이 천 지 지 정 가 견 의 .

象曰 雷在天上 大壯 君子以非禮弗履.
상 왈 뢰 재 천 상 대 장 군 자 이 비 례 불 리 .

단왈 대장은 큰 것으로 씩씩함이니 강(건천)으로써 움직이는(진뢰) 고로 씩씩함이다. '대장이정'은 큰 것이 바름이니, 크게 바로 잡아 하늘과 땅의 실상을 볼 수 있다. 상왈 우뢰가 하늘 위에 있음이 대장이니, 군자가 이로써 예가 아니면 밟지 않는다.

初九 壯于趾 征凶 有孚. 象曰 "壯於趾" 其孚窮也.
초 구 장 우 지 정 흉 유 부 . 상 왈 장 어 지 기 부 궁 야 .

초구는 발의 씩씩함이니, 나아가면 흉하지만 믿음이 있다. 상왈 '장우지'하니 그 믿음에 다함이다.

역설 1효가 동하여 건천 金이 손풍 木이 되어 뇌풍항이다. 변함없는 상황을 말함이나 스스로를 믿고 나아가면 끝내는 길함이다.

九二 貞吉. 象曰 九二 "貞吉" 以中也.
구 이 정 길 . 상 왈 구 이 정 길 이 중 야 .

구이는 바름으로 길하다. 상왈 '구이정길'은 가운데 임함이다.

역설 2효가 동하여 건천 金이 이 火가 되어 뇌화풍이다. 내괘를 극하는 火剋金이나 관직의 명이 길한 효사이다. 2효에 음효가 임함으로 길하다.

九三 小人用壯 君子用罔 貞厲 羝羊觸藩 羸其角.
구 삼 소 인 용 장 군 자 용 망 정 려 저 양 촉 번 이 기 각 .

象曰 小人用壯 君子罔也.
상 왈 소 인 용 장 군 자 망 야 .

구삼은 소인(음)은 씩씩함을 쓰고 군자(양)는 없는 것을 쓰니, 바르면 위태하며, 숫양이 울타리를 들이 받아 그 뿔이 약해짐이다. 상왈 소인은 씩씩함을 사용하고 군자는 없애는 것이다.

역설 3효가 동하면 건천 金이 태택 金이 되어 뇌택귀매이다. 내괘의 세력을 키워주는 효사이니 움직임이 길하다. 숫양은 건금을 말하고 그 뿔이 약해짐은 태택 금을 말한다. 주변의 움직임을 사용함이 길하다.

九四 貞吉 悔亡 藩決不羸 壯于大輿之輹.
구 사 정 길 회 망 번 결 불 리 장 우 대 여 지 복.

象曰 "藩決不羸" 尙往也.
상 왈 번 결 불 리 상 왕 야.

구사는 바름으로 길하여 뉘우침이 없다. 울타리가 터져서 약해지지 않음으로 크게 씩씩해진 수레바퀴이다. 상왈 '번결불리'는 나아감을 숭상한다.

역설 4효가 동하여 진뢰 木이 곤지 土가 되어 막힌 길이 열리는 지천태가 되었다. 土生金으로 군자를 위함이다. 회망이란 뉘우침이 사라짐이다.

六五 喪羊于易 无悔. 象曰 "喪羊于易" 位不當也.
육 오 상 양 우 역 무 회. 상 왈 상 양 우 역 위 불 당 야.

육오는 바뀐 양을 잃음이니 뉘우침이 없다. 상왈 '상양우이'는 위치가 알맞지 않음이다.

역설 5효가 동하여 진뢰 木이 태택 金이 되어 택천쾌이다. 강인함을 유지하는 효사로 5효가 양효를 차지한다. 金比金이니 길하며 孫의 길함이다.

上六 羝羊觸藩 不能退 不能遂 无攸利 艱則吉.
상 육 저 양 촉 번 불 능 퇴 불 능 수 무 유 리 간 즉 길.

象曰 "不能退 不能遂" 不詳也 "艱則吉" 咎不長也.
상 왈 불 능 퇴 불 능 수 불 상 야 간 즉 길 구 부 장 야.

상육은 숫양이 울타리를 받아 능히 물러나지 못하며 능히 마치지 못함으로 이로운 바는 없으니 어려워지는 즉 길하다. 상왈 '불능퇴 불능수'는 헤아리지 못함이니. '간즉길'은 허물이 길지 않은 것이다.

역설 6효가 동하여 진뢰 木이 이 火가 되어 화천대유의 길괘로 크게 만족함이다. 火剋金은 화련진금이다. 양(羊:음효아래 양효가 많을 때)

제35 화지진괘

* 상하급운세

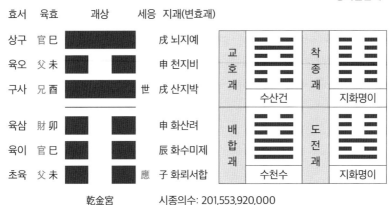

효서	육효	괘상	세응	지괘(변효괘)
상구	官巳			戌 뇌지예
육오	父未			申 천지비
구사	兄酉		世	戌 산지박
육삼	財卯			申 화산려
육이	官巳			辰 화수미제
초육	父未		應	子 화뢰서합

교호괘 · 수산건 / 착종괘 · 지화명이

배합괘 · 수천수 / 도전괘 · 지화명이

乾金宮　　　시종의수: 201,553,920,000

- 고생 끝에 낙이오니 직장인은 승진하며 사업가는 확장 성업한다.
- 용맹스러운 장군의 기세로 침착하고 당당하게 만사에 임하면 길하다.

晉(진)이란 '나아가다'. '전진하다'로 차츰 앞으로 유순하게 전진하며 나아감을 뜻한다. 불인 태양이 지상 위로 떠오르면서 점점 밝아진다. 나아간다는 의미에서 진(晉)을 괘 이름으로 하였다. 계속 진보하면 반드시 상해를 입으므로 다음을 명이(明夷)괘로 받는다. 이란 상해를 입는 것이다.

1효동 : 문서에는 기쁨이 있겠으나 집안에는 우환 질병을 조심하라. 문서를 얻음으로 생기는 동토가 있다. 모든 것을 재정비하여 구설을 없애라.

2효동 : 가신이 발동하니 신액을 조심하라. 승진이나 개업의 운이 있다. 길한 효사이나 관록이 없는 남자에겐 난관이 있음이다.

3효동 : 가까운 사람을 조심하라. 재운이 길함으로 보는 눈이 있어 내 앞의 재물을 빼앗아 가려고 한다. 비즈니스 원행은 결과가 좋다.

4효동 : 분주다사할 일들이 많으니 몸이 고달픈 운세다. 건강에 주의해라. 만사가 깨어지는 위태함이 보이니 낙상을 주의하자.

5효동 : 급하게 하는 일은 돈 잃고 사람 잃는다. 투자는 신중히 더 생각고 이동은 길하니 옮기면 길함을 얻을 것이다.

6효동 : 명예는 기쁜 일이 있겠으나 질병과 손재수가 다가온다. 미리 대비하면 흉함이 없음이니 유비무환이다.

35. *Progress*
진보하다, 진행하다, 나아감, 좋아짐.

advancement, appreciation,
승진, 진보, 감탄, 감사, 공감,
gaining recognition,
인정을 받다.
achievements, acceleration,
업적, 달성, 성공, 가속, 촉진,
steady gains, increased clarity.
꾸준한 성과, 확실한 증가

사 업 : 새로운 사업과 계획이 모두 순조롭다. 경쟁은 치열하다.

소 원 : 조금 늦어진다. 서남쪽의 인물이 귀인이고 도움이 있을 것이다.

거 래 : 철저한 계획이 필요하다. 상대방보다 먼저 움직임이 필요하다.

재 물 : 지출이 많다. 나중에 더 큰 재물이 오니 차후를 기대함이 좋다.

연 애 : 연애 운이 길하며 좋은 인연이다. 결혼까지 이어질 수 있다.

혼 인 : 연분이 좋다. 적극적으로 추진하면 성사될 수 있다.

매 매 : 빨리 매매되며 이익이 있다. 높은 시세로 매매된다.

구 인 : 온다. 좋은 소식도 있다.

가출인 : 멀리 갔기 때문에 쉽게 찾을 수 없지만 소식은 있다. 기다리자.

출 산 : 딸이며 순산하겠다.

이 사 : 이사는 하면 좋다. 손재수 조심하자.

여 행 : 장기여행 불리하며 단기는 좋다. 윗사람과 동행하면 더욱 좋다.

입 학 : 다소 불안하다(2지망 확실함). 노력하면 원하는 학교에 입학한다.

소 송 : 적극적으로 추진하면 쉽게 해결된다.

실 물 : 찾을 수 있다. 바깥에서 잃어버렸다면 이미 다른 이 손에 있다.

건 강 : 병이 악화되니 주의하자. 수족의 마비나 열병, 전염병 주의

직 장 : 직장인과 구직인 모두가 좋다. 이직 또한 길하다.

晉 康 侯用錫 馬蕃庶 晝日三接.
진 강 후용석 마번서 주일삼접.

진은 편안함이니 제후에게 내려줌을 사용하니 매우 많은 말이며 하루에 세 번이나 만나준다.

역설 화지진은 나아가 맞이하는 것으로 강(康:이화)이 위에 임하고 음이 아래
임함은 길한 것이다. 중앙 2효와 5효가 같으니 유혼으로 움직임이 길한 괘상이
다. 제후는 곤지 土 내괘를 말하며 3日은 3리 火를 말함이다.

象曰"晉"進也 明出地上. 順而麗乎大明 柔進而上行
단왈 진 진야 명출지상. 순이려호대명 유진이상행

是以"康 侯用錫 馬蕃庶 晝日三接"也.
시이 강 후용석 마번서 주일삼접 야.

象曰 明出地上 晉 君子以自昭明德.
상왈 명출지상 진 군자이자소명덕.

단왈 진은 나아감이니, 밝음(이화)이 땅(곤지)위에 올라옴은 순응(곤지)해서 큰 밝음
(이화)으로 드러나 유(곤지)가 나아가 위(이화)로 행함이다. 이로써 '강 후용석 마번서
주일삼접'이다. 상왈 밝음이 땅위에 나온 것이 진이니, 군자는 이로써 스스로 밝아짐
을 덕행으로 드러낸다.

初六 晉如摧如 貞吉 罔孚 裕无咎.
초육 진여최여 정길 망부 유무구.

象曰"晉如摧如"獨行正也"裕无咎"未受命也.
상왈 진여최여 독행정야 유무구 미수명야.

초육은 나아감이 꺾어짐이니 바르면 길하고, 믿음이 없어도 넉넉하면 허물이 없다. 상
왈 '진여최여'는 홀로 바름을 행하고 '유무구'는 명을 받지 못함이다.

역설 1효가 동하여 곤지 土가 진뢰 木이 되어 화뢰서합이다. 서합이란 잘게 부
수어 새로 정립하는 것이니 木剋土로 흉함이 보이는 효사이다.

六二 晉如愁如 貞吉 受玆介福 于其王母.
육이 진여수여 정길 수자개복 우기왕모.

象曰"受玆介福"以中正也.
상왈 수자개복 이중정야.

육이는 나아감이 근심스러우니 바르면 길하며 이 큰 복을 그 왕모로부터 받은 것이다.

상왈 '수자개복'은 중앙에 바르게 함이다.

역설 2효가 동하여 곤지 土가 감 水로 변하여 화수미제가 된다. 나를 생하는 외괘를 극함이니 관록은 좋으나 소통함이 없어 불미함이 있다.

六三 衆允 悔亡. 象曰 "衆允" 之志 上行也.
육 삼 중 윤 회 망. 상 왈　중 윤 지 지 상 행 야.

육삼은 무리가 믿어줌이니 뉘우침이 없어진다. 상왈 '중윤'의 뜻이 위로 행함이다.

역설 3효가 동하여 곤지 土가 간산 土로 변하여 화산여이다. 土比土이니 원행함으로 길함이 있다. 회망은 길함을 말한다. 중윤은 단체에서 길함이다.

九四 晉如鼫鼠 貞厲. 象曰 "鼫鼠貞厲" 位不當也.
구 사 진 여 석 서 정 려. 상 왈　석 서 정 려　위 부 당 야.

구사는 나아감이 다람쥐이니 곧으면 위태롭다. 상왈 '석서정려'는 위치가 부당함이다.

역설 4효가 동하여 이 火괘가 간산 土가 되어 산지박이다. 난괘로 흉함을 말하니 정려란 음효로 변하여 위태로움을 말한다. 내괘를 도우니 분주하다.

六五 悔亡 失得勿恤 往吉 无不利. 象曰 "失得勿恤" 往有慶也.
육 오 회 망 실 득 물 휼 왕 길 무 불 리. 상 왈　실 득 물 휼　왕 유 경 야.

육오는 뉘우침이 없으니 잃고 얻음을 근심치 말며, 가는 것이 길해서 불리함이 없다. 상왈 '실득물휼'은 가면 경사가 있다.

역설 5효가 동하여 이 火가 건천 金이 되어 막힘이 있는 천지비가 되었다. 5효가 양효로 변하니 불리한 듯해도 길함이 있다.

上九 晉其角 維用伐邑 厲吉 无咎 貞吝.
상 구 진 기 각 유 용 벌 읍 여 길 무 구 정 린.

象曰 "維用伐邑" 道未光也.
상 왈　유 용 벌 읍　도 미 광 야.

상구는 그 뿔로 나아감이니, 사용하여 이어감에 읍을 치면 위태지만 길하고 무구하며 곧으면 한탄한다. 상왈 '유용벌읍'은 도가 빛을 잃음이다.

역설 6효가 동하면 이 火가 진뢰 木이 되어 뇌지예이다. 미리 아는 것이 예이니 유비무환의 괘이므로 木剋土하여 흉한 듯해도 무구하다.

제36 지화명이괘

* 하중급운세

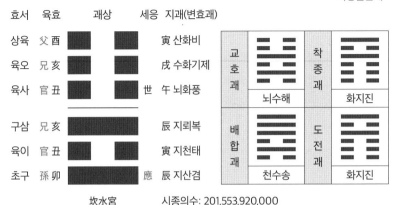

효서	육효	괘상	세응	지괘(변효괘)
상육	父 酉			寅 산화비
육오	兄 亥			戌 수화기제
육사	官 丑		世	午 뇌화풍
구삼	兄 亥			辰 지뢰복
육이	官 丑			寅 지천태
초구	孫 卯		應	辰 지산겸

	교호괘		착종괘	
	뇌수해		화지진	
	배합괘		도전괘	
	천수송		화지진	

坎水宮　　시종의수: 201,553,920,000

- 명이란 옥을 갈아서 그릇을 만든다는 뜻으로 아름다움이 사라짐이다.
- 태양이 땅속으로 들어가니 암흑이나 참선하는 수행자에겐 길하리라.
명이(明夷)의 이(夷)는 '상하고 깨지는 것'이므로 명이는 밝음이 깨지고 위태
로움과 손상함이 따른다는 뜻이다. 태양이 땅 아래 잠겨가고 있다. 어두움이
온다는 뜻에서 명이(明夷)를 괘 이름으로 하였다. 해가 서산에 지는 상이다. 밖
에서 손상을 입은 자는 반드시 자기의 집으로 돌아온다.

1효동 : 사공이 많아 뜻이 다르니 배가 산으로 올라가도다. 자기주장만 하지
　　　　마라. 겸손함이 미덕임으로 남을 받들어 자신이 커가는 효사이다.

2효동 : 토성이 몸에 비치니 어둠속에서 등불이 되어 관록이 높아지고 남의
　　　　부러움을 받는다. 그러나 격한 움직임으로 신체의 손상됨이 있다.

3효동 : 함부로 나가려 하지마라. 앞에는 독사의 함정이 있으니 부정이 있음
　　　　이다. 빛이 사라지고 만사 다시 시작하는 초심자의 마음으로 임하라.

4효동 : 하늘에서 단비가 내려오니 오곡이 풍성하다. 풍요로움은 명예를 부르
　　　　니 관운이 좋다. 왼쪽 어깨와 다소 배탈이 날까 조심스럽다.

5효동 : 나쁜 운이 몸에 와 닿으니 신액과 구설수가 두렵다. 몸은 고달프고 힘
　　　　드나 내면은 밝게 빛나니 정신이 합일하여 만사를 이루고 성취한다.

6효동 : 북두성이 문에 비추니 슬하에 기쁨이다. 수액을 조심하라. 아름답게
　　　　비추고자 함이 만사를 기쁘게 한다. 배움의 성취가 있는 효사이다.

36. Darkening of the light
빛에 드는 어둠, 빛이 깨짐

maintain a low profile,
저자세를 유지하다. 겸손함 유지

look inward first,
먼저 내면을 보다.

caution and moderation,
주위와 검토, 적당함, 절제,

difficulties, self-protection,
어려움, 자기보호,

subdue your brilliance.
당신의 광명을 억제하다.

사 업 : 신규사업X, 남의 말보다 스스로 냉정히 파악하고 이성문제 조심.

소 원 : 방해하는 것이 있어 순조롭지 못하다. 시기가 아니니 기다려라.

거 래 : 거짓이 많다. 사기당할 염려가 있다. 요령있게 거절하라.

재 물 : 있는 재물이라도 아껴야 한다. 재산증식은 힘드니 기다려라.

연 애 : 서로 비밀이 있으며 짝사랑일 경우가 많다. 인연이 아니면 포기.

혼 인 : 순조롭지 못하며 정식 결혼은 좀 더 기다려야 한다.

매 매 : 지금은 시세가 맞지 않으니 조금 더 기다려 신중을 기하라.

구 인 : 지장이 있어 사람은 늦게 오고 소식만 올 것이다.

가출인: 근처 서남쪽을 찾아라, 쉽게 찾지는 못한다.

출 산 : 난산이며 딸이다.

이 사 : 지금보다 못하니 옮기지 않는 것이 좋다.

여 행 : 좋지 않으니 보류함이 좋다. 사고와 질병의 우려가 있다.

입 학 : 쉽지 않으니 다음해를 각오하는 것이 좋다.

소 송 : 불리하다. 하등의 이익이 없는 소송이다.

실 물 : 아주 깊숙이 숨겨 있어 찾지 못한다.

건 강 : 시력감퇴, 심장, 소화기계통의 질병주의, 면역력이 떨어졌음.

직 장 : 직장인은 묵묵히 자리를 지키고 구직인은 구직함에 어려움이 있다.

明夷 利艱貞.
명 이 이 간 정.

명이는 어려움으로 바르게 함이 이롭다.

역설 지화명이는 땅속 깊은 곳에 빛이 비추는 것이니 빛이 어그러짐이다. 음(貞)속에 어렵게 빛나는 이로움이다. 음효의 변화가 길함을 말한다.

象曰 明入地中 "明夷" 內文明而外柔順 以蒙大難 文王
단 왈 명 입 지 중 명 이 내 문 명 이 외 유 순 이 몽 대 난 문 왕

以之. "利艱貞" 晦其明也 內難而能正其志 箕子以之.
이 지. 이 간 정 회 기 명 야 내 난 이 능 정 기 지 기 자 이 지.

象曰 明入地中 "明夷" 君子以莅衆 用晦而明.
상 왈 명 입 지 중 명 이 군 자 이 이 중 용 회 이 명.

단왈 밝음이 땅속으로 들어감이 명이다. 안으로 밝음이(이화) 펼쳐지고 밖은 유순함(곤지)으로 어리석어 큰 어려움은 문왕의 나아감이다. '이간정'은 그 밝음이 어두워짐으로 어려움 안에서 능히 그 뜻을 바로잡아 나아감은 기자의 나아감이다. 상왈 빛이 땅 속으로 들어감이 명이니, 군자가 이로써 무리를 돌봄은 어둠을 이용하여 빛나게 함이다.

初九 明夷于飛 垂其翼 君子于行 三日不食. 有攸往 主人有言.
초 구 명 이 우 비 수 기 익 군 자 우 행 삼 일 불 식. 유 유 왕 주 인 유 언.

象曰 "君子于行" 義不食也.
상 왈 군 자 우 행 의 불 식 야.

초구는 명이가 날아감에 그 날개가 드리우고, 군자가 행함에 삼일을 먹지 않고 나아가는 바가 있으니 주인이 말이 있도다. 상왈 '군자우행'은 올바름으로 먹지 못함이다.

역설 1효가 동하여 이 火가 간산 土가 되어 지산겸이다. 겸(謙)은 공손하여 고개를 숙임을 말함이다. 행동이 단아함으로 기품이 있으나 불리함이다.

六二 明夷 夷于左股 用拯馬壯 吉. 象曰 六二之吉 順以則也.
육 이 명 이 이 우 좌 고 용 증 마 장 길. 상 왈 육 이 지 길 순 이 칙 야.

육이는 명이에 왼쪽 다리가 상함으로써 구원하는 말을 사용하니 씩씩하여 길하다. 상왈 '육이지길'은 순응함으로 본받음이다.

역설 2효가 동하여 이 火가 건천 金이 되어 지천태이다. 참으로 좋은 효사이나 움직이는 다리에 손상을 이야기함은 급한 마음으로 생기는 것이다.

九三 明夷于南狩 得其大首 不可疾貞. 象曰 南狩之志 乃大得也.
구삼 명이우남수 득기대수 불가질정. 상왈 남수지지 내대득야.

구삼은 명이는 남쪽에서 사냥하여 그 큰머리를 얻어도 곧음으로 빨라짐이 불가하다. 상왈 '남수'의 뜻은 이에 크게 얻었음이다.

역설 3효가 동하여 이 火가 진뢰 木이 되어 지뢰복이다. 복(復)은 다시 돌아 다시 시작함이니 얻음이 있어도 부질없음을 이야기 하는 것이다.

六四 入于左腹 獲明夷之心 于出門庭. 象曰 "入于左腹" 獲心意也.
육사 입우좌복 획명이지심 우출문정. 상왈 입우좌복 획심의야.

육사는 왼쪽 배로 들어가서 명이의 마음을 얻어서 문 앞으로 나아가는 것이다. 상왈 '입우좌복'은 얻음을 뜻하였던 마음이다.

역설 4효가 동하여 곤지 土가 진뢰 木이 되어 뇌화풍이다. 풍(豊)은 풍성함과 성장을 말한다. 좌복(左腹:곤토는 음이지만 5腹)은 호흡이 깊이 들어가 뜻을 이루고 밖으로 나오는 것을 이야기하니 성장의 뜻을 이루었음이다.

六五 箕子之明夷 利貞. 象曰 箕子之貞 明不可息也.
육오 기자지명이 이정. 상왈 기자지정 명불가식야.

육오는 기자의 명이니 바름으로 이롭다. 상왈 '기자지정'은 밝게 함이 멈추는 것은 불가함이다.

역설 5효가 동하여 곤지 土가 감 水가 되어 수화기제이다. 기운이 교합하여 완성됨을 말하니 5효에 양효가 자리하고 음중이 양중을 떠받드니 참으로 길한 효사이다. 그러나 외괘가 내괘를 극함은 화가 어려움이 있음이다.

上六 不明晦 初登于天 後入于地.
상육 불명회 초등우천 후입우지.

象曰 "初登于天" 照四國也 "後入于地" 失則也.
상왈 초등우천 조사국야 후입우지 실칙야.

상육은 밝지 않을 어둠으로 처음은 하늘에 오르고 후에는 땅에 들어간다. 상왈 '초등우천'은 사방의 나라를 비춤이니, '후입우지'는 법을 잃음이다.

역설 6효가 동하여 곤지 土가 간산 土로 변하여 산화비이다. 비(賁)는 아름답게 비추고자 함이다. 산속에 꽃이 피니 지혜로움이 풍부하다. 하늘에 임하면 빛이 되고 땅속으로 임하면 만물의 빛의 씨앗이다.

제37 풍화가인괘

* 중중급운세

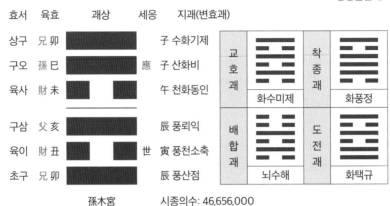

효서	육효	괘상	세응	지괘(변효괘)
상구	兄卯			子 수화기제
구오	孫巳		應	子 산화비
육사	財未			午 천화동인
구삼	父亥			辰 풍뢰익
육이	財丑		世	寅 풍천소축
초구	兄卯			辰 풍산점

孫木宮   시종의수: 46,656,000

- 집안과 내실을 다지는 괘사이니 자중하고 인간관계를 좋게 유지하자.

家人(가인)은 '집을 지키는 사람'으로 집안 식구를 뜻한다. 위는 장녀(長女)고, 아래는 중녀(中女)다. 동생이 언니 아래 있어 그 뜻을 따르니 일가(一家)가 편안히 다스려진다는 의미에서 가인(家人)을 괘 이름으로 하였다. 집안 가족들이 스스로의 본분으로 일하니 반드시 어긋남이 생기므로 다음을 규(睽)괘로 받는다. 규란 괴리(뒤틀림, 반목)되는 것이다.

1효동 : 땅을 파서 금이 나왔는데 시샘하는 사람들이 가까이 있다. 점차 모든 것이 길하게 흐르나 아직은 때가 아니니 더욱 수신함이 길하다.

2효동 : 아랫사람이나 가까운 사람을 조심하라. 배신당하는 운세이다. 미리 알면 모든 것이 무흉하고 길하니 재물이 적게 들어오는 운이다.

3효동 : 문서관리를 철저히 하라. 관제구설 수가 두렵다. 가정에 우환도 있다. 가계부를 작성하여 스스로 절제함이 유종의 미라 할 것이다.

4효동 : 흙에서 보석이 나왔으니 흙도 귀하고 보석도 귀하다. 은혜를 저버리지 마라. 흙은 현모, 여인이라 수신하니 제가함으로 여인의 덕이 있다.

5효동 : 길성이 문에 비치니 슬하에는 경사가 있겠으나 신액을 조심하라. 연인성이 동하여 서로가 마음이 통하는 효사이니 기다림이 아름답다.

6효동 : 문서가 발동하니 계약은 성립되나 관재 구설이 뒤따른다. 주변은 나를 시기하는 인사라, 항상 인사를 바로 함에 신경 쓰도록 하자.

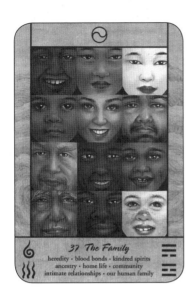

37. The Family
가족카드, 가정을 지킴, 내실을 다짐

heredity, blood bonds,
유전적인, 같은 혈통,
kindred spirits, ancestry,
친밀한 영혼, 혈통,
home life, community,
가정생활, 공동사회, 공동체,
intimate relationships,
친밀한 관계
our human family.
우리 인간 가족.

사 업 : 큰 사업을 할 기회가 올 것이니 지금은 하던 일에 열중하라!

소 원 : 귀인의 도움을 얻어 성취된다. 윗사람에게 조언을 구하라.

거 래 : 평소에 하던 거래나 교섭은 순조롭고 큰 거래엔 실리가 없다.

재 물 : 수입이 좋으나 필요 이상으로 낭비되는 지출이 있다.

연 애 : 라이벌이 생길 수 있으나 서로 이해심이 있어 원만히 진행된다.

혼 인 : 좋은 인연이며 순조롭게 이루어진다.

매 매 : 순조롭겠으나 서두르면 손해이다. 매도는 매수인이 곧 나선다.

구 인 : 먼저 연락하여 청하면 온다.

가출인: 남쪽이나 동쪽으로 멀리 갔다. 돌아오긴 한다.

출 산 : 순산이며 딸을 낳겠다. 산모 건강에 주의하라.

이 사 : 가족 모두가 동의한다면 이사해라. 현재 살고 있는 곳도 좋다.

여 행 : 가족 동반은 길하나 그 외에는 그저 그렇다.

입 학 : 합격의 운이 있다. 조금 더 노력하면 좀 더 좋은 곳도 가능하다.

소 송 : 승소하겠으나 큰 이득은 없다.

실 물 : 집안에 있고 찾을 수 있으나 찾는데 시일이 좀 걸린다.

건 강 : 정력감퇴, 신장계질환, 성인병과 감기 조심, 지병은 오래감.

직 장 : 직장인은 미래가 밝으니 노력하고 구직자는 도움이 있으면 가능함.

家人 利女貞.

가 인 이 여 정.

가인은 여자가 곧은 것이 이롭다

역설 여인괘라 음이 음하면 좋다는 이야기이다. 즉 음효의 동함은 불리하다.

象曰 家人 女正位乎內 男正位乎外 男女正 天地之大義也.

단 왈 가 인 여 정 위 호 내 남 정 위 호 외 남 녀 정 천 지 지 대 의 야.

家人有嚴君焉 父母之謂也. 父父 子子 兄兄 弟弟 夫夫 婦婦

가 인 유 엄 군 언 부 모 지 위 야. 부 부 자 자 형 형 제 제 부 부 부 부

而家道正 正家而天下定矣.

이 가 도 정 정 가 이 천 하 정 의.

象曰 風自火出 家人 君子以言有物而行有恒.

상 왈 풍 자 화 출 가 인 군 자 이 언 유 물 이 행 유 항.

단왈 가인은 여자는 안에 자리함이 바른 것으로, 남자는 밖에 자리함이 바른 것이며 남녀가 바른 자리에 임함은 천지의 큰 뜻이다. 가인은 무서운 군주가 있음이니 부모를 말함이다. 아비는 아비답게, 자식은 자식답게, 형은 형답게, 동생은 동생답게, 남편은 남편답게, 아내는 아내다워야 집안의 도가 바로잡히니, 집안을 바로잡아야 천하가 안정된다. 상왈 바람이 불로부터 나아감이 가인이니, 군자가 이로써 말함에 실속이 있고 행함에 지속됨이 있는 것이다.

初九 閑有家 悔亡. 象曰 "閑有家" 志未變也.

초 구 한 유 가 회 망. 상 왈 한 유 가 지 미 변 야.

초구는 집에 있어 익혀감이니 뉘우침이 없다. 상왈 '한유가'는 뜻이 변하지 않음이다.

역설 1효가 동하여 이 火가 간산 土가 되어 풍산점이다. 점(漸)은 점차 나아짐을 말하니 산위에 바람은 나아감에 부족함이 없다. 운둔함이 길하다.

六二 无攸遂 在中饋 貞吉. 象曰 六二之吉 順以巽也.

육 이 무 유 수 재 중 궤 정 길. 상 왈 육 이 지 길 순 이 손 야.

육이는 마치는 바가 없음이니, 안쪽에 귀한 음식이 있으면 곧음으로 길하다. 상왈 '육이지길'은 순응함으로 받듦이다.

역설 2효가 동하여 이 火가 건천 金이 되어 외괘를 극하는 풍천소축이다. 적게 모으는 것이며 외괘인 손괘가 따르면 길하나 배반하면 흉하다.

九三 家人嗃嗃 悔厲 吉 婦子嘻嘻 終吝.
구 삼 가 인 학 학 회 려 길 부 자 희 희 종 린.

象曰"家人嗃嗃"未失也"婦子嘻嘻"失家節也.
상 왈 가 인 학 학 미 실 야 부 자 희 희 실 가 절 야.

구삼은 집사람을 매우 꾸짖음이니 위태함을 뉘우치면 길하고 부자가 계속 웃으면 마침내 후회함이다. 상왈 '가인학학'은 잃지 않았음이며, '부자희희'는 집안의 절제함을 잃었음이다.

역설 3효가 동하여 이 火가 진뢰 木이 되어 풍뢰익이다. 익(益)이란 재물이 더해져 문서의 변동이 있으나 말썽이 생길까 걱정이다. 이는 풍요로움에 만끽하여 절제함을 잃어버림이니 끝이 좋지 못함이다.

六四 富家 大吉. 象曰"富家大吉"順在位也.
육 사 부 가 대 길. 상 왈 부 가 대 길 순 재 위 야.

육사는 집안이 넉넉해지니 크게 길하다. 상왈 '부가대길'은 순응하는 자리에 있음이다.

역설 4효가 동하여 손풍 木이 건천 金이 되어 천화동인이다. 크게 서로 움직임으로 가인이 안에서 뜻을 이룬 것이다. 가인과 같이 이루는 것이니 음괘가 내괘임에 건천을 따르는 순응함으로 순재위야라 한 것이다.

九五 王假有家 勿恤 吉. 象曰"王假有家"交相愛也.
구 오 왕 가 유 가 물 휼 길. 상 왈 왕 가 유 가 교 상 애 야.

구오는 왕이 잠시 집에 있어 근심하지 않아도 길하다. 상왈 '왕격유가'는 서로 사랑함으로 사귐이다.

역설 5효가 동하면 손풍 木이 간산 土가 되어 산화비이다. 5효는 왕의 자리임으로 동함은 불미함이 있다. 중녀가 소남을 받아들이니 사귐이 좋다.

上九 有孚 威如 終吉. 象曰 威如之吉 反身之謂也.
상 구 유 부 위 여 종 길. 상 왈 위 여 지 길 반 신 지 위 야.

상구는 믿음이 있고 위엄이 있으니 마침내 길하다. 상왈 '위여지길'은 자신을 돌아본다는 말이다.

역설 6효가 동하여 손풍 木이 감 水가 되어 水生木, 木生火의 유통이 좋다. 수화기제라 기운이 서로 통함은 왕의 자리가 바로 잡히니 믿음이 크다.

제38 화택규괘

*하하급운세

효서	육효	괘상	세응	지괘(변효괘)
상구	父巳			戌 뇌택귀매
육오	兄未			申 천택이
구사	孫酉		世	戌 산택손
육삼	兄丑			辰 화천대유
구이	官卯			寅 화뢰서합
초구	父巳		應	寅 화수미제

	교호괘		착종괘	
	수화기제		택화혁	
	배합괘		도전괘	
	수산건		풍화가인	

艮土宮   시종의수: 4,320

- 규란 배반과 반목을 뜻하며 두 여인이 동거하면서 뜻이 서로 다름이다.
- 만나는 인연마다 큰 손해를 불러오니 불화와 분쟁을 조심해야 한다.

규(睽)는 '서로 등지다', '노려보다'. '사팔눈'을 뜻하며 빗나가고 뒤틀려 서로 시기한다는 뜻이다. 불은 타오르면서 위로 올라가고, 연못의 물은 낮은 쪽으로 흘러간다. 서로 등져 어긋나 떨어지므로 규(睽)를 괘 이름으로 하였다. 뒤틀려 어긋나면 반드시 어려움이 있어 건(蹇)괘로 받는다.

1효동 : 시비를 멀리하라. 매사가 반대적으로 잘못되어 가는 형상이다. 길도 없고 흉도 없다. 뜻이 있어도 모든 것이 내 뜻을 반대함이다.

2효동 : 가택의 신이 발동하니 돈 잃고 사람까지 잃는다. 관귀가 있으니 사건사고가 동하며 내일이 모두 남의 입에 오르내린다.

3효동 : 내 것을 주며 정성으로 대하였는데 빰을 맞으니 귀인이 와서 도우리라. 인사에 길하니 친구를 얻고, 연인을 얻고, 세력을 얻는다.

4효동 : 마음이 창공에 있으니 시대의 불청객이라 외로움이 더해진다. 손실이 있으니 이는 자신의 허전함이니 교우하여 회복함이 길하다.

5효동 : 외로운 나그네요 고달픈 철새이니 뜻대로 되지 않는 효사이다. 그러나 선흉후길의 지금의 난관을 넘어서면 그 앞은 탄탄대로이다.

6효동 : 사업은 발전하고 서북쪽에서 귀인이 도와주어 가택이 편안하다. 정략적인 만남이 이어지니 올바르지 않으나 인내함으로 길해지는 효사다.

38. *Opposition*
반대측, 경쟁자, 질투, 시기

opposite viewpoints,
반대편 관점, 반대의 시선,
personal differences,
개인적 차이
a communication gap,
대화 불일치,
disharmony, estrangement,
부조화, 불화, 별거, 멀리하다.
misunderstandings.
오해, 착오, 언쟁.

사 업 : 일마다 자신의 의사와 상반되니 심히 고통스럽다. 자제함이 좋다.

소 원 : 장애가 많고 운이 불길해서 당장은 성취가 어렵다. 소길 하다.

거 래 : 서로 내부사정이 있어 갈등을 일으키고 교섭에 임하기 어렵다.

재 물 : 수입보다 지출이 많다. 뒷날을 위해 근검절약해라.

연 애 : 마음이 복잡하며 말다툼이 있다. 서로 끌려서 헤어지긴 어렵다.

혼 인 : 보류함이 좋다. 초혼은 어렵고 재혼은 가능하다.

매 매 : 시기가 아니니 좀 더 기다려라. 시일이 걸리나 매매는 된다.

구 인 : 도중에 장해가 있어 늦어지며 처음과 달리 마음이 변했다.

가출인: 먼 곳으로 떠났으며 나중에 소식이 올 것이다. 산사에 있다.

출 산 : 산고가 있으며 딸을 낳겠다. 예정일과 맞지 않는다.

이 사 : 불길하니 이사하지 말고 머물러 있는 것이 길하다.

여 행 : 불길하니 여행하지 말라. 늘 가던 곳은 상관없다. 장애가 있다.

입 학 : 장애가 많다. 기술이나 예체능은 합격이 가능하다.

소 송 : 강행하면 불리하니 타협하도록 하자.

실 물 : 여자에게 물어보아라. 늦어지면 찾기 어렵다.

건 강 : 오진이 있을 수 있으니 주의하고, 신경계통, 불안, 월경불순 주의

직 장 : 당분간 취직은 어렵다. 6개월 후 가능하다. 작은 곳은 가능하다.

睽 小事吉.
규 소 사 길 .

규는 작은 일은 길하다.

역설 화택규는 풍화가인의 종괘로 길한 괘상은 아니다. 그러니 욕심을 버리고
과하지 않은 욕심에만 길하단 말이며 또한 음효의 움직임은 길하다.

象曰 睽 火動而上 澤動而下 二女同居 其志不同行.
단 왈 규 화 동 이 상 택 동 이 하 이 여 동 거 기 지 부 동 행 .

說而麗乎明 柔進而上行 得中而應乎剛 是以小事吉.
열 이 려 호 명 유 진 이 상 행 득 중 이 응 호 강 시 이 소 사 길 .

天地睽而其事同也 男女睽而其志通也 萬物睽而其事類也
천 지 규 이 기 사 동 야 남 녀 규 이 기 지 통 야 만 물 규 이 기 사 류 야

睽之時用大矣哉. 象曰 上火下澤 睽 君子以同而異.
규 지 시 용 대 의 재 . 상 왈 상 화 하 택 규 군 자 이 동 이 이 .

단왈 규는 불(이화)이 위로 움직이고 연못(태택)이 아래로 움직여 두 여자가 같이 사
나 그 뜻이 다르게 행하고자 함이다. 기쁨(태택)이 밝음(이화)을 드러내어 유함(음효)
이 나아가 위로 행하여 중심(5효)을 얻어 강함(2효)을 맞추어 나감으로 작게 길한 것
이다. 천지가 다르지만 그 일은 같고, 남녀는 다르지만 그 뜻은 같으니, 만물이 다르지
만 그 일이 비슷하여 다른 것이 시기(때)에 맞으면 쓰임이 큰 것이다. 상왈 위는 불 아
래는 연못이 규니, 군자가 이로써 같이하지만 뜻은 달리한다.

初九 悔亡 喪馬 勿逐自復 見惡人 无咎. 象曰 "見惡人" 以辟咎也.
초 구 회 망 상 마 물 축 자 복 견 악 인 무 구 . 상 왈 견 악 인 이 피 구 야 .

초구는 뉘우침이 없어지니 말을 잃고 뒤쫓지 않아도 스스로 돌아오고, 악한 사람을 보
아도 허물이 없다. 상왈 '견악인'은 허물을 피함이다.

역설 1효가 동하여 태택 金이 감 水가 되어 화수미제이다. 뜻을 이루지 못함이
니 좋지도 나쁘지도 않은 그런 효사이다. 일을 해도 득이 없음이다.

九二 遇主于巷 无咎. 象曰 "遇主于巷" 未失道也.
구 이 우 주 우 항 무 구 . 상 왈 우 주 우 항 미 실 도 야 .

구이는 거리에서 거느림을 만남이니 허물이 없다. 상왈 '우주우항'이 도를 잃지 않음이다.

역설 2효가 동하여 태택 金이 진뢰 木이 되어 화뢰서합이다. 木生火로 외괘를
극하여 외괘가 내괘를 극하니 불리하다. 서합(噬嗑)이란 이간이라.

六三 見輿曳 其牛掣 其人天且劓. 无初有終.
육삼 견 여 예 기 우 체 기 인 천 차 의 . 무 초 유 종 .

象曰 "見輿曳" 位不當也 "无初有終" 遇剛也.
상왈 견 여 예 위 부 당 야 무 초 유 종 우 강 야 .

육삼은 수레를 끌고 감이 보이니 그 소가 끌고 그 사람이 하늘로 또 코를 베어 처음은 미약해도 끝은 창대하다. 상왈 '견여예'는 바른 자리가 아님이며, '무초유종'을 강한 것은 만난 것이다.

역설 3효가 동하여 태택 金이 건천 金이 되어 강한 세력을 얻은 화천대유이다. 크게 만족함은 건남이 중녀를 얻음이니 우(牛)는 이화를 말함이다.

九四 睽孤 遇元夫 交孚 厲无咎. 象曰 "交孚无咎" 志行也.
구사 규 고 우 원 부 교 부 려 무 구 . 상왈 교 부 무 구 지 행 야 .

구사는 규가 외로움으로 달라짐이니 큰 사내를 만나 믿음으로 사귐이니 위태하나 허물은 없다. 상왈 '교부무구'는 뜻이 행하여짐이다.

역설 4효가 동하여 이 火가 간산 土가 되어 산택손이다. 손(損)은 손해가 있음을 말하니 허전한 마음을 채우고자 함이 크다.

六五 悔亡 厥宗噬膚 往何咎. 象曰 "厥宗噬膚" 往有慶也.
육오 회 망 궐 종 서 부 왕 하 구 . 상왈 궐 종 서 부 왕 유 경 야 .

육오는 뉘우침이 없으니 그 동류 살갗을 씹으며 나아가니 어찌 허물이 있겠는가. 상왈 '궐종서부'는 나아감으로 경사가 있음이다.

역설 5효가 동하면 이 火가 건천 金으로 변하여 천택이다. 5효에 양효가 생하니 변함이 길하여 '왕하구'라 하였다. 길하나 대립은 있다.

上九 睽孤 見豕負塗 載鬼一車 先張之弧 後說之弧 匪寇 婚媾
상구 규 고 견 시 부 도 재 귀 일 거 선 장 지 호 후 세 지 호 비 구 혼 구

往遇雨則吉. 象曰 "遇雨之吉" 羣疑亡也.
왕 우 우 즉 길 . 상왈 우 우 지 길 군 의 망 야 .

상구는 규가 외로움으로 달라짐이니 진흙을 짊어진 돼지 같아 보이고 귀신이 한 수레에 실린 것과 같다. 처음은 넓히어 당긴 활이지만 나중에는 풀어 놓은 활로서 도적이 아니라 혼인 하자 함이니 나아가 비를 만나면 길하다. 상왈 '우우지길'은 많은 의심이 씻기어 없어진 것이다.

역설 6효가 동하면 이 火가 진뢰 木이 되어 뇌택귀매이다. 올바르지 않은 혼인을 말하니 정략적인 결합을 말함이다. 비란 감수를 말함이다.

제39 수산건괘

*하중급운세

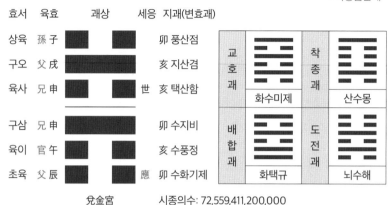

효서	육효	괘상	세응	지괘(변효괘)
상육	孫子			卯 풍산점
구오	父戌			亥 지산겸
육사	兄申	世		亥 택산함
구삼	兄申			卯 수지비
육이	官午			亥 수풍정
초육	父辰	應		卯 수화기제

兌金宮　　　시종의수: 72,559,411,200,000

교호괘	착종괘
화수미제	산수몽
배합괘	도전괘
화택규	뇌수해

- 산을 어렵게 넘었으나 망망대해로다. 오른 다리를 다치는 사고 괘이다.

- 소남(土)이 중남(水)에게 대드는 형국이니 절대로 경거망동하지 말자.

- 만사에 좌절과 절망, 실패로 마음이 우울함이 가득하니 참을 때이다.

蹇(건)은 '절름발이', '나아가기 힘들다', '멈추다'로 힘든 역경을 뜻한다. 산 위에 물이 있으니, 산을 넘으면 다시 물이 앞길을 막고 있다. 나아가기가 불편하니, 절름발이라는 뜻을 가진 건(蹇)을 괘 이름으로 하였다.

1효동 : 재물이 들어 올 것은 같으나 가택의 신이 발동해서 가로 막는다. 문서가 동하고 자신을 갈고 닦아 연인을 맞아들이는 효사로 길하다.

2효동 : 가택의 신이 노하여 있으니 안택함을 빌면 대길하다. 참으로 힘든 고난의 시기를 겪었으니 이제 조금은 쉴 수 있는 시기이다.

3효동 : 재주는 곰이 부리고 돈은 엉뚱한 사람이 가진다. 지출이 많다. 밖에서 움직임은 손실이 크다. 내실을 다짐이 길하며 차사고 조심하라.

4효동 : 칠성님의 반가운 소식이 있으니 가족에 경사가 있겠다. 결혼과 연애의 효사이나 밖에서의 만남보다 안에서의 만남이 길하리라.

5효동 : 달이 구름 속을 벗어나 귀인이 와서 도움을 준다. 한번은 당할 사고가 있으니 그것이 오면 액운이 사라진다. 주의하면 경미한 사고다.

6효동 : 숨은 용이 여의주를 얻었으니 머지않아 승천하니 운세가 대길하다. 멘토가 있으면 찾아봄이 길하다. 뜻하지 않는 지혜를 얻을 것이다.

39. *Obstacles*

장애, 장애물

unexpected obstructions,
예상치 못한 장애물,
frustration, difficulties,
불만, 좌절, 실패, 어려움,
feelings of hopelessness,
절망감, 우울증,
struggle, discouragement.
투쟁, 몸부림, 싸우다, 낙심, 좌절.

사 업 : 손해 본 것은 손해본대로 두고 기다려라. 낭비 사기조심.

소 원 : 모든 면에 불리하여 이루기 어렵다. 도저히 역부족이다.

거 래 : 당장은 잘 되지 않는다. 상대방 작전에 넘어가는 경우가 있다.

재 물 : 재물이 머물지 않으니 기다려라. 머지않아 귀인이 돕는다.

연 애 : 삼각관계 등 어처구니없는 복잡한 상태가 생긴다.

혼 인 : 속과 겉이 다르나 거짓이 있어 말만 오갈 뿐이다.

매 매 : 경쟁자가 많아 정당한 시세를 받기 어렵다. 자칫 큰 손해를 본다.

구 인 : 상대에게 딱한 사정이 있어 소식만 오고 오지 못한다.

가출인: 멀리가지 않았으니 기다리면 자진해서 돌아온다. 산, 물가에 있다.

출 산 : 약간 난산에 아들을 낳겠다. 의사의 도움이 필요하다.

이 사 : 이사는 불리하니 하지 않는 것이 좋다.

여 행 : 중도에 사고와 부상이 있을 수 있으니 보류함이 좋다.

입 학 : 희망하는 학교, 학과는 힘드니 한 단계 눈높이를 낮춰라.

소 송 : 불리하다. 이겨도 손해이니 아랫사람을 시켜 타협을 보도록 하자.

실 물 : 도독의 소행이니 찾기 어렵다. 인고하고 기다림이 최선이다.

건 강 : 환자는 생명의 위협을 느끼며 고혈압과 신경계통의 병증주의하자.

직 장 : 취직은 힘이 들며 직장에선 너무 약하게 행동하면 피해를 본다.

蹇 利西南 不利東北 利見大人. 貞吉.
건 이 서 남 불 리 동 북 이 견 대 인 . 정 길 .

건은 서남은 이롭고 동북은 불리하니 대인을 봄이 이롭다. 곧으면 길하다.

역설 괘상이 凶하니 이와 반하여 움직이면 길하다는 뜻으로 내괘는 7간산 土
이다. 극하는 木을 두려워하고 용이 감수 외괘로 불리하니 水木에 반하는 배합
괘인 화택규로 리화인 남방과 태택인 서방을 길하다 한 것이다.

彖曰 "蹇" 難也 險在前也 見險而能止 知矣哉
단 왈 건 난 야 험 재 전 야 견 험 이 능 지 지 의 재

"蹇利西南" 往得中也 "不利東北" 其道窮也. "利見大人"
건 이 서 남 왕 득 중 야 불 리 동 북 기 도 궁 야 . 이 견 대 인

往有功也 當位 "貞吉" 以正邦也. 蹇之時用大矣哉.
왕 유 공 야 당 위 정 길 이 정 방 야 . 건 지 시 용 대 의 재 .

象曰 山上有水 蹇. 君子以反身修德.
상 왈 산 상 유 수 건 . 군 자 이 반 신 수 덕 .

단왈 건은 어려움이다. 험함이 앞에 있어 험한 것을 보아도 능히 멈추니 지혜롭다. '건이
서남'은 가서 중을 얻음이요, '불리동북'은 그 도가 다함이요, '이견대인'은 나아가 공
이 있음이다. 마땅한 자리임에 '정길'은 나라를 바르게 함이니, 건의 때가되면 쓰임이
크도다. 상왈 산 위에 물이 있는 것이 건이니, 군자가 이로써 수신하고 덕을 닦느니라.

初六 往蹇 來譽. 象曰 "往蹇來譽" 宜待也.
초 육 왕 건 래 예 . 상 왈 왕 건 래 예 의 대 야 .

초육은 나아가면 위험하여 돌아옴을 칭찬한다. 상왈 '왕건래예'는 기다림으로 편안해진다.

역설 1효가 동하여 간산 土가 이 火가 되어 수화기제이다. 火生土하니 본괘가
난괘이지만 참으로 길한 효사로 문서와 재물이 들어오는 효사이다.

六二 王臣蹇蹇 匪躬之故. 象曰 "王臣蹇蹇" 終无尤也.
육 이 왕 신 건 건 비 궁 지 고 . 상 왈 왕 신 건 건 종 무 우 야 .

육이는 왕과 신하가 계속 위험하여 예전의 몸이 아님이다. 상왈 '왕신건건'은 마침내
힘듦이 없다.

역설 2효가 동하여 간산 土가 손풍 木이 되어 수풍정이다. 木剋土하니 정(井)
은 우물과 비를 만나 휴식함이나 그동안의 고달픈 여정을 말한다.

九三 往蹇 來反. 象曰 "往蹇來反" 內喜之也.
구 삼 왕 건 래 반 . 상 왈　　왕 건 래 반　　내 희 지 야 .

구삼은 나아감이 위험하여 돌아오길 반복한다. 상왈 '왕건래반'은 안으로 나아가는
기쁨이다.

역설 3효가 동하면 간산 土가 곤지 土가 되어 수지비이다. 비(比)란 어깨를 나
란히 함으로 내실이 안에 있어 내실을 지켜감이 길하다. 귀혼괘이다.

六四 往蹇 來連. 象曰 "往蹇來連" 當位實也.
육 사 왕 건 래 연 . 상 왈　　왕 건 래 연　　당 위 실 야 .

육사는 가면 위험하고 돌아오면 이어진다. 상왈 '왕건래연'은 알맞은 자리로 채워감
이다.

역설 4효가 동하면 감 水가 태택 金으로 변하여 택산함이다. 결혼과 연애괘이
니 열정적 사랑을 말하지만 건괘가 변함이니 불러들임이 좋다.

九五 大蹇 朋來. 象曰 "大蹇朋來" 以中節也.
구 오 대 건 붕 래 . 상 왈　　대 건 붕 래　　이 중 절 야 .

구오는 크게 위험하여 벗이 온다. 상왈 '대건붕래'는 중앙을 절제함이다.

역설 5효가 동하여 감 水가 곤지 土가 되어 지산겸이다. 겸(謙)은 겸손함으로
크게 위험하니 중앙을 지킴을 나타낸다. 즉 움직이면 사고를 겪음으로 친구(朋:
곤지)가 문병을 오는 것이니 움직임에 큰 화는 중절(中折)됨이다.
잘못하면 문병이 아닌 문상이 될 수도 있음을 말하는 중부의 지킴이다.

上六 往蹇 來碩 吉 利見大人.
상 육 왕 건 래 석 길 이 견 대 인 .

象曰 "往蹇來碩" 志在內也 "利見大人" 以從貴也.
상 왈　　왕 건 래 석　　지 재 내 야　　이 견 대 인　　이 종 귀 야 .

상육은 나아가면 위험하여 돌아옴이 커져서 길함으로 대인을 봄이 이롭다. 상왈 '왕
건래석'은 뜻이 안에 있음이며, '이견대인'은 따름으로서 귀해진다.

역설 6효가 동하면 감 水가 손풍 木이 되어 풍산점이다. 점(漸)은 승(升)과 같이
좋아지고 높아지는 괘이니 좋은 효사이다. 이견대인이란 큰 내를 건너 어려움
을 극복한 현인을 말하며 5의 양효를 말한다. 6효를 양효로 하여 5효를 보호함
이 장녀가 와서 소남을 돌봄으로 길하다.

제40 뇌수해괘

* 상중운세급

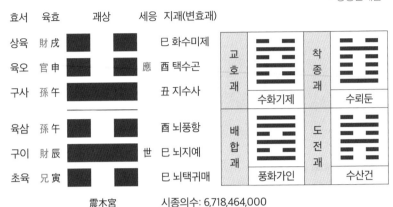

효서	육효	괘상	세응	지괘(변효괘)
상육	財戌			巳 화수미제
육오	官申		應	酉 택수곤
구사	孫午			丑 지수사
육삼	孫午			酉 뇌풍항
구이	財辰		世	巳 뇌지예
초육	兄寅			巳 뇌택귀매

교호괘	착종괘
수화기제	수뢰둔
배합괘	도전괘
풍화가인	수산건

震木宮

시종의수: 6,718,464,000

- 오랜 고난을 벗어나 해빙기인 봄날을 맞이하게 된 것으로 활기가 차다.

- 차가운 대지가 풀리듯 사람의 마음도 해빙이 되니 기회가 온 것이다.

해(解)는 '해결되다', '해소된다', '풀린다'로 풀어지고 느슨해짐을 뜻한다. 해방괘라 말하며, 천둥이 진동하여 비를 내리니 얼어붙었던 대지가 풀린다. 봄을 의미하므로, 해(解)를 괘 이름으로 하였다. 완화되어 느슨해지면 반드시 잃어버려 손해 봄이 있으므로 다음을 손(損)괘로 받는다.

1효동 : 가까운 사람과 사소한 일로 다툴까 두렵다. 손재수가 있다. 올바르지 않은 연애의 운이 있다. 서로 실리를 추구함이니 흉하지 않다.

2효동 : 집안이 화목하니 식구가 늘어나겠다. 결혼과 출산은 대길하다. 삼인 삼색 삼물이 나에게 오니 만사여의대길하다. 인고한 결과이다.

3효동 : 재물성이 문에 비치니 하는 일마다 이익을 얻을 수이다. 나의 것을 빼앗고자 도적이 드니 내가 현명하지 않음으로 끌어들인 속인이다.

4효동 : 땅을 파서 보석을 얻으니 조상과 신불의 은총으로 재수대길하다. 노력으로 얻은 명예와 재물이라. 항상 자신을 수신함에 소홀하지 말자.

5효동 : 이름이 사해에 떨치니 용이 구름을 휘감고 몸을 날리더라. 인간으로 인한 괴로움이 있겠으나 운은 길하다. 차사고 조심

6효동 : 봄비가 오니 만물이 그 빛을 자랑한다. 능력을 발휘 할 때이다. 개인의 역량은 커서 인정은 받으나 남과의 화합이 없으니 다툼이 있다.

40. Deliverance
구조, 해결, 해방

release, relief,
풀어주다, 석방, 해방, 안도, 구조됨,
a fresh approach,
신선한 접근,
liberation from obstruction,
방해물로 부터의 해방,
finding a solution, exhilaration.
해결책을 찾음, 기분전환.

사 업 : 상당히 바빠지며 모든 일이 한 가지씩 풀려 순풍에 돛을 단다.

소 원 : 그동안 바래온 희망은 성취되며 시일의 흐름에 서서히 풀린다.

거 래 : 오랫동안 벌여오던 거래와 교섭은 해결된다. 해약이 우려된다.

재 물 : 큰 재물을 얻을 수 있는 기회가 온다. 일한만큼 효과가 있다.

연 애 : 화려하고 행동적 연애를 하며 결혼까지 연결되긴 어렵다.

혼 인 : 오래 끌어오던 혼담이면 이루어지겠으나 그렇지 않으면 서둘러라.

매 매 : 신속하면 순조롭고 이익이 크다. 강매는 구설과 손해가 따른다.

구 인 : 조금 지연은 있으나 이쪽에서 연락하면 온다. 기쁜 일이 있겠다.

가출인: 멀리 가려하니 늦어지면 찾기 어렵다. 동남쪽이나 서북쪽에 있다.

출 산 : 순산이며 아들이다.

이 사 : 이사함이 좋다. 정신적으로 안정을 찾는다.

여 행 : 유쾌한 여행이며 많은 것을 얻는 여행이 된다.

입 학 : 그동안 꿈꾸어 오던 학교에 합격될 수 있다.

소 송 : 정당한 일이면 승소하며 부정하면 패가망신이다. 속전속결해라.

실 물 : 집안에서 실물한 것은 물건사이 끼어있고 집밖은 찾기 어렵다.

건 강 : 오랜 지병은 좋아진다. 과음, 과색, 위장병, 신장의 병을 조심해라.

직 장 : 직장인은 승진, 승급의 운이며 구직자도 직장은 곧 얻는다.

解 利西南 无所往 其來復吉 有攸往 夙吉.
해 리 서 남 무 소 왕 기 래 복 길 유 유 왕 숙 길 .

해는 서남이 이로우니 나아가는 바가 없으면 그 되돌아옴으로 길하고 나아감이 있으면 일찍부터 길하다.

역설 건(蹇)괘의 복괘인 해(解)괘는 길괘이다. 서쪽과 남쪽에 실리가 있으며 가고 오는바가 모두 길함을 말한다. 위는 내괘의 변이 더 길함을 말한다.

象曰 解 險以動 動而免乎險 解."解 利西南"往得衆也
단 왈 해 험 이 동 동 이 면 호 험 해 . 해 이 서 남 왕 득 중 야

"其來復吉"乃得中也 "有攸往 夙吉"往有功也.
기 래 복 길 내 득 중 야 유 유 왕 숙 길 왕 유 공 야 .

天地解而雷雨作 雷雨作而百果草木皆甲坼 解之時大矣哉.
천 지 해 이 뢰 우 작 뢰 우 작 이 백 과 초 목 개 갑 탁 해 지 시 대 의 재 .

象曰 雷雨作 解 君子以赦過宥罪.
상 왈 뢰 우 작 해 군 자 이 사 과 유 죄 .

단왈 해는 험난함으로 움직임이다. 움직임(진뢰)이 험한데(감수)에서 면하는 것이 해이다. '해이서남'은 가서 무리를 얻음이며, '기래복길'은 이에 중심(2효:음, 5효:양)을 얻음이고, '유유왕숙길'은 나아가면 공로가 있음이다. 천지가 풀려짐은 우레를 동반한 비를 만들고 우레와 동반한 비로 만듦은 온갖 풀과 초목의 열매의 모든 껍질을 터트리니 해의 시기가 위대하다. 상왈 우레와 비가 일어남이 해니, 군자가 이로써 지나침을 용서함으로 형벌함이 너그럽다.

初六 无咎. 象曰 剛柔之際 義无咎也.
초 육 무 구 . 상 왈 강 유 지 제 의 무 구 야 .

초육은 허물이 없다. 상왈 강함과 유함이 사귐은 옳은 것으로 허물이 없다.

역설 1효가 동하여 감 水괘가 태택 金이 되어 뇌택귀매이다. 올바른 사귐이 아니나 흉하진 않아 무구하다 하였다. 서로가 실리를 추구함이다.

九二 田獲三狐 得黃失 貞吉. 象曰 九二貞吉 得中道也.
구 이 전 획 삼 호 득 황 시 정 길 . 상 왈 구 이 정 길 득 중 도 야 .

구이는 세 마리 여우를 잡는 사냥으로 황금 화살을 얻어 바르면 길하다. 상왈 '구이정기'은 중을 얻음이다.

역설 뇌지예로 미리알고 예비함이 길한 효사이다. 전(田), 황시는 모두 곤토를 말함이다. 2효의 음효는 바른 자리이다. 여우 세 마리는 3효와 5효

六三 負且乘 致寇至 貞吝.
육 삼 부 차 승 치 구 지 정 린.

象曰 "負且乘" 亦可醜也 自我致戎 又誰咎也.
상 왈 부 차 승 역 가 추 야 자 아 치 융 우 수 구 야.

육삼은 짐지고 또 올라탐이니 도적을 불러들임에 이르니 곧바르면 한탄한다. 상왈 '부차승'은 또한 추한 것으로 자기 스스로 도적을 부른 것이니 또 누구의 허물인가.

역설 3효가 동하여 감 水가 손풍 木이 되니 뇌풍항이다. 항(恒)은 항상 한결같음을 말한다. 우직함이 있으니 현명하길 바라는 글귀이다.

九四 解而拇 朋至斯孚. 象曰 "解而拇" 未當位也.
구 사 해 이 무 붕 지 사 부. 상 왈 해 이 무 미 당 위 야.

구사는 풀어감이 엄지손가락이니 벗이 이것을 믿어줌에 이른다. 상왈 '해이무'는 알맞은 자리는 아니다.

역설 4효가 동하여 진뢰 木이 곤지 土가 되어 지수사이다. 사(師)는 기예를 닦고 열심히 자신을 갈고 닦는 남보다 뛰어난 스승을 말함이다.

六五 君子維有解 吉 有孚于小人. 象曰 君子有解 小人退也.
육 오 군 자 유 유 해 길 유 부 우 소 인. 상 왈 군 자 유 해 소 인 퇴 야.

육오는 군자(양)가 이어감이니 해결함은 길하다. 소인도 믿음이 있다. 상왈 '군자유해'는 소인(음)이 물러감이다.

역설 5효가 동하여 진뢰 木이 태택 金이 되어 택수곤이다. 길괘는 아니나 金生水로 길하며 5효가 양을 차지함으로 바른 자리에 임했다.

上六 公用射隼于高墉之上 獲之 无不利.
상 육 공 용 사 준 우 고 용 지 상 획 지 무 불 리.

象曰 "公用射隼" 以解悖也.
상 왈 공 용 사 준 이 해 패 야.

상육은 관리가 도구를 사용함이니 높아지는 새매를 성벽위에 잡아주어 불리함이 없다. 상왈 '공용석준'은 어지러움을 풀어감이다.

역설 6효가 동하여 진뢰 木이 이 火가 되어 화수미제이다. 기술력이 뛰어나나 화합함이 없다. 즉 개인의 역량은 높으나 집단력이 없음이다.

제41 산택손괘

* 하상급운세

효서	육효	괘상	세응	지괘(변효괘)
상구	官 寅		應	酉 지택림
육오	財 子			巳 풍택중부
육사	兄 戌			酉 화택규
육삼	兄 丑		世	辰 산천대축
구이	官 卯			寅 산뢰이
초구	父 巳			寅 산수몽

艮土宮

시종의수: 559,872,000

- 손해를 보고 얻는다는 뜻이다. 즉 봉사를 통한 얻음이 될 수 있다.

- 소녀가 소남을 받아들임이니 택산함 보단 못하지만 장래가 좋다.

損(손)은 '덜다'. '줄이다'. '손해보다'로 손실과 덜어냄을 뜻한다. 산 아래에 있는 저수지의 물은 들판을 적시기 위해 흘러가야 하므로, 잃는다는 의미에서 손(損)을 괘 이름으로 하였다. 계속 손해를 보다 보면 반드시 이익이 생기게 되므로 다음을 익(益)괘로 받는다.

1효동 : 행운이 문 위에 비치니 문서에 기쁨이 있다. 하는 일에 모자람이 있어 배우고 익히어 인정을 받는 것이 필요하다. 문서 조심의 운이다.

2효동 : 조상이 응하니 집안의 경사가 아니면 병고와 액난을 조심하라. 반흉 반길이라 입이 항상 즐거워하나 입을 통한 액도 있으리라.

3효동 : 씨앗을 심었으니 싹이 나온 후 그 열매를 맛보리라. 그동안 뿌려왔던 곡식들을 걷어 들인다. 새 친구를 얻고 옛 친구는 잃는 운이다.

4효동 : 입을 다물고 혀를 묶어라. 그래야만 화가 없으리라. 말을 아껴라. 급히 서두르면 일에는 좋으나 나에겐 시기만 생긴다. 화병에 주의하자.

5효동 : 사슴을 쏘았는데 어찌하여 토끼가 맞았는가? 계획이 틀어짐이다. 수행을 나타내는 효사이니 잠시 내면의 심광을 볼 것이다.

6효동 : 액성이 슬하에 비치니 성심으로 보살펴라. 동북쪽에 출행을 조심하라. 그러나 승진과 학업의 성취하는 운이니 관록성이 비추는 구나.

41. *Decrease*

손해, 감소, 하락, 줄이다.

decline, cutting back,
감소, 축소, 삭감하다.
frugality, contraction,
절약, 검소, 수축
letting go, less is more,
풀어주다, 적을수록 많다.
resourcefulness, a sacrifice.
지략 있는, 희생.

41 Decrease
decline · cutting back · frugality
contraction · letting go · less is more
resourcefulness · a sacrifice

사 업 : 처음에는 어려움이 있겠으나 노력하면 후일에 반드시 대성한다.

소 원 : 반 이상은 성취하나 큰 소망은 성취가 어렵다.

거 래 : 당장은 손해를 보는 것 같지만 끈기 있게 밀고나가야 한다.

재 물 : 지금은 지출이 많아 손해이나 차츰 이익이 따른다. 실물수 있음.

연 애 : 진정한 사랑으로 즐겁겠다. 적당선이 필요하다.

혼 인 : 시일이 걸리겠지만 성립되며 좋은 인연이다. 구혼자도 곧 생긴다.

매 매 : 매입은 보류하고 파는 것은 서둘러 팔아라. 지금이 좋은 때이다.

구 인 : 늦어진다. 독촉하는 연락을 하면 늦더라도 오기는 온다.

가출인: 아직은 북동쪽에 가까운 곳에 있다. 빨리 서두르면 찾는다.

출 산 : 순산하며 초산이면 딸이고 그 밖에는 아들이다.

이 사 : 좀 더 시기를 기다려라. 바로 이사하면 좋지 않다.

여 행 : 여행은 혼자서는 가지 말라. 건강에 주의해라.

입 학 : 특수기술, 사회사업, 종교계통은 길하다. 눈높이를 조금 낮추어라.

소 송 : 결과적으로 승소하여도 큰 득은 없으니 타협하라.

실 물 : 집안에서의 실물은 시간이 걸리며 밖에서 실물은 찾기 어렵다.

건 강 : 과로와 신경계통, 소화계통에 주의해라. 체력의 방전이다.

직 장 : 직장 이동은 하지 말라. 구직자는 시일과 돈이 필요하다.

損 有孚 元吉 无咎 可貞 利有攸往. 曷之用 二簋可用享.
손 유부 원길 무구 가정 이유유왕. 갈지용 이궤가용향.

손은 믿음이 있어 크게 길하니 허물이 없어 가히 바름이다. 나아가는 바가 있어 이롭고 어디에 쓰던 짝하는 대그릇은 제사에 사용할 수 있다.

역설 손괘는 손해가 있음을 말한다. 가는 길에 정(貞:음효)은 길하며 믿음이 있는 중부는 매우 길하며 전체적으로 길하진 않으나 무구하다.
외괘인 간산 土는 유부(有孚)함으로 3,4,5효의 음효를 말하기도 한다. 부(孚)란 중효인 2, 5효를 말하기도 하지만 土를 말하여 믿음을 나타낸다.

象曰 "損" 損下益上 其道上行. 損而有孚 "元吉 无咎 可貞
단왈 손 손하익상 기도상행. 손이유부 원길 무구 가정

利有攸往. 曷之用 二簋可用享." 二簋應有時 損剛益柔有時
이유유왕. 갈지용 이궤가용향. 이궤응유시 손강익유유시

損益盈虛 與時偕行. 象曰 山下有澤 損 君子以懲忿窒欲.]
손익영허 여시해행. 상왈 산하유택 손 군자이징분질욕.

단왈 손은 아래를 줄여 위를 더하는 그 도가 위를 행함이니 줄임에 믿음이 있어 '원길무구 가정 이유유왕. 갈지용 이궤가용향'은 두 대그릇이 맞춰지는 때가 있으며, 강을 줄이고 유에 더함도 때가 있으니 줄이고 더하고 채우고 비움도 때에 따라 함께 행함이다. 상왈 산 아래 못이 있는 것이 손이니, 군자가 이로써 성내어 혼냄으로 욕심을 막아간다.

初九 已事遄往 无咎 酌損之. 象曰 "已事遄往" 尙合志也.
초구 이사천왕 무구 작손지. 상왈 이사천왕 상합지야.

초구는 일을 마치고 빨리 가야 허물이 없으니 술 따름을 줄임이다. 상왈 '이사천왕'은 높임으로 뜻을 합침이다.

역설 1효가 동하여 태택 金이 감 水가 되어 산수몽이다. 몽은 어리석음이 있어 실수를 자주함이다. 아직은 익숙하지 않아 모자람이 있는 효사이다.

九二 利貞 征凶 弗損益之. 象曰 九二利貞 中以爲志也.
구이 이정 정흉 불손익지. 상왈 구이이정 중이위지야.

구이는 바름으로 이로우나 나아가면 흉하여 줄이지 말고 늘여야 한다. 상왈 '구이이정'은 중심에 뜻을 만든 것이다.

역설 2효가 동하여 태택 金괘가 진뢰 木이 되어 산뢰이괘이다. 이(頤)는 입으로 기르며 봉양함을 말하며 길하진 않으며 2효가 음이라 반흉반길이다.

六三 三人行 則損一人 一人行 則得其友. 象日 一人行 三則疑也.
육 삼 삼 인 행 즉 손 일 인 일 인 행 즉 득 기 우. 상 왈 일 인 행 삼 즉 의 야.

육삼은 세 사람이 행함에 곧 한사람이 줄고, 한사람이 행함에 곧 그 벗을 얻는다. 상왈 '일인행'은 셋이면 곧 의심한다.

역설 3효가 동하면 태택 金이 건천 金으로 산천대축이 되었다. 내괘에 친구가 생김이나 세상이치가 강인한 3명이 있으면 편을 먹고 한 친구가 멀리가고, 한 사람이 걸어감에 없던 친구가 생기는 것이 세상 이치이다.

六四 損其疾 使遄有喜 无咎. 象日 "損其疾" 亦可喜也.
육 사 손 기 질 사 천 유 희 무 구. 상 왈 손 기 질 역 가 희 야.

육사는 그 급함을 줄임으로 빠르게 하면 기쁨이 있어 허물이 없다. 상왈 '손기질'하니 또한 가히 기뻐한다.

역설 4효가 동하여 간산 土가 이 火가 되어 화택규이다. 시기와 질투의 시선이 있는 효사이다. 화병이 생김은 내 주변이 나를 압박하기 때문이다.

六五 或益之十朋之龜 弗克違 元吉. 象日 六五元吉 自上祐也.
육 오 혹 익 지 십 붕 지 귀 불 극 위 원 길. 상 왈 육 오 원 길 자 상 우 야.

육오는 혹 더하면 열이 벗이 되어 거북점을 하더라도 어김이 없어 크게 길하다. 상왈 '육오원길'은 도움이 위로부터이다.

역설 5효가 동하면 간산 土가 변하여 손풍 木이 되니 풍택중부이다. 중부(中孚)는 몸속 깊은 곳의 진성을 얻음으로 십붕(十朋: 믿음을 말하는 중부의 토는 5와 완성수 10)은 완성수로 태어나면 몸속 깊이 사라지는 것이니 이는 모든 점사의 왕으로 가히 심역에 도달함에 도구인 것이다.

上九 弗損益之 无咎 貞吉 利有攸往 得臣无家.
상 구 불 손 익 지 무 구 정 길 이 유 유 왕 득 신 무 가.

象日 "弗損益之" 大得志也.
상 왈 불 손 익 지 대 득 지 야.

상구는 줄이지 말고 더함으로 허물이 없고 바르게 함으로 길하며 가는 바를 둠이 이로 우니 집이 없는 신하를 얻는다. 상왈 '불손익지'는 크게 뜻을 얻었음이다.

역설 6효가 동하여 간산 土가 곤지 土로 되어 지택임이다. 임(臨)은 큰 자리에 임하여 군림하며 커가는 효사이다. 귀인의 원조와 관운이 길하다.

제42 풍뢰익괘

* 중상급운세

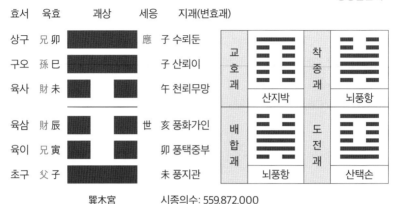

효서	육효	괘상	세응	지괘(변효괘)
상구	兄卯		應	子 수뢰둔
구오	孫巳			子 산뢰이
육사	財未			午 천뢰무망
육삼	財辰		世	亥 풍화가인
육이	兄寅			卯 풍택중부
초구	父子			未 풍지관

巽木宮

교호괘	착종괘
산지박	뇌풍항
배합괘	도전괘
뇌풍항	산택손

시종의수: 559,872,000

- 손풍木이 덜고 진뢰木이 받는 모양이니 가을의 풍년을 뜻한다.

- 장남이 장녀를 받아들이니 이익을 도모함에 결실을 맺게 되는 괘이다.

익(益)은 '더하다'. '증가하다'. '이익이다'로 더하고 늘어남을 뜻한다. 바람이 불고 천둥이 치니 비가 온다. 비는 골고루 만물을 적셔 유익함을 주기 때문에 익(益)을 괘 이름으로 하였다. 계속 이익을 보다 보면 반드시 붕괴되므로 다음을 쾌(夬)괘로 받는다. 쾌란 붕괴되는 것이다.

1효동 : 조상을 잘 섬긴 이는 그 덕택으로 문서에 좋은 일이 있겠다. 아래를 조심함은 사람도 아래를 조심하라. 땅이 돈이 되는 운이다.

2효동 : 가택의 신이 동하니 질병을 조심하라. 동쪽은 해롭고 약은 북쪽에 있음이다. 동업은 하지 말며 경쟁이 심한 효사이니 과욕하지 말라.

3효동 : 남자는 여자를 여자는 남자를 가까이 마라. 패가망신의 수이다. 마음 속에 재물 욕이 색욕으로 변화되니 과하면 모자람만 못하다.

4효동 : 귀인들과 더불어 일을 의논하니 소원 성취된다. 매사 일이 잘 풀리지 않는 운이다. 그러나 윗사람의 원조를 받으면 만사가 해결된다.

5효동 : 먼저는 곤하지만 나중에는 편안하다. 인내는 쓰고 열매는 달다. 입 안 가득 얻은바가 있음이니 베풂이 있으면 덕이 있어 길함이 있다.

6효동 : 친한 사람을 조심하라 병 주고 약을 주니 구설까지 따른다. 나를 힘들게 하는 것은 사람이다. 인사의 병은 인사로 고쳐야 한다.

42. *Increase*
이익, 상승, 늘어나다.

sharing, overflow,
공유, 나눔, 넘치다, 가득하다,
reaping rewards, encouragement,
보상 받다. 수확 보상, 격려, 응원,
expansion, flowering,
확장, 개화,
fertile ground, abundance.
비옥한 땅, 풍요로움.

사 업 : 사업 확장은 금물, 내실을 기하고 적극성이 필요, 이익이 있음.

소 원 : 자만하지 않는다면 고대하던 소망이 이루어진다. 도움이 있다.

거 래 : 잘 되어갈 것으로 성취함에 서로 기쁨이 있는 괘이다.

재 물 : 지출이 적으니 창고에 재물이 쌓인다. 뜻밖에 횡재도 있다.

연 애 : 두 사람의 교제가 서로 뜨거워질 때이다. 결혼하는 것도 좋다.

혼 인 : 순조롭다. 성립되면 길한 인연이다. 재혼보다 초혼이 좋다.

매 매 : 상승세에 있어 지금매매해도 이익이며 나중에 하여도 좋다.

구 인 : 소식이 먼저 오며 동남쪽에서 온다.

가출인: 산속에 숨어 있으며 먼 곳으로 가려한다. 빨리 찾기는 어렵다.

출 산 : 순산이며 딸을 낳겠다.

이 사 : 이사함이 좋다. 이사함으로 모든 일이 더욱 잘 풀린다.

여 행 : 업무상 여행은 아주 좋다. 이성, 건강문제 주의하고 분주한 여행.

입 학 : 목적한 학교에 합격한다. 최종 정리에 힘 쓰도록 하자.

소 송 : 결과는 승소하겠지만 오래 끌면 불리하니 가능한 타협하자.

실 물 : 밖에서 잃은 것은 이미 타인의 손에 있으며 잘하면 찾을 수 있다.

건 강 : 오랜 지병은 위험하며 간, 신장, 불면증, 시력감퇴 주의하라.

직 장 : 구직자는 취업 가능하며 직장인은 이직하지 말고 자중하여야 한다.

益 利有攸往 利涉大川.
익 이 유 유 왕 이 섭 대 천 .

익은 나아가는 바가 있음으로 이롭고 큰 내를 건너는 것이 이롭다.

역설 손(損)의 종괘로 익(益)괘는 정(貞)하지 않고 바로 갈바가 이롭다 하였으니 길괘이나 이섭대천은 2효, 3효, 4효의 불리함이 숨어 있음이다.

彖曰 "益" 損上益下 民說无疆 自上下下 其道大光.
단 왈 익 손 상 익 하 민 열 무 강 자 상 하 하 기 도 대 광 .

"利有攸往" 中正有慶 "利涉大川" 木道乃行.
이 유 유 왕 중 정 유 경 이 섭 대 천 목 도 내 행 .

益動而巽 日進无疆 天施地生 其益无方. 凡益之道 與時偕行.
익 동 이 손 일 진 무 강 천 시 지 생 기 익 무 방 . 범 익 지 도 여 시 해 행 .

象曰 風雷 益 君子以見善則遷 有過則改.
상 왈 풍 뢰 익 군 자 이 견 선 즉 천 유 과 즉 개 .

단왈 익은 위를 줄여 아래에 늘이니 백성이 기쁨이 끝이 없다. 위로부터 아래로 내리니 그 도가 크게 빛난다. '이유유왕'은 가운데(2효, 5효) 하고 바르면 경사가 있음이며 '이섭대천'은 목(巽, 震 木)의 도가 이에 행한다. 익은 움직이면(진뢰 목) 겸손(손풍 목)해서 날로 나아감이 끝이 없으며, 하늘이 베풀고 땅이 낳아서 그 늘어남이 방향이 없으니 무릇 익의 도가 같이 때맞춰 함께 행한다. 상왈 바람과 우뢰가 익이니, 군자가 이로써 착함을 보는 즉시 옮기고, 지나침이 있는 즉시 고친다.

初九 利用爲大作 元吉 无咎. 象曰 "元吉无咎" 下不厚事也.
초 구 이 용 위 대 작 원 길 무 구 . 상 왈 원 길 무 구 하 불 후 사 야 .

초구는 이로움은 크게 지어 사용함으로 크게 길하여 허물이 없다. 상왈 '원길무구'는 아래에 일하는 두터움이 아니다.

역설 1효가 동하면 진뢰 木이 곤지 土가 되어 풍지관이다. 관(觀)은 조심히 아래를 살피는 것으로 木에겐 土가 재물이다. 아래를 다스림이다.

六二 或益之十朋之龜 弗克違 永貞吉 王用享于帝 吉.
육 이 혹 익 지 십 붕 지 귀 불 극 위 영 정 길 왕 용 향 우 제 길 .

象曰 "或益之" 自外來也.
상 왈 혹 익 지 자 외 래 야 .

육이는 혹 더하면 열 벗으로 거북점도 능히 어김이 없어 오래 바르면 길하고 왕이 상제께 이를 제지내도 길하다. 상왈 '혹익지'는 밖에서 옴이다.

역설 2효가 동하여 진뢰 木이 태택 金이 되어 풍택중부이다. 믿음이 있는 효사이나 金剋木하니 믿음을 저버리니 주의하자. 남쪽이 길하다.

六三 益之用凶事 无咎 有孚中行 告公用圭.
육삼 익지용흉사 무구 유부중행 고공용규.

象曰 益用凶事 固有之也.
상왈 익용흉사 고유지야.

육삼은 더함을 사용함이니 흉한 일이라도 허물이 없으며 믿음이 있어 중도를 행함으로
공에게 고하여 홀(위패)을 사용한다. 상왈 '익용흉사'는 완고하게 나아가고 있음이다.

역설 3효가 동하니 진뢰 木이 이 火가 되어 풍화가인이다. 믿음이 있어 자신의
자리를 굳게 지켜야 길하나 욕심이 과하여 마음이 심란해 진다.

六四 中行 告公從 利用爲依 遷國. 象曰 "告公從" 以益志也.
육사 중행 고공종 이용위의 천국. 상왈 고공종 이익지야.

육사는 중도로 행함은 공에게 고해 따르게 하여 쓰며 의지하니 나라를 옮김이 이롭다.
상왈 '고공종'은 더하고자 함을 뜻한다.

역설 4효가 동하여 손풍 木이 건천 金으로 되어 천뢰무망이다. 외괘의 극함은
흉한 듯 보이나 귀인이 북서에 있으니 얻으면 흉하지 않은 효사이다.

九五 有孚惠心 勿問元吉 有孚惠我德.
구오 유부혜심 물문원길 유부혜아덕.

象曰 "有孚惠心" 勿問之矣 "惠我德" 大得志也.
상왈 유부혜심 물문지의 혜아덕 대득지야.

구오는 믿음이 있어 마음을 베푸니 묻지 않아도 크게 길하며 믿음을 두어 나의 덕을
베푼다. 상왈 '유부혜심'은 묻지 않고 나아감이며, '혜아덕'이 크게 뜻을 얻었음이다.

역설 5효가 동하면 손풍 木이 간산 土가 되어 산뢰이괘이다. 이(頤)는 입안 가
득 실리가 있음으로 얻은바가 있음이나 베풂이 없으면 그저 그렇다.

上九 莫益之 或擊之 立心勿恒 凶.
상구 막익지 혹격지 입심물항 흉.

象曰 "莫益之" 偏辭也 "或擊之" 自外來也.
상왈 막익지 편사야 혹격지 자외래야.

상구는 늘어남이 없음이니 혹 공격하여 마음을 세워 지속되지 않으면 흉하다. 상왈
'막익지'는 편협된 말이며 '혹격지'는 밖에서 온것이다.

역설 6효가 동하여 손풍 木이 감 水가 되어 수뢰둔이다. 둔(屯)괘는 사면초가
를 말하니 뚫고 나아감에 오랜 시간이 걸린다는 것이다. 항(恒)은 배합괘를 말함
이니 있어야 흉하지 않음을 말한다. 어려움을 나타낸 효사이다.

제43 택천쾌괘

* 상중급운세

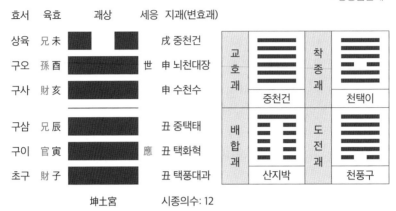

효서	육효	괘상	세응	지괘(변효과)
상육	兄未		戌	중천건
구오	孫酉	世	申	뇌천대장
구사	財亥		申	수천수
구삼	兄辰		丑	중택태
구이	官寅	應	丑	택화혁
초구	財子		丑	택풍대과

坤土宮　　　시종의수: 12

교호괘	배합괘	착종괘	도전괘
중천건	산지박	천택이	천풍구

- 결의, 결단, 결정을 뜻하며 만인 중 가장 높은 사람으로 지금부터 문제가 문제이다. 자신의 세력만 믿고 분별없이 나가면 반파의 위험이다.

夬(쾌,결)는 '물리친다'. '결단한다'로 해결하고 처치한다는 뜻이다. 아래 다섯 양효가 위에 있는 하나의 음효를 밀어내고 있는 상이니, 쾌(夬)를 괘 이름으로 하였다. 결단을 내릴 때다. 붕괴되어 해결하고자 하니 반드시 만나는 바가 있으므로 다음을 구(姤)괘로 받는다. 구란 만나는 것이다.

1효동 : 서북방에서 재물이 들어오는데 친한 사람이 가로 막는다. 과도한 지출과 출자가 스스로의 짐을 더욱 크게 만들고 있으니 내실을 다져라.

2효동 : 옛것을 버리고 새것을 찾는 때이며 상문이 드니 조심하라. 싸우는 소리가 밖에서 들리니 조심스럽다. 휘말리지 말아야 한다.

3효동 : 주위사람의 도움을 받으니 비둘기가 기쁜 소식을 전해준다. 완고히 홀로 행하여 나아감은 인고의 노력이 필요하나 결과는 길하다.

4효동 : 가정에 기쁨이 있고 애정이 샘솟으니 눈 속에서 매화꽃이 피었다. 배우고 익힘이 필요하며 귀가 어두워 남의 말이 들리지 않는다.

5효동 : 용이 하늘로 승천하니 마침내 단비가 내리는 격이다. 뜻하는 바가 이루어진다. 새고 있는 물 틈을 막았으니 이제는 안심이 된다.

6효동 : 모든 일을 제쳐놓고 한가로운 때이니 종교와 학문에 의지함이 길하다. 하늘 문이 열렸으니 내실보단 정신을 바로 잡음이 좋겠다.

43. *Resoluteness*
결단, 단호함, 굳은 결의

determination, integrity,
결단력, 성실성,
no compromises,
타협하지 않는다.
unwavering focus, inner resolve,
확고한 목표, 내적인 해결(결단)
a test of character,
성격 테스트,
self-examination.
자기 고찰, 자기반성.

사 업 : 무리한 확장은 금물, 손해와 소송, 구설이 따르나 운은 좋다.

소 원 : 중도에 방해가 있어 고생을 약간 하겠으나 차츰 풀어진다.

거 래 : 기다림이 미학, 자기 뜻대로 진행하다 상대방이 물러날 것이다.

재 물 : 노력한 대가는 충분히 얻으니 요행을 바라지 마라.

연 애 : 서로 다툼이 많으니 사이가 썩 좋은 연애는 아니다.

혼 인 : 기다리면 성취된다. 혼담이 있으면 상대는 좋은 인연이다.

매 매 : 성사되기 어렵다. 마음처럼 쉽지가 않다.

구 인 : 남성이면 오겠으나 여성이면 오지 않는다.

가출인: 먼 곳으로 갔으며 오랜 세월 산 속에 있게 된다.

출 산 : 순산하겠으나 초산은 난산이며 딸이고 辛酉日은 딸이 많다.

이 사 : 이사해도 좋겠지만 그대로 눌러 살아도 좋다.

여 행 : 혼자 떠나는 여행은 불길, 단체여행은 좋다. 실물수 있으니 조심.

입 학 : 꿈꿔 오던 곳에 진학한다. 욕심이 과하면 힘이 든다.

소 송 : 적극성을 띄면 좋은 결과이며 승소한다.

실 물 : 파괴되어 버렸다. 서북쪽에서 찾도록 하자.

건 강 : 질병이 오래간다. 호흡기계 질병과 구토, 변비, 부종 등 조심하자.

직 장 : 장애가 있으며 구직은 당장은 어렵고 취직되면 만족하진 않는다.

夬 揚于王庭 孚號有厲 告自邑 不利卽戎 利有攸往.
쾌 양 우 왕 정 부 호 유 려 고 자 읍 불 리 즉 융 이 유 유 왕 .

쾌는 왕이 뜰에서 드날림이니, 위태함이 있어 부르짖는 믿음으로 읍으로부터 알리면
군사의 나아감은 불리하며 나아가는 바가 있으면 이롭다.

역설 위태함이 있는 괘로 크게 알려 모두에게 알리면 이롭다는 말이다. 위 아
래가 金을 나타내니 강인한 결단을 나타내며 다스림이 필요한 괘이다.
金과 金이 만나면 큰소리가 사방에 들리고 뚝방에 금이 간 형상이다.

象曰 "夬" 決也 剛決柔也 健而說 決而和. "揚于王庭"
단 왈 쾌 결 야 강 결 유 야 건 이 열 결 이 화 . 양 우 왕 정

柔乘五剛也 "孚號有厲" 其危乃光也 "告自邑 不利卽戎"
유 승 오 강 야 부 호 유 려 기 위 내 광 야 고 자 읍 불 리 즉 융

所尙乃窮也 "利有攸往" 剛長乃終也.
소 상 내 궁 야 이 유 유 왕 강 장 내 종 야 .

象曰 澤上於天 夬 君子以施祿及下 居德則忌.
상 왈 택 상 어 천 쾌 군 자 이 시 록 급 하 거 덕 칙 기 .

단왈 쾌는 결단하는 것이니, 강(양효)이 유(음효)를 터놓아, 군세며 기뻐하고, 터놓고
화합한다. '양우왕정'은 유(음효)가 다섯 강함(양효)을 탔음이요, '부호유려'는 그 위
태함이 이에 빛남이요, '고자읍 불리즉융'은 숭상하는 바가 이에 막혀감이며, '이유유
왕'은 강함이 자라나서 이에 마침이다. 상왈 연못이 하늘에 올라있는 것이 쾌니, 군자
가 이로써 복을 베풂으로 아래에 미치게 하고, 덕에 머묾으로 조심함을 본받는다.

初九 壯于前趾 往不勝爲咎. 象曰 不勝而往 咎也.
초 구 장 우 전 지 왕 불 승 위 구 . 상 왈 불 승 이 왕 구 야 .

초구는 앞발의 씩씩함이니 이기지 못하며 나아가면 허물이다. 상왈 이기지 못하면서
나아가는 것이 허물이다.

역설 1효가 동하여 건천 金이 손풍 木이 되어 택풍대과이다. 대과(大過)는 크게
지나치어 재앙이 있음을 말한다. 그러니 신중히 행동함을 말한다.

九二 惕號 莫夜有戎 勿恤. 象曰 "有戎勿恤" 得中道也.
구 이 척 호 모 야 유 융 물 휼 . 상 왈 유 융 물 휼 득 중 도 야 .

구이는 두렵게 부르짖음으로 저무는 밤에 군사가 있음으로 근심하지 말라. 상왈 '유
융물휼'은 중도를 얻음이다.

역설 2효가 동하여 건천 金이 이 火가 되어 택화혁이다. 혁(革)은 강인한 변화
와 혁명으로 큰 변화의 조짐이 보이는 효사이다.

九三 壯于頄 有凶 君子夬夬獨行 遇雨若濡 有慍 无咎.
구삼 장우규 유흉 군자쾌쾌독행 우우약유 유온 무구.

象曰 "君子夬夬" 終无咎也.
상왈 군자쾌쾌 종무구야.

구삼은 광대뼈가 장대하여 흉함이 있고 군자가 매우 힘쓰며 홀로 행함이 비를 만남처럼 젖어들면 화를 낸다 하여도 허물이 없다. 상왈 '군자쾌쾌'는 마침내 허물이 없다는 것이다.

역설 3효가 동하여 건천 金이 태택 金이 되어 중택태이다. 친구가 나서 도움이 있으니 같이 힘써 문제를 해결해 나아간다. '장우규'는 金이 강함이다.

九四 臀无膚 其行次且 牽羊悔亡 聞言不信.
구사 둔무부 기행차차 견양회망 문언불신.

象曰 "其行次且" 位不當也 "聞言不信" 聰不明也.
상왈 기행차차 위부당야 문언불신 총불명야.

구사는 살이 없는 볼기이니 그 행함이 매우 머뭇거리며 양을 끌듯하면 뉘우침이 없으나 말은 듣더라도 믿지 않는다. 상왈 '기행자저'는 부당한 자리요 '문언불신'은 귀가 밝지 않음이다.

역설 4효가 동하여 태택 金이 감 水가 되어 수천수이다. 수(需)는 부모에게 길러지고 양육됨에 총명해지길 기다리는 괘로 기다림에 길한 효사이다.

九五 莧陸夬夬 中行无咎. 象曰 "中行无咎" 中未光也.
구오 현륙쾌쾌 중행무구. 상왈 중행무구 중미광야.

구오는 두터움을 깔아줌에 매우 힘쓰면 중을 행함에 허물이 없다. 상왈 '중행무구'나 중이 빛나지 못함이다.

역설 5효가 동하여 태택 金이 진뢰 木이 되어 뇌천대장이다. 대장(大壯)은 하늘 위 우레가 강인함을 두텁게 하여 홍성해 짐을 나타내는 효사이다.

上六 无號 終有凶. 象曰 "无號之凶" 終不可長也.
상육 무호 종유흉. 상왈 무호지흉 종불가장야.

상육은 부르짖음이 없음으로 마침내 흉함이 있다. 상왈 '무호지흉'은 끝내 길어질 수 없음이다.

역설 6효가 동하여 태택 金이 건천 金이 되어 중천건이다. 흠이 있던 재방을 수리하니 부르짖을 이유가 없다. 모든 뜻이 하늘에 있음이다. 싸움과 사건 사고를 나타내는 효사이니 중립을 지키고 자중함이 좋다.

제44 천풍구괘

* 상하급운세

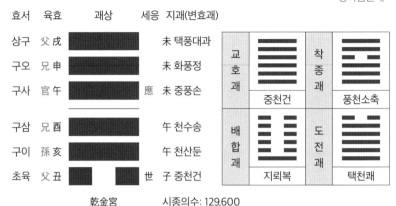

효서	육효	괘상	세응	지괘(변효괘)
상구	父戌			未 택풍대과
구오	兄申			未 화풍정
구사	官午		應	未 중풍손
구삼	兄酉			午 천수송
구이	孫亥			午 천산둔
초육	父丑		世	子 중천건

乾金宮   시종의수: 129,600

교호괘	중천건	착종괘	풍천소축
배합괘	지뢰복	도전괘	택천쾌

– 장녀에게 노부가 다가오니 예기치 않은 사건 사고가 닥쳐온다.

姤(구)란 '우연히 만나다', '추하다'로 해우하여 만난다는 뜻이다. 하늘 아래에서 바람이 부니 흩어졌던 구름이 모인다 하여 만난다는 뜻의 구(姤)를 괘 이름으로 하였다. 하나의 음이 다섯 개의 양을 떠받치고 있으니 추하다. 사물은 서로 만나게 된 후에야 결합이 이루어지므로 다음을 췌(萃)괘로 받는다. 췌는 결합하는 것이다.

1효동 : 명예는 향상되나 돈은 지출이 많고 야윈 돼지가 돌아다니는 꼴이다. 과한 움직임은 망신만 더해지니 새로운 일은 금물이다.

2효동 : 집안에 불미스러운 우환이 생기니 유비무환이라. 신중을 기하라. 준비되지 않은 상태에서 바쁜 일이 생긴다. 임산부는 주의를 요한다.

3효동 : 형제와 같은 사람과 일을 모사하나 뜻대로 되지 않는다. 관재수 조심하라. 승소는 하겠으나 덕이 사라진다. 동남쪽에 길이 있다.

4효동 : 승진 명예 운이 향상되는 시기이다. 문서에 기쁨이 있으니 운이 길하다. 그러나 몸에 바람이 드니 좋지 않은 기운이 도사린다.

5효동 : 미덕을 길러온 덕택으로 신의 은총을 받아 길함이 이어진다. 아랫사람의 활동이 좋으니 원조하라. 뜨거운 그릇이라 사고수를 조심하라.

6효동 : 너무 자신만을 믿고 행하지 말라. 타인으로부터 말썽이 많다. 지출이 과하고 외압이 강하니 스트레스가 많아 병증이 생길까 걱정이다.

44. *The Attraction of Opposites*
서로 매력에 이끌림

seduction, temptation,
성적유혹, 유혹,

magnetism, coupling,
자기력, 매력, 연결, 결합, 성교,

a passionate encounter,
열정적인 만남,

meeting halfway, sexual union.
도중의 만남, 성적인 결합.

사 업 : 좋지 않다. 내부에서 마찰이 있으며 경쟁이 많고 수입이 적다.

소 원 : 잠시 기다리자. 방해하는 것이 있어 잘 이루어지지 않는다.

거 래 : 진행하는 도중에 뜻밖의 사건이 발생하여 비용지출이 많아진다.

재 물 : 적은 돈은 들어오나 낭비가 심하며 큰돈은 바로 지출된다.

연 애 : 사귀기는 하나 서로 진실 되지 못하다. 여성은 인기가 많다.

혼 인 : 구설수 주의하고 초혼은 좋지 않다. 재혼은 길하다.

매 매 : 모든 조건이 유리하다. 길하니 매사 침착하게 진행하라.

구 인 : 온다. 이쪽에서 먼저 손을 내밀면 바로 올 것이다.

가출인: 먼 곳까지 갔으며 돌아오는데 시간이 조금 걸린다.

출 산 : 초산은 수술할 수 있다. 보통 순산이며 아들이다.

이 사 : 이사는 불리하니 중단하라. 불가피한 경우는 방향, 택일을 해라.

여 행 : 불길하여 움직이지 마라. 여성과 동행하는 여행은 괜찮다.

입 학 : 경쟁이 심하며 예능계 외엔 불리하다.

소 송 : 중도에 장애가 있으며 불리하니 중개인을 넣어 해결하라.

실 물 : 여성과 관계가 있으며 생각하지 않을 때 찾게 된다.

건 강 : 전염병이나 성병 또는 성생활의 과중으로 몸이 피로해 있다.

직 장 : 아직은 조금 어렵다. 남쪽이 길하며 너무 급히 서두르지 말자.

姤 女壯 勿用取女.
구 여장 물용취녀.

구는 씩씩한 여자이니 여자를 맞아들임에 쓰지 말라.

역설 구(姤)는 큰 처자 집에 노부가 드나들어 추문괘라 부르기도 한다. 장녀인 내괘의 변화는 쓰지 말라하였으니 외괘인 건천괘의 변화가 길하다.

象曰 姤 遇也 柔遇剛也. "勿用取女" 不可與長也.
단왈 구 우야 유우강야. 물용취녀 불가여장야.

天地相遇 品物咸章也 剛遇中正 天下大行也.
천지상우 품물함장야 강우중정 천하대행야.

姤之時義大矣哉. 象曰 天下有風 姤 后以施命誥四方.
구지시의대의재. 상왈 천하유풍 구 후이시명고사방.

단왈 구는 만남이니, 유(음효)가 강(양효)을 만남이다. '물용취녀'는 가히 길게 같이하지 못함이다. 천지가 서로 만나니 온갖 만물이 같이 빛나고 강한 것이 중정을 만나 천하가 크게 행함이다. 구가 같이하는 시기는 뜻이 크다. 상왈 하늘아래 바람이 있어 구니, 임금이 이로써 명을 내림으로 사방에 깨우쳐준다.

初六 繫于金柅 貞吉 有攸往 見凶 羸豕孚蹢躅.
초육계우금니 정길 유유왕 견흉 이시부적촉.

象曰 "繫于金柅" 柔道牽也.
상왈 계우금니 유도견야.

초육은 쇠말뚝에 묶어 바르게 함이 길하고, 가는 바가 있어 흉함을 보니 야윈 돼지는 머뭇거리다 믿는다. 상왈 '계우금니'는 유한 도로 이끎이다.

역설 1효가 동하여 손풍 木이 건천 金이 되어 중천건괘이다. 2효의 변에 둔(遯)이 중천의 태양으로 메말라버린 돈(豚:고기 육(肉)이 빠진 시豕)괘는 간산 土로 믿음이 있는 것이다. 정길(貞吉)이란 음효를 유지함을 말함이다.

九二 包有魚 无咎 不利賓. 象曰 "包有魚"義不及賓也.
구이 포유어 무구 불리빈. 상왈 포유어 의불급빈야.

구이는 꾸러미에 고기가 있으면 허물이 없고 손님에겐 불리하다. 상왈 '포유어'는 올바르면 손님에게 도달하지 않는다.

역설 2효가 동하여 손풍 木이 간산 土가 되어 천산둔괘이다. 둔(遯)이란 운둔하여 피함이다. 길한 효사는 아니나 무구하다. 손(賓)은 용인 손풍이다.

九三 臀无膚 其行次且 厲 无大咎. 象曰 "其行次且" 行未牽也.
구삼 둔무부 기행차차 여 무대구. 상왈 기행차차 행미견야.

구삼은 살이 없는 엉덩이니 그 행함은 매우 머뭇거림으로 위태하게 하면 큰 허물이 없다. 상왈 '기행차차'는 행함으로 이끌리지 않았음이다.

역설 3효가 동하면 손풍 木이 감 水가 되어 천수송이다. 송(訟)은 다툼과 분쟁을 말한다. 차(次:감수), 견(亥+牛:코뚜레를 뚫은 소를 현명히 이끌음)
엉덩이는 밑이 부드러운 손풍이다. 주역의 효사 뜻풀이는 모두 괘상의 변화가 있음이니 그것을 볼 줄 알아야 진짜 역을 해석하는 것이다.

九四 包无魚 起凶. 象日 无魚之凶 遠民也.
구 사 포 무 어 기 흉 . 상 왈 무 어 지 흉 원 민 야 .

구사는 꾸러미에 물고기가 없으니 흉이 일어난다. 상왈 '무어지흉'은 백성을 멀리함이다.

역설 4효가 동하여 건천 金이 손풍 木이 되어 중풍손이다. 손(巽)은 정처 없이 떠도는 바람이라. 정처가 없음은 모든 곳이 거하는 곳이다. 포란 주둥이(입구)가 있는 것이니 주로 태택괘나 손풍괘에 많이 사용한다. 손풍이 木이니 더 많이 사용하는 것이다. 얻은 바가 없으니 변함은 좋지 않다.

九五 以杞包瓜 含章 有隕自天.
구 오 이 기 포 과 함 장 유 운 자 천 .

象日 九五含章 中正也 有隕自天 志不舍命也.
상 왈 구 오 함 장 중 정 야 유 운 자 천 지 불 사 명 야 .

구오는 구기자나무로써 오이를 쌈이니, 빛을 머금음은 하늘로부터 떨어짐이 있음이다. 상왈 '구오함장'은 중정함이요, '유운자천'은 명을 버리지 않음을 뜻한다.

역설 5효가 동하여 건천 金이 이 火가 되어 화풍정이 되었다. 정(鼎)이란 화병을 말하며 화로나 뜨거움을 담은 그릇을 말한다. 내괘가 외괘를 다스릴 도구가 생긴 것이니 정은 나를 돕는 무엇이고 아래 사람을 말한다.

上九 姤其角 吝 无咎. 象日 "姤其角" 上窮吝也.
상 구 구 기 각 린 무 구 . 상 왈 구 기 각 상 궁 린 야 .

상구는 그 뿔이 마주침이니 한탄하지만 허물은 없다. 상왈 '구기각'은 위에서 다하여 줌으로 한탄함이다.

역설 6효가 동하면 건천 金이 태택 金이 되어 택풍대과이다. 대과(大過)는 크게 지나친 욕심으로 행하여 무거운 짐을 짊어진 것이다. 인과의 법칙으로 과한 인은 과한 대가를 수반하는 것이 삶의 법칙이니 인과가 서로 강하게 마주한 효사이다. 金剋木하여 내괘를 극함이니 불길하다. 효사는 축술미 형으로 내괘를 극하니 머리에 병증을 조심해야 한다.

제45 택지췌괘

* 상상급운세

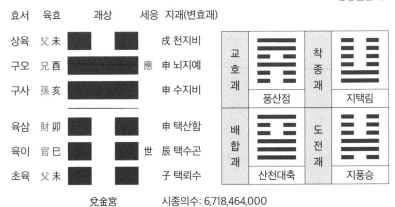

효서	육효	괘상	세응	지괘(변효괘)
상육	父未			戌 천지비
구오	兄酉		應	申 뇌지예
구사	孫亥			申 수지비
육삼	財卯			申 택산함
육이	官巳		世	辰 택수곤
초육	父未			子 택뢰수

兌金宮   시종의수: 6,718,464,000

교호괘	착종괘
풍산점	지택림
배합괘	도전괘
산천대축	지풍승

- 연못의 물이 땅위에 있고 잉어가 용문에 도달하니 산림이 윤택하다.
- 전생의 공덕이 결실을 맺는다. 동업, 승진, 승급, 시험합격 등이 길하다.
- 뜻을 같이 할 수 있는 협력자를 얻게 되며 사업도 번창하는 운이다.

췌(萃)는 '모인다.'라는 뜻이다. 땅위에 연못이 있으면 물이 모이므로 모인다는 뜻의 췌(萃)를 괘 이름으로 하였다. 자꾸 모여져 쌓이게 되면 높이 올라서니 상승함을 뜻하는 승(升)괘로 받는다.

1효동 : 개의 머리는 하나인데 어찌하여 입이 둘인가? 슬하에 근심이 있다. 웃어른을 만나 지혜를 구하라. 만사가 서남에서 이루어짐이다.

2효동 : 집도 변하고 몸도 변함이니 스스로를 창살 안에 가두는 효사이다. 주변의 외압이 심하여 자신의 근기가 필요함은 당연지사이다.

3효동 : 소를 팔아 옥답을 사니 가도가 점점 흥왕해진다. 사업은 번창한다. 성장하여 출가의 운이 있으며 제 짝을 찾아가는 형국이다.

4효동 : 지성이면 감천이라. 임산부는 삼신의 도움으로 득남의 운이다. 만족은 크지 않아도 실리가 있으니 움직여도 좋다. 손아래 경사로다.

5효동 : 항상 겸손한 마음을 가지니 여러 귀인들이 도와주리라. 모이는 자리에서 다툼이 있음이니 과한 다툼은 화를 불러온다. 주색을 조심하라.

6효동 : 칠성님이 도우시니 경사가 아니면 문서의 기쁨이 있다. 여인의 노력이 필요한 효사로 기쁨과 외로움이 같이 있게 된다.

45. Gathering Together
함께 모임, 집단 결속력

massing, converging,
뭉치다, 모이다, 수렴,
unifying, assembling,
통합, 조립, 집합,
combining forces,
힘을 합치다.
the sum is greater than
the parts.
뭉치면 살고 흩어지면 외롭다.
뭉치면 강해지고 좋아진다.

사 업 : 운세가 강할 때이므로 성공하며 선배의 도움으로 더욱 좋다.

소 원 : 의외로 경쟁자가 많으며 노인이나 여인이 있으면 중도 실패한다.

거 래 : 모든 면에서 이익을 볼 수 있으며 성의를 가지고 임하면 이룬다.

재 물 : 수입은 좋은 편이며 서서히 재물도 생긴다. 큰 욕심은 불미하다.

연 애 : 순조롭게 진행되며 두 마리 토끼는 둘 다 놓치게 된다.

혼 인 : 좋으며 빨리 서두르자. 중매자가 필요하며 좋은 혼처가 생긴다.

매 매 : 중간에 든 사람으로 잘 안 된다. 억지매매는 손해를 본다.

구 인 : 늦기는 하지만 오기는 온다.

가출인 : 서남쪽의 여자 집을 찾아보도록 하자.

출 산 : 순산이며 딸이다.

이 사 : 이사는 불리하니 하지 말라. 불가피하면 방향을 잘 따져라.

여 행 : 여행은 무난하며 여난과 실물수를 조심하라. 대체로 무난하다.

입 학 : 일류 공립학교의 입학된다. 무리한 지원은 후회하게 된다.

소 송 : 약간 불리하니 빨리 해결하는 것이 좋다. 윗사람 도움이 필요함.

실 물 : 잃은 것은 찾는다. 남의 수중에 있으며 서남쪽에 있다.

건 강 : 식중독, 위병, 장(臟) 질환을 조심하며 과로를 조심해야 한다.

직 장 : 윗사람의 신임을 얻고 사랑받는다. 취직의 운도 있으니 좋다.

萃 亨 王假有廟 利見大人 亨利貞 用大牲吉 利有攸往.
췌 형 왕 가 유 묘 이 견 대 인 형 이 정 용 대 생 길 이 유 유 왕.

취는 형통하여 왕이 잠시 사당에 있으면서 대인을 봄이 이롭다. 형통하여 곧음으로 이
롭다. 큰 희생을 사용함이 길하고 가는 바가 있어도 이롭다.

역설 매우 좋은 괘상으로 만물이 모이는 상이다. 물론 변괘(지괘)는 별로 좋지
않으나 주변괘는 매우 길하여 이미 큰 성장을 이루어 형이정이 모두 통하는 괘
이다. 亨은 움직이는 힘이요, 利는 실리이며 貞은 쌓음이다.

象曰"萃"聚也 順以說 剛中而應 故聚也."王假有廟"
단 왈 췌 취 야 순 이 열 강 중 이 응 고 취 야. 왕 가 유 묘

致孝享也"利見大人亨"聚以正也"用大牲吉 利有攸往"
치 효 향 야 이 견 대 인 형 취 이 정 야 용 대 생 길 이 유 유 왕

順天命也. 觀其所聚 而天地萬物之情可見矣.
순 천 명 야. 관 기 소 취 이 천 지 만 물 지 정 가 견 의.

象曰 澤上於地 萃 君子以除戎器 戒不虞.
상 왈 택 상 어 지 췌 군 자 이 제 융 기 계 불 우.

단왈 취는 모아줌이다. 순응(곤지:貞)하여 기뻐(태택)하고, 강(양효:4,5효)한 것이 가운
데(5효) 임해서 응함으로 모인다. '왕격유묘'는 효성으로 제사를 지냄이니, '이견대인
형'은 모음으로 바로 잡아, '용대생길 이유유왕'은 천명에 순응함이니, 그 모이는 바
를 자세히 보아 천지만물의 정(밝은 마음:본성)을 가히 보게 된다. 상왈 연못이 땅의 위
에 있는 것이 취라, 군자가 이로써 병기를 없애주면서 헤아리지 못한 것을 경계한다.

初六 有孚不終 乃亂乃萃 若號 一握爲笑 勿恤 往无咎.
초 육 유 부 부 종 내 란 내 췌 약 호 일 악 위 소 물 휼 왕 무 구.

象曰"乃亂乃萃"其志亂也.
상 왈 내 란 내 췌 기 지 란 야.

초육은 믿음이 있어 끝나지 않음으로 이에 어지럽고 이에 모이니 호소하듯 하면 일제히
비웃으나 근심치 않고 나아가면 허물이 없다. 상왈 '내란내취'는 그 뜻이 어지러움이다.

역설 1효가 동하여 곤지 土가 진뢰 木이 되어 택뢰수이다. 木剋土하니 불길하
다. 그러나 주변에 지혜를 구하며 진행하면 믿음을 저버리지 않음이다.

六二 引吉 无咎 孚乃利用禴. 象曰"引吉无咎"中未變也.
육 이 인 길 무 구 부 내 이 용 약. 상 왈 인 길 무 구 중 미 변 야.

육이는 이끌면 길하여 허물이 없다. 믿음으로 이에 간단히 제 올림이 이롭다. 상왈 '인
길무구'는 가운데에서 변하지 않음이다.

역설 2효가 동하여 곤지 土가 감 水가 되어 택수곤이다. 곤(困)은 사방이 막혀 버린 나무라 자라남이 없음으로 흉하다. 그러니 정(貞)함이 길하다.

六三 萃如嗟如 无攸利 往无咎 小吝. 象曰"往无咎"上巽也.
육 삼 췌 여 차 여 무 유 리 왕 무 구 소 린. 상 왈 왕 무 구 상 손 야.
육삼은 모여서(택지췌) 슬퍼함(택산함)이니 이로운 바가 없으며 가면 허물이 없으나 조금은 한탄한다. 상왈 '왕무구'는 위로 겸손함이다.

역설 3효가 동하여 곤지 土가 간산 土가 되어 택산함이다. 함(咸)이란 소녀와 소남의 음란지합의 형상이나 길괘이다. 함은 서로 다함께 즐김이라. '상손야'는 상괘를 떠받들면 교호가 되어 풍산점이다. 어미가 소를 팔아 막내아 들을 결혼시키는 형상이니 희비가 있음이다.

九四 大吉 无咎. 象曰"大吉无咎"位不當也.
구 사 대 길 무 구. 상 왈 대 길 무 구 위 부 당 야.
구사는 크게 길하니 허물이 없다. 상왈 '대길무구'는 부당한 위치이다.

역설 4효가 동하여 태택 金이 감 水가 되어 수지비이다. 비(比)는 어깨를 나란 히 하여 비교한 후 화합하고 따르는 것을 말한다. 아래를 다스림에 길괘이며 손 아래 경사이기도 하다. 움직여도 좋으나 능력에 만족함은 없다.

九五 萃有位 无咎 匪孚 元永貞 悔亡. 象曰"萃有位"志未光也.
구 오 췌 유 위 무 구 비 부 원 영 정 회 망. 상 왈 췌 유 위 지 미 광 야.
구오는 자리가 있어 모임이니 허물이 없으면 믿음이 없어도 크고 오래도록 바르니 뉘 우침이 없어진다. 상왈 '취유위'는 뜻이 빛나지 않음이다.

역설 5효가 동하여 태택 金이 진뢰 木이 되어 뇌지예이다. 예(豫)란 미리 알고 모이는 것이니 木剋土하여 조금 불미하나 다스리는 金이 있음으로 윗사람을 받 들면 길하다. 모임에 다툼이 있음으로 빛을 잃은 모습이다.

上六 齎咨涕洟 无咎. 象曰"齎咨涕洟"未安上也.
상 육 재 자 체 이 무 구. 상 왈 재 자 체 이 미 안 상 야.
상육은 탄식하며 눈물을 흘림이니 허물이 없다. 상왈 '자자체이'는 위가 편안하지 않음이다.

역설 6효가 동하면 태택 金이 건천 金이 되어 천지비이다. 비(否)는 막힐 비로 서로가 소통이 없음이다. 보이지 않는 벽이 가로막고 있음이니 택수곤과 비슷 한 괘상이나 비는 스스로 타인과 소통되지 않음이다. 이(洟:태택), 체(洟:천지비), 건괘에 눌린 노모의 노력과 기쁨과 슬픔이 담긴 효사이다.

제46 지풍승괘

*상상급운세

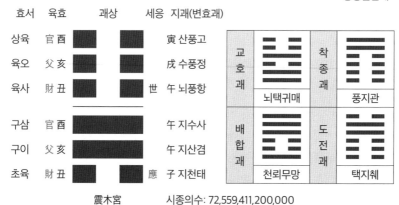

효서	육효	괘상		세응	지괘(변효괘)
상육	官酉				寅 산풍고
육오	父亥				戌 수풍정
육사	財丑			世	午 뇌풍항
구삼	官酉				午 지수사
구이	父亥				午 지산겸
초육	財丑			應	子 지천태

震木宮　　　　시종의수: 72,559,411,200,000

- 땅 밑에 싹이 돋아나 위로 무럭무럭 뻗어나는 새싹을 의미한다.

- 성장을 의미하는 진(晋), 승(升), 점(漸)중 가장 순조로운 성장을 나타냄.

승(升)은 '위로 상승하다'. '올라가다'. '번성하다'로 상승하여 올라간다는 뜻
이다. 땅 밑에 있는 바람이 위로 상승하고 있으니 상승한다는 뜻의 승(升)을
괘 이름으로 하였다. 계속 상승하면 반드시 곤란에 부딪치므로 다음을 곤(困)
괘로 받는다.

1효동 : 깊은 계곡에서 파랑새가 울어 되니 산신의 보호가 있음이다. 천지가
　　　　교합함에 만사가 대길하나 손재가 도사리고 있으니 주의하자.

2효동 : 북쪽 하늘에서 문곡성이 움직이니 일신이 영화롭다. 배우고자 먼 길
　　　　을 나설 수 있으니 미래가 밝은 별이다. 배움에는 겸손함이 필요하다.

3효동 : 나쁜 재앙이 자손 궁에 닿으니 슬하에 근심이 있겠다. 액운이 소멸 되
　　　　는 길운이나 아직은 갈고 닦아야 하는 운이다.

4효동 : 닭이 변하여 봉황새가 되니 신이 돌봄이 있는 것이다. 한결 같은 마음
　　　　으로 일에 임하니 재물이 생겨 곧 7, 12월 문서의 변동이 생기리라.

5효동 : 술과 여자를 조심하라. 손재가 생겨 다시 찾을 수 없다. 너무 큰 과욕
　　　　은 스트레스만 쌓으니 잠시 휴식을 취하는 시기이다.

6효동 : 찬란한 무지개가 우물 속에 박혔으니 귀인의 도움을 받을 수다. 귀하
　　　　나 카르마가 강하여 인고함이 있는 것이다. 동쪽에서 해결됨이다.

46. Pushing Upward
위로 올라서다, 상승, 증가하다.

steady progress,
꾸준한 진보, 끈기 있는 노력,
gaining confidence,
자신감을 얻다.
accepting challenges,
도전을 받아 들인다.
a promotion,
판촉, 승진,
receiving recognition.
인정받는, 공로가 인정됨.

사 업 : 매우 좋다. 곤경에 처했던 사업도 활발해지며 신규 사업도 좋다.

소 원 : 성취된다. 정성껏 기원하면 큰 소원도 빨리 이루어진다.

거 래 : 적극성이 필요하다. 한번 성립되지 않았어도 노력하면 이어진다.

재 물 : 노력보다 더 많은 소득이 있을 때이다.

연 애 : 좋은 인연으로 결혼을 서두름이 좋다. 구혼자도 바로 생긴다.

혼 인 : 매우 길하며 좋은 인연으로 무난히 이루어진다.

매 매 : 매우 길하다. 귀인의 도움을 얻어 큰 이익을 볼 수 있다.

구 인 : 소식이 온다. 4,5일쯤 기다리면 찾아오게 된다.

가출인: 근처에 있어 찾을 수도 있으려니와 본인 자신이 자진해서 온다.

출 산 : 순산이며 초산은 딸이고 그 밖에는 아들이다.

이 사 : 이사는 매우 길하다. 마땅한 곳이 없을 수 있으니 전문가를 찾자.

여 행 : 지연 될 우려가 있으나 좋다. 비즈니스 여행은 더 좋다.

입 학 : 여자에게는 아주 좋다. 합격의 운이다.

소 송 : 그대로 밀고 나가야 하며 유리하다. 작은 일이 커질 수 있다.

실 물 : 집안에서 잃은 것은 낮은 곳에 있다. 밖에서 실물은 찾기 어렵다.

건 강 : 차츰 회복되며 감기나 기관지, 소화기 계통의 병증을 주의하라.

직 장 : 직장인은 승진과 승급의 운이며 구직자는 곧 취직된다.

升 元亨 用見大人 勿恤 南征吉.
승 원 형 용 견 대 인 물 휼 남 정 길.

승은 크게 형통하니 대인을 봄에 사용하여 근심하지 말고 남쪽으로 가면 길하다.

역설 승(升)은 큰 성장을 말함이며 성장은 스승의 힘이 필요하다. 원형은 초입(내괘)의 변을 즐거워함이며 어린 성장을 말하기도 한다. 크게 배울수록 큰 인물이 되는 것이 모든 이치이니 지혜를 구하고 얻고자 하는 바는 남쪽에 있다함은 손(巽:동남)과 곤(坤:남서)을 이어주는 남쪽이 길함이다.

彖曰 柔以時升 巽而順 剛中而應 是以大亨.
단 왈 유 이 시 승 손 이 순 강 중 이 응 시 이 대 형.

"用見大人 勿恤"有慶也 "南征吉"志行也.
용 견 대 인 물 휼 유 경 야 남 정 길 지 행 야.

象曰 地中生木 升 君子以順德 積小以高大.
상 왈 지 중 생 목 승 군 자 이 순 덕 적 소 이 고 대.

단왈 유함(음효)이 올라가는 시기로서 겸손(손풍:내괘)해서 순응하고, 강함(양효:2효)이 가운데 임해서 따름이다. 이로써 크게 형통하다. '용견대인 물휼'은 경사가 있음이며, '남정길'은 뜻이 행함이다. 상왈 땅 속에서 나무가 생함이 승이니, 군자가 이로써 덕에 순응하도록 조금씩 쌓아줌으로 크게 높여감이다.

初六 允升 大吉. 象曰 "允升大吉" 上合志也.
초 육 윤 승 대 길. 상 왈 윤 승 대 길 상 합 지 야.

초육은 믿음으로 상승하니 크게 길하다. 상왈 '윤승대길'은 위와 합치고자 함을 뜻한다.

역설 1효가 동하여 손풍 木이 건천 金이 되어 지천태이다. 어미와 아비가 화합하니 수신하고 제가함이다. 수황기제와 비슷하나 더 큰 힘이 작용하여 만물을 생성한다. 그러나 내괘를 극하니 손재를 조심해야 한다.

九二 孚乃利用禴 无咎. 象曰 "九二之孚" 有喜也.
구 이 부 내 이 용 약 무 구. 상 왈 구 이 지 부 유 희 야.

구이는 믿음으로 간단히 제를 이용하여 이로우니 허물이 없다. 상왈 '구이지부'는 기쁨이 있음이다.

역설 2효가 동하여 손풍 木이 간산 土가 되어 지산겸이다. 겸(謙)은 겸손함이니 따르는 것이 순리이다. 중부의 움직임은 믿음으로 행함이다. 소를 팔아 배움을 이어가는 상이니 영화로움을 추구함이다.

九三 升虛邑. 象曰 "升虛邑" 无所疑也.
구삼 승허읍. 상왈　승허읍　무소 의 야.

구삼은 비어있는 읍에 오름이다. 상왈 '승허읍'은 의심할 바가 없음이다.

역설 3효가 동하여 손풍 木이 감 水가 되어 지수사이다. 사(師)는 기예를 갈고 닦은 스승을 말함이다. 비어 있음은 실이 적음이다. 읍(邑)은 곤토(貞)와 감수(利:소양=대인의 도)를 이야기 하나 주로 곤지를 이야기한다. 허(虛)는 지수사를 이야기 한다. 水生木이라 길하니 의심할 바가 없다.

六四 王用亨于岐山 吉 无咎. 象曰 "王用亨于岐山" 順事也.
육사 왕 용 형 우 기 산 길 무 구. 상왈　왕용형우기산　순사야.

육사는 왕이 형통함을 써서 기산함으로 길하여 허물이 없다. 상왈 '왕용향우기산'은 섬김으로 순응함이다.

역설 4효가 동하여 곤지 土가 진뢰 木이 되어 뇌풍항이다. 항(恒)은 항상 한결 같은 마음으로 만사를 임함이다. 본 내괘의 세력으로 힘이 생김이다.

六五 貞吉 升階. 象曰 "貞吉升階" 大得志也.
육오 정길 승계. 상왈　정길승계　대득지야.

육오는 바르면 길하여 계단을 오른다. 상왈 '정길승계'는 뜻을 크게 얻는다.

역설 5효가 동하여 곤지 土가 감 水가 되어 수풍정이다. 정(井)은 풀장과 우물을 말함이다. 머리를 식히는 쉼터로 잠시 휴식이 필요한 시기이다.
효사에선 정(貞:곤지, 음, 부동함)함을 좋게 말하나 휴식은 필요하다.

上六 冥升 利于不息之貞. 象曰 冥升在上 消不富也.
상 육 명 승 이 우 불 식 지 정. 상왈 명 승 재 상 소 불 부 야.

상육은 어둠이 오름이니 쉼 없이 곧아짐으로 이롭다. 상왈 '명승재상'은 부유하지 않게 소멸함이다.

역설 6효가 동하여 곤지 土가 간산 土로 되어 산풍고이다. 고(蠱:3 벌레 충虫+그릇 명皿)는 벌레를 말함이며 자신의 살을 갉아먹는 벌레이다. 보이지 않는 고통과 말썽을 말한다. 그러니 '소불부야'라 한다.

제47 택수곤괘

* 하하급운세

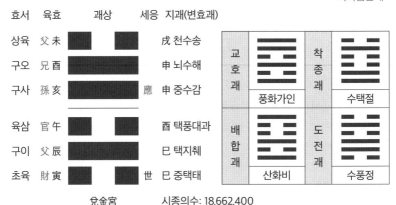

효서	육효	괘상	세응	지괘(변효괘)
상육	父未			戌 천수송
구오	兄酉			申 뇌수해
구사	孫亥		應	申 중수감
육삼	官午			酉 택풍대과
구이	父辰			巳 택지췌
초육	財寅		世	巳 중택태

兌金宮   시종의수: 18,662,400

| 교호괘 | 풍화가인 | 착종괘 | 수택절 |
| 배합괘 | 산화비 | 도전괘 | 수풍정 |

- 울타리에 갇혀있는 나무요 물이 없는 연못이고 불 꺼진 항구이다.

곤(困)은 '부족하다'. '곤궁하다'. '괴롭다'. '통하지 않는다.'로 제약이 따르고 장애가 많으며 어려움을 겪는다는 뜻이다. 연못 아래에 있는 물이 빠지는 모습으로 물이 부족하면 만물은 곤궁에 처하게 되므로, 곤(困)을 괘 이름으로 하였다. 위에서 곤란에 부딪치면 반드시 아래로 내려오니 다음을 정(井)괘로 받는다.

1효동 : 고기가 용문에 오르니 반드시 좋은 일이 생긴다. 그러나 전체적으로 힘든 시기임에 지금은 3년을 은연 자중하여 수신 할 때이다.

2효동 : 문서가 동하니 만물이 상생되는 운이다. 결혼운도 좋다. 많은 것이 오고감에 길함이 있으니 이는 모두 신의 보살핌이 있음이다.

3효동 : 사소한 일로 다투지 말라. 이별의 수가 있다. 주변의 도움이 필요하다. 지나친 행동이 지나친 결과를 만드니 절제함이 중요한 때이다.

4효동 : 돌을 깨어서 옥을 찾게 되니 반드시 이익을 보리라. 인내하여 꾸준히 밀고 나가면 길하다. 난관에 봉착하니 친구의 도움이 필요하다.

5효동 : 친한 사람을 조심하라. 내 것 주고 뺨 맞는 운세이다. 인덕은 없는 운이나 집안의 경사가 있음이니 신중하면 만사가 이롭게 다가온다.

6효동 : 땅으로 인해서 이익을 얻겠으나 문서를 조심하라. 관재와 송사가 같이 올 수 있으니 겸손함으로 만사를 행함이 길하다.

47. Oppression

압박, 억압, 탄압, 학대, 차별

restriction, exhaustion,
제한, 구속, 피로, 소진
depression, punishment,
우울증, 처벌,
depleted resources,
고갈된 자원,
feeling cut off, confinement.
고립감, 소외감, 감금, 틀어박힘.

47 Oppression
restriction · exhaustion · depression
depleted resources · feeling cut off
punishment · confinement

사 업 : 지금은 어려운 시기이니 옛것을 지키고 인간관계를 조심하라.

소 원 : 좀 더 때를 기다리자. 반년쯤 지나면 이루어진다. 지금은 어렵다.

거 래 : 서두르면 낭패다. 상대방의 비위를 맞추어 거래에 임해야 한다.

재 물 : 힘든 시기로 예상은 자꾸 빗나가니 큰일을 벌이지 말아야 한다.

연 애 : 결혼하지 못할 사람끼리 하는 연애가 많고 한쪽이 속는 경우이다.

혼 인 : 쌍방이 고르지 못하니 혼인이 오래가지 않아 파경이 올수 있다.

매 매 : 힘든 상황으로 매매함은 불리하다. 6개월 후로 미루면 좋다.

구 인 : 늦기는 하지만 온다. 서로의 생각이 다르니 조율하자.

가출인: 머지않은 시일에 돌아온다. 서남쪽에서 찾으면 좋다.

출 산 : 순산이지만 약간의 어려움이 있다. 조산일수 있으니 주의하자.

이 사 : 지금은 때가 아니니 옛것을 지켜 이사를 미룸이 좋다.

여 행 : 일단 보류함이 좋다. 여행은 불길하며 고난이 생긴다.

입 학 : 매우 불리하니 차라리 목표를 변경함이 좋을 수 있다.

소 송 : 불리하다. 설령 승소해도 이익이 없고 오랜 시일 고통스럽다.

실 물 : 어딘가 숨겨져 있다. 도둑의 소행은 아니지만 찾기 힘들다.

건 강 : 오랜 병은 회복이 힘들고 신경계통과 폐, 자궁 등에 발병 조심.

직 장 : 매우 어려운 상황에 놓이겠고, 취직은 더 기다려야 한다.

困 亨貞 大人吉 无咎 有言不信.
곤 형정 대인길 무구 유언불신.

곤은 형통함은 곧으니 대인은 길하다. 무구하니 말을 해도 믿지 않는다.

역설 곤(困)은 사방이 막혀 통하지 않음으로 고통이 있음을 말한다. 외괘는 형(亨)하고 내괘는 이정(利貞)하다. 상괘는 소인의 도(음이 적은 괘)이고 하괘는 소양괘로 대인의 도(소인을 다스리는 양효가 적은 괘)이다.

象曰 困 剛揜也. 險以說 困而不失其所亨 其唯君子乎
단 왈 곤 강엄야. 험이열 곤이불실기소형 기유군자호

"貞 大人吉" 以剛中也 "有言不信" 尙口乃窮也.
정 대인길 이강중야 유언불신 상구내궁야.

象曰 澤无水 困 君子以致命遂志.
상왈 택무수 곤 군자이치명수지.

단왈 곤은 강을 가린 것이다. 험함(감수)을 기뻐(태택)하며 곤함은 그 형통한 바를 잃지 않으니 그것을 오직 군자라 한다. '정대인길'은 강함(양효)이 가운데(2,5효) 함이요, '유언불신'은 입을 높임으로 막혀감이다. 상왈 연못에 물이 없는 것이 곤이니 군자가 이로써 명을 다해 뜻을 이룬다.

初六 臀困于株木 入于幽谷 三歲不覿. 象曰"入于幽谷"幽不明也.
초육 둔곤우주목입우유곡삼세부적. 상왈 입우유곡 유불명야.

초육은 엉덩이 바닥에 밑동나무의 괴로움이니 그윽한 골짜기에 들어가 3년을 볼 수 없다. 상왈 '입우유곡'은 밝음이 없는 어두운 것이다.

역설 1효가 동하면 감 水가 태택 金이 되어 중택태이다. 길괘로 흉한 듯한 효사풀이 이지만 개구리가 멀리뛰기 위해 준비함을 나타내는 효사이다. 곤이 난괘라 전체적으로 난괘로 해석할 뿐이며 효사는 스스로 관찰하자.
3년 후면 수화기제라 뜻을 완성한다. 3효변은 택풍대과이다.

九二 困于酒食 朱紱方來 利用亨祀 征凶 无咎.
구 이 곤우주식 주불방래 이용형사 정흉 무구.

象曰"困于酒食"中有慶也.
상왈 곤우주식 중유경야.

구이는 술 먹음에 괴로우니 주불이 오려 향하니 제를 올림으로서 이롭고 가면 흉하여 허물이 없다. 상왈 '곤우주식'은 중앙에 경사가 있음이다.

역설 2효가 동하여 감 水가 곤지 土가 되어 택지췌가 되었다. 췌는 음효가 모이는 것이니 실리는 좋으나 土剋水하니 문서 변동과 근심이 될 수 있다.

六三 困于石 據于蒺藜 入于其宮 不見其妻 凶.
육삼 곤우석 거우질려 입우기궁 불견기처 흉.

象曰 "據于蒺藜" 乘剛也 "入于其宮 不見其妻" 不祥也.
상왈 거우질려 승강야 입우기궁 불견기처 불상야.

육삼은 돌에 괴로움으로 명아주 가시에 의지함으로 그 집에 들어와 그 처를 못보니 흉하다. 상왈 '거우질려'는 강함을 타고 있음이며, '입우기궁 불견기처'는 상서롭지 않음이다.

역설 3효가 동하여 감 水가 손풍 木이되어 택풍대과이다. 지나친 인으로 지나친 과를 받았으니 관액이 동하고 이별이 다가온다.

九四 來徐徐 困于金車 吝 有終.
구사 래서서 곤우금거 린 유종.

象曰 "來徐徐" 志在下也 雖不當位 有與也.
상왈 래서서 지재하야 수부당위 유여야.

구사는 천천히 오는 쇠 수레의 괴로움으로 한탄하지만 끝이 있다. 상왈 '래서서'는 뜻이 아래 있으며, 비록 부당한 자리이나 같이함이 있음이다.

역설 4효가 동하여 태택 金이 감 水가 되어 중수감이다. 길하지 않으니 곧 끝이 있음을 말한다. 내괘에 도움이 되니 친구와 같이함이 길하다.

九五 劓刖 困于赤紱 乃徐有說 利用祭祀. 象曰 "劓刖"
구오 의월 곤우적불 내서유설 이용제사. 상왈 의월

志未得也 "乃徐有說" 以中直也 "利用祭祀" 受福也.
지미득야 내서유열 이중직야 이용제사 수복야.

구오는 코를 베고 발을 베니, 적불에 괴로우나 이에 천천히 하면 기쁨이 있으며, 제 지냄에 베풂의 사용은 이롭다. 상왈 '의월'은 뜻을 얻지 못하며, '내서유열'은 가운데 곧게 함으로써, '이용제사'는 복을 받음이다.

역설 5효가 동하면 태택 金이 진뢰 木이 되어 뇌수해가 된다. 해(解)는 하늘의 내리는 비를 기뻐함으로 길괘이나 그래도 조심해야 한다.

上六 困于葛藟 于臲卼曰 動悔有悔 征吉.
상육 곤우갈류 우얼올왈 동회유회 정길.

象曰 "困于葛藟" 未當也 "動悔有悔" 吉行也.
상왈 곤우갈류 미당야 동회유회 길행야.

상육은 칡넝쿨의 괴로움으로 불안하고 위태로워 말하되 뉘우쳐서 움직이고 또 뉘우치면 가는 것이 길하다. 상왈 '곤우갈류'는 당치 않음이요, '동회유회'는 길하게 행함이다.

역설 6효가 동하면 태택 金이 건천 金이 되어 천수송이다. 이는 관재구설의 정도가 아니라 송사가 될 수 있으니 역에 이르길 스스로 뉘우치면 바뀐다 하였으니 겸손하게 임하며 웃어른을 만나면 이롭다.

제48 수풍정괘

* 중상급운세

효서	육효	괘상	세응	지괘(변효괘)
상육	父子			卯 중풍손
구오	財戌		世	亥 지풍승
육사	官申			亥 택풍대과
구삼	官酉			午 중수감
구이	父亥		應	午 수산건
초육	財丑			子 수천수

교호괘	화택규	착종괘	풍수환
배합괘	화뢰서합	도전괘	택수곤

震木宮   시종의수: 201,553,920,000

- 우물에 물이 넘치니 솟아 오른 물을 부지런히 퍼 올려야 길함이 있다.

井(정)은 '우물'. '두레박'을 뜻하는 것이다. 바람이 물밑에 있으니 바람은 깊은 곳까지 통하는 모습으로 우물을 뜻하는 정(井)을 괘 이름으로 하였다. 우물 물을 퍼 올리려면 두레박이 필요하고 노고가 필요하다. 오래된 우물은 더러워져 물이 탁해지므로 말끔히 비워 새로운 물로 바꾸어 채워 놓아야 하므로 다음을 혁(革)괘로 받는다.

1효동 : 모든 일을 급하게 처리하지 말라. 빨리 먹는 밥은 체 할 수 있다.천천히 서두르지 않음이 중요하다. 어차피 빨리되는 일이 아니다.

2효동 : 가택의 신이 발동하니 생각하지 않은 일로 인해서 재난이 온다. 물 항아리의 밑 독이 깨지니 잘못하면 만사가 원점이 될 수 있음이다.

3효동 : 밤중에 비를 만났으니 몸을 어느 곳에 머물러야 편안할까? 우왕좌왕한다. 우울감이 깊으며 낙상수가 있으니 주의하자.

4효동 : 시국이 좋지 않다. 벌려놓은 일은 많고 하고자 하는 일은 많은데 뜻과 같지 않음이다. 관재와 사고가 있으니 욕심이 원인이다.

5효동 : 관록이 좋아 승진 및 학업 성취의 운이나 조심하라. 돈 잃고 뺨 맞고 망신수 까지 있다. 재물을 얻겠으나 맞아들임에 조심을 해야 한다.

6효동 : 구설수가 있기 쉬우니 매매 계약을 신중히 하고 문서를 조심하라. 큰 성취가 있는 운이니 성취함에 매사 유비무환의 자세가 필요하다.

48. The Well
우물, 풀장

seeking truth, wisdom,
 진리를 구하다, 지혜, 예지, 학문,
insight, intuitive knowing,
 통찰력, 직관적인 지식,
return to the source,
 근원으로 돌아가라, 초심,
getting to the bottom of things.
 사물의 바닥에 도달.

사 업 : 새로운 것을 찾을 때가 아니니 하던 사업을 밀고 나가라.

소 원 : 지금은 어렵지만 시간이 지나면 성취되나 목표를 바꿈이 더 좋다.

거 래 : 좋지 않다. 서로 거래의 의사가 신통치 않다.

재 물 : 지금은 침체 상태이니 낭비를 줄이자. 자금 융통은 가능하다.

연 애 : 실증을 느껴 헤어지려 하지만 쉽지 않다. 새로운 인연이 나선다.

혼 인 : 성립되어도 좋은 인연이 아니며 금전이나 주위의 방해를 받는다.

매 매 : 귀인의 협조를 얻게 되면 성사되며 작지만 이익이 있다.

구 인 : 기다리자. 사정이 있어 오지 못하나 소식은 곧 온다.

가출인: 가까운 곳에 있으며 북쪽이나 남쪽 물가에 있으니 빨리 찾자.

출 산 : 약간 난산이며 초산은 딸이고 그 외에는 아들이다.

이 사 : 이사는 무조건 기다려라. 손재수가 있다. 3개월 정도 기다리자.

여 행 : 보류함이 좋다. 이성문제, 구설수와 병액이 있으니 주의하자.

입 학 : 예체능계는 합격하지만 1차는 불합격한다. 다시 도전하면 길하다.

소 송 : 여러 가지로 불리하니 중단하라. 손해여도 합의하라.

실 물 : 당장은 찾기 어렵다. 물건 밑바닥에 집안에 있으니 나중에 찾는다.

건 강 : 환자의 경우 오래가며 노인은 위험하다. 과로, 신경계통, 심장질환

직 장 : 직장인과 구직자 모두 어렵다. 많은 시간이 경과 되어야 한다.

井 改邑不改井 无喪无得 往來井井 汔至亦未繘井 羸其瓶 凶.
정 개읍불개정 무상무득 왕래정정 흘지역미율정 이기병 흉.

정이란 읍은 고치되 우물은 고치지 않음이다. 잃음도 없고 얻음도 없으며, 오고감이 거듭 연속되어 거의 도달함에 또한 우물에 두레박줄이 닿지 아니하고 그 두레박에 물이 적으면 흉하다.

역설 정(井)괘는 쉼터 괘이다. 풀장에서 수영을 즐기는 괘로 힘든 역경이 도사리고 있어 노고를 물로 달래는 것이다. 길괘는 아니나 흉괘도 아니다.

象曰 巽乎水而上水 井 井養而不窮也. "改邑不改井"
단왈 손호수이상수 정 정양이불궁야. 개읍불개정"

乃以剛中也 "汔至亦未繘井" 未有功也 "羸其瓶" 是以凶也.
내 이강중야 흘지역미율정 미유공야 이기병 시이흉야.

象曰 木上有水 井 君子以勞民勸相.
상왈 목상유수 정 군자이노민권상.

단왈 물을 받듦(손풍)으로 물(감수)이 올라감이 정이다. 정(井)은 길러서 막힘이 없는 것이다. '개읍불개정'은 이에 강함(양효)이 가운데 임한다. '흘지역미귤정'은 공이 있지 못함이다. '이기병'이라 이로써 흉하다. 상왈 나무 위(손풍 木)에 물이 있음이 정(井)이니, 군자가 이로써 백성을 일하도록 도와주며 권한다.

初六 井泥不食 舊井无禽.
초육 정니불식 구정무금.

象曰 "井泥不食" 下也 "舊井无禽" 時舍也.
상왈 정니불식 하야 구정무금 시사야.

초육은 우물이 진흙이라 먹지 못한다. 우물이 오래되어 짐승이 없다. 상왈 '정니불식'은 내려감이요, '구정무금'은 시를 버림이다.

역설 1효가 동하면 손풍 木이 건천 金이 되어 수천수이다. 수(需)는 기다림이라 金剋木하니 불리함이 크다. 얻고자 하나 얻을 수 없음이다.

九二 井谷射鮒 甕敝漏. 象曰 "井谷射鮒" 无與也.
구이 정곡사부 옹폐루. 상왈 정곡사부 무여야.

구이는 붕어가 뛰어 오르는 골짜기의 우물이니 물독의 샘이 깨진다. 상왈 '정곡석부'는 같이함이 없다.

역설 2효가 동하여 손풍 木이 간산 土가 되어 수산건이다. 건(蹇)이란 다리를 다쳐서 다리를 저는 것으로 木剋土로 재욕이다. 과욕은 금물이다.

옹폐루(항아리 옹甕:수풍정+깨질 폐敝:☶간산괘+샐 루漏:☴☴손풍괘)

九三 井渫不食 爲我心惻 可用汲 王明並受其福.
구삼 정설불식 위아심측 가용급 왕명병수기복.

象曰"井渫不食"行惻也 求"王明"受福也.
상왈 정설불식 행측야 구 왕명 수복야.

구삼은 먹지 못하는 더러워진 우물이니 내 마음이 슬퍼진다. 물을 길을 수 있으나 왕이 밝아야 무두 그 복을 누린다. 상왈 '정설불식'은 행함이슬퍼짐이요, '구왕명'은 복을 받는 것이다.

역설 3효가 동하면 손풍 木이 감水가 되어 중수감이다. 水生木으로 조금은 길하나 난괘이다. 샘터에서 물을 보았는데 먹지 못하여 허망함을 말한다.

六四 井甃 无咎. 象曰"井甃无咎"脩井也.
육사 정추무구. 상왈 정추무구 수정야.

육사는 고친 우물이니 허물이 없다. 상왈 '정추무구'는 우물을 고치었다.

역설 4효가 동하여 감수가 태금이 되어 택풍대과이다. 모든 것을 엎어야 다시 자리가 잡히는 대과괘이다. 金剋木하니 불길함이 크다. 차마와 물도 조심해야 하는 운이다. 활동은 많으나 실속이 없으니 시국이 그렇다.

九五 井洌 寒泉食. 象曰"寒泉之食"中正也.
구오 정렬 한천식. 상왈 한천지식 중정야.

구오는 우물이 맑고 차서 샘물을 먹는다. 상왈 '한천지식'은 가운데에 바로 함이다.

역설 5효가 동하여 감水가 곤지 土가 되어 지풍승이다. 승(升)은 상승과 번영을 나타내며 어려움을 겪고 난 이후라 그 상승함은 더욱 크다. 다소 찬물이니 나를 일깨우는 역할을 한다. 머리가 참으로 영명해짐은 냉정이 살아있기 때문이다. 현실을 직시함은 중정의 변화로 생김이다.

上六 井收 勿幕 有孚 元吉. 象曰"元吉在上"大成也.
상육 정수 물막 유부 원길. 상왈 원길재상 대성야.

상육은 덮개가 없어 걸어올리는 우물이니 믿음이 있어 크게 길하다. 상왈 '원길재상'이 크게 이룸이다.

역설 6효가 동하여 감水가 손풍 木이 되어 중풍손이다. 내괘와 같은 세력으로 손은 흩어져 머물지 않는 곳이 없음이다. 막(幕:卝+日+大+巾)은 큰 나무 벽을 말함이니 손풍목이 위아래임을 말한다. 초목으로 큰 세력을 이루었음을 설명하는 내용이다.

제49 택화혁괘

*중상급운세

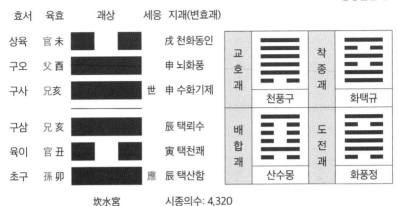

효서	육효	괘상	세응	지괘(변효괘)
상육	官未			戌 천화동인
구오	父酉			申 뇌화풍
구사	兄亥		世	申 수화기제
구삼	兄亥			辰 택뢰수
육이	官丑			寅 택천쾌
초구	孫卯		應	辰 택산함

坎水宮　　시종의수: 4,320

| | 교호괘 | 천풍구 | 착종괘 | 화택규 |
| | 배합괘 | 산수몽 | 도전괘 | 화풍정 |

- 모든 것이 부패된 상태이니 변혁하지 않으면 안 된다. 변화의 괘다.

혁(革)은 '바꾸다', '혁신하다', '혁명'의 뜻으로 이는 변혁하는 것이니 사물을 새로 바꾸는 것이다. 옛것이나 쓸모가 덜 한 것을 버리고 좋고 편리하도록 고치는 것이다. 연못아래 불이 있으니 물이 끊어 증발하면 큰 변화를 하므로 혁(革)을 괘 이름으로 하였다. 혁은 짐승 가죽이다. 가죽의 털을 벗기면 전혀 다른 것으로 변하기 때문에 '혁명'이라는 의미가 있다.

1효동 : 만물이 소생하는 봄을 만났으니 슬하에 기쁜 일이 있겠다. 한곳에 억매이게 되는 경우가 있으며 길한 친구가 생겨 외롭지 않음이다.

2효동 : 이사의 운이 오고 역마성이 와 변화를 만든다. 관재구설 조심. 변화가 필요한 혁명을 나타내는 효사로 과강단행의 이념이 필요하다.

3효동 : 만인이 우러러보니 직위가 향상되겠다. 손재수를 조심하라. 믿는 이를 따라 먼 곳으로 갈 수 있음이니 흉하지만 뜻은 있다.

4효동 : 반드시 변화를 가져오게 하는 신의 조화다. 주변의 친구와 동반자와 뜻을 같이하여 계획한 바를 계속하여 밀고 나감이다.

5효동 : 타인들과 이별수가 있으니 문서에는 기쁨이 있고 원행하는 시기이다. 명예가 생겨 뜻하는 바를 이룸이니 서로 즐기는 기쁨이 있다.

6효동 : 신의 가호가 있어 스스로의 살길이 생겨나겠다. 돕고자 하는 이가 있으니 서로 돕겠다. 서북에 있으니 맞이함이 길하다.

49. Revolution

혁명, 혁신, 변화

transformation,
급 변환, 변형,
a radical change,
급진적인 변화,
give up the old to
make way for the new,
새것을 위해 옛것을 포기하다.
a quantum leap.
양자도약, 전혀 다른 시작.

사 업 : 현재 사업은 순조롭고 기획이나 방침, 사업변화, 전업 시기이다.

소 원 : 순조롭다. 처음 계획과는 차이가 있으나 끈기 있게 밀고나가자.

거 래 : 오래 끌면 좋지 않으니 가능한 빨리 거래를 마무리해야 한다.

재 물 : 큰돈은 어렵겠지만 작은 돈은 들어온다. 재수는 대길하다.

연 애 : 감정보다 실직적인 이성에 치우친 연애이다. 기다리면 성립된다.

혼 인 : 초혼은 불리하다. 조금 기다리면 성립되며 화려함을 줄이자.

매 매 : 성사된다. 지금은 이익은 없으니 보류하자.

구 인 : 조금 오는데 시간은 걸리지만 오기는 한다.

가출인: 동쪽이나 남쪽으로 남의 꾐에 빠져 멀리 가려한다. 쉽지 않다.

출 산 : 순산이며 초산이면 딸이요 둘째라면 아들이다.

이 사 : 이사는 길하다. 다소 형편에 어려움이 있더라도 단행하라.

여 행 : 장해는 있으나 길하다. 해외여행은 아주 길하다.

입 학 : 합격된다. 처음 목적한 학교가 아닌 다른 학교일수 있다.

소 송 : 지금은 불리 하지만 예상외로 승소하나 도장과 문서는 패소한다.

실 물 : 안에서 실물한건 찾겠으나 밖에서 실물한건 찾을 수 없다.

건 강 : 오랜 병은 위험하며 서북쪽에 약을 구하라. 유행병, 급성, 심장병

직 장 : 구직은 좋은 소식이 있다. 직장은 장해가 있어도 이직하지 말자.

革 已日乃孚 元亨 利貞 悔亡.
혁 이 일 내 부 원 형 이 정 회 망.

혁은 시일이 넘어가야 이에 믿어짐이니 크게 형통하여 곧으면 이롭고 뉘우침이 없어진다.

역설 혁(革)은 혁명과 혁신을 말하며 현재상황에 모순된 점을 고치고자 하는
괘이다. 그리하여 혁은 역학인들 사이에도 말이 많은 괘이니 그것은 금화교역
과 위 이일(巳日)이 기일(己日)이다 말하고 금화가 교역하여 십천간인 己가 생함
으로 己를 이야기 한다. 易은 모든 것을 아우르기에 중요한 것은 己, 巳, 巳 모두
를 아우르고 가도 틀리지 않는다. 부(孚)는 2, 5효 이다.

象曰 革 水火相息 二女同居 其志不相得 曰革.
단 왈 혁 수 화 상 식 이 녀 동 거 기 지 불 상 득 왈 혁.

已日乃孚 革而信之 文明以說 大亨以正 革而當 其悔乃亡.
이 일 내 부 혁 이 신 지 문 명 이 열 대 형 이 정 혁 이 당 기 회 내 망.

天地革而四時成 湯武革命 順乎天而應乎人 革之時大矣哉.
천 지 혁 이 사 시 성 탕 무 혁 명 순 호 천 이 응 호 인 혁 지 시 대 의 재.

象曰 澤中有火 革 君子以治歷明時.
상 왈 택 중 유 화 혁 군 자 이 치 력 명 시.

단왈 혁은 물(태택)과 불(이화)이 서로 쉬게하니 두 여자가 함께 거처하되 그 뜻을 서
로 얻지 못함이 혁이다. '이일내부'는 고쳐서 믿음이므로 빛(이화) 펼침에 기뻐하며
(태택) 크게 형통하고 함으로 바르고 고쳐서 마땅함에 그 뉘우침이 이에 없어진다. 천
지가 고쳐져서 사시를 이루어지며 탕(은나라 개국)과 무(주나라 개국)과 혁명함은 하늘
을 순종하고 사람에게 응함으로 혁이 임하는 시기가 위대하다. 상왈 못 속에 불이 있
어 혁이니 군자가 이로써 책력을 다스리고 때를 밝힌다.

初九 鞏用黃牛之革. 象曰 "鞏用黃牛" 不可以有爲也.
초 구 공 용 황 우 지 혁. 상 왈 공 용 황 우 불 가 이 유 위 야.

초구는 황소를 묶는데 사용하는 가죽이다. 상왈 '공용황우'는 어쩔 수 없어 만든 것이다.

역설 1효가 동하면 이 火가 간산 土로 변하여 택산함이다. 함(咸)이란 둘을 묶
어 같이하게 함이니 행동이 과함을 억제하는 친구인 것이다.

六二 已日乃革之 征吉 无咎. 象曰 "已日革之" 行有佳也.
육 이 이 일 내 혁 지 정 길 무 구. 상 왈 이 일 혁 지 행 유 가 야.

육이는 시일이 넘어감이니 이에 고쳐 나가면 길해서 허물이 없다. 상왈 '이일혁지'는
행함에 아름다움이 있음이다.

역설 2효가 동하면 이 火가 건천 金이 되어 택천쾌이다. 쾌(夬)는 결단과 결정

을 말하니 혁명의 시기임을 결단해야 한다. 혁명은 과강단행 함이다.

九三 征凶 貞厲 革言三就 有孚. 象曰 "革言三就" 又何之矣.
구삼 정흉 정려 혁언삼취 유부. 상왈 혁언삼취 우하지의.

구삼은 나아가면 흉하고 곧으면 위태하므로 고친다는 말이 세 번 나아가면 믿음이 있다. 상왈 '혁언삼취'는 또 어디로 가겠는가.

역설 3효가 동하여 이 火가 진뢰 木이 되어 택뢰수이다. 수(隨)는 뒤따라 감이니 믿고 따름이 있어야 따라 감이다. 5효에 가서는 믿음이 생김이다.
'정흉정려'는 가도 나쁘고 가만있어도 나쁘지만 가는 것이 좋다는 말이다.

九四 悔亡 有孚改命 吉. 象曰 "改命之吉" 信志也.
구사 회망 유부개명 길. 상왈 개명지길 신지야.

구사는 뉘우침이 없어짐이니 믿음이 있으면 명을 고쳐서 길하다. 상왈 '개명지길'은 뜻을 믿음이다.

역설 4효가 동하여 태택 金이 감 水가 되어 수화기제이다. 기제(旣濟)는 마침내 기운과 뜻을 완성함이니 길괘이다. 허나 水剋火하여 내괘를 극하니 반흉반길이다. 주변과 뜻을 같이하여 계속 밀고 나가는 것이다.

九五 大人虎變 未占有孚. 象曰 "大人虎變" 其文炳也.
구오 대인호변 미점유부. 상왈 대인호변 기문병야.

구오는 대인이 호랑이처럼 변하는 것이니 살피지 않아도 믿음이 있음이다. 상왈 '대인호변'은 그 펼침으로 빛남이다.

역설 5효가 동하여 태택 金이 진뢰 木이 되어 뇌화풍이 되었다. 풍(豊)은 풍성함과 성장을 이야기하니 길괘이며 木生火로 그동안 믿음이 펼쳐짐이다.

上六 君子豹變 小人革面 征凶 居貞吉.
상육 군자표변 소인혁면 정흉 거정길.

象曰 "君子豹變" 其文蔚也 "小人革面" 順以從君也.
상왈 군자표변 기문울야 소인혁면 순이종군야.

상육은 군자가 표범으로 변함이니 소인(음효)은 얼굴만 고치고 나아가면 흉하고 바르게 거하면 길하다. 상왈 '군자표변'은 그 펼침이 아름답고 '소인혁면'은 순응함으로 임금을 따라감이다.

역설 6효가 동하여 태택 金이 건천 金이되어 천화동인이다. 혁과 같이 동인도 크게 같이 움직임이다. 길하지 않으니 움직임은 불리하다.

제50 화풍정 괘

* 상하급운세

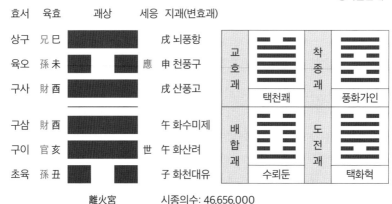

효서	육효	괘상	세응	지괘(변효괘)
상구	兄巳			戌 뇌풍항
육오	孫未		應	申 천풍구
구사	財酉			戌 산풍고
구삼	財酉			午 화수미제
구이	官亥		世	午 화산려
초육	孫丑			子 화천대유

교호괘	택천쾌	착종괘	풍화가인
배합괘	수뢰둔	도전괘	택화혁

離火宮　　　　시종의수: 46,656,000

– 크게 뻗어 발전한다는 뜻을 나타내고 세발은 안전함을 말함이다.

– 식복의 원천이며 항상 중심인물로 모든 일을 안정시켜 나아간다.

정(鼎)은 '안정감', '발이 셋인 솥'을 뜻한다. 불 밑에 바람이 불고 있는 상이
니 음식을 만들기 위해 아궁이에 불을 지피는 모습으로 음식을 만드는 솥을
뜻하는 정(鼎)을 괘 이름으로 하였다. 가정을 다스리는 데는 큰아들만한 사람
이 없으므로 다음을 진(震)괘로 받는다.

1효동 : 시작은 있겠으나 끝을 맺지 못하겠다. 신중하게 행동하라. 후배나 자
　　　 식에게 구설이 생김이다. 하는 일에 기술적 문제가 있겠다.

2효동 : 도둑맞을 우려가 있으니 문단속을 조심, 슬하에 근심이 있겠다. 여행
　　　 을 말하는 효사이며 출정하는 장수이니 관록이 좋으나 책임이 크다.

3효동 : 재성이 문 앞에 다다르니 일석이조의 운이다. 많은 뜻을 갖고 일을 시
　　　 작하더라도 막힘이 있어 흐지부지된다. 투자는 금물이다.

4효동 : 부부간에 의논하면 뜻이 이루어지리라. 화합을 말한다. 상사나 윗사
　　　 람이 시킨 일에 실수가 있어 큰손해가 생긴다. 항시 집중을 요한다.

5효동 : 이외의 수입이 있겠으니 횡재수가 있다. 입이나 행동, 물건을 통한 또
　　　 다른 수입이다. 시내 중심부와 남쪽에서 오는 것이다.

6효동 : 객사한 귀신이 집안에서 노니 놀라는 일과 관재구설이 있겠다. 그래
　　　 도 변치 않음 약속하는 짝이 생길 수 있는 운이다. 실리는 있다.

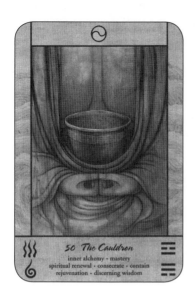

50. The Cauldron
가마솥

inner alchemy, mastery,
내면에 연금술(안정), 숙달됨,
spiritual renewal, contain,
영적 갱신, 포함하다. 담고 있다.
consecrate, rejuvenation,
종교생활, 신성하게하다, 회춘, 회복,
discerning wisdom,
분별 있는 지혜.

사 업 : 내부에 변화를 가져와야 할 때이며 새로운 거래처를 만들자.

소 원 : 성취된다. 주위사람 3인의 협력이 있어야 가능하다.

거 래 : 상대의 입장을 고려하여 거래하면 어느 정도의 이익은 있다.

재 물 : 재운은 길하며 스케일도 크다. 금전융통 좋지만 지출을 줄이자.

연 애 : 남자는 수려하고 이성은 이지적 이상형을 만난다. 길한 인연이다.

혼 인 : 길하다. 결혼 후 다른 이성이 생기기 쉬운 괘상이다.

매 매 : 잘 이루어진다. 큰 이익은 어렵지만 파는 것이 길하다.

구 인 : 좋은 소식이 온다. 기다리자.

가출인: 배나 차를 타고 서남쪽으로 멀리 갔다. 빨리 서두르면 찾는다.

출 산 : 순산이며 초산은 아들이고 둘째는 딸이다. 산모 건강주의

이 사 : 이사는 빨리하면 할수록 좋다. 계속 있으면 구설과 손재가 있다.

여 행 : 좋은 여행이나 뜻밖의 사고가 있다. 자신포함 3인의 여행은 좋다.

입 학 : 합격한다. 경제나 상업계가 좋으나 다른 과는 눈높이를 낮추자.

소 송 : 정당한 소송이면 길하다. 승소의 운이지만 말썽의 우려가 있다.

실 물 : 당장은 찾기 어렵지만 큰 물건이라면 찾을 수 있다.

건 강 : 환자는 곧 건강을 찾을 수 있으며 호흡기, 장, 신경계통 주의

직 장 : 취직은 가능하며 구직자는 다른 곳으로 옮기는 것이 길하다.

鼎 元吉 亨.
정 원길 형.

정은 크게 길하여 형통하다.

역설 정(鼎)은 뜨거운 음식을 담은 그릇으로 화를 다스려야 길함으로 수행괘이기도 하다. 대체적으로 길괘에 속한다. 원,형은 건천과 이화를 말함이다. 양효를 말하며 근묘화실중 근묘이며 봄,여름이고 남쪽과 북서이다.

象曰 鼎 象也. 以木巽火 亨飪也. 聖人亨以享上帝 而大亨以
단왈 정 상야. 이목손화 형임야. 성인형이향상제 이대형이

養聖賢. 巽而耳目聰明 柔進而上行 得中而應乎剛 是以元亨.
양성현. 손이이목총명 유진이상행 득중이응호강 시이원형.

象曰 木上有火 鼎 君子以正位凝命.
상왈목상유화 정 군자이정위응명.

단왈 정은 모양이니 나무(손풍木)가 불(이火)을 받들어 밥을 삶는다. 성인이 두루 통함으로 상제께 제 올리고 크게 형통하여 성현을 기른다. 겸손함으로 귀와 눈이 총명하며, 유함(음효)이 나아가 위에 행하고 중(5효)을 얻어 강의(2효) 부름에 응한다. 이로써 크게 형통하다. 상왈 나무위에 불이 있음이 정임으로 군자가 이로서 위치를 바로잡고 명을 이룬다.

初六 鼎顚趾 利出否 得妾以其子 无咎.
초육 정전지 이출비 득첩이기자 무구.

象曰 "鼎顚趾" 未悖也 "利出否" 以從貴也.
상왈 정전지 미패야 이출비 이종귀야.

초육은 솥이 발이 넘어지는 솥이니 막힘이 떠나 이롭고 첩을 얻으면 그 자식으로써 허물이 없다. 상왈 '정전지'는 거스르지 않음이요, '이출비'는 귀함을 좇음이다.

역설 1효가 동하여 손풍 木이 건천 金이되어 화천대유의 길괘이나 金剋木하니 불리함이 보인다. 아래 일에 구설이 생기니 후배와 자식의 일이다.

九二 鼎有實 我仇有疾 不我能卽 吉.
구이 정유실 아구유질 불아능즉 길.

象曰 "鼎有實" 愼所之也 "我仇有疾" 終无尤也.
상왈 정유실 신소지야 아구유질 종무우야.

구이는 채워져 있는 솥이니 내짝이 빠름이 있어 내가 능히 나아가지 않아도 길하다. 상왈 '정유실'은 조심하여 나아가는 바다. '아구유질'은 마침내 힘든 것이 없어짐이다.

역설 2효가 동하여 손풍 木이 간산 土가 되어 화산여이다. 여(旅)는 나그네이

며 출정하는 장수괘라 명예가 있다. 내짝의 빠름은 배합괘의 진뢰이다.

九三 鼎耳革 其行塞 雉膏不食 方雨虧悔 終吉.
구삼 정이혁 기행색 치고불식 방우휴회 종길.

象曰 "鼎耳革" 失其義也.
상왈 정이혁 실기의야.

구삼은 솥의 손잡이가 바뀌었음이니 그 행함이 막힐 정도로 뜨거워 기름진 꿩고기를 먹지 못함으로 비 내림으로 향하면 뉘우침이 줄어 마침내 길하다. 상왈 '정이혁'은 그 뜻을 잃었음이다.

역설 3효가 동하여 손풍 木이 감 水가 되어 화수미제이다. 모든 것이 막히어 뜻을 이루지 못함을 나타낸다. 큰 투자를 하였으나 손을 대지 못한다.

九四 鼎折足 覆公餗 其形渥 凶. 象曰 "覆公餗" 信如何也.
구사 정절족 복공속 기형악 흉. 상왈 복공속 신여하야.

구사는 발이 부러진 솥이니 공의 죽을 엎어 그 모양이 젖어서 흉하다. 상왈 '복공속'하니 믿음이 어떠하겠는가.

역설 4효가 동하여 이火가 간산土가되어 산풍고이다. 고(蠱)는 벌레가 파먹는 형상으로 말썽이 생김을 말한다. 하는 일의 실수로 상관에게 밑 보인다.

六五 鼎黃耳金鉉 利貞. 象曰 "鼎黃耳" 中以爲實也.
육오 정황이금현 이정. 상왈 정황이 중이위실야.

육오는 손잡이가 황색 쇠 손잡이 솥이니 바르게 함이 이롭다. 상왈 '정황이'는 중앙을 채움이 있음이다.

역설 5효가 동하여 이 火가 건천 金이되어 천풍구이다. 구(姤)는 보기는 추해도 실속이 있는 괘이다. 金剋木하여 흉한 듯 하나 5효가 양효로 채워짐은 길하여 의외의 수입과 소득이 생기는 효사이다. 그래서 '위실'이다.

上九 鼎玉鉉 大吉 无不利. 象曰 "玉鉉在上" 剛柔節也.
상구 정옥현 대길 무불리. 상왈 옥현재상 강유절야.

상구는 손잡이가 옥인 솥이니 크게 길하여 불리함이 없다. 상왈 '옥현재상'은 강한 것과 부드러운 것이 절제함이라.

역설 6효가 동하면 이 火가 진뢰 木이 되어 뇌풍항이다. 항(恒)은 변하지 않는 마음을 말하며 내괘의 힘이 되니 길하나 대립은 있다. 장녀가 장남을 봄이니 아름다운 교제라 말한다.

제51 중뢰진괘

* 상중급운세

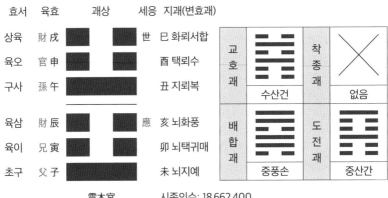

효서	육효	괘상	세응	지괘(변효괘)
상육	財戌		世	巳 화뢰서합
육오	官申			酉 택뢰수
구사	孫午			丑 지뢰복
육삼	財辰		應	亥 뇌화풍
육이	兄寅			卯 뇌택귀매
초구	父子			未 뇌지예

震木宮   시종의수: 18,662,400

교호괘: 수산건   착종괘: 없음
배합괘: 중풍손   도전괘: 중산간

- 천둥소리가 백리를 미치니 패기가 넘치며 용기가 백배한 상태이다.
- 용 두 마리가 한 개의 구술을 두고 싸우며 이양사음 처첩이 싸운다.

벼락 진, 진(震)이란 '천둥 우레'. '몹시 두려워하다'. '사나운 모양'. '위엄을 떨치다'를 뜻하며 진동하는 움직임을 뜻한다. 우레가 크게 진동하니 많은 사람들이 놀라 두려워한다. 영원히 움직이는 것은 없어, 반드시 그칠 때가 있으므로 다음을 간(艮)괘로 받는다. 간이란 그치는 것이다.

1효동 : 문서가 재성위에 있으니 물을 팔아서 옥을 산다. 유흥일은 대길하며 만사 미리미리 준비하면 웃음이 끊이지 않는 효사이다.

2효동 : 인정에 구애받지 말라. 남을 도와주고 손해를 본다. 욕심이 강해지는 운으로 연애 또한 끌리는 마음보다 실리를 따라 감이다.

3효동 : 꾀하는 일은 빨리 도모하라. 늦어지면 허사가 된다. 풍성함과 성장함이 있다. 이동수가 있으며 수입은 있으나 그 배로 돈이 지출된다.

4효동 : 꽃이 동산에서 웃고 있으니 벌과 나비가 희롱한다. 연애나 결혼의 운이다. 모든 것이 제자리를 찾아가니 잘못하면 만사가 허사이다.

5효동 : 관록 운은 있으나 돈이 지출 될 수다. 신중히 행동하라. 상사나 어른에게 공경심을 표하고 믿고 따르면 얻는바가 있을 것이다.

6효동 : 몸이 움직여 만리를 행하니 뜻 밖에 귀인을 만난다. 모든 일에 체계를 잡을 시기이다. 재물과 귀인이 같이 오니 동쪽이며 3, 8월이다.

51. The Arousing
깨우침, 깨달음, 각성하다.

shock, a crisis,
충격, 위기,
awe inspiring, upheaval,
영감을 주는 경각심, 대변동,
dramatic power shifts,
극적인 힘의 변화,
unpredictability,
예측 불가능성,
a shake-up that's a wake- up!
흔들어서 깨우는 것입니다.

사 업 : 지금은 호황이지만 전력을 다하라. 새로운 사업 추진하지 말자.

소 원 : 당장은 어렵다. 대인관계를 유지하며 때를 기다리자.

거 래 : 뜻대로 되지 않으니 이익을 적게 생각하고 상대에 맞추어라.

재 물 : 재수는 있으나 재물이 쉽게 들어오지 않는다. 때가 아직 이르다.

연 애 : 서로 즐기기는 하지만 진지한 면이 없다. 여행 중 인연은 좋다.

혼 인 : 재혼은 길하고 초혼은 좋지 않으니 서두르지 말라.

매 매 : 성사되며 이익도 있다. 큰 이익은 땅에 있으며 서두르지 말라.

구 인 : 곧 올 것이다. 가까울수록 늦어진다. 오랜 기다림은 오게 된다.

가출인: 멀리 떠나려하니 빨리 서쪽을 찾으면 찾을 수 있다.

출 산 : 약간 난산이며 아들이다.

이 사 : 전근, 전직 때문에 부득이 이사할 일이 생기나 좋지 못하다.

여 행 : 근거리 여행은 좋다. 장거리 여행은 불리하니 중단하라.

입 학 : 눈높이를 조금만 낮추면 합격은 무난하다. 남쪽이 길하다.

소 송 : 이길수는 있으나 이득이 없다. 중간에 사람을 넣어 타협하라.

실 물 : 안 밖에 모두 찾을 수 있다. 남이 찾아줄 경우가 있다.

건 강 : 난치병은 어렵다. 고혈압, 불면증, 신경계통의 병증 조심

직 장 : 구직자는 경쟁이 심하지만 가능하다. 직장인은 자리를 고수하라.

震 亨. 震來虩虩 笑言啞啞 震驚百里 不喪匕鬯.
진 형. 진 래 혁 혁 소 언 액 액 진 경 백 리 불 상 비 창.

진은 형통하다. 매우 두렵게 들려오는 우레도 매우 깔깔거리는 소리의 웃음임으로 우
레가 백리까지 놀라게 하니 울창술과 숟가락을 잃지 않는다.

역설 진(震)은 나아가며 움직임이다. 진은 활동의 시작이며 밝음의 시작이니
길괘로 본다. 움직임이 빠르고 커서 형통하다 말한다. 형통은 양함이다.

象曰 震 亨. "震來虩虩" 恐致福也 "笑言啞啞" 後有則也.
단 왈 진 형. 진 래 혁 혁 공 치 복 야 소 언 액 액 후 유 칙 야.

"震驚百里" 驚遠而懼邇也 出 可以守宗廟社稷 以爲祭主也.
진 경 백 리 경 원 이 구 이 야 출 가 이 수 종 묘 사 직 이 위 제 주 야.

象曰 洊雷 震 君子以恐懼脩省.
상 왈 천 뢰 진 군 자 이 공 구 수 성.

단왈 진은 형통하니 '진래혁혁'은 조심함으로 복을 이룸이요, '소언액액'은 뒤늦게
본받음이 있음이다. '진경백리'는 멀리는 놀라게 하고 가까이는 두렵게 함이며, 나아
감(진뢰)으로 종묘와 사직을 지켜 제주가 되리라. 상왈 거듭 오는 우레는 진이니, 군자
가 두려워하고 조심하며 살펴 다스린다.

初九 震來虩虩 後笑言啞啞 吉.
초 구 진 래 혁 혁 후 소 언 액 액 길.

象曰 "震來虩虩" 恐致福也 "笑言啞啞" 後有則也.
상 왈 진 래 혁 혁 공 치 복 야 소 언 액 액 후 유 칙 야.

초구는 매우 두렵게 들려오는 우레니 뒤에 매우 깔깔거리는 웃음소리로 길하다. 상왈
'진래혁혁'은 조심함으로 복을 부름이며, '소언액액'은 뒤늦게는 본받음이 있음이다.

역설 1효가 동하면 진뢰 木이 곤지 土가 되어 뇌지예이다. 예(豫)는 미리 알고
준비하니 앞으로 길하지 않을 수 없음이다. 문서에 변동이 있음이다.

六二 震來 厲 億喪貝 躋于九陵 勿逐 七日得.
육 이 진 래 려 억 상 패 제 우 구 릉 물 축 칠 일 득.

象曰 "震來厲" 乘剛也.
상 왈 진 래 려 승 강 야.

육이는 위태롭게 들리는 우레이니 재물을 잃어도 아홉 언덕을 오르며 쫓지 말면 7일
만에 얻는다. 상왈 '진래려'는 강함을 타고 있음이다.

역설 2효가 동하여 진뢰 木이 태택 金이되어 뇌택귀매이다. 올바른 연애나 결
혼이 아니니 서로의 욕심으로 이루어짐이다. 친구가 모이는 효사이다.

六三 震蘇蘇 震行无眚. 象曰 "震蘇蘇" 位不當也.
육삼 진소소 진행무생. 상왈   진소소   위부당야.

육삼은 계속 퍼져오는 우레니 행함을 두려워하면 재앙이 없다. 상왈 '진소소'는 부당한 자리이다.

역설 3효가 동하면 진뢰 木이 이 火로 되어 뇌화풍이다. 풍(豊)은 성장과 풍성함을 말하니 소(蘇:진뢰를 말하며 산천초목을 깨워 싹이 틈이다. 우레 두 개가 모여 震이다.) 생(眚은 그냥 재앙이 아니니 역은 상이 우선한다.)

九四 震遂泥. 象曰 "震遂泥" 未光也.
구사 진수니. 상왈   진수니   미광야.

구사는 진흙으로 마쳐지는 우레다. 상왈 '진수니'는 빛나지 않는다.

역설 4효가 동하여 진뢰 木이 곤지 土가 되어 지뢰복이다. 복(復)이란 원상태로 돌아오는 것이니 하는 일이 성과가 없는 것이다. 수니(遂泥: 곤지괘로 변화함을 말하며 八마리 돼지가豕 빠르게辶 물 많은氵진흙에서 논다.)

六五 震往來 厲 億无喪 有事.
육오 진왕래 여 억무상 유사.

象曰 "震往來厲" 危行也 其事在中 大无喪也.
상왈   진왕래여   위행야 기사재중 대무상야.

육오는 오고가는 우레니 많이 위태롭고 잃음은 없어도 일은 있다. 상왈 '진왕래여'는 위태하게 움직이니 그 일이 가운데 있어 크게 잃음이 없다.

역설 5효가 동하면 진뢰 木이 태택 金이되어 택뢰수이다. 수(隨)는 믿는 이를 뒤따름이니 金剋木하여 위태롭다. 그러나 5효를 얻은 양효 임으로 위태한 듯해도 관직의 명이 좋은 효사이다.

上六 震索索 視矍矍 征凶 震不于其躬 于其鄰 无咎 婚媾有言.
상육 진삭삭 시확확 정흉 진불우기궁 우기린 무구 혼구유언.

象曰 "震索索" 中未得也 雖凶无咎 畏鄰戒也.
상왈   진삭삭   중미득야 수흉무구 외린계야.

상육은 계속 이어지는 우레이니 매우 두리번 거림으로 살펴 나아감은 흉하나 흔들림이 그 자신이 아니며 그 이웃이면 허물이 없다. 혼구는 말이 있다. 상왈 '진삭삭'은 중을 얻지 못함이요, 비록 흉하나 허물이 없고 경계해야할 두려운 이웃이다.

역설 6효가 동하면 진뢰 木이 이 火가되어 화뢰서합이다. 서합(噬嗑)은 용의 입 속에 가득한 실리는 있으나 잘근잘근 씹어서 모든 것에 질서를 잡고자 하는 아픈 만큼 성숙해진다는 선례이다.

제52 중산간괘

* 하상급운세

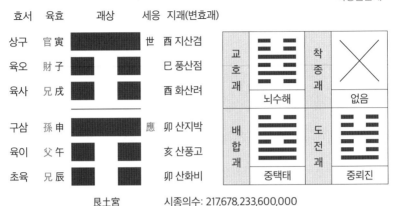

효서	육효	괘상	세응	지괘(변효괘)
상구	官寅		世	酉 지산겸
육오	財子			巳 풍산점
육사	兄戌			酉 화산려
구삼	孫申		應	卯 산지박
육이	父午			亥 산풍고
초육	兄辰			卯 산화비

艮土宮   시종의수: 217,678,233,600,000

교호괘	뇌수해	착종괘	없음
배합괘	중택태	도전괘	중뢰진

- 지금은 아무도 자기에게 오지 않고 모든 일이든 혼자의 힘으로 해결해야 한다. 옛것을 치킴이 좋고 절대로 새로운 일은 벌이지 말아야 한다.

간(艮)은 산이라 산은 중하여 움직이지 않고 그 자리에 '머무르다'라는 뜻이다. 산이 첩첩이 있으니 산(山)을 괘 이름으로 하였다. 간괘는 하나의 양이 두 음 위에 머무르고 있는 상이다. 모든 사물은 영원히 정지되어 있을 수는 없기에 다음을 점(漸)괘로 받는다. 점이란 점차 나아지는 것이다.

1효동 : 매사 잡신이 많이 따르고 있으니 마음과 정신이 혼란하다. 하는 일에 잠시 휴식이 필요하다. 시작도 하기 전에 방해가 있음이다.

2효동 : 기쁜 일과 슬픈 일이 상반되니 먼저는 기쁘고 나중에는 슬프다. 믿고 따르는 이가 흩어지고 같이 사는 동반자에게 더욱 미안해진다.

3효동 : 아랫사람과 다투지 마라. 손재수가 따르고 질병수가 따른다. 사고 수에 허리를 다칠 수 있음이니 주의하고 자손 역시 괴롭다.

4효동 : 출산엔 기쁨이 따르니 아들이며 먼 곳에서 기쁜 소식이 온다. 과음하면 신고가 따른다. 질병에 주의하고 일은 잠시 잊어도 좋다.

5효동 : 때를 따라 천지 이치에 순응하니 도처에 기쁜 일이 생겨난다. 만사가 점점 나아지고 있음으로 재물과 명예가 좋아 길하다.

6효동 : 운전자는 과속을 하지 말라. 사고수가 있으니 안전 운전하라. 그러나 길하니 만사 겸손함으로 임하면 위아래가 나와 같이 함이다.

52. Keeping still
계속 유지하다.

meditation, self-renewal,
명상, 심사숙고, 자기 갱신(고찰),
composure, detachment,
평정심, 침착함, 파견, 초연함,
self-acceptance,
자기 수용,
equanimity, serenity.
평정, 평온, 화창함.

사 업 : 사업은 축소함이 좋고 확장은 하지말자. 경쟁이 심하니 내실중요

소 원 : 작은 소원은 이루겠으나 방해가 있어 큰 소원은 이루기 힘들다.

거 래 : 때가 아니어 뜻대로 되지 않는다. 지금은 관망함이 좋다.

재 물 : 자금 융통이 어려워 부동산을 팔수 있는 운이다.

연 애 : 지금의 친구가 나중에 애인이 된다. 연은 있으나 길연이 아니다.

혼 인 : 말은 오고가나 성립은 어렵다. 서로 맞벌이를 하는 것이 좋다.

매 매 : 급히 서두르면 손해가 있으며 구설이 있어 가격이 맞지 않는다.

구 인 : 중간에 방해가 있어 소식조차 오지를 못한다.

가출인: 동쪽 높은 곳에 동행자와 같이 있다.

출 산 : 예정일 보다 늦게 분만하며 난산의 기미가 있다. 딸이다.

이 사 : 불길하며 손해가 있다. 하고 싶어도 할 수 없는 형편이다.

여 행 : 떠나지 말라. 여행 중 불상사가 있으니 무리하지 말자.

입 학 : 실력보다 눈높이를 낮춰라. 예체능계는 그대로 지원해도 좋다.

소 송 : 단독으론 힘들다. 남에게 위임하여 해결함이 좋다. 이득이 없다.

실 물 : 남성에게 물어보라. 서남쪽 높은 곳에서 찾아라.

건 강 : 환자나 노인은 위급한 상태다. 과로 신경계통, 소화기능 주의

직 장 : 직장인은 자리를 지키고 구직자 역시 더욱 노력해야 한다.

艮其背 不獲其身 行其庭 不見其人. 无咎.
간 기 배 불 획 기 신 행 기 정 불 견 기 인. 무 구.

간은 그의 등 뒤이니 그의 몸을 얻지 못하여 그 뜰에 행해도 그 사람을 보지 못하여 허물이 없다.

역설 간산(艮山)을 흔히 배(背)라 한다. 이 책 전반에 십궁변역도를 보면 알수 있다. 그 밖에도 주역에 나오는 신체부위도 잘 나타나 있으니 검토하길 바람이다. 정(庭)도 곤토와 간토를 말한다. 궁궐은 중앙에 있음이다.

象曰 艮 止也. 時止則止 時行則行 動靜不失其時 其道光明.
단 왈 간 지 야. 시 지 즉 지 시 행 즉 행 동 정 불 실 기 시 기 도 광 명.
"艮其止"止其所也. 上下敵應 不相與也 是以"不獲其身行
간 기 지 지 기 소 야. 상 하 적 응 불 상 여 야 시 이 불 획 기 신 행
其庭 不見其人 无咎"也. 象曰 兼山 艮 君子以思不出其位.
기 정 불 견 기 인 무 구 야. 상 왈 겸 산 간 군 자 이 사 불 출 기 위.

단왈 간은 멈춤이니 멈출 때 멈추고 행할 때 행하여 움직임과 고요함이 그 때를 잃지 않음으로 그 도가 밝게 빛나며 '간기지'는 그곳에 멈춤이다. 상하가 맞춰가니 맞서있고 서로 같이하지 않음이다. 이로써 '불획기신 행기정 불견기인 무구' 이다. 상왈 겹쳐진 산이 간이니, 군자는 이로써 생각함으로 그 자리를 떠나지 않는다.

初六 艮其趾 无咎 利永貞. 象曰"艮其趾"未失正也.
초 육 간 기 지 무 구 이 영 정. 상 왈 간 기 지 미 실 정 야.

초육은 그 발꿈치에 그침이니 허물이 없으며 오래도록 바르게 하면 이롭다. 상왈 '간기지'는 바로 잡음을 잃지 않음이다.

역설 1효가 동하면 간산 土가 이火가 되어 산화비이다. 火生土하니 길하며 비(賁)는 아름답게 보이고자 꾸밈이니 자신의 스팩을 키움도 될 수 있음이다. 간산괘의 관련하여서는 산과 땅과 멈추는 시기를 말함이니 초입의 입막음이니 산 아래 친구들과 풍류를 즐기는 모습이다.

六二 艮其腓 不拯其隨 其心不快. 象曰"不拯其隨"未退聽也.
육 이 간 기 비 부 증 기 수 기 심 불 쾌. 상 왈 부 증 기 수 미 퇴 청 야.

육이는 그 장딴지에 멈추니 그 따름에 구원하지 못하고 그 마음은 즐겁지 않다. 상왈 '부증기수'는 물러나지 않고 기다림이다.

역설 2효가 동하면 간산 土가 손풍 木이 되어 산풍고이다. 木剋土하니 길하지 않음이다. 괘 역시 고(蠱)는 손상되는 스스로를 보고 괴로워 함이다. 수(隨)는 변괘의 배합괘이다. 그 따르는 이를 구원하지 못함이다.

九三 艮其限 列其夤 厲薰心. 象曰 "艮其限" 危薰心也.
구 삼 간 기 한 열 기 인 여 훈 심. 상 왈   간 기 한   위 훈 심 야.

구삼은 그 허리에 멈추니 그 등뼈를 다스림이니 스며드는 마음이 위태롭다. 상왈 스며드는 마음이 위태로움이다.

역설 3효가 동하여 간산 土가 곤지 土가 되어 산지박이 되었다. 간(艮)괘는 난괘라 박(剝)은 더욱 난괘이다. 사고수가 있어 허리를 다칠 수 있음이니 주의 하며 박은 깨지고 흩어짐이다. 슬하에 자손이 괴로움이 있다.

六四 艮其身 无咎. 象曰 "艮其身" 止諸躬也.
육 사 간 기 신 무 구. 상 왈   간 기 신   지 제 궁 야.

육사는 그 몸에 멈춤이니 허물이 없다. 상왈 '간기신'은 그 몸에 멈춘다.

역설 4효가 동하면 간산 土가 이 火로 되어 화산려가 된다. 여(旅)는 나그네괘로 멀리 떠남이 있음이다. 신액이 있으니 주의하자 그래도 火生土하니 길함이 보인다. 친구와 술을 마시며 미래를 이야기하는 괘이다.

六五 艮其輔 言有序 悔亡. 象曰 "艮其輔" 以中正也.
육 오 간 기 보 언 유 서 회 망. 상 왈   간 기 보   이 중 정 야.

육오는 그 광대뼈에 멈추고 말에 차례가 있음이니 뉘우침이 없다. 상왈 '간기보'는 이로써 중을 바르게 한다.

역설 5효가 동하면 간산 土가 손풍 木이 되어 풍산점이다. 木剋土하나 5효를 양이 자리함이고 풍산점으로 길괘이다. 점(漸)은 점점 나아짐으로 모든 것이 좋아지고 있음이다. 연애도 나를 돌보고자 오는 여자이니 길하다.

上九 敦艮 吉. 象曰 "敦艮之吉" 以厚終也.
상 구 돈 간 길. 상 왈   돈 간 지 길   이 후 종 야.

상구는 큰 멈춤이니 길하다. 상왈 '돈간지길'은 두터움으로 마침이다.

역설 6효가 동하여 간산 土가 곤지 土로 되어 지산겸이다. 겸(謙)은 겸손하여 만사를 대하니 길하다. 내괘를 도와주는 명예로운 귀인으로 자신의 세력이 두터워짐이다. 위아래가 뜻을 같이하니 따름이 있다.

제53 풍산점괘

* 중상급운세

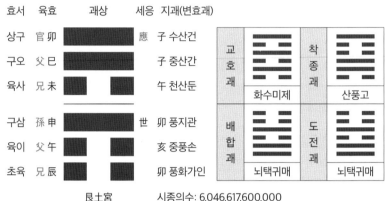

효서	육효	괘상	세응	지괘(변효괘)
상구	官卯		應	子 수산건
구오	父巳			子 중산간
육사	兄未			午 천산둔
구삼	孫申		世	卯 풍지관
육이	父午			亥 중풍손
초육	兄辰			卯 풍화가인

艮土宮   시종의수: 6,046,617,600,000

교호괘	화수미제	착종괘	산풍고
배합괘	뇌택귀매	도전괘	뇌택귀매

– 착실한 성장인 서서히 발전하는 뜻으로 여자가 차분히 발원하는 것이다. 간산토인 소남이 손풍목인 장녀를 만났으니 길하겠으나 방해가 있다.

점(漸)은 '점점', '점차로 나아지는 것'으로 점차로 뻗어 나아감을 뜻한다. 산 위에 따뜻한 바람이 불어오면 점차로 만물이 깨어난다. 점차로 나아간다는 뜻의 점(漸)을 괘 이름으로 하였다. 계속 나아가게 되면 필히 돌아올 곳이 있게 되므로 다음을 귀매(歸妹)괘로 받는다.

1효동: 여자로 인하여 좋은 일이 생겨 집안에 웃음꽃이 가득하다. 변화 없이 만사가 평화로워 지루함을 느낌이니 물놀이를 가는 형상이다.

2효동: 가택이 편치 않을 것이니 모든 일에 순서를 지킴이 좋을 것이다. 헤어짐의 기미가 보이니 주변을 관리하라. 나의 안일함이 불러온다.

3효동: 북두성이 문에 비치니 자손에 기쁨이 있겠고 귀인을 만난다. 내님은 떠나고 다른 님이 다가오니 이는 마음이 음울하여 토닥임이다.

4효동: 문서에 기쁨이 있겠고 이성 간에 깊은 관계가 얽히겠다. 잠시 내실을 다지고 앞을 생각해보자. 곧 시련이 올 징조이다.

5효동: 관재구설수가 있으니 신의 가호가 있기를 바라면 재앙이 사라진다. 아이가 없어도 3년이 지나면 생긴다. 동남방 산에서 기도함이 좋다.

6효동: 옥띠를 두르고 동산에 오르니 아름다운 꽃이 반겨준다. 미혼자는 결혼의 운이 있다. 다리를 다쳐 손이 귀하게 쓰인다.

53. Development
개발, 발달, 전개

gradual progress,
점진적인 진보,
continuity, adaptability,
연속성, 적응성,
slowly but surely,
천천히 하지만 확실하게,
a time-honored approach,
전통 있는 접근법.

사 업 : 서서히 발전해 나가는 상으로 자금보다 충실한 사람이 필요하다.

소 원 : 점차 구체적으로 실현되며 주위 사람의 도움이 있으면 좋다.

거 래 : 끈기가 필요하다. 점차적으로 좋게 거래되니 서로가 이익이다.

재 물 : 자금융통이 좋으며 투자한 곳에 이익이 생긴다. 지출을 줄이자.

연 애 : 축복받은 사랑이다. 연상이라도 결혼하면 길하다.

혼 인 : 좋은 인연이다. 결혼한 후가 더욱 좋으니 결혼함이 좋다.

매 매 : 곧 이루어지며 이익이 있다.

구 인 : 소식이 먼저오고 사람은 늦더라도 오게 된다.

가출인: 자진해서 오겠으나 빨리 오진 않는다. 동남쪽, 동북쪽을 찾아라.

출 산 : 초산은 약간 난산이며 아들이고 둘째 이후는 순산이며 딸이다.

이 사 : 길하니 이사하라. 신축한 곳의 이사나 살던 곳 개축 모두 좋다.

여 행 : 길하니 여행하고 멀리 여행할 일이 생긴다. 주색을 주의하라.

입 학 : 자신의 실력보다 높은 곳에 합격하나 안정권으로 지원함이 좋다.

소 송 : 서둘지 말고 오히려 오래 끄는 것이 유리하다. 중개자를 둬라.

실 물 : 늦어지면 찾기 어려우니 동북쪽으로 가서 찾아보아라.

건 강 : 소화기계, 감기, 과로를 조심하고 노인의 경우는 매우 불길하다.

직 장 : 직장인은 승진의 조짐이 있다. 구직자는 조금만 기다리면 길하다.

漸 女歸吉 利貞.
점 여 귀 길 이 정.

점은 여자가 시집감으로 길하니, 곧음으로 이롭다.

역설 점(漸)이란 점차 나아지는 괘이니 가는 건 불리하나 오는 건 이로운 괘이다. 가는 건 본괘의 변화요 오는 건 배합괘와 도전괘의 변화이니 둘 다 귀매(歸妹)괘로 그 변화가 참으로 좋음을 말한다.

彖曰 漸之進也 女歸吉也. 進得位 往有功也 進以正
단 왈 점 지 진 야 여 귀 길 야. 진 득 위 왕 유 공 야 진 이 정

可以正邦也. 其位 剛得中也 止而巽 動不窮也.
가 이 정 방 야. 기 위 강 득 중 야 지 이 손 동 불 궁 야.

象曰 山上有木 漸 君子以居賢德善俗.
상 왈 산 상 유 목 점 군 자 이 거 현 덕 선 속.

단에 점차 나아감이 여자가 시집가는 것의 길함이다. 나아감으로 공이 있어 자리를 얻으니 나아감으로 바로잡음이다. 가히 나라를 바로 잡으니 그 자리가 강함으로 중을 얻어 그침으로 겸손하고 움직여 궁하지 않음이다. 상왈 산 위에 나무가 있음이 점이라 군자는 이로써 머물러 어진 덕으로 착한 풍속이다.

初六 鴻漸于干 小子厲 有言 无咎. 象曰 "小子之厲" 義无咎也.
초 육 홍 점 우 간 소 자 려 유 언 무 구. 상 왈   소 자 지 려   의 무 구 야.

초육은 기러기(배합괘)가 마른땅으로 나아감이니 소자가 위태하다 말이 있어도 허물이 없다. 상왈 '소자지려'는 의로움으로 허물이 없음이다.

역설 1효가 동하면 간산 土가 이 火가 되어 풍화가인이다. 가인(家人)은 내실을 다지는 처자이다. 土가 火하니 마른 땅이며 홍(鴻)은 강가(江)에서 놀고 있는 주작(鳥)이라 집을 지키고 있으니 답답함에 물놀이를 한다.

六二 鴻漸于磐 飲食衎衎 吉. 象曰 "飲食衎衎" 不素飽也.
육 이 홍 점 우 반 음 식 간 간 길. 상 왈   음 식 간 간   불 소 포 야.

육이는 기러기가 반석에 나아감이니 마시고 먹는 것이 매우 즐거움으로 길하다. 상왈 '음식간간'은 근본이 배부르지는 않음이다.

역설 2효가 동하여 간산 土가 손풍 木이되어 중풍손이다. 손(巽)은 겸손함을 말하며 흩어짐이라 2효의 변이긴 하나 반흉반길하다. 고로 '불소포야'이다.

九三 鴻漸于陸 夫征不復 婦孕不育 凶 利禦寇. 象曰 夫征不復
구 삼 홍 점 우 육 부 정 불 복 부 잉 불 육 흉 이 어 구. 상 왈 부 정 불 복

離羣醜也 "婦孕不育" 失其道也 "利用禦寇" 順相保也.
이 군 추 야　부 잉 불 육　실 기 도 야　　이 용 어 구　　순 상 보 야.

구삼은 기러기가 육지로 나아감이니 남편이 가면 돌아오지 않고 아내가 애를 가져도 기르지 않음으로 흉하지만 도적을 막음에는 이롭다. 상왈 부정불복은 무리를 떠나 추함이고 '부잉불육'은 그 도를 잃음이며 '이용어구'는 순응하며 서로 돕는 것이다.

역설 3효가 동하면 간산 土가 곤지 土로되어 풍지관이다. 관(觀)은 관찰하며 지켜봄이니 변화가 생길 조짐이다. 생각 없이 움직이면 흉함이 있다.

六四 鴻漸于木 或得其桷 无咎. 象曰 "或得其桷" 順以巽也.
육 사 홍 점 우 목 혹 득 기 각 무 구. 상 왈　　혹 득 기 각　　순 이 손 야.

육사는 기러기나 나무로 나아감이니 혹 그 곁가지를 얻으면 허물이 없다. 상왈 '혹득기각'은 순응함으로 받든다.

역설 4효가 동하여 손풍 木이 건천 金이 되어 천산둔이다. 둔(遯)은 물러나 내실을 다지는 것이니 내괘의 실속을 바람이다. 활동이 많지만 자중하자.

九五 鴻漸于陵 婦三歲不孕 終莫之勝 吉.
구 오 홍 점 우 릉 부 삼 세 불 잉 종 막 지 승 길.

象曰 "終莫之勝吉" 得所願也.
상 왈　　종 막 지 승 길　득 소 원 야.

구오는 기러기가 언덕에 나아감이니 아내가 3년을 애를 갖지 못하다 마침내 없어져 이김으로 길하다. 상왈 '종막지승길'은 원하는 바를 얻음이다.

역설 5효가 동하여 손풍 木이 간산 土가 되어 중산간이다. 난괘이나 5효가 음효로 동하니 어려움이 있다. 3년은 손풍이 용(用)임이다. 길은 동남이다.

上九 鴻漸于陸 其羽可用爲儀 吉.
상 구 홍 점 우 육 기 우 가 용 위 의 길.

象曰 "其羽可用爲儀 吉" 不可亂也.
상 왈　기 우 가 용 위 의 길　불 가 란 야.

상구는 기러기가 뭍으로 나아감이니 그 날개를 움직임으로 사용하면 길하다. 상왈 '기우가용위의길'은 가히 어지럽지 않음이다.

역설 6효가 동하여 손풍 木이 감 水가 되어 수산건이다. 건(蹇)은 다리를 다쳐 절름거리는 움직임으로 손을 사용함으로 길하다. 난괘이며 내가 극함이니 관재의 운이 된다. 길함은 아직 손풍에 있다.

제54 뇌택귀매괘

* 하중급운세

효서	육효	괘상	세응	지괘(변효괘)
상육	父戌		應 巳	화택규
육오	兄申		酉	중택태
구사	官午		丑	지택림
육삼	父丑		世	뇌천대장
구이	財卯		寅	중뢰진
초구	官巳		寅	뇌수해

兌金宮　　　시종의수: 51,840

교호괘	착종괘
수화기제	택뢰수
배합괘	도전괘
풍산점	풍산점

- 올바르지 못한 연애를 말하며 젊은 여자가 색정이 강해짐을 말한다.

귀매(歸妹)는 '정상적이지 못한 결혼'을 뜻하며 돌아갈 곳을 얻어 안주할 곳을 차지하게 된다는 뜻이다. 위는 나이든 남자를 상징하는 진괘고, 아래는 어린 여자를 상징하는 태괘다. 젊은 여자가 음란한 소질이 있어 중년 남자와 만나니 정상적이지 못하다는 뜻에서 귀매를 괘 이름으로 하였다. 되돌아오는 것이 있으면 반드시 커지므로 다음을 풍(豊)괘로 받는다.

1효동 : 하늘에서 선녀가 내려와 품에 들어 껴안으니 꿈이다. 허망함이 가득하다. 다리를 절어도 기쁨이 있으니 곧 모든 것이 해결되리라.

2효동 : 양손에 떡과 꽃을 들었으니 색 귀가 동하여 다가와 애욕이 강해진다. 욕심이 강하나 탐욕으로 인간은 마음의 빛을 잃는 것이다.

3효동 : 문서를 조심하고 관재구설을 조심하라. 수액이 있으니 물가에 기도하라. 시집을 가고자 하나 올바르지 않은 이를 사귀고 결혼함이다.

4효동 : 나를 깨우쳐 주는 사람을 오히려 원망스럽게 생각하니 답답한 일이다. 관의 명이 좋아 인정을 받으나 약속을 어김으로 기다림이 생긴다.

5효동 : 복잡한 집안일을 정리해 나갈 때며 비밀이 드러나니 잘 지켜라. 친구를 사귀고 가족이 늘어나는 운이니 길하나 사고수가 있는 운이다.

6효동 : 액운이 문에 비치니 문서를 조심하고 만사를 성심으로 행하라. 요란한 빈 그릇을 손에 넣었으니 보는 눈만 많으며 실속이 없음이다.

54. The Marrying Maiden
결혼하는 소녀, 불합리한 결혼(연애)

a compromising situation,
절충안, 타협안,
subordination, manipulation,
종속, 귀속, 조작, 속임,
succumbing to seduction,
유혹에 굴복하다.
low self-esteem.
낮은 자부심, 자신감 없는, 의존적인.

사 업 : 순조롭지 못하니 노력에 비해 소득이 적다. 분수를 앎이 좋다.

소 원 : 방해가 있어 이루기 어렵다. 작은 소원은 이룰 수 있다.

거 래 : 상대방이 내 뜻대로 움직이지 않으니 무리하면 오히려 손해이다.

재 물 : 무리하게 욕심을 내면 도리어 손해만 생긴다. 여성에게 부탁하라.

연 애 : 색정에 빠져 분별이 없을 때이다. 길연은 아니나 결혼까진 이룬다.

혼 인 : 초혼은 불리, 재혼은 길하다. 결혼하면 가정불화가 심하다.

매 매 : 기다리자. 급하면 오히려 손해를 보니 보류하는 것이 좋다.

구 인 : 이쪽에서 연락을 해야 응답이 오며 빨리 오지는 않는다.

가출인: 서둘러 찾으면 찾겠으나 늦어지면 찾기 어렵다. 가택이 안 맞다.

출 산 : 순산이며 아들이다.

이 사 : 이사는 불리하다. 불가피한 경우는 동쪽, 동남쪽, 서북쪽이 길하다.

여 행 : 혼자 떠나는 것은 좋지 않다. 도중에 불길한 일이 생긴다.

입 학 : 매우 힘들다. 지망하는 학교를 좀 더 낮추는 것이 길하다.

소 송 : 불리하니 취하해라. 계약위반 사건이 일어나며 득이 없다.

실 물 : 밖에서 잃은 것은 형태가 바뀌어 찾지 못하나 안은 찾게 된다.

건 강 : 환자는 불길하며 교통사고, 신경계통, 중풍 등 조심하라.

직 장 : 구직자는 경쟁자가 많다. 직장인은 자리를 지키며 열심히 임하라.

歸妹 征凶 无攸利.
귀 매 정 흉 무 유 리.

귀매는 가면 흉하니 이로울 바가 없다.

역설 귀매(歸妹)는 올바른 혼인이 아님으로 바로 앞을 생각하는 행동을 말한다. 귀혼괘로 움직임이 좋지 못한 괘이다. 하늘이 큰소리로 일깨움이다.

象曰 歸妹 天地之大義也. 天地不交 而萬物不興 歸妹
단 왈 귀 매 천 지 지 대 의 야. 천 지 불 교 이 만 물 불 흥 귀 매

人之終始也. 說以動 所歸妹也 "征凶" 位不當也
인 지 종 시 야. 열 이 동 소 귀 매 야 정 흉 위 부 당 야

"无攸利" 柔乘剛也. 象曰 澤上有雷 歸妹 君子以永終知敝.
무 유 리 유 승 강 야. 상 왈 택 상 유 뢰 귀 매 군 자 이 영 종 지 폐.

단왈 귀매는 천지의 큰 의리이다. 천지가 사귀지 못하면 만물이 흥하지 못하니 귀매는 사람의 시작과 끝이다. 기뻐하며 움직임으로 시집가는 누이인바 '정흉'은 부당한 자리이다. '무유리'는 유(음효)가 강(양효위와 5효를 말함)을 탐이라. 상왈 연못 위에 우레가 있음이 귀매이다. 군자가 이로써 오랜 것을 끝냄으로 무너짐을 아는 것이다.

初九 歸妹以娣 跛能履 征吉.
초 구 귀 매 이 제 파 능 리 정 길.

象曰 "歸妹以娣" 以恒也 跛能履 吉相承也.
상 왈 귀 매 이 제 이 항 야 파 능 리 길 상 승 야.

초구는 첩으로 시집가는 누이니 절름발이라도 능히 밟음이다. 가면 길하다. 상왈 '귀매이제'나 지속됨이요, '파능리길'은 서로 받들면 길하다.

역설 1효가 동하여 태택 金이 감 水가 되어 뇌수해이다. 해(解)는 억압으로부터 해방됨을 뜻한다. 절름발이는 변괘의 종괘(도전괘)이다. 해는 하늘의 뜻을 받들며 기뻐함이니 흉한 듯 하나 길한 효사이다.

九二 眇能視 利幽人之貞. 象曰 "利幽人之貞" 未變常也.
구 이 묘 능 시 이 유 인 지 정. 상 왈 이 유 인 지 정 미 변 상 야.

구이는 애꾸눈이 능히 보는 것이니 숨어사는 사람도 곧으면 이롭다. 상왈 '이유인지정'은 오래도록 변하지 않음이다.

역설 2효가 동하여 태택 金이 진뢰 木이 되어 중뢰진이다. 진(震)은 나아감이니 싸움을 앞에 둔 장수와 같음이다. 가고자 하는 욕은 강하나 조용히 유인함이 이롭다 말하는 것이다.

六三 歸妹以須 反歸以娣. 象曰 "歸妹以須" 未當也.
육삼 귀매이수 반귀이제. 상왈　귀매이수　미당야.

육삼은 반드시 누이를 시집보냄이나 첩으로 시집보냄을 반대한다. 상왈 '귀매이수'는 마땅치 않음이다.

역설 3효가 동하여 태택 金이 건천 金이 되어 뇌천대장이다. 대장(大壯)은 옹고집을 피우는 것이다. 내괘를 도우니 흥성함이 있어 명예가 있다.

九四 歸妹愆期 遲歸有時. 象曰 "愆期" 之志 有待而行也.
구사 귀매건기 지귀유시. 상왈　건기　지지 유대이행야.

구사는 누이를 시집보냄에 기일을 어김이니 뒤 늦게라도 시집갈 때가 있음이다. 상왈 '건기'의 뜻함은 기다림을 두어서 움직임이다.

역설 4효가 동하여 진뢰 木이 곤지 土가 되어 지택림이다. 임(臨)은 길한 괘로 그 자리에서 변하지 않고 큰 성장을 이루는 것이다. 약속한 바를 자신의 실수로 늦춰지더라도 뒤 늦게라도 더 좋은 인연이 있음을 말한다.

六五 帝乙歸妹 其君之袂 不如其娣之袂良 月幾望 吉.
육오 제을귀매 기군지메 불여기제지메양 월기망 길.

象曰 "帝乙歸妹 不如其娣之袂良" 也 其位在中 以貴行也.
상왈　제을귀매 불여기제지메양　야 기위재중 이귀행야.

육오는 제을(은나라 황제:음 5효)의 후궁으로 시집오니 그 황제의 소매가 그 후궁의 소매보다 좋지 않으나 달이 거의 보름이면 길하다. 상왈 '제을귀매 불여기제지메양' 함은 그 자리가 중심에 있어 귀함으로써 행함이다.

역설 5효가 동하면 진뢰 木이 태택 金이되어 중택태라 크게 기뻐함이다. 왕인 5효가 양효로 변하고 내괘를 도우니 분명히 기뻐할 일이 있음이다.

上六 女承筐 无實 士刲羊 无血. 无攸利. 象曰 上六无實 承虛筐也.
상육 여승광 무실 사규양 무혈. 무유리. 상왈 상육무실 승허광야.

상육은 여자가 광주리를 이는데 채운 것이 없으며 선비가 양을 찔러도 피가 없어 이로운 바가 없다. 상왈 '상육무실'은 빈 광주리를 이음이다.

역설 6효가 동하여 진뢰 木이 이 火가 되어 화택규이다. 규는 서로 시기하고 눈치 보는 마음이니 실속을 탐하는 마음이다. 火剋金하니 불화가 생기고 마음변화가 급변하니 다스림이 길하다. 모두가 덕인 것이다.

제55 뇌화풍괘

*상중급운세

효서	육효	괘상	세응	지괴(변효괘)
상육	官戌			巳 중화리
육오	父申		世	酉 택화혁
구사	財午			丑 지화명이
구삼	兄亥			辰 중뢰진
육이	官丑		應	寅 뇌천대장
초구	孫卯			辰 뇌산소과

坎水宮   시종의수: 1,555,200

교호괘		착종괘	
	택풍대과		화뢰서합
배합괘		도전괘	
	풍수환		화산여

- 이화인 중녀가 진뢰목인 장남을 보니 木生火라 삶이 풍요로워진다.

- 크게 풍성하나 풍요속의 슬픔이니 마음은 더욱 허전하니 중용을 지켜라.

풍(豐)은 '풍성하다'를 말하며 크고 유족하여 풍성한 것을 뜻한다. 천둥 우레가 치고 비가 내린 후 햇볕이 밝게 빛나는 모습이다. 만물이 성장하여 풍성한 결실을 맺는다는 뜻에서 풍(豐)을 괘 이름으로 하였다. 커지는 것이 한계에 도달하면 그 거처를 잃게 되므로 다음을 여(旅)괘로 받는다.

1효동 : 타인들과 다투지 말라. 매사 손해밖에 없으리라. 지나친 자신감과 자만심이 나를 힘들게 한다. 스스로 바꾸긴 어렵지만 노력함이 좋다.

2효동 : 가택의 신이 동하여 매사 무리하게 처리함이 있다. 가택을 안정시킴이 길하다. 의심 병에 고집이 강하나 명예 높은 지위를 얻는다.

3효동 : 몸이 누각에 오르니 만인 들이 우러러 본다. 질병이 온다. 과한 욕심으로 눈은 어두워져 앞으로 가고자 함을 방해한다. 명예가 있다.

4효동 : 호박이 넝쿨체 굴러들어 오니 선조의 덕이다. 덕이 동쪽에서 발하니 길함이 있으나 멘토를 만나 가르침을 얻음이 길하다.

5효동 : 이익은 땅에 있으니 토지에서 기적이 일어나게 된다. 집안의 겹경사가 있으니 모든 이가 즐거워 축하를 아끼지 않는다.

6효동 : 길성이 문전에 다다르니 돌을 깨고 옥을 얻는다. 고진감래이다. 인정을 받을 때라 지금은 무엇이라도 해야 한다. 비올 때 노를 저어라.

55. *Abundance*
풍부한, 풍요로운

plenty, profusion,
가득함, 다량, 풍성한,
generosity, fertility,
관대함, 아낌없는 마음, 비옥한,
ripeness, inner riches,
성숙, 내적인 풍족함,
reaping rewards,
수확 보상, 노력의 결과,
culmination, harvest.
절정, 최고점, 수확, 수확물.

사 업 : 확장을 시도했거나 계획하는 상태로 내실을 다져야 길한 괘이다.

소 원 : 순조롭다. 너무 큰 욕심은 불리하니 적당 선에서 만족함이 좋다.

거 래 : 속전속결하라. 오래 끌면 소송이 생길 수 있으니 주의하라.

재 물 : 운이 있다. 큰돈은 어렵지만 작은 돈은 들어온다. 지출을 줄여라.

연 애 : 외모를 중요시 여기며 정신적인 것보다 향락에 빠지게 된다.

혼 인 : 조금 더 기다리면 성립된다. 화려함을 추구하면 차후 후회한다.

매 매 : 이익이 없으니 보류함이 좋다.

구 인 : 조금 늦어지기는 하겠으나 오기는 온다.

가출인: 서둘러라. 남의 꾀에 빠져 동쪽이나 남쪽으로 멀리가려고 한다.

출 산 : 순산하며 초산은 딸이요 둘째는 아들이다.

이 사 : 이사는 불길하니 보류하자. 지금 주거지도 안정되지 못하였다.

여 행 : 장해는 있겠지만 좋은 여행이 될 것이다.

입 학 : 한 단계 낮추면 합격된다. 쓸데없는 고집이 강해지는 때이다.

소 송 : 시일이 걸리면 불리하니 합의를 해라. 도장, 문서관계 조심해라.

실 물 : 안에서 실물한건 무엇에 쌓여있어 찾게 되나 밖은 찾기 어렵다.

건 강 : 환자는 속히 치료해야 불치가 되지 않는다. 심장, 과음, 과로주의

직 장 : 취직은 길하며 직장인은 자신 자리를 지키고 윗사람과 상의하라.

豐 亨 王假之 勿憂 宜日中.
풍 형 왕가지 물우 의일중.

풍은 형통하니 왕이 잠시 나아가나 근심치 않고 해가 중심에서 편안하다.

역설 풍(豐)은 풍성하게 성장함을 말한다. 양효가 가운데 임하여 활동을 만드니 형통하다. 왕이 잠시 자리를 비움은 두 괘의 중간으로 임함이다.

象曰 豐 大也. 明以動 故豐. "王假之" 尙大也 "勿憂 宜
단왈 풍 대야. 명이동 고풍. 왕가지 상대야 물우의

日中"宜照天下也. 日中則昃 月盈則食 天地盈虛 與時消息
일중 의조천하야. 일중즉측 월영즉식 천지영허 여시소식

而況於人乎 況於鬼神乎. 象曰 雷電皆至 豐 君子以折獄致刑.
이 황어인호 황어귀신호. 상왈 뢰전개지풍 군자이절옥치형.

단왈 풍은 큰 것이니 밝게(이화) 움직임(우레)으로 풍이니, '왕가지'는 큰 것을 숭상함이요, '물우 의일중'은 마땅히 천하를 비침이다. 해가 가운데 하면 기울어지고 달이차면 곧 먹혀짐이 천지가 차고 비움도 때론 같이 줄고 차는데 하물며 사람과 귀신도 그러하다. 상왈 우레와 번개가 모두 지극함이 풍이니, 군자가 이로써 감옥 형을 결단하고 형벌을 이룬다.

初九 遇其配主 雖旬无咎 往有尙. 象曰 "雖旬无咎" 過旬災也.
초구 우기배주 수순무구 왕유상. 상왈 수순무구 과순재야.

초구는 그 짝의 주인을 만나니 비록 평등하면 허물이 없고 나아가면 숭상함이 있다. 상왈 '수순무구'는 평등함을 벗어나면 재앙이다.

역설 1효가 동하여 이 火가 간산 土가 되어 뇌산소과이다. 소과(小過)를 말하며 내괘가 설기됨이니 욕이 과한 것이다. 다스림에 부족함이 있다.

六二 豐其蔀 日中見斗 往得疑疾 有孚發若 吉.
육이 풍기부 일중견두 왕득의질 유부발약 길.

象曰 "有孚發若" 信以發志也.
상왈 유부발약 신이발지야.

육이는 풍성함이 그것을 가리니 해가 중심인 낮에도 북두성을 본다. 가면 의심병을 얻지만 믿음이 있어 드러냄은 길하다. 상왈 '유부발약'은 믿음으로써 뜻을 드러냄이다.

역설 2효가 동하여 이 火가 건천 金이되니 뇌천대장이다. 하늘에서 큰 소리가 들리니 기세가 아주 강함이다. 높은 지위를 얻게 된다.

九三 豐其沛 日中見沫 折其右肱 无咎.
구삼 풍기패 일중견매 절기우굉 무구 .

象曰 "豐其沛" 不可大事也 "折其右肱" 終不可用也.
상왈 풍기패 불가대사야 절기우굉 종불가용야 .

구삼은 풍성함이 그 넉넉함으로 한낮에 희미하게 보임이니 그 오른팔을 꺾어 허물이 없
다. 상왈 '풍기패'라 큰일은 못할 것이요, '절기우굉'이라 마침내 사용할 수 없음이다.

역설 3효가 동하여 이 火가 진뢰 木이되어 중뢰진이다. 진은 나아가는 것으로
귀와 눈이 어두워짐이나 행로엔 변함이 없다. 고난은 있어도 명예롭다.

九四 豐其蔀 日中見斗 遇其夷主 吉. 象曰 "豐其蔀"
구사 풍기부 일중견두 우기이주 길. 상왈 풍기부

位不當也 "日中見斗" 幽不明也 "遇其夷主" 吉行也.
위부당야 일중견두 유불명야 우기이주 길행야 .

구사는 풍성함이 그것을 가리니 한낮에 북두성을 보고 그 평등한 주인을 만나면 길하
다. 상왈 '풍기부'는 부당한 위치이다. '일중견두'는 어두워 밝지 못함이요, '우기이
주'는 길하게 행함이다.

역설 4효가 동하여 진뢰 木이 곤지 土가되어 지화명이다. 명이는 빛이 깊이
자리하여 어두워짐이니 어둠속에서 빛을 찾아야만 길함이 있다.

六五 來章 有慶譽 吉. 象曰 六五之吉 有慶也.
육오 래장 유경예 길. 상왈 육오지길 유경야 .

육오는 빛난 것이 오면 경사와 명예가 있어 길하다. 상왈 '육오지길'은 경사가 있음이다.

역설 5효가 동하면 진뢰 木이 태택 金이되어 택화혁이다. 화련진금이라 5효를
양이 차지하니 부와 명예로움이 잔치를 열게 함이다.

上六 豐其屋 蔀其家 闚其戶 闃其无人 三歲不覿 凶.
상육 풍기옥 부기가 규기호 격기무인 삼세부적 흉 .

象曰 "豐其屋" 天際翔也 "闚其戶 闃其无人" 自藏也.
상왈 풍기옥 천제상야 규기호 격기무인 자장야 .

상육은 그 지붕으로 풍성하니 그 집을 덮음이다. 그 집을 엿보니 고요해서 그 사람이
없어 3년을 보지 못하니 흉하다. 상왈 '풍기옥'은 하늘 끝까지 펼쳐짐이며, '규기호
격기무인'은 스스로 감춤이다.

역설 6효가 동하여 진뢰 木이 이 火가 되어 중화리이다. 즐거움을 스스로 감춤
이며 보헤미안이라 자유를 추구 한다. 택풍대과는 3년의 세월이다.

제56 화산여괘

* 하하급운세

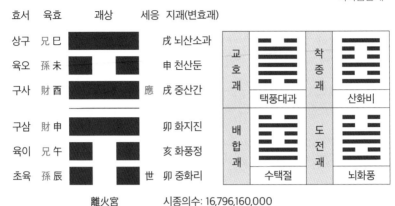

효서	육효	괘상	세응	지괘(변효괘)
상구	兄巳			戌 뇌산소과
육오	孫未		申 천산둔
구사	財酉		應 戌 중산간
구삼	財申		卯 화지진
육이	兄午		亥 화풍정
초육	孫辰		世 卯 중화리

교호괘	택풍대과	착종괘	산화비
배합괘	수택절	도전괘	뇌화풍

離火宮   시종의수: 16,796,160,000

- 고독한 나그네를 뜻하며 머리는 있으나 꼬리가 없는 상이다.

- 해가 지고 나그네가 숙소를 구하는 상으로 불안하고 고통스럽다.

여(旅)는 나그네를 뜻하는 것이다. 여(旅)는 '여행'. '집과 고향을 떠나 낯선 곳으로 가는 것'. '방황하는 나그네'를 뜻한다. 태양이 산에서 떠서 산으로 지는 것은 나그네의 여정과 같으므로 여(旅)를 괘 이름으로 하였다. 떠돌아다니면 마음을 붙일 데가 없어 다음을 손(巽)괘로 받는다.

1효동 : 이별의 운이다. 먼 길 여행에 돈이 떨어지니 불리함이 있다. 화재와 속병에 주의해야 하며 슬하엔 기쁨이 생기고 손재주가 비상하다.

2효동 : 내 것 주고 뺨 맞는다. 친구나 형제와 다툼이 심해진다. 감정이 격해짐이 자주 일어나니 운동을 함을 권한다. 애물단지가 들어온다.

3효동 : 칠년의 대한 가뭄 속에서 이제야 물을 만났으나 무언가 앞을 가로막고 있다. 비우고 새로운 마음으로 모든 것을 재 시작해야 한다.

4효동 : 재성이 문에 드니 금속과 물로 인하여 재물을 얻게 된다. 좋고 싫음이 분명하여 너무 차가워 보이나 길한 운으로 조금의 난관은 있다.

5효동 : 씨앗을 심어 열매를 거두게 되니 신의 가호가 있음이다. 아주 조그만 일로 아주 큰일을 이루니 기대보다 성과가 큼을 말한다.

6효동 : 번개는 쳤는데 우레 소리가 안 들린다. 한번 슬프고 한번 기쁜 일이 있다. 과한 욕심으로 지출이 과하여 어려움이 있다.

56. The Wanderer
방랑자, 여행자

traveling, adventure,
여행, 모험,
movement, aloneness,
움직임, 이동, 떨어져 있음, 혼자임,
coping with unfamiliarity,
낯선 것에 대처하다.
a pilgrimage,
순례 여행,
broaden your horizons.
시야를 넓혀야 할 때임.

사 업 : 일보(내실중요) 후퇴함이 길하다. 외판업(자동차, 보험)은 성공함

소 원 : 뜻대로 이루어지지 않지만 작은 일에는 성취가 있다. 기다리자.

거 래 : 상대방 기운이 더욱 좋으니 적당한 이익 선에서 상대에 따르자.

재 물 : 수입은 있으나 수입보다 지출이 많으니 지출을 줄이자.

연 애 : 나이차이가 많은 연애일수 있지만 정신적 사랑으로 인연이 좋다.

혼 인 : 주택, 성격문제로 갈등이 있으니 미루고 조금 더 기다림이 좋다.

매 매 : 당분간 팔리지 않으니 보류함이 좋다. 팔려도 이익은 없다.

구 인 : 늦어지긴 하겠으나 오긴 온다. 인일(寅日)에나 올수 있다.

가출인: 움직임이 많아 찾기 힘들다. 남쪽으로 가려다 북쪽으로 간다.

출 산 : 순산이며 초산은 딸이고 둘째부터 아들이다.

이 사 : 불리하나 움직여야 하니 방향을 택함에 서, 북쪽이 길하다.

여 행 : 여행해야 할 일이 많이 생기나 실물수가 있다. 해외가 길하다.

입 학 : 간신히 합격선에 걸려 합격한다. 실력 향상에 조금 더 정진하라.

소 송 : 인장이나 문서, 남녀의 문제라면 불리하니 합의함이 좋다.

실 물 : 얼마 되지 않았다면 찾을 수 있다. 남쪽 높은 곳에 은밀히 있다.

건 강 : 기존 환자는 매우 심각하며 고열과 심장병, 신경계통 질환 주의

직 장 : 취직은 바로 되어도 변동이 있으며 직장인도 변동이 많다.

旅 小亨 旅貞吉.
려 소형 여정길.

여는 조금 형통하고 나그네가 곧음으로 길하다.

역설 여(旅)는 나그네요 정처 없음이다. 그러나 그 움직임은 무엇보다 빠르고 강하니 우레위에 불과 같은 장부를 이야기 한다. 즉 싸움터로 나아가는 장수이므로 앞으로의 대립이 암시되는 괘상이다.

象曰"旅 小亨"柔得中乎外而 順乎剛 止而麗乎明 是以
단 왈 려 소형 유득중호외이 순호강 지이려호명 시이
"小亨 旅貞吉"也. 旅之時義大矣哉. 象曰 山上有火 旅
소형 여정길 야. 려지시의대의재. 상왈 산상유화 려
君子以 明愼用刑而 不留獄.
군자이 명신용형이 불류옥.

단왈 '여소형'은 유(음효)가 밖에서 중을 얻어 강함에 순응하니 그침(간산)으로 밝음을 (이화) 드러낸다. 이로써 '소형 여정길'함은, 여가 임하는 시기 뜻이 큼이다. 상왈 산 위에 불이 있음이 여니 군자가 이로써 조심함을 밝혀 형벌을 쓰고 옥에 머무름을 없앤다.

初六 旅瑣瑣 斯其所取災. 象曰"旅瑣瑣"志窮災也.
초육 여쇄쇄 사기소취재. 상왈 여쇄쇄 지궁재야.

초육은 나그네가 노자가 떨어지니 그 재앙을 취함이라. 상왈 '여쇄쇄'는 뜻이 다하여짐으로 재앙이다.

역설 1효가 동하여 간산 土가 이 火가 되어 중화리이다. 리(離)는 헤어짐이요 흩어짐이다. 모든 것을 태워 땅을 다짐이니 화생토로 불리하진 않다.

六二 旅卽次 懷其資 得童僕 貞. 象曰"得童僕貞"終无尤也.
육 이 여즉차 회기자 득동복 정. 상왈 득동복정 종무우야.

육이는 거처로 나아가는 나그네라, 그 노자를 품고 어린 종의 바름을 얻는다. 상왈 '득동복정'은 마침내 힘든 것이 없어진다.

역설 2효가 동하여 간산 土가 손풍 木이되어 화풍정이다. 정(鼎)은 뜨거운 불을 담은 화롯불과 같다. 먼 길 여정이 잠시 멈춰짐이다.

九三 旅焚其次 喪其童僕 貞厲.
구 삼 여분기차 상기동복 정려.

象曰 "旅焚其次" 亦以傷矣 以旅與下 其義喪也.
상 왈 려 분 기 차 역 이 상 의 이 려 여 하 기 의 상 야 .

구삼은 그 거처를 불태우는 나그네라, 그 어린 종을 잃음으로 곧더라도 위태하다. 상왈 '여분기차'는 또한 근심하고 나그네로써 아래와 같이함이 그 의리가 상함이다.

역설 3효가 동하여 간산 土가 곤지 土로 되어 화지진이다. 진(晉)은 나아가는 것이니 땅위에 불로 새로움을 추구한다. 모든 것을 태워 다시함이다.

九四 旅于處 得其資斧 我心不快.
구 사 여 우 처 득 기 자 부 아 심 불 쾌 .

象曰 "旅于處" 未得位也 "得其資斧" 心未快也.
상 왈 여 우 처 미 득 위 야 득 기 자 부 심 미 쾌 야 .

구사는 머무는 나그네이니 그 노자와 도끼를 얻으나 내 마음은 불쾌하다. 상왈 '여우처'는 자리를 얻지 못함이니, '득기자부'하나 마음이 유쾌하지 못함이다.

역설 4효가 동하면 이 火가 간산 土가되어 중산간이다. 산 넘어 산이니 난관에 부딪힘으로 헤쳐 나아갈 도구를 얻은 것이다. 土比土함이다. 자신의 불쾌한 마음을 들어남이니 솔직함이다.

六五 射雉 一失亡 終以譽命. 象曰 "終以譽命" 上逮也.
육 오 사 치 일 시 망 종 이 예 명 . 상 왈 종 이 예 명 상 체 야 .

육오는 꿩을 쏘아 화살을 잃어버리지만 마침내 명예로움이 있다. 상왈 '종이예명'은 위를 따라가 잡음이다.

역설 5효가 동하면 이 火가 건천 金이되어 천산둔이다. 둔(遯)이란 물러남이며 실속을 지킴을 나타냄이니 명예는 있음이다. 소실하고 득명한다.

上九 鳥焚其巢 旅人先笑 後號咷 喪牛于易 凶.
상 구 조 분 기 소 여 인 선 소 후 호 도 상 우 우 역 흉 .

象曰 以旅在上 其義焚也 喪牛于易 終莫之聞也.
상 왈 이 려 재 상 기 의 분 야 상 우 우 역 종 막 지 문 야 .

상구는 새가 그 집을 태우니, 나그네가 처음은 웃지만 뒤늦게 부르짖어 바뀜으로 소까지 잃으니 흉하다. 상왈 나그네로써 위에 있으니 그 뜻이 불태워짐이며, '상우우이'는 마침내 들음이 없음이다.

역설 6효가 동하여 이 火가 진뢰 木이되어 뇌산소과이다. 소과(小過)는 조금 과하여 어려움이 있는 괘이다. 木剋土하니 상하가 대립의 양상이다.

제57 중풍손괘

* 상하급운세

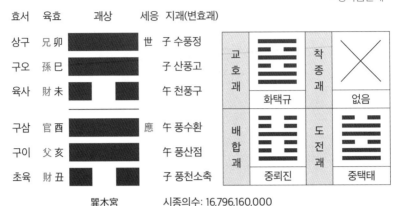

효서	육효	괘상	세응	지괘(변효괘)
상구	兄卯		世	子 수풍정
구오	孫巳			子 산풍고
육사	財未			午 천풍구
구삼	官酉		應	午 풍수환
구이	父亥			午 풍산점
초육	財丑			子 풍천소축

巽木宮　　시종의수: 16,796,160,000

교호괘	착종괘
화택규	없음
배합괘	도전괘
중뢰진	중택태

– 바람은 소리 없이 움직이니 겸손하지만 도난이나 교통사고를 조심하라.

손(巽)은 받아들여짐과 바람처럼 안으로 들어가는 것을 뜻하니 유순하고 겸양하며 부드러운 의미가 있다. 바람은 실체를 눈으로 볼 수 없으나 천지에 흩어져 지상 공간에 없는 곳이 없다. 손괘는 하나의 음이 두 양 아래에 있어 순종하고 따르는 형상이다. 되돌아와서 기쁘므로 다음을 태(兌)괘로 받는다. 태는 기뻐하는 것이다.

1효동 : 재주는 곰이 넘고 돈은 원숭이가 받게 된다. 한일이 허사가 된다. 적은 돈이 들어와 숨통이 트이나 이득이 크진 않다. 믿음이 없음이다.

2효동 : 구름이 걷히고 맑은 하늘이 나오니 일월이 너무 밝구나. 역사학자나 무속인에게 길한 효사이다. 문서의 이동이 있으며 학문의 별이다.

3효동 : 청룡이 여의주를 얻으니 신의 가호가 있음이다. 믿고 따르는 이와 헤어짐이 있으나 전화의 시기로 좋은 일이 있음이다.

4효동 : 꽃이 만발하니 벌과 나비가 다투어 모여 든다. 도화가 꽃피니 색난이 있다. 삼색 재물이 들어오니 기뻐하나 주색이 같이 함이다.

5효동 : 갈 길을 정해 놓았는데 정든 님이 와서 매달린다. 사랑과 출세에 갈림 길이다. 실리를 쫓으면 고난하며 명예를 쫓으면 길하다.

6효동 : 남의 말을 함부로 믿지 마라. 손재수가 있으니 신념을 확고히 해라. 손재를 당하면 덕을 잃음이니 흉함이 더해진다.

57. The Gentle
상냥한, 부드러운, 온화한

penetrating, faith,
관통하는, 침투하는, 믿음, 신앙,
a soft approach,
부드러운 접근,
moderation, nonviolence,
중용, 적당히, 비폭력,
a subtle but deep influence,
미묘하지만 깊은 영향을 미치다,
understanding.
이해, 이해력.

사 업 : 많은 이익은 있겠으나 모든 일에 윗선과 친구에게 조언을 구하자.

소 원 : 큰 소원은 시일이 걸리겠으니 성급하면 손재수가 따른다.

거 래 : 치밀하게 빠르게 처리함이 유리하다. 오래 끌면 불리하다.

재 물 : 서두르지 말고 유통이 막힐 수 있으니 수입보다 지출을 아껴라.

연 애 : 정신적, 육체적으로 바쁘니 너무 들뜨지 않게 안정을 찾아라.

혼 인 : 초혼, 재혼 모두 길연이나 결정을 못 내리는 미결의 상태이다.

매 매 : 순조롭게 진행되지만 작은 장해가 있으니 남에게 위임함이 좋다.

구 인 : 소식은 오겠으나 사람은 1주일은 되어야 온다.

가출인: 스스로 오지 않으니 빨리 찾아라. 동남쪽으로 갔다.

출 산 : 약간의 난산이며 초산은 딸이고 둘째부턴 아들이다.

이 사 : 일시적인 이사는 무방하며 신축, 개축, 오래 거주할 주택은 고려

여 행 : 동반자가 있으면 더욱 좋고 동남쪽이 길하며 생각보다 길어진다.

입 학 : 목표가 흔들리니 목표를 바로 세워 공부하면 합격한다. 건강주의

소 송 : 합의함이 길하며 남녀의 문제라면 중단함이 좋다.

실 물 : 집안 실물은 찾겠으나 밖에서 실물한 것은 이미 사라졌다.

건 강 : 노인의 질병은 위험하다. 정신 및 신경분야의 질환을 주의해라.

직 장 : 취직은 가능하며 직장인은 불안하면 이직하는 것도 좋다.

巽 小亨 利有攸往 利見大人.
손 소 형 이 유 유 왕 이 견 대 인.

손은 조금 형통하니 가는 바가 있으면 이롭고 대인을 봄이 이롭다.

역설 손(巽)은 겸손함과 보이지 않는 강인함을 이야기 한다. 바람이 그러하니 대인의 도는 소양괘를 말함이다. 가는바는 변화됨을 이야기한다.

象曰 重巽以申命. 剛巽乎中正而志行 柔皆順乎剛 是以
단 왈 중 손 이 신 명. 강 손 호 중 정 이 지 행 유 개 순 호 강 시 이

"小亨 利有攸往 利見大人" 象曰 隨風 巽 君子以申命行事.
소 형 이 유 유 왕 이 견 대 인. 상 왈 수 풍 손 군 자 이 신 명 행 사.

단왈 거듭하여 손으로써 명을 펼친다. 강함(양효)이 중앙(2효, 5효)을 바로잡아 받듦(손풍)으로 뜻으로 행함이 유함(음효)이 모두 강함에 순응함이다. 어려하니 '소형 이유유왕 이견대인'이다. 상왈 바람을 따르는 것이 손이니, 군자가 이로써 명을 펼침으로 일을 행한다.

初六 進退 利武人之貞. 象曰 "進退"志疑也 "利武人之貞" 志治也.
초 육 진 퇴 이 무 인 지 정. 상 왈 진 퇴 지 의 야 이 무 인 지 정 지 치 야.

초육은 나아가고 물러남이니, 무인은 곧으면 이롭다. 상왈 '진퇴'는 뜻을 의심함이요, '이무인지정'은 뜻이 다스림이다.

역설 1효가 동하면 손풍 木이 건천 金이되어 풍천소축이다. 소축(小畜)은 적게 모으는 것이니 적은 이득이 있음이나 행한 바에 득이 별로 없음이다.

九二 巽在牀下 用史巫紛若吉 无咎. 象曰 "紛若之吉" 得中也.
구 이 손 재 상 하 용 사 무 분 약 길 무 구. 상 왈 분 약 지 길 득 중 야.

구이는 받듦으로 평상 아래에 있으니 사관과 무당이 쓰임이 분주하여 길하고 허물은 없다. 상왈 '분약지길'은 중을 얻음이다.

역설 2효가 동하여 손풍 木이 간산 土가되어 풍산점이다. 점(漸)은 점차 나아지는 형국으로 쓰임이 많아 할 일은 많으나 길함은 적다.

九三 頻巽 吝. 象曰 "頻巽之吝" 志窮也.
구 삼 빈 손 린. 상 왈 빈 손 지 린 지 궁 야.

구삼은 받듦이 빈번하여 한탄한다. 상왈 '빈손지린'은 다하여진 뜻이다.

역설 3효가 동하여 손풍 木이 감 水가 되어 풍수환이다. 환(渙)은 흩어져 널리 알림이다. 분리되면 이(離) 火와 같이 이별을 말하기도 한다. 水生木하니 관직의 명이 높아지고 하는 일과 아이디어가 많아진다.

六四 悔亡 田獲三品. 象曰"田獲三品"有功也.
육 사 회 망 전 획 삼 품 . 상 왈   전 획 삼 품   유 공 야 .

육사는 후회가 없어져 3의 무리를 사냥하여 잡는다. 상왈 '전획삼품'은 공이 있음이다.

역설 4효가 동하여 손풍 木이 건천 金이 되어 천풍구이다. 구(姤)는 만나 결합하는 애정의 꽃이다. 삼품은 예부터 전해지는 사냥의 도를 말함이며 건천 金으로 잡은 손풍 3木을 말하며 힘들게 얻은 기회를 나타내기도 한다. 공이 있어 재물을 얻었으나 주색이 겸하니 현실을 자각함이 길하다.

九五 貞吉 悔亡 无不利 无初有終 先庚三日 後庚三日 吉.
구 오 정 길 회 망 무 불 리 무 초 유 종 선 경 삼 일 후 경 삼 일 길 .

象曰 九五之吉 位正中也.
상 왈 구 오 지 길 위 정 중 야 .

구오는 바름으로 길해서 뉘우침이 없어 불리함이 없으니 처음은 없고 마침내 있음이다. 앞서 경삼일과 뒤로 경삼일은 길하다.

역설 5효가 동하면 손풍 木이 간산 土가 되어 산풍고이다. 고(蠱)는 난괘로 어려움이 있음이나 그래도 중부의 움직임으로 경일 전후 3일씩 총7일이 길하다 하니 丁, 戊, 己, 庚, 辛, 壬, 癸日이 길하다. 선흉후길이다.

上九 巽在牀下 喪其資斧 貞凶.
상 구 손 재 상 하 상 기 자 부 정 흉 .

象曰"巽在牀下"上窮也"喪其資斧"正乎凶也.
상 왈   손 재 상 하   상 궁 야   상 기 자 부   정 호 흉 야 .

상구는 겸손한 것이 평상 아래에 있어 그 몸에 지닌 도끼를 잃으니 곧더라도 흉하다. 상왈 '손재상하'는 위에서 다함이며, '상기자부'는 바로잡음으로 흉함이다.

역설 6효가 동하여 손풍 木이 감 水가 되어 수풍정이다. 정(井)은 우물이라 휴식이요 안식처이다. 우물을 수리함에 도끼가 있음이요. 水生木이라 무엇을 잃어버리지 않으면 흉함이 없음이다. 잃어버린 것은 더 나아지기 위한 도구이므로 지켜야 함이 우선이다.

제58 중택태괘

*중상급운세

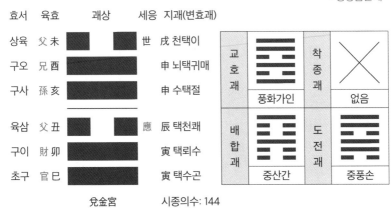

효서	육효	괘상	세응	지괘(변효괘)
상육	父未		世	戌 천택이
구오	兄酉			申 뇌택귀매
구사	孫亥			申 수택절
육삼	父丑		應	辰 택천쾌
구이	財卯			寅 택뢰수
초구	官巳			寅 택수곤

兌金宮   시종의수: 144

교호괘 풍화가인	착종괘 없음
배합괘 중산간	도전괘 중풍손

– 양이 음을 떠받드니 참으로 이상적이다. 즐거움을 뜻하며 소탐대실의 우려가 있으며 이성간 지출이 많을 수 있으니 정신적으로 피곤하다.

태(兌)란 좋아하고 기뻐하는 것으로 '즐거움'. '온화한 분위기'를 뜻한다. 연못에 있는 물은 낮은 곳으로 흐르며 대지에 있는 모든 만물에게 골고루 물을 나누어준다. 베푸는 곳에서 기쁨을 느낄 수 있다. 서로모여 기쁜 뒤에는 다시 흩어지므로 다음을 환(渙)괘로 받는다.

1효동 : 다소 경비를 쓰면 명예에 빛나는 기회를 붙잡을 수 있다. 직장과 주변 사람으로 인한 스트레스가 상당하다. 감정이 침체되는 시기이다.

2효동 : 뜻밖의 재물이 들어와 횡재수가 있으니 땅을 사거나 집을 지으면 좋다. 소인은 횡재함으로 무너지니 주의하자.

3효동 : 윗사람과의 불화를 주의하고 문서를 조심하라. 손재수가 있고 주변과 반목하고 문서와 명예로 싸움이 강하게 일어나니 겸손하여야 한다.

4효동 : 손아래 사람으로 인한 지출 운이다. 소 잃고 외양간 고치니 뒤늦게 후회한다. 차로 인하여 손상함이 있으니 음력 7월에 서쪽을 조심하라.

5효동 : 믿는 사람으로 인해 돈을 잃는 운이다. 선조를 없이 여김은 자손이 나를 없이 여김과 같다. 주색이 강해지며 올바른 연애를 안 한다.

6효동 : 관재구설을 조심하고 서북쪽으로 원행을 삼가라. 문서가 동한다. 여러 난관과 사고수가 겹치나 극복하면 전화위복의 운이 된다.

58. The Joyous
기쁨, 즐거움

happiness, delight,
행복, 기쁨,
interaction, goodwill,
상호작용, 친선, 호의
open communication,
열린 대화, 열린 소통,
friendly persuasion,
우호적인 설득,
self-expression.
자기표현.

사 업 : 현상은 유지되나 조금 부족함을 느낄 것이나 노력하면 얻는다.

소 원 : 이루어질 듯해도 이루지 못하니 기대만큼 실망도 크다.

거 래 : 상대가 만만치 않은 사람이니 비장한 마음으로 거래에 임하라.

재 물 : 재물은 그런대로 좋다. 차츰 나아질 것이니 1주일 후 기대하라.

연 애 : 일시적 향락으로 미래를 기대하긴 어렵다.

혼 인 : 진실성이 결여되어 다른 혼담이 있을 수 있다. 재혼은 좋다.

매 매 : 파는 건 힘이 들고 이익도 없다. 사는 건 앞으로 이익이 생긴다.

구 인 : 곧 온다. 빠르면 당일이며 늦더라도 오게 된다.

가출인: 이성 간에 함께 서쪽이나 동쪽에 있다. 시일이 걸려도 찾는다.

출 산 : 편안하게 낳는다. 딸이며 발육이 조금 늦는다.

이 사 : 이사는 불리하다. 불가피한 경우는 안택하여 북쪽이 길하다.

여 행 : 무방하나 주색을 조심하라. 비용이 많이 들겠다.

입 학 : 눈높이를 낮추면 합격한다. 합격해도 다른 학교로 가겠다.

소 송 : 유리하니 승소한다. 위임함이 좋고 크게 욕심 부리지 말라.

실 물 : 도둑의 소행은 아니니 여자에게 물어보라. 빨리 찾긴 어렵다.

건 강 : 동남방에 약이 있다. 폐나 색정, 위궤양, 대장염에 주의하자.

직 장 : 취직은 쉽게 된다. 음식점, 예능계, 쎄일즈 계통은 더욱 좋다.

兌 亨 利 貞.
태 형 이 정.

태는 형통하니 바르게 함이 이롭다.

역설 태(兌)는 희열과 기뻐함이다. 양효 보단 음효의 변화가 더 실리가 있으며 형통함은 양효가 많음이다. 활동성이 왕하고 소인의 도로 실리이다.

彖曰 兌 說也. 剛中而柔外 說以利貞. 是以順乎天而應乎人.
단왈 태 열 야. 강중이유외 열이이정. 시이순호천이응호인.

說以先民 民忘其勞 說以犯難 民忘其死 說之大 民勸矣哉.
열이선민 민망기로 열이범난 민망기사 열지대 민권의재.

象曰 麗澤 兌 君子以朋友講習.
상왈 여택 태 군자이붕우강습.

단왈 태는 기뻐함이며 강함(양효)이 가운데(2효와 5효)하고 유함(음효)이 밖(3효와 6효)에서 기뻐하여 바르면 이롭다. 이로써 하늘에 순응하고 사람에게 응하여 기쁨으로서 백성을 앞세우면 백성은 그 수고로움을 잊고 기쁨으로써 어려움에 부딪치면 백성은 그 죽음을 잊나니 기쁨이 큰 것은 백성이 권한다. 상왈 연못이 짝을 이룸이 태니 군자는 이로써 벗하는 무리로 거듭 익혀간다.

初九 和兌 吉. 象曰 "和兌之吉" 行未疑也.
초구 화 태 길. 상왈 화태지길 행미의야.

초구는 화합하여 기뻐함이니 길하다. 상왈 '화태지길'은 행함이 의심스럽지 않음이다.

역설 1효가 동하면 태택 金이 감 水가 되어 택수곤이다. 곤(困)은 고난과 괴로움을 말하며 외부로부터의 억압을 말한다. 화합하여 나아가면 길하니 사방으로 막힌 벽을 뚫어야 길하다.

九二 孚兌 吉 悔亡. 象曰 "孚兌之吉" 信志也.
구 이 부 태 길 회망. 상왈 부태지길 신지야.

구이는 믿음으로 기뻐함이니 길하여 후회함이 없다. 상왈 '부태지길은 뜻을 믿음이다.

역설 2효가 동하여 태택 金이 진뢰 木이되어 택뢰수이다. 수(隨)는 믿음이 있어 뒤를 따름이다. 金剋木하니 재물이 들어오면서 지출도 많아져 재물 손상을 스스로 함이다. 소인을 백성괘라 부르고 대인은 임금괘라 부른다. 알아두면 주역을 해석하는데 도움이 될 것이다.

六三 來兌 凶. 象曰 "來兌之凶" 位不當也.
육 삼 래 태 흉. 상 왈   래 태 지 흉   위 부 당 야 .

육삼은 돌아와 기뻐함이 흉하다. 상왈 '래태지흉'은 부당한 자리이다.

역설 3효가 동하여 태택 金이 건천 金이 되어 택천쾌이다. 쾌(夬)는 붕괴시킴을 결단하여 승리로 이끄는 택화혁과 비슷한 기운의 쾌이다. 모든 쾌가 금이므로 반목하고 싸우는 형상이 생긴다.

九四 商兌未寧 介疾有喜. 象曰 "九四 之喜" 有慶也.
구 사 상 태 미 령 개 질 유 희. 상 왈   구 사 지 희   유 경 야 .

구사는 기쁨을 헤아려서 편안하지 않으나 병을 분별하면 기쁨이 있다. 상왈 '구사 지희'는 경사가 있음이다.

역설 4효가 동해서 태택 金이 감 水가되어 수택절이다. 절(節)은 절제와 절약 참을성이 필요하여 수행괘라 한다. 심적인 병이 생기겠으니 만사가 스트레스로 오는 병이다. 마음의 평정심을 갖고 절제하도록 하자.

九五 孚于剝 有厲. 象曰 孚于剝 位正當也.
구 오 부 우 박 유 려. 상 왈 부 우 박 위 정 당 야 .

구오는 믿음이 손상되어 위태함이다. 상왈 '부우박'은 정당한 위치이다.

역설 효가 동하여 태택 金이 진뢰 木이되어 뇌택귀매이다. 귀매는 바르지 않은 혼사임에 물욕과 성욕이 강한 괘이다. 서로간의 믿음이 깨짐으로 위태롭다 말하니 신뢰가 중요하다. 중부가 음효로 바뀜을 말한다.

上六 引兌. 象曰 上六 "引兌" 未光也.
상 육 인 태. 상 왈 상 육   인 태   미 광 야 .

상육은 기쁨으로 당김이다. 상왈 '상육인태'는 빛나지 못한다.

역설 6효가 동하여 태택 金이 건천 金이 되어 천택이괘다. 이(履)는 호랑이 꼬리를 밟은 듯해서 큰 사건사고와 대립이 있을 징조이나 극복하면 오히려 전화위복의 길한 운이기도 하다.

제59 풍수환괘

* 하상급운세

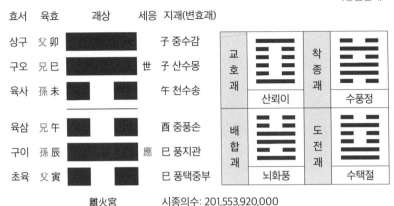

효서	육효	괘상	세응	지괘(변효괘)
상구	父卯			子 중수감
구오	兄巳		世	子 산수몽
육사	孫未			午 천수송
육삼	兄午			酉 중풍손
구이	孫辰		應	巳 풍지관
초육	父寅			巳 풍택중부

교호괘		착종괘	
	산뢰이		수풍정
배합괘		도전괘	
	뇌화풍		수택절

離火宮   시종의수: 201,553,920,000

- 망망대해 조각배를 탄 거와 같이 마음이 매우 산란하고 질서가 없다.

- 흩어짐은 헤어짐이니 인연 있는 모든 것과 헤어짐이 강하여 결속이 없다.

환(渙)이란 '흩어지다', '풀어지다'라는 뜻으로 떠나고 흩어짐을 의미한다. 물위에서 바람이 분다. 물이 바람에 날려 사방으로 흩어지므로, 환(渙)을 괘 이름으로 하였다. 겨우내 얼었던 물이 봄바람에 녹아 풀어진다. 사물은 영원히 흩어질 수 없으므로 다음을 절(節)괘로 받는다.

1효동 : 앞이 캄캄하여 분별력을 잃었으니 윗사람이나 신의 가호가 있음이 좋다. 문서의 획득과 배움의 별이 반짝이니 얻는바가 있음이다.

2효동 : 살성이 문에 와 비치니 구설, 실물, 질병, 손재수를 조심하라. 조심히 여기면 모두 마주하지 않을 것이니 유비함이 길하다.

3효동 : 귀인이 나타나 서남쪽에서 이로운 재물을 얻게 된다. 겸손함으로 만사를 처리하고 재물을 얻고 몸을 잃을 수 있으니 건강에 유의하자.

4효동 : 금의환향하나 신액과 구설이 따른다. 선조를 대우하면 길하다. 소송과 분쟁이 생기니 싸워도 이긴다. 완고히 밀고 나아감으로 이긴다.

5효동 : 윗사람의 신임을 얻으니 재물이 늘고 명예가 있겠으나 대립도 같이 있음이다. 너무 안하무인으로 행동하면 오히려 재앙의 운이 된다.

6효동 : 흉성이 몸에 닿으니 도난과 손재를 조심하고 교통사고 조심하라. 문서에도 흉함이 있으니 사기 당함에 주의하자.

59. *Dispersion*
분산, 흩어짐

diffuse negativity, circulate,
부정적(비관적) 확산, 순환, 돌리다.
restore harmony, revitalize,
조화를 되찾다. 새로운 활력, 재활성,
dissolve divisions,
부서(분할된 것)를 해체하다.
lighten up.
밝게 하다. 기운 내다.

사 업 : 큰 노력이 필요한 때로 윗사람과 주위와 협력하면 만사가 길하다.

소 원 : 급하면 손실이요, 오랜 소원은 윗사람의 도움으로 성취된다.

거 래 : 지금까지의 거래는 무마되고 새롭게 시작할 때로 집중이 필요하다.

재 물 : 수입은 많으나 남은 것이 없으니 지출을 억제하고 근검절약하라.

연 애 : 친구의 연이 이성간의 사랑으로 바뀔 때이다. 좋은 인연이다.

혼 인 : 성사 될 듯해도 장애가 있으며 성사되어도 이별수가 있다.

매 매 : 순조롭게 진행된다. 매입은 좀 더 기다려라. 지금은 손해이다.

구 인 : 소식은 오겠으나 사람은 오지 않는다.

가출인: 빨리 동남쪽을 찾아보면 찾을 수 있다. 늦으면 어려워진다.

출 산 : 유산의 우려가 있으니 의사와 상의하라. 순산이며 아들이다.

이 사 : 이사함이 길하다. 이사함으로 안정을 찾겠다.

여 행 : 공부, 장거리나 이성과 함께하는 여행은 길하나 나머진 불길하다.

입 학 : 좀 더 노력해야 한다. 잡념이 너무 많다. 국립학교는 길하다.

소 송 : 윗사람이나 다른 사람에게 위임하면 승소한다. 혼자 힘은 어렵다.

실 물 : 못 찾는다. 다른 이의 수중에 있다.

건 강 : 오랜 지병은 점점 좋아진다. 치질, 감기, 식체, 위장, 두통 주의

직 장 : 취직은 시간이 조금 걸린다. 직장인은 참고 견뎌야 할 때이다.

渙 亨 王假有廟 利涉大川 利貞.
환 형 왕 가 유 묘 이 섭 대 천 이 정.

환은 형통하며 왕이 잠시 사당에 있으니 큰 내를 건넘이 이롭다. 바르면 이롭다.

역설 환(渙)은 흩어짐과 분리 그리고 이별을 말한다. 형통함은 양이 살아있음을 말하며 5궁의 양효가 있음이다. 이섭대천은 음효 사이에 있거나 음효 두 개를 건너 있는 양효를 말한다. 이정(利貞)은 움직여봐야 별 볼일 없다는 말이니 종합하면 좋은 괘상은 아니다.

象曰"渙 亨"剛來而不窮 柔得位乎外而上同."王假有廟"
단 왈 환 형 강래이불궁 유득위호외이상동. 왕가유묘

王乃在中也"利涉大川"乘木有功也. 象曰 風行水上
왕 내 재 중 야 이 섭 대 천 승목유공야. 상왈 풍행수상

渙 先王以享于帝立廟.
환 선 왕 이 향 우 제 입 묘.

단왈 '환 형'은 강함(양효)이 와서 막힘이 없고 부드러움(손풍)이 밖에서 위를 얻어 같이 올라감이다. '왕격유묘'는 왕이 곧 가운데(5효) 함이요, '이섭대천'은 나무를 올라타서 공이 있음이다. 상왈 바람이 물위를 움직임이 환이니, 선왕은 이로써 상제에게 제사를 지냄으로 사당을 세웠음이다.

初六 用拯馬壯吉. 象曰"初六之吉"順也.
초 육 용 증 마 장 길. 상왈 초 육 지 길 순 야.

초육 구하는 말을 사용하여 씩씩하니 길하다. 상왈 '초육지길'은 순응함이다.

역설 1효가 동하여 감 水가 태택 金이되어 풍택중부이다. 중부(中孚)란 유혼괘로 본성을 보는 눈이다. 흔들리지 않는 태극을 봄이니 믿음이 강한 효사로 깨달음에 즐거움이 있음이다. 문서와 배움의 별이다.

九二 渙奔其机 悔亡. 象曰"渙奔其机"得願也.
구 이 환 분 기 궤 회 망. 상왈 환 분 기 궤 득 원 야.

구이는 흩어짐이 그 책상에서 달림으로 후회함이 없다. 상왈 '환분기궤'는 원하는 것을 얻음이다.

역설 2효가 동하면 감 水가 곤지 土가 되어 풍지관이다. 관(觀)은 위에서 아래를 세심히 관찰함이니 관리자의 시선이다. 다시 말하지만 효사엔 괘의 모양이

숨어 있으니 풀지 않아도 알아야 한다. 궤(机:손목), 분(奔:곤토)

六三 渙其躬 无悔. 象曰 "渙其躬" 志在外也.
육 삼 환 기 궁 무 회 . 상 왈 　 환 기 궁 　 지 재 외 야 .

육삼은 그 몸으로 흩어짐에 후회함이 없다. 상왈 '환기궁'은 뜻이 밖에 있음이다.

역설 3효가 동하여 감 水가 손풍 木이되어 중풍손이다. 손(巽)은 겸손하게 조용히 임하는 자라 만물의 기운을 전달하는 도구이기도 하다. 가끔은 몸으로 안 좋은 기운을 전달하기도 하나 길함이 있는 효사이다.

六四 渙其羣 元吉 渙有丘 匪夷所思. 象曰 "渙其羣元吉" 光大也.
육 사 환 기 군 원 길 환 유 구 비 이 소 사 . 상 왈 　 환 기 군 원 길 　 광 대 야.

육사는 그 무리로 흩어짐이니 크게 길하며 환은 언덕이 있어도 생각한 바를 없애지 않는다. 상왈 '환기군원길'은 크게 빛남이다.

역설 4효가 동하면 손풍 木이 건천 金이되어 천수송이다. 송(訟)은 소송, 분쟁, 다툼을 이야기함으로 길하지 않은괘이나 金生水로 내괘를 생하니 얻는바가 있음이다. 뜻을 굽히지 않는 바람이라. 싸워도 크게 이김이다.

九五 渙汗其大號 渙王居 无咎. 象曰 "王居无咎" 正位也.
구 오 환 한 기 대 호 환 왕 거 무 구 . 상 왈 　 왕 거 무 구 　 정 위 야 .

구오는 그 큰 부르짖음으로 땀이 흩어지니 임금이 거함이 흩어져 허물이 없다. 상왈 '왕거무구'는 위가 바름이다.

역설 5효가 동하여 손풍 木이 간산 土가 되어 산수몽이다. 몽은 어리석은 어린 아이의 행동이라 土剋水하니 흉함이 보인다. 그러나 현명한 왕의 움직임은 오히려 길함으로 스스로 알면 바뀜이 있음이다.

上九 渙其血去逖出 无咎. 象曰 "渙其血" 遠害也.
상 구 환 기 혈 거 적 출 무 구 . 상 왈 　 환 기 혈 　 원 해 야 .

상구는 그 피가 흩어짐이니 근심하여 나아가면 허물이 없다. 상왈 '환기혈'은 해로움에서 멀어짐이다.

역설 6효가 동하면 손풍 木이 감 水되어 중수감이다. 감(坎)은 함정과 험난함을 말하여 흉괘이나 내괘를 도와주니 그래도 다행이다. 상대의 감언이설이 나에겐 흉한 문서로 다가오니 주의하자.

제60 수택절괘

* 중상급운세

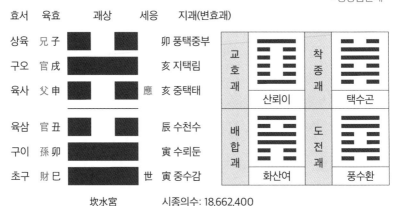

효서	육효	괘상	세응	지괘(변효괘)
상육	兄子			卯 풍택중부
구오	官戌			亥 지택림
육사	父申	應		亥 중택태
육삼	官丑			辰 수천수
구이	孫卯			寅 수뢰둔
초구	財巳	世		寅 중수감

교호괘	산뢰이	착종괘	택수곤
배합괘	화산여	**도전괘**	풍수환

坎水宮　　　　시종의수: 18,662,400

– 유혹을 이겨내고 절개를 지킨다는 의미이다. 지금 참으면 장래가 좋다.

절(節)은 절약하고 억제함이며 '마디', '검소', '절도'. '규칙이나 제한'. '절약'을 뜻한다. 연못 위에 물이 가득하니 물이 많으면 넘치게 하고 모자라면 흐르지 못하게 하여 절도를 뜻하는 절(節)을 괘 이름으로 하였다. 사물에 분수를 지키고 규범과 질서를 어기지 않을 때 지나침이 발생되지 않는다, 절제하면 믿음이 생기므로 다음을 중부(中孚)괘로 받는다.

1효동 : 재물에 탐심을 갖지 마라. 처음 달콤하던 것이 독약보다 쓰다. 남의 계략에 빠져 어려움을 겪을 수 있다. 수입과 지출이 서로 많다.

2효동 : 옛것을 잘 지켜라. 함부로 움직이면 상처만이 남는다. 연애도 같다. 곧 모든 것이 뜻대로 안 되는 시기가 다가오니 적극성을 필요하다.

3효동 : 대체적으로 길하다. 새로운 것을 시작하라. 지금 상태는 어려운 함정이 있다. 만사 절제하지 않음으로 질병과 사고가 도사리고 있음이다.

4효동 : 집안에 경사가 있겠으나 주색을 조심하고 도박을 하면 손재가 있다. 부귀는 있겠으나 더욱 절제함이 필요한 효사이다. 문서 운이 있다.

5효동 : 윗사람과 모든 것을 상의하라. 함부로 나가면 손재가 있다. 절제함으로 길하니 직장에서 인정받으며 만인에게 인정받는 운이다.

6효동 : 쥐가 가는 길을 소가 가니 대단히 난처한 일이다. 분수를 지켜라. 적극성이 필요함으로 지금의 난관과 어려움을 극복하려 힘써야 한다.

60. *Limitation*
한정, 한계

self-discipline, practice,
자기 훈련, 연습, 업무, 숙련시킴,
self-respect, introspection,
자존심, 자긍심, 내성, 자기성찰,
ritual, cultivate patience,
의식, 인내심을 길러라.
build up energy, maturity.
에너지 생성, 성숙하다.

사 업 : 절대 확장은 금물이다. 내실을 다지고 지출을 줄여야 한다.

소 원 : 적은 일은 성취되나 큰 것은 어렵다. 급하면 오히려 화가된다.

거 래 : 욕심은 금물, 상대가 강하게 나오니 마음을 굳게 가져 절충하라.

재 물 : 재물 운은 좋으나 낭비가 심할 때이니 지출을 줄이고 절제하라.

연 애 : 상당히 깊은 관계이다. 좋은 인연이니 결혼까지 이어짐이 좋다.

혼 인 : 서둘면 실패하니 서두르지 말자. 좋은 인연이다. 구혼자도 좋다.

매 매 : 파는 것은 이익이고 순조롭다. 사는 것은 이익이 없다.

구 인 : 소식과 사람 모두 오기는 하나 늦게 온다.

가출인: 빨리 찾으면 찾을 수 있으니 북쪽이나 남쪽 물가에서 찾아라.

출 산 : 약간 난산이며 초산은 딸이다. 둘째부터 아들이다.

이 사 : 이사는 불길하니 지금 사는 곳에 머무름이 좋다.

여 행 : 불길하다. 여행 중 뜻밖의 재난이나 놀라는 일이 생긴다.

입 학 : 지금보다 좀 더 노력해야 합격한다. 가능성은 7할이다.

소 송 : 시일을 끌면 유리하다. 중개인을 넣어 합의함이 좋다.

실 물 : 밖에서 실물하면 찾기 어려우나 안에선 조금 늦게 찾는다.

건 강 : 오랜 병은 천천히 낫는다. 과음, 과식, 과로, 위장병 주의하라.

직 장 : 구직자는 곧 생기며 직장인은 좀 더 노력할 때이다.

節 亨 苦節不可 貞.
절 형 고절불가 정.

절은 형통하니 괴로움을 절제함은 옳지 않음으로 바르다.

역설 절(節)은 힘들고 어려운 상황을 직면하여 풀어나가기 위해 스스로를 절제하고 규제함이다. 정함은 음효를 말함이요, 형함은 2효와 5효의 양함을 말함이니 그것의 움직임이 길하다.

象曰 "節 亨" 剛柔分而剛得中. "苦節不可 貞" 其道窮也.
단왈 절 형 강유분이강득중. 고절불가 정 기도궁야.

說以行險 當位以節 中正以通. 天地節而四時成 節以制度
열이행험 당위이절 중정이통. 천지절이사시성 절이제도

不傷財不害民. 象曰 澤上有水 節 君子以制數度 議德行.
불상재불해민. 상왈 택상유수 절 군자이제수도 의덕행.

단왈 '절 형'은 강함(양효)과 유함(음효)이 나눠지고 강함이 중(2, 5효)을 얻음이다, '고절불가 정'은 그 도가 다함이다. 기쁨(태택)으로 험난(감수)하게 움직이니 당연한 자리로 절제하며 중을 바로잡아 통함이다. 천지가 절제함으로 사시가 이루어지니, 절제함으로 법도를 만들어 재물이 상하지 않고 백성이 해롭지 않다. 상왈 연못 위에 물이 절이니, 군자가 이로써 절법도를 헤아려 만들고 덕행을 말한다.

初六 不出戶庭 无咎. 象曰 "不出戶庭" 知通塞也.
초 육 불출호정 무구. 상왈 불출호정 지통색야.

초구는 집 앞뜰에 나가지 않음이니 허물이 없다. 상왈 '불출호정'이나 통함과 막힘을 앎이다.

역설 1효가 동하면 태택 金이 감 水가되어 중수감이다. 감(坎)은 함정에 빠져 험난함이다. 과한 행동으로 임함이니 수입이 있으나 지출이 많음을 나타내기도 한다. 또한 물질로 쌓이는 마음속 허전함이다.

九二 不出門庭 凶. 象曰 "不出門庭 凶" 失時極也.
구 이 불출문정 흉. 상왈 불출문정 흉 실시극야.

구이는 문 앞뜰에 나가지 않음이니 흉하다. 상왈 '불출문정흉'은 시기가 다함으로 잃어감이다.

역설 2효가 동하면 태택 金이 진뢰 木이되어 수뢰둔이다. 둔(屯)은 가고자 하는 길이 꽉 막혀서 성장이 멈춤을 이야기 한다. 적극성이 필요하다.

六三 不節若 則嗟若 无咎. 象曰 "不節之嗟" 又誰咎也.
육삼 부절약 즉차약 무구 . 상왈   부절지차   우 수 구 야 .

육삼은 절제하지 않음으로 곧 슬퍼하니 허물이 없다. 상왈 '부절지차'를 또 누구를 허물이겠는가.

역설 3효가 동하여 태택 金이 건천 金이되어 수천수이다. 수(需)는 양육됨을 기다림이다. 아직은 어린시기로 보호가 필요함이니 감언이설을 조심해야 하는 효사이다. 질병과 사고가 도사리니 이는 절제하지 않음으로 생긴다.

六四 安節 亨. 象曰 "安節之亨" 承上道也.
육사 안절 형 . 상왈   안절지형   승상도야 .

육사는 절제함으로 편안하고 형통하다. 상왈 '안절지형'은 위의 길로 받드는 것이다.

역설 4효가 동하면 감 水가 태택 金이 되어 중택태이다. 태(兌)는 풍요로워 기뻐하는 형상이니 이는 절제함으로 평안을 이룬 것이다. 金比金이라 차마의 대립이 보이며 부귀하나 더욱 절제함이 필요하다.

九五 甘節 吉 往有尙. 象曰 "甘節之吉" 居位中也.
구오 감절 길 왕유상 . 상왈   감절지길   거위중야 .

구오는 즐겁게 절제함이니 길하며 나아가면 숭상함이 있다. 상왈 '감절지길'은 거처한 자리가 가운데 임함이다.

역설 5효가 동하여 감 水가 곤지 土가되어 지택림이다. 임(臨)은 중요한 자리에 임하는 것으로 책임감이 있어야 하며 관록이 좋은 효사이다. 풍요함으로 즐겁게 절제하니 길운이 반복된다. 그러나 안심하진 말아야 함이 아무리 土生金하여도 절제하지 않으면 소용이 없음이다.

上六 苦節 貞凶 悔亡. 象曰 "苦節貞凶" 其道窮也.
상육 고절 정흉 회망 . 상왈   고절정흉   기도궁야 .

상육은 괴로움으로 절제함이니 바르면 흉하지만 뉘우치면 없어진다. 상왈 '고절정흉'은 그 도가 다하여졌음이다.

역설 6효가 동하여 감 水가 손풍 木이되어 풍택중부의 자신을 돌아보고 믿음이 있어야 하는 괘가 되었다. 정(貞)이 흉(凶) 한건 움직임을 좋게 이야기 하는 것이니 절제함으로 괴로움을 적극적으로 극복해야 함이다.

제61 풍택중부괘

*중상급운세

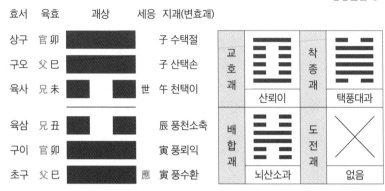

효서	육효	괘상	세응	지괘(변효괘)
상구	官 卯			子 수택절
구오	父 巳			子 산택손
육사	兄 未		世	午 천택이
육삼	兄 丑			辰 풍천소축
구이	官 卯			寅 풍뢰익
초구	父 巳		應	寅 풍수환

艮土宮 　　시종의수: 1,555,200

- 진아와 본심을 말하며 강함이 유함을 보호하고 있으니 믿음이 있다.

中孚(중부)란 신용과 성의가 갖춰짐을 뜻한다. 성실하고 믿음성이 있는 자는 반드시 그 돈독함을 실행할 바가 있게 마련이다. 중부는 상괘와 하괘가 입을 맞춘 듯 대칭을 이룬다. 한 몸으로 결합되어 마치 어미 새가 알을 품고 있는 상이므로, 중부(中孚)를 괘 이름으로 하였으며 믿음이 있는 자는 말한 것을 반드시 실행하므로 다음을 소과(小過)괘로 받는다.

1효동 : 칠성의 도움이 있으니 반드시 기쁜 일이 있게 된다. 변하지 않는 믿음이 필요하다. 활동만큼의 득이 없는 운이니 아직은 시기가 아니다.

2효동 : 신과 선조의 도움으로 재물은 늘어나게 된다. 스스로 타인과 화합하고자 노력하여야 한다. 그래야 명예와 재물이 스스로 찾아온다.

3효동 : 몸이 중천에 뜨니 신액과 손재를 조심하라. 재산증식은 조금씩 이루어짐으로 서두르지 않아야 함이다. 재산 분쟁의 조짐이 보인다.

4효동 : 신이 노하여 변고액난을 조심하라. 정을 행하라. 과한 욕심은 과한 결과를 만드니 반흉반길하다. 재산상 손실이 있으니 내실을 다져라.

5효동 : 일그러진 달이 둥글게 떠오르니 반드시 기쁜 일이 있겠다. 문서가 동하여 자금이 지출이 된다. 자격을 취득함에 길하다.

6효동 : 차 운행, 차사고, 횡액수를 조심하라. 동북쪽은 불리하다. 크게 움직이는 것은 좋지 않으니 하고자 하는 일은 잠시 미루어라

61. Inner Truth
내적인 진리, 참된 자아, 본심

the wisdom of the heart,
마음의 지혜, 참된 지혜,
insight, clarity, consciousness,
통찰력, 깨끗하고 맑음, 의식, 자각,
intuitive knowing,
직관적인 지식,
penetrating illusion.
환영(환각, 착각)을 꿰뚫다.

사 업 : 실력 이상의 능력을 발휘하여 침체되었던 일의 결실을 맺는다.

소 원 : 장해는 있으나 가식 없이 성심껏 구해 나가면 마침내 성취한다.

거 래 : 순조롭다. 이해가 엇갈리는 경우가 있으니 서로 이해함이 좋다.

재 물 : 신용이 있는 괘로 재운이 좋으나 들어온 재물의 반이 나간다.

연 애 : 정열적인 연애이며 이성을 잃으면 불리하니 윗사람과 상의해라.

혼 인 : 길한 인연으로 윗사람에게 부탁하면 쉽게 이루어진다.

매 매 : 유리하며 서두르지 않는다면 이익이 있다. 서두르면 손해이다.

구 인 : 사람은 오지 않고 소식만 온다. 이쪽에서 청해야 오게 된다.

가출인: 머뭇거리면 찾지 못하니 동남쪽을 탐색하면 찾게 된다.

출 산 : 순산이며 아들이다. 산후 산모의 건강에 주의하자.

이 사 : 무방하나 서서히 하는 것이 좋다. 서두르면 좋지 않다.

여 행 : 동행이 있거나 배를 타고 여행하면 길하며, 여행 중에 횡재 운이다.

입 학 : 합격하며 마음을 다스림이 좋겠다. 침착하자.

소 송 : 유리하지만 합의함이 좋다. 오래 끌면 이익은 별로 없다.

실 물 : 동남쪽이나 서쪽에서 찾아라. 무엇에 쌓여 있으니 찾을 수 있다.

건 강 : 고열이나 신장 또는 허로에서 오는 병이니 방심 말고 치료하라.

직 장 : 구직자는 곧 취직하나 윗사람의 조언이 필요하다. 직장인도 좋다.

中孚 豚魚吉 利涉大川 利貞.
중부 돈어길 이섭대천 이정.

중부는 돼지와 물고기에 길하니, 큰 내를 건넘이 이롭고 바르면 이롭다.

역설 중부(中孚)는 믿음과 신뢰가 있는 괘로 돈(豚:손풍괘), 어(魚:태택괘), 내를 건넌 2효와 5효는 길하며 음효(貞)는 길하다. 중부는 실리가 안에 있다.

象曰"中孚"柔在內而剛得中 說而巽 孚乃化邦也.
단왈 중부 유재내이강득중 열이손 부내화방야.

"豚魚吉"信及豚魚也"利涉大川"乘木舟虛也 中孚以利貞
돈어길 신급돈어야 이섭대천 승목주허야 중부이이정

乃應乎天也. 象曰 澤上有風 中孚 君子以議獄緩死.
내응호천야. 상왈 택상유풍 중부 군자이의옥완사.

단왈, '중부'는 유함이 안에 있고 강한 것이 중을 얻음이니 기쁘게 겸손함으로 믿음이 이에 나라를 바꾸어 감이다. '돈어길'은 믿음이 돼지나 물고기까지 미침이다, '이섭대천'은 나무를 타고 배가 빔이요, 중앙에 믿음으로 곧으면 이로움이 이내 하늘에 응한다. 상왈 연못 위에 바람이 있는 것이 중부니, 군자가 이로써 감옥을 의논함으로 죽임을 늦춰준다.

初九 虞吉 有它不燕. 象曰 初九"虞吉"志未變也.
초구 우길 유타불연. 상왈 초구 우길 지미변야.

초구는 준비하면 길하며 달라짐이 있어 편안하지 않다. 상왈 '초구우길'은 뜻이 변하지 않음이다.

역설 1효가 동하여 태택 金이 감 水가 되어 풍수환이다. 설기되어 흩어짐으로 활동이 많으나 소득은 많지 않다. 변하지 않는 믿음이 필요하다. 만사가 흩어짐으로 우선은 생각이요 두 번은 인사(人事)가 흩어진다.

九二 鳴鶴在陰 其子和之 我有好爵 吾與爾靡之.
구이 명학재음 기자화지 아유호작 오여이미지.

象曰"其子和之"中心願也.
상왈 기자화지 중심원야.

구이는 우는 학이 그늘에 있어 그 아이들이 화합하고 나에게 좋은 술잔이 있어 내가 너와 함께 취함이다. 상왈 '기자화지'는 중심으로 원함이다.

2효가 동하여 태택 金이 진뢰 木이 되어 풍뢰익이다. 내괘에겐 이익이니 서로 즐기면 의지함이다. 2효에 음효는 정당함이다. 관록이 좋다.

六三 得敵 或鼓或罷 或泣或歌. 象曰 "或鼓或罷" 位不當也.
육삼 득적 혹고혹파 혹읍혹가. 상왈 혹고혹파 위부당야.

육삼은 마주하는 적을 얻어 혹 북치고 혹 그만두고, 혹 울고 혹 노래 부름이다. 상왈 '혹고혹파'는 위치가 부당함이다.

3효가 동하여 태택 金이 건천 金이되어 풍천소축이다. 소축(小畜)은 적게 모음이니 실리를 조금은 얻으나 金比金이 대립이 예상되는 효사이다.

六四 月幾望 馬匹亡 无咎. 象曰 "馬匹亡" 絶類上也.
육사 월기망 마필망 무구. 상왈 마필망 절류상야.

육사는 거의 보름인 달이니 말의 짝이 없어도 허물이 없다. 상왈 '마필망'은 무리를 끊어서 올라감이다.

4효가 동하여 손풍 木이 건천 金이 되어 천택이이다. 이(履)는 위험을 느낀 움직임이다. 3효변과 비슷하며 멀리 가고자하나 짝이 없어도 가야함이다. 홀로 외로이 움직이는 모습을 말하며 열심히 사는 모습이기도 하다.

九五 有孚攣如 无咎. 象曰 "有孚攣如" 位正當也.
구오 유부련여 무구. 상왈 유부련여 위정당야.

구오는 믿음이 있음으로 이어감이니 허물이 없다. 상왈 '유부연여'는 정당한 자리임이다.

5효가 동하여 손풍 木이 간산 土로 되어 산택손이다. 손(損)은 손해가 있음이다. 그러나 土生金으로 내괘를 생함이니 반흉반길하다. 액운은 동남쪽에 있고 약은 남서와 중심부에 있다. 이정(利貞)함이다.

上九 翰音登于天 貞凶. 象曰 "翰音登于天" 何可長也.
상구 한음등우천 정흉. 상왈 한음등우천 하가장야.

상구는 나는 소리가 하늘에 오름이니 곧음은 흉하다. 상왈 '한음등우천'이니 어떻게 길어질 수 있겠는가.

6효가 동하여 손풍 木이 감 水가되어 수택절이다. 절(節)은 절제하고 근절하는 괘사이니 감정을 다스림이 중요하다. 관록이 좋으나 감정 기복이 심해지는 시기이다. 정(貞)이 흉함은 변함이 좋지 않음이다.

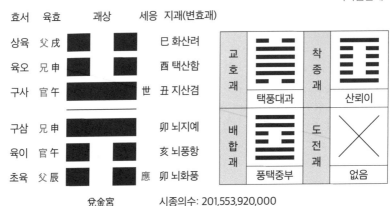

제62 뇌산소과괘

* 하하급운세

효서	육효	괘상	세응 지괘(변효괘)
상육	父 戌		巳 화산려
육오	兄 申		酉 택산함
구사	官 午	世	丑 지산겸
구삼	兄 申		卯 뇌지예
육이	官 午		亥 뇌풍항
초육	父 辰	應	卯 뇌화풍

兌金宮   시종의수: 201,553,920,000

교호괘	택풍대과	착종괘 산뢰이
배합괘	풍택중부	도전괘 없음

– 저자세를 취해야 함이며 무리하게 일을 처리해서는 안 되는 상황이다.

– 무리하게 일처리에 임하면 과하여 소과가 대과가 되니 신중해야 한다.

소과(小過)는 '조금 지나치다'라는 뜻이다. 신용을 지키고 의리를 실행하기 위해서는 집착이 지나치면 다소의 과실은 불가피하다. 그러나 사물에 약간 지나치리만큼 행동에 조심하고 되살피는 사람은 반드시 그 목적을 달성한다. 과도한 것이 있는 자는 이룸이 있어 다음을 기제로 받는다.

1효동 : 모든 일이 거꾸로 되어가니 풍족하나 주의해야 할 때이다. 나를 노리는 누군가에 의해서 나의 빛을 잃는다. 문서 변동은 있으나 흉하다.

2효동 : 가택의 신이 동하니 옛것을 지키고 새것을 취하지 말라. 가택에 손대지 말라. 직장과 관직의 명이 위태한 변동이 온다. 과유불급이다.

3효동 : 주색을 삼가라. 여자로 인하여 재물의 손재와 구설수가 있다. 미리알고 막아도 또 다시 찾아와 나를 해코지하니 만사불여튼튼이다.

4효동 : 자기 일에 충실하면 마침내 위 어른의 도움을 받게 된다. 카르마가 있어 아직 풀리지 않음으로 크게 움직이면 흉하니 자중하자.

5효동 : 친한 사람이 나를 음모하니 믿는 도끼에 발을 찍힌다. 사고와 불화가 있으나 연애엔 길하다. 주변에 누구든 서로가 서로를 도와야 한다.

6효동 : 신액을 조심하고 너무 신경을 쓰게 되면 질병을 앓게 된다. 자신의 행동이 조금 지나침으로 분쟁과 사고가 있으니 상대가 만만찮다.

62. *Small is Beautiful*
작고 아름답다. 조그만 실수

find the extraordinary
in the ordinary,
평범함에 평범하지 않은 것을 발견,
keep it simple, slow down,
간단히 하고, 천천히 하자.
use discretion, pay attention,
신중히 재량권을 행사하고 주의를
기울이십시오.
tend to details.
세부적인 것에 신경 쓰세요.

사 업 : 고전하는 때이나 곧 기회가 온다. 기계파손과 종업원의 부상주의

소 원 : 너무 과분한 계획으로 이루기 어렵다. 가까운 곳의 방해가 있다.

거 래 : 성립되기 힘들다. 양보하면 가능하나 손해가 있다.

재 물 : 뜻대로 되지 않는 때이며 지출이 많은 때이니 낭비를 줄이자.

연 애 : 트러블이 많다. 이상이 맞지 않아 헤어질 수 있다. 서로이해하자.

혼 인 : 중매인의 거짓이 있어 이루어지기 어렵고 성취되어도 불미하다.

매 매 : 사는 건 좋아도 파는 건 이익이 없다. 매도는 기다림이 좋다.

구 인 : 소식은 있겠다. 재촉하면 장해가 있겠으나 오기는 한다.

가출인: 멀리 가려하니 시기를 놓치면 찾기 어렵다. 빨리 동북쪽을 찾아라.

출 산 : 난산이며 딸이다. 만산(晩産)이며 아이가 조금 약하다.

이 사 : 이사는 불리하다. 불가피한 경우라면 택지, 택일하라.

여 행 : 여행은 취소하라. 불리하니 질병 또는 위험이 도사린다.

입 학 : 입학은 어렵다. 실력이 많이 모자란 상태이다. 눈높이를 낮춰라.

소 송 : 합의함이 최선이다. 오래 끌면 관재수에 손해가 크다.

실 물 : 도난 당 했으니 찾기 어렵다.

건 강 : 시기를 놓치면 오래간다. 요통, 신장, 신경계통의 질환 주의

직 장 : 직장인은 구설이 있으며 구직인은 임시직을 알아봄이 좋다.

小過 亨利貞 可小事 不可大事 飛鳥遺之音 不宜上 宜下大吉.
소 과 형 이 정 가 소 사 불 가 대 사 비 조 유 지 음 불 의 상 의 하 대 길.

소과는 형통하니 바르면 이로우며 작은 일은 가능하고 큰일은 불가하다. 나는 새가 소리를 내니 올라감은 마땅치 않고 마땅히 내려오면 크게 길하다.

역설 소과(小過)는 조그만 실수로 힘든 상황이 된 것을 말하며 평소 행동을 조심하고 남에 의해 내가 다침이니 실리적인 변화만 길한 것이다. 하지만 크게 투자를 하거나 과욕을 부리면 오히려 패망하는 괘이기도 하다.

象曰 小過 小者過而亨也 過以利貞 與時行也. 柔得中 是以小
단 왈 소 과 소 자 과 이 형 야 과 이 이 정 여 시 행 야. 유 득 중 시 이 소

事吉也 剛失位而不中 是以不可大事也. 有飛鳥之象焉
사 길 야 강 실 위 이 부 중 시 이 불 가 대 사 야. 유 비 조 지 상 언

"飛鳥遺之音 不宜上 宜下大吉"上逆而下順也.
비 조 유 지 음 불 의 상 의 하 대 길 상 역 이 하 순 야.

象曰 山上有雷 小過 君子以行過乎恭 喪過乎哀 用過乎儉.
상 왈 산 상 유 뢰 소 과 군 자 이 행 과 호 공 상 과 호 애 용 과 호 검.

단왈 소과는 작은 것을 지나침으로 형통하니 지나침이 바르면 이로우며 시기와 더불어 행함이다. 유함이 중심을 얻음이니 이로써 작은 일은 길하고 강함이 중심에 없어 자리를 잃음으로 큰일은 불가한 것이다. 날아가는 새의 모양이 있음이니 어찌 '비조유지음 불의상 의하대길'인가. 올라감을 거스르고 내려옴으로 순응함이다. 상왈 산위에 우뢰가 있어 소과이니 군자가 이로써 햄함에 공손함이 지나치고 상을 당함에 있어 슬픔이 지나치니 사용함에 검소함은 지나치다.

初六 飛鳥以凶. 象曰 "飛鳥以凶"不可如何也.
초 육 비 조 이 흉. 상 왈 비 조 이 흉 불 가 여 하 야.

초육은 나는 새이니 흉하다. 상왈 '비조이흉'은 어떻게 할 수 없음이다.

역설 1효가 동하여 간산 土가 이 火가되어 뇌화풍이다. 풍(豊)은 풍성함을 말하나 효사엔 나는 새가 먹이를 찾고 있음으로 회두극 한다. 사고 조심

六二 過其祖 遇其妣 不及其君 遇其臣 无咎.
육 이 과 기 조 우 기 비 불 급 기 군 우 기 신 무 구.

象曰 "不及其君"臣不可過也.
상 왈 불 급 기 군 신 불 가 과 야.

육이는 그 할아버지가 지나침으로 그 할머니를 만남이니 그 임금이 도달하지 못함에 그 신하가 만나줌으로 허물이 없다. 상왈 '불급기군'은 신하는 과하게 할 수 없음이다.

역설 2효가 동하면 간산 土가 손풍 木이되어 뇌풍항이다. 항(恒)은 오래도록 변하지 않음을 말한다. 상대를 만남에 나보단 중개인을 둠이 길하다.

九三 弗過防之 從或戕之 凶. 象曰 "從或戕之" 凶如何也.
구 삼 불 과 방 지 종 혹 장 지 흉 . 상 왈   종 혹 장 지   흉 여 하 야 .
구삼은 과하지 않게 막아줌이니 따라와 혹 죽인다면 흉하다. 상왈 '종혹장지'니 흉함이니 어떠하겠는가.

역설 3효가 동하여 간산 土가 곤지 土가 되어 뇌지예이다. 예(豫)란 미리알고 막는 것이니 항시 좋을 때 안 좋은 일을 대비해야 길한 것이다.

九四 无咎 弗過遇之 往厲必戒 勿用 永貞.
구 사 무 구 불 과 우 지 왕 려 필 계 물 용 영 정 .

象曰 "弗過遇之" 位不當也 "往厲必戒" 終不可長也.
상 왈   불 과 우 지   위 부 당 야   왕 려 필 계   종 불 가 장 야 .
구사는 허물이 없어 과하지 않아 만나줌이니 가면 위태롭다. 반드시 경계하여 오래토록 곧바름은 사용하지 말라. 상왈 '불과우지'는 부당한 자리임이요. '왕려필계'는 마침내 길어질 수는 없음이다.

역설 4효가 동하면 진뢰 木이 곤지 土가 되어 지산겸이다. 겸(謙)은 평소 겸손함을 말한다. 움직이지 않음이 좋은 것은 아직 인과가 풀리지 않음이다.

六五 密雲不雨 自我西郊 公弋取彼在穴. 象曰 "密雲不雨" 已上也.
육 오 밀 운 불 우 자 아 서 교 공 익 취 피 재 혈 . 상 왈   밀 운 불 우   이 상 야 .
육오는 구름이 빽빽해도 비가 오지 않음은 내가 서쪽 시외에 임하여 공은 구멍 있는 곳을 쏘아 잡게 된다. 상왈 '밀운불우'는 이미 올라감이다.

역설 5효가 동하여 진뢰 木이 태택 金이 되어 택산함이다. 어린 신랑이 신부를 맞아들임이니 얻는바가 있다. 서로 도움이 필요한 효사이다. '밀운불우'는 모두 괘가 있는 글자이다. 스스로 해석함이 필요하다.

上六 弗遇過之 飛鳥離之 凶 是謂災眚. 象曰 "弗遇過之" 已亢也.
상 육 불 우 과 지 비 조 리 지 흉 시 위 재 생 . 상 왈   불 우 과 지   이 항 야 .
상육은 만나지 않고 지나침이니 나는 새가 떠남이라 흉하여 이것은 재앙을 알린다. 상왈 '불우과지'는 이미 높아졌음이다.

역설 6효가 동하여 진뢰 木이 이 火가 되어 화산여이다. 여(旅)는 나그네이며 싸울 수밖에 없는 수백을 거느린 이미 출정한 장수이다.

제63 수화기제괘

*중중급운세

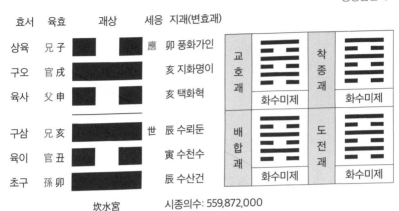

효서	육효	괘상	세응	지괘(변효괘)
상육	兄子		應	卯 풍화가인
구오	官戌			亥 지화명이
육사	父申			亥 택화혁
구삼	兄亥		世	辰 수뢰둔
육이	官丑			寅 수천수
초구	孫卯			辰 수산건

坎水宮

교호괘 화수미제	착종괘 화수미제
배합괘 화수미제	도전괘 화수미제

시종의수: 559,872,000

- 기제(既濟)란 '일을 이미 성취했다', '완성', '성취', '어려움에서 이미 벗어났다'라는 뜻이다. 모든 사물의 조화가 구비되어 완성단계에 도달한 것을 뜻한다. 그러나 사물은 언제까지나 완성단계에 머무를 수는 없는 것이니, 물은 위에 있고 불은 아래에 있으니 서로가 목적한 곳으로 움직여 기운을 생성할 수 있다는 의미에서 기제(既濟)를 괘 이름으로 하였으며 모든 사물은 다할 수 없으므로 다음을 미제(未濟)괘로 받는다.

1효동 : 지신이 동하여 액운이 문에 와 있으니 우환, 고민, 병환을 조심하라. 가는 길이 험난함을 미리 알면 콧노래를 부르며 산을 넘을 것이다.

2효동 : 가택의 신이 동하여 3-4월이 힘들다. 이 또한 지신이 동함이다. 그렇다고 과한 움직임은 불리하다. 가만히 있어도 길함이 찾아온다.

3효동 : 술 취한 벌이 꽃을 함부로 대하니 신액과 손재가 따른다. 나를 해코지하는 인사에게 대드는 시기로 분쟁함은 큰 시련이 있음이다.

4효동 : 한 점의 고기를 놓고 서로 먹으려고 두 마리의 개가 싸운다. 나의 것이 손상되어 의심하나 누군지 알 수 없음이다. 알면 분쟁이 생긴다.

5효동 : 먼저는 기쁘겠으나 나중에는 슬픈 일이 생겨나니 이것이 운이다. 관직의 명이 좋으나 몸에 액성이 오니 몸 관리에 신경 쓰도록 하자.

6효동 : 북두성이 집안에 임하니 경사는 있을 운이다. 하는 일은 잘 풀리나 새로운 일과 확장은 절대 금물이라. 잠시 자신을 추스르는 운이다.

63. Completion
완성, 성취

final attainment, victory,
최종 달성, 승리,
a crescendo, perfection,
점점 강해지며, 완벽해짐,
a job well done, prudence,
잘된 작업, 신중함, 사려 분별,
peak performance.
최고 성능, 최고 공연, 최고의 일.

사 업 : 고난을 거처 이제야 좋아지니 확장은 금물이니 현상을 유지하라.

소 원 : 적은 일은 이루어지나 큰일은 장애가 있어 미루어진다.

거 래 : 순조롭게 진행된다. 상대의 이익을 같이 고려함이 좋다.

재 물 : 안정되어 지는 상태로 현재의 수입에 만족하라. 과욕은 금물이다.

연 애 : 이미 깊은 관계로 좋은 인연이다. 구혼자도 곧 좋은 인연 생긴다.

혼 인 : 연애결혼은 좋으니 서두르고 중매는 서둘면 잘될 일이 실패한다.

매 매 : 매도나 매입 모두 지금은 때가 아니니 기다리면 이익이다.

구 인 : 중도에 방해가 있어 늦어진다. 소식이 먼저오고 차후에 온다.

가출인: 남쪽이나 북쪽 물가를 찾아라. 스스로 오는 건 시일이 꽤 걸린다.

출 산 : 순산이며 딸이다. 재가한 이는 아들이다.

이 사 : 길하다. 이사하면 재운이 열린다. 이사하기 좋은 곳이 곧 다.

여 행 : 동행이 있으면 길하다. 혼자는 여행 중 사고나 주색 우

입 학 : 실력은 미흡하나 합격한다. 노력하면 좀 더 쉽게 합함이 좋다.

소 송 : 지금은 불리하나 결국 승소하니 포기금물. 남에이 걸린다.

실 물 : 밖에서 실물한 것은 찾기 어렵고 안에 것도 좀 주의하자.

건 강 : 쉽게 볼 병증이 아니니 주의하자. 우울증, 으니 도움 필요.

직 장 : 직장인은 이직은 불리하며 구직자는 경

旣濟 亨小 利貞 初吉終亂.
기 제 형 소 이 정 초 길 종 란.

기제는 형통함이 적어 바름이 이롭고 처음은 길하고 끝은 어지럽다.

역설 기제(旣濟)는 이미 그 뜻을 완성하여 완성괘를 의미한다. 水는 아래로 가고자하고 火는 위로 가고자 하니 서로의 기운이 교합하여 태극을 이룬다. 태극을 이룸은 빛과 어둠의 씨앗을 만들어 펼치는 것이다. 기운의 완성은 허무함과 또 다른 시기의 시작을 알리는 괘상이다.

象曰 "旣濟 亨" 小者亨也. "利貞" 剛柔正而位當也.
단 왈 기제 형 소 자 형 야. 이 정 강 유 정 이 위 당 야.

"初吉" 柔得中也 "終止則亂" 其道窮也.
초 길 유 득 중 야 종 지 즉 란 기 도 궁 야.

象曰 水在火上 旣濟 君子以思患而豫防之.
상 왈 수 재 화 상 기 제 군 자 이 사 환 이 예 방 지.

단왈 '기제형'은 작은 것이 형통함이며 '이정'은 강함과 유함이 바름으로 마땅한 자리이다. '초길'은 유함이 중을 얻음이며, ' 끝에 멈추는 즉 어지러움은' 그 도가 다함이다.
상왈 물이 불 위에 있음이 기제니, 군자는 이것으로 근심됨을 생각하여 미리 막는다.

初九 曳其輪 濡其尾 无咎. 象曰 "曳其輪" 義无咎也.
초 구 예 기 륜 유 기 미 무 구. 상 왈 예 기 륜 의 무 구 야.

초구는 그 수레를 끌어감이니 그 꼬리를 적시면 허물이 없다. 상왈 '예기륜'은 올바르면 허물이 없는 것이다.

1효가 동하여 이 火가 간산 土가 되어 수산건이다. 건은 다리를 다쳐 힘들게 가는 것이니 힘든 고행의 길을 예고하는 효사이다. 자신의 행동과 아랫사람의 동이 나를 더욱 힘들게 한다.

六二 婦喪其茀 勿逐 七日得. 象曰 "七日得" 以中道也.
육 이 부 상 기 불 물 축 칠 일 득. 상 왈 칠 일 득 이 중 도 야.

육이는 아내가 가리개를 잃음이니 쫓지 않아도 7일(3양 이화의 1변 7수) 만에 얻는다. 상왈 '칠일득'은 중도에 임함이다.

역설 2효가 동하여 火가 건천 金이 되어 수천수이다. 수(需)는 어미의 보호 아래 양육함을 뜻하니 火인 제효가 양이 되는 것은 좋지 않음이다. 그러니 움직이지 않아도 火인 제효가 양이 되는 것은 좋지 않음이다. 그러니 움길함이 찾아온다는 이야기 이다.

九三 高宗伐鬼方 三年克之 小人勿用. 象曰 三年克之 憊也.
구 삼 고 종 벌 귀 방 삼 년 극 지 소 인 물 용 . 상 왈 삼 년 극 지 비 야 .

구삼은 고종(은나라 왕)이 귀방(북방)을 쳐서 3년만에야 이기니 소인(음효)은 쓰지 말라. 상왈 '삼년극지'는 고달팠음이다.

역설 3효가 동하여 이 火가 진뢰 木이되어 수뢰둔이다. 둔(屯)이란 어려움을 뚫고 나오려는 새싹을 말한다. 귀방은 내괘의 칠살 방이니 감수를 치는데 3이화이다. 역에서 관귀에 관은 정관을 말하며 귀는 편관 칠살을 말한다.

六四 繻有衣袽 終日戒. 象曰 "終日戒"有所疑也.
육 사 수 유 의 녀 종 일 계 . 상 왈 종 일 계 유 소 의 야 .

육사는 비단옷이 헤진 옷으로 있으니 종일토록 경계함이다. 상왈 '종일계'는 의심스러운 바가 있음이다.

역설 4효가 동하여 감 水가 태택 金이되어 택화혁이다. 혁(革)은 혁신하여 바꿔야 함이니, 큰일을 치르기 전의 풍전등화의 모습이다. 火剋金하여 다스리나 金生水에 水剋火만 더해진다. 내괘의 이기심이 화가된다.

九五 東鄰殺牛 不如西鄰之禴祭 實受其福.
구 오 동 린 살 우 불 여 서 린 지 약 제 실 수 기 복 .

象曰 "東鄰殺牛"不如西鄰之時也 "實受其福"吉大來也.
상 왈 동 린 살 우 불 여 서 린 지 시 야 실 수 기 복 길 대 래 야 .

구오는 동쪽 이웃이 소를 잡음이니 서쪽 이웃의 간략한 제사로 베풂이 같지 못해도 채워짐에 그 복을 받는다. 상왈 '동린살우'가 서쪽 이웃의 때만 같지 못하고 '실수기복'은 길함이 크게 옴이다.

역설 5효가 동하면 감 水가 곤지 土가되어 지화명이이다. 명이(明夷)는 빛이 어둠속으로 들어가 약해지는 것이니 움직임이 크게 길하진 않다. 동쪽 이웃은 이화(내괘)요 서쪽 이웃은(감수)로 곤토와 간토로 갈려진다.

上六 濡其首 厲. 象曰 "濡其首 厲"何可久也.
상 육 유 기 수 여 . 상 왈 유 기 수 여 하 가 구 야 .

상육은 그 머리를 적심이니 위태롭다. 상왈 '유기수려'가 어떻게 오래갈 수 있겠는가.

역설 6효가 동하여 감 水가 손풍 木이되어 풍화가인이다. 가인(家人)은 여인괘라 집을 지켜 내실을 다져야 함을 말한다. 木生火로 내괘가 힘을 얻어 성취는 있으나 가인은 크게 움직임을 싫어하고 6효는 음의 자리이다.

제64 화수미제괘

* 하하급운세

효서	육효	괘상	세응	지괘(변효괘)
상구	兄巳		應	戌 뇌수해
육오	孫未			申 천수송
구사	財酉			戌 산수몽
육삼	兄午		世	巳 화풍정
구이	孫辰			巳 화지진
초육	父寅			巳 화택규

離火宮

교호괘		착종괘	
	수화기제		수화기제
배합괘		도전괘	
	수화기제		수화기제

시종의수: 559,872,000

- 물위에 불이 있어 몹시 고통스러운 상이다. 만사가 뜻대로 되지 않음이다.

미제(未濟)는 '아직 건너지 않았다', '미완성'을 뜻한다. 온갖 우주의 자연과 사물은 궁극에 도달되면 다시 원점으로 되돌아가 제자리로 복귀하게 되고 결국은 혼돈에서 벗어나지 못한다는 철칙에 메여 있다는 의미로 미제괘로 끝을 맺는 것이다. 불과 물이 각기 제자리에 있기 때문에 미제(未濟)를 괘 이름으로 하였다.

1효동 : 돈쓸 일은 많고, 이성 간에는 배타적이며 관재와 구설이 따른다. 문서가 동하여 얻는바가 있으나 시기와 질투가 있으니 겸손하면 길하다.

2효동 : 슬하 자손은 좋겠으나 때 아닌 광풍이 부니 액운이 온다. 먼저는 흉하고 이를 극복하여 길함이니 지금 어려움이 좋아지는 밑거름이다.

3효동 : 이 삼중 고통을 격어 힘든 중에 보람된 일을 찾게 된다. 잠시 자신의 주변을 둘러보며 정리함이 좋겠다. 지금 답답함에 속이 탄다.

4효동 : 재물 복이 문전에 다다르니 처음엔 잃겠으나 나중은 얻는다. 힘든 일을 나서서 하게 되니 어려움이 3년을 간 후 마침내 길하겠다.

5효동 : 용이 여의주를 얻으니 뜻 아닌 일이 성취된다. 다소 분쟁이나 소송이 있겠으나 승소하며 원하는 바를 얻게 된다. 자신의 뜻을 믿음이다.

6효동 : 마침내 고생 끝에 기쁨이 오고 있으니 출세했다고 칭찬을 받는다. 지금의 풍요로운 유흥이 그전과 그 후에 어떻게 작용할지를 생각하라.

64. Before Completion
미완성, 완료 전, 부조화

uncertainty, discord,
불확실성, 불화, 불일치, 어려움,

doubt and hesitation,
의심과 망설임,

loss of faith,
믿음의 상실,

unstable conditions,
불안정한 조건,

be extra cautious.
특별히 조심해야 한다.

사 업 : 처음은 어려움이 많으나 머지않아 안정된다. 내실을 다지자.

소 원 : 지금은 어렵지만 서두르지 말고 노력하면 이루어진다.

거 래 : 대인관계를 유지하면 작은 거래는 성취한다. 상대도 거래를 원한다.

재 물 : 아직 수입보단 지출이 많다. 많은 비용은 어느 정도 각오해라.

연 애 : 뜻이 맞는 인연이나 결혼을 생각할 인연은 아니다. 어려움이 있다.

혼 인 : 결혼은 어려우나 많은 시간을 끌고 가야 결실이 된다.

매 매 : 사는 것은 작은 이익, 파는 것은 많은 이익을 남긴다.

구 인 : 뭔가 이유가 있어 오기는 힘들다.

가출인: 빨리 찾아야 한다. 배나 비행기를 타고 남쪽, 북쪽으로 가려한다.

출 산 : 순산이고 딸이다.

이 사 : 이사는 불리하다. 뜻대로 되지 않으니 기다림이 좋다.

여 행 : 때가 아니다. 가까운 곳은 괜찮으나 멀리는 손해가 따른다.

입 학 : 어렵다. 실력을 쌓으며 다음을 기다리거나 눈높이를 낮춰라.

소 송 : 승소해도 이익이 없으니 합의하는 것이 좋다. 분쟁은 불리하다.

실 물 : 밖의 실물은 찾기 어렵고 안의 실물은 높은 곳에 있다.

건 강 : 기존 환자는 점점 회복된다. 전염병, 방광염, 자궁병 주의해라.

직 장 : 지금은 취직이 어렵다. 윗사람의 도움이 있으면 좋아진다.

未濟 亨 小 狐汔濟 濡其尾 无攸利.
미 제 형 소 호 흘 제 유 기 미 무 유 리.

미제는 형통함이 적으니 여우가 거의 건너가 그 꼬리를 적심은 이로울 바가 없다.

역설 미제(未濟)는 미완성을 말함으로 아직 뜻을 이루지 못하여 결과가 좋지 못함을 이야기한다. 형(亨)은 이화의 움직임이요 이화는 소인의 도이다. 호흘제는 이화의 움직임이요, 유기미는 감수의 움직임이다.

象曰 "未濟 亨" 柔得中也. "小狐汔濟" 未出中也
단 왈   미 제 형   유 득 중 야. 소 호 흘 제   미 출 중 야

"濡其尾 无攸利" 不續終也. 雖不當位 剛柔應也.
유 기 미 무 유 리   불 속 종 야. 수 부 당 위   강 유 응 야.

象曰 火在水上 未濟 君子以愼辨物居方.
상 왈 화 재 수 상 미 제 군 자 이 신 변 물 거 방.

단왈 '미제 형'은 유함(음효)이 중(5효)을 얻음이며 '소 호흘제'는 중(5효)에서 나오지 못함이다. '유기미 무유리'는 마침으로 계속하지 못함이다. 비록 부당한 자리이나 강함과 유함이 서로 반응한다. 상왈 불이 물위에 있음이 미제니, 군자는 조심함으로 물건을 분별하여 반듯하게 놓는다.

初六 濡其尾 吝. 象曰 "濡其尾" 亦不知極也.
초 육 유 기 미 린. 상 왈   유 기 미   역 부 지 극 야.

초육은 그 꼬리를 적심을 한탄한다. 상왈 '유기미'는 또한 극에 다다름을 알지 못한다.

역설 1효가 동하여 감 水가 태택 金이되어 화택규이다. 시기와 질투를 나타내며 나를 지켜봄이니 실리만 있고 명예는 없음이다. 끝을 못 보는 미미함으로 자신의 일성과에 만족하지 못한다. 그래도 金生水이다.

九二 曳其輪 貞吉. 象曰 "九二 貞吉" 中以行正也.
구 이 예 기 륜 정 길. 상 왈   구 이 정 길   중 이 행 정 야.

구이는 그 수레를 끌어감이니 바르면 길하다. 상왈 '구이 정길'은 중심으로써 바로잡음을 행함이라.

역설 2효가 동하여 감 水가 곤지 土가되어 화지진이다. 나아가 진출하여 새로움을 얻는 효사로 土剋水하나 적당한 스트레스에 채찍질이다. 이는 중부 2효에 음이 자리함으로 반흉반길한 운이다. 선 흉함에 후길이다.

六三 未濟 征凶 利涉大川. 象曰"未濟征凶"位不當也.
육삼 미제 정흉 이섭대천. 상왈 미제정흉 위부당야.

육삼은 미제에 가면 흉하고 큰 내를 건넘이 이롭다. 상왈 '미제정흉'은 부당한 위치이다.

역설 3효가 동하면 감 水가 손풍 木이되니 화풍정이다. 정(鼎)은 뜨거움을 담은 그릇이라 좋지않다. 그러니 내를 건넘이 이롭다 하였다. 내를 건넘은 4효 이상을 말한다. 즉 어려움이 있어 내실을 중요시해야 함이다.

九四 貞吉 悔亡 震用伐鬼方 三年有賞于大國.
구사 정길 회망 진용벌귀방 삼년유상우대국.

像曰"貞吉悔亡"志行也.
상왈 정길회망 지행야.

구사는 바르면 길하여 뉘우침이 없으니 움직여 귀방(북방)을 쳐서 3년만에야 대국에서 상이 있음이다. 상왈 '정길회망'은 뜻이 행하여짐이다.

역설 4효가 동하여 이 火가 간산 土가되니 산수몽이다. 몽은 어리석은 움직임으로 힘든 여정이 생김이다. 土剋水하는 내괘를 극하니 어려움을 극복하여 길해진다는 효사이다. 귀방은 내괘의 귀(鬼:칠살)방으로 감수방이다.

六五 貞吉 无悔 君子之光 有孚吉. 象曰"君子之光"其暉吉也.
육오 정길 무회 군자지광 유부길. 상왈 군자지광 기휘길야.

육오는 바름으로 길하여 뉘우침이 없으니 군자가 빛남에 믿음이 있어 길하다. 상왈 '군자지광'은 그 빛남으로 길하여짐이다.

역설 5효가 동하여 이 火가 건천 金이되어 천수송이다. 송은 분쟁과 싸움을 말하나 金生水하며 5효를 양효가 차지하니 길하지 않을 수 없음이다.

上九 有孚于飮酒 无咎 濡其首 有孚失是.
상구 유부우음주 무구 유기수 유부실시.

象曰"飮酒濡首"亦不知節也.
상왈 음주유수 역부지절야.

상구는 술을 마심으로 믿음이 있으니 허물이 없으며 그 머리를 적시면 믿음이 있어도 올바름을 잃는다. 상왈 '술을 마심으로 머리를 적심이다'는 또한 절제함을 알지 못함이다.

역설 6효가 동하면 이 火가 진뢰 木이되어 뇌수해이다. 해(解)는 물이 부족함으로 벗어나 해방됨이니 너무 좋음으로 절제하지 못하면 바르지 못한 것임을 말한다. 지금의 풍요로움 이전과 이후를 생각해야 함이다.

繫辭上傳

天尊地卑 乾坤定矣. 卑高以陳 貴賤位矣. 動靜有常 剛柔斷矣.
方以類聚 物以羣分 吉凶生矣. 在天成象 在地成形 變化見矣.
하늘은 존엄하고 땅은 가까우니 건과 곤이 정해진다. 가깝고 존엄한 것이 위아래로 배열되니 귀하고 천함이 생긴다. 동과 정에는 변하지 않는 규칙이 있어 강함과 부드러움이 확연히 구별된다. 지역에 따라 종이 달라지며, 다양한 종들이 각기 다른 사회를 이룸으로써 길흉이 생겨난다. 하늘에는 천체의 현상이, 땅에는 구체적인 형질이 나타남으로써 그 사이에서 변화가 나타난다.

是故剛柔相摩 八卦相盪. 鼓之以雷霆 潤之以風雨 日月運行 一寒一暑.
이 때문에 강한 것과 부드러운 것이 서로 마찰하고, 팔괘가 서로 그네를 타듯 오락가락 한다. 천둥과 번개로써 팽창되고, 바람과 비로써 윤택하게 되며, 해와 달의 운행으로써 추위와 더위가 번갈아 찾아든다.

乾道成男 坤道成女. 乾知大始 坤作成物.
건은 남성이 되고 곤은 여성이 되며, 형이상적 건에서 시작되어 곤에서 만물로 구체화된다.

乾以易知 坤以簡能 易則易知 簡則易從 易知則有親 易從則有功 有親則可久 有功則可大 可久則賢人之德 可大則賢人之業. 易簡 而天下之理得矣 天下之理得 而成位乎其中矣.
건으로써 쉽게 알고, 곤으로써 그 작용을 간명히 한다. 평범하므로 쉽게 알 수 있고, 간명하므로 쉽게 따를 수 있다. 쉽게 알 수 있기 때문에 친근하고, 쉽게 따를 수 있기 때문에 이룸이 있다. 친근하기 때문에 오래 가며, 이룸이 있기 때문에 클 수 있다. 오래 갈 수 있는 것은 현인의 덕이며, 클 수 있는 것은 현인의 업적이다. 쉽고 간명하기에 천하의 이치를 모두 갖추며, 천하의 이치를 갖추니 그 가운데 자리 잡을 수 있다.

聖人設卦觀象 繫辭焉而明吉凶.
성인은 괘를 베풀고 상을 살펴 계사로써 길흉을 명백히 했다.

剛柔相推　而生變化.

강유가 서로 밀어 변화가 생긴다.

是故　吉凶者　失得之象也　悔吝者　憂虞之象也.　變化者　進退之象也　剛柔者　晝夜之象也.

이런 까닭에 길흉은 득실의 상이요, 회린은 근심의 상이며, 변화는 진퇴의 상이고, 강유는 주야의 상이다.

六爻之動　三極之道也.

육효의 움직임은 삼극의 도이다.

是故君子所居而安者　易之序也　所樂而玩者　爻之辭也.

군자가 평시 편안히 거처하는 것이 역의 순서이며, 즐겨 완색하는 것은 효사이다.

是故君子居則觀其象而玩其辭　動則觀其變而玩其占.

이런 까닭에 군자는 그가 처한 상황으로써 살펴 효사로써 완색하고, 움직일 때는 그 변화를 점으로 완색한다.

是以"自天祐之　吉无不利".

이러하여 하늘은 스스로를 보우하니 이롭지 않음이 없다.

彖者　言乎象者也　爻者　言乎變者也.

단이란 상을 말하고, 효란 변화를 말한다.

吉凶者　言乎其失得也　悔吝者　言乎其小疵也　无咎者　善補過也.

길흉은 득실을 말하고, 회린은 작은 결함을 말한다. 결함이 없다는 것은 허물을 잘 보완하는 것이다.

是故列貴賤者存乎位　齊小大者存乎卦　辨吉凶者存乎辭　憂悔吝者存乎介　震无咎者存乎悔.

귀천은 지위에 있고, 대소는 괘에 있으며, 길흉은 사에 있고, 회린은 기개에 있으며, 결함이 없는 것은 뉘우침에 있다.

是故卦有小大　辭有險易　辭也者　各指其所之.

괘에는 대소가 있고, 사에는 위험한 것과 평이한 것이 있다. 사라는 것은 각자가 얻은 바를 가리킨다.

易與天地準　故能彌綸天地之道.

역은 천지의 준칙이기 때문에 천지의 도를 모두 포괄할 수 있다.

仰以觀於天文　俯以察於地理　是故知幽明之故　原始反終　故知死生之說
精氣爲物　遊魂爲變　是故知鬼神之情狀.

위로는 천문을 관찰하고, 아래로는 지리를 살폈기에, 눈에 보이는 것뿐 아니라 보이지 않는 것까지도 그 근원을 안다. 시작과 끝을 알기 때문에 생사의 문제를 알 수 있다. 허물없는 기운이 만물이 되고, 떠도는 유혼이 변화를 만드니 귀신의 올바른 모습을 안다.

與天地相似　故不違.　知周乎萬物而道濟天下　故不過.　旁行而不流　樂天
知命　故不憂.　安土敦乎仁　故能愛.

마치 천지와 같이 어긋남이 없다. 지혜가 만물에 두루 통해 천하를 구제할 방도를 갖추니 허물이 없다. 온갖 것에 통하면서도 잘못된 곳으로 빠지지 않고, 우주와 합일되어 생명의 가치를 아니 근심이 없다.
대지를 본받아 인을 돈독히 하니 능히 사랑을 베풀 수 있다.

範圍天地之化而不過　曲成萬物而不遺　通乎晝夜之道而知　故神无方而易
无體.

천지의 모든 조화를 포괄하되 어긋남이 없고, 만물을 원만하고 완전히 생성시키되 하나도 빠뜨리지 않으며, 주야의 도에 통달한다. 신은 존재하는 곳도 존재하지 않는 곳도 없으며, 역은 고정된 본체가 없다.

一陰一陽之謂道.　繼之者善也　成之者性也.　仁者見之謂之仁　知者見之謂
之知　百姓日用而不知　故君子之道鮮矣.

일음하면 일양하듯 음양이 바뀌어 오는 것을 도라 한다.
이를 이은 것이 선이요, 이를 이룬 것이 성인데, 어진 자는 이를 어질다 하고, 지혜로운 자는 이를 지혜롭다 하고, 보통사람들은 날마다 사용 하면서도 그것을 모르니, 군자의 도는 드물다.

顯諸仁 藏諸用 鼓萬物而不與聖人同憂. 盛德大業至矣哉!
인으로 드러나고, 작용 속에 숨어 있으며, 만물을 고취시키되 성인처럼 근심하지 않으니 그 성덕과 대업이 지극하도다!

富有之謂大業 日新之謂盛德. 生生之謂易 成象之謂乾 效法之謂坤. 極數知來之謂占 通變之謂事 陰陽不測之謂神.
부유한 것을 대업이라 하고, 나날이 새로워지는 것을 성덕이라 한다. 생생을 역이라 하고, 그것의 상을 건이라 하며, 그것을 본받은 것을 곤이라 한다. 숫자로써 다가올 일을 미리 아는 것을 점이라 하고, 통변하는 것을 사업이라 하며, 음양으로 헤아리지 못하는 것을 신이라 한다.

夫易廣矣大矣 以言乎遠則不禦 以言乎邇則靜而正 以言乎天地之間則備矣.
역은 너무도 넓고 커, 멀기로 말하면 한계가 없고, 가깝기로 말하면 고요히 눈앞에 있어, 천지의 모든 것이 다 갖추어져 있다.

夫乾 其靜也專 其動也直 是以大生焉 夫坤 其靜也翕 其動也闢 是以廣生焉. 廣大配天地 變通配四時 陰陽之義配日月 易簡之善配至德.
건은 지극히 고요하다가도 움직일 때는 곧아 이 때문에 크게 생한다. 곤은 고요할 때는 오므렸다가도 움직일 때는 펴져 이 때문에 광범위하게 생한다. 광대함은 천지에 짝하고, 변통은 사계에 짝하며, 음양은 일월에 짝하며, 쉽고 간명함은 지극한 덕에 짝한다.

子曰"易其至矣乎! 夫易 聖人所以崇德而廣業也. 知崇禮卑 崇效天 卑法地. 天地設位 而易行乎其中矣. 成性存存 道義之門."
공자가 말하기를, "역은 과연 지극한 것이다! 역은 성인이 덕을 숭상하고 사업을 넓게 펼치기 위해 만든 것이다. 지혜를 높고 원대히 하되 하늘처럼 하며, 실천은 땅과 같이 비근한 데로부터 시작한다. 천지가 자리 잡으니 역이 그 사이에서 행해진다"고 했다. 성성존존은 도의에 문이다.

聖人有以見天下之賾　而擬諸其形容　象其物宜　是故謂之象. 聖人有以見天下之動　而觀其會通　以行其典禮　繫辭焉以斷其吉凶　是故謂之爻.

성인은 천하의 오묘한 비밀을 보았으나 그것을 표현하는 과정에서 그것과 비슷한 모습으로밖에 나타낼 수 없었다. 그래서 그것을 상이라 한다.

성인은 천하의 움직임을 살펴 그것을 회통시켜 하나의 전례로 삼고자했다. 계사로써 길흉을 판단하여 이 때문에 그것을 효라 한다.

言天下之至賾　而不可惡也　言天下之至動　而不可亂也. 擬之而後言　議之而後動　擬議以成其變化.

천하의 지극한 비밀을 아무렇게나 말할 수 없고, 천하의 지극한 움직임을 어지럽게 말할 수 없으니, 형상으로 구체화시킨 후 말하고 자세히 검토한 후에 움직인다. 이렇게 함으로써 그 변화를 완성한다.

"鳴鶴在陰　其子和之　我有好爵　吾與爾靡之."

"학이 보이지 않는 곳에서 우니 새끼들이 따라서 운다. 나에게 맛있는 음식이 있으니 같이 나누어 먹으세"

子曰 "君子居其室　出其言善　則千里之外應之　況其邇者乎? 居其室　出其言不善　則千里之外違之　況其邇者乎? 言出乎身　加乎民　行發乎邇　見乎遠　言行　君子之樞機. 樞機之發　榮辱之主也　言行　君子之所以動天地也　可不愼乎?"

공자가 말하기를 "군자가 자기 집에서 한마디 하더라도 그 말이 선하면 천리 밖에서도 호응하는데, 하물며 가까운 곳이랴? 집에서 한 말이라도 그 말이 선하지 못하면 천리 밖에서도 비난하는데, 하물며 가까운 곳에서랴? 말은 입에서 나가 다른 사람에게 영향을 끼치며, 행위는 비근하고 사소한 것이라도 오랫동안 영향을 미친다. 언행은 군자에게 가장 중요하다. 명예와 치욕도 언행을 어떻게 하느냐에 달려 있다. 군자는 언행으로써 천지를 움직이니 어찌 신중히 하지 않을 수 있겠는가?"라고 했다.

同人　先號咷而後笑. 子曰 "君子之道　或出或處　或默或語. 二人同心　其利斷金　同心之言　其臭如蘭."

동인괘는 먼저 소리쳐 부르고 뒤에 웃는 것이다. 공자 왈 "군자의 도는 나아가기도 하고 머물기도 하며, 침묵하기도 하고 말하기도 하니, 두 사람의 마음이 같으면 그 예리함이 쇠를 끊을 만하고, 그 말은 난초와 같이 그윽한 풍취가 있다"고 했다.

"初六 藉用白茅 无咎." 子曰 "苟錯諸地而可矣 藉之用茅 何咎之有? 愼之至也! 夫茅之爲物薄 而用可重也. 愼斯術也以往 其无所失矣!"
초6은 밑에다 백모를 깐 것이니 허물이 없다. 공자 왈 "그냥 바닥에 놓아도 될 것을 다시 그 밑에 백모를 까니 어찌 허물이 있겠는가? 신중함이 지극한 것이다! 백모는 하잘 것 없는 것이지만 그 쓰임은 매우 중요하다. 신중함이란 비록 작은 수단에 불과하지만 만사에 신중히 처신한다면 영원히 과실이 없을 수 있다!"고 했다.

"勞謙 君子有終 吉."
겸괘는 수고스럽다. 군자가 좋은 결과가 있으니 길하다.

子曰 "勞而不伐 有功而不德 厚之至也. 語以其功下人者也. 德言盛 禮言恭 謙也者 致恭以存其位者也."
공자 왈 "온갖 수고를 다하면서도 과시하지 않고, 공이 있으면서도 내세우지 않으며, 지극히 후덕하여 자신의 공을 아랫사람에게 돌리는 것이다. 덕은 성대함이요, 예는 공손함이다. 겸이라는 것은 높은 지위에 있으면서도 공손함을 다하는 것이다."

"亢龍有悔." 子曰 "貴而无位 高而无民 賢人在下位而无輔 是以動而有悔也." "不出戶庭 无咎."
하늘 높이 도달한 용은 고질적 병폐가 있다. 공자 왈 "귀하지만 자리가 없고, 높지만 따르는 사람이 없으며, 어진자가 밑에 있어도 도움이 안 돼, 일마다 병폐가 있다." "방안에 틀어박혀 꼼짝도 않으니 허물이 없다."

子曰 "亂之所生也 則言語以爲階. 君不密則失臣 臣不密則失身 幾事不密則害成. 是以君子愼密而不出也."

공자 왈 "난이 발생하는 것은 그 씨앗이니, 군주가 기밀을 지키지 못하면 신하를 잃고, 신하가 기밀을 지키지 못하면 몸을 잃으며, 어떤 일을 하면서도 기밀을 지키지 못하면 그것을 이루어 내지 못한다. 이 때문에 군자는 말을 신중히 하여 기밀이 새나가지 않도록 한다.

子曰 "作易者其知盜乎?" 易曰 "負且乘 致寇至. 負也者 小人之事也 乘也者 君子之器也. 小人而乘君子之器 盜思奪之矣 上慢下暴 盜思伐之矣. 慢藏誨盜 冶容誨淫." 易曰 "負且乘 致寇至 盜之招也."

공자 왈 "역을 지은 사람은 도둑의 심보를 알고 있었던가?"라고 했다. 역에 이르기를 "마대를 둘러메고 말까지 탔으니 강도가 노린다. 둘러메는 것은 소인이 잘 하는 것이요, 말은 군자가 타는 것이다. 소인이 군자가 타는 말을 타고 있으니 도둑이 보고서 강탈할 생각을 품는다. 위로는 거만하고 아래로는 포악하니 몰래 그를 제거할 생각을 한다. 귀중한 물건을 잘 간수하지 못하는 것은 도둑을 가르치는 것이요, 야하게 다니는 것은 치한을 가르치는 것이다."라고 했다. 또 역에 이르기를 "마대를 둘러메고 말까지 탔으니 강도가 노린다. 이는 도둑을 스스로 초대한 것이다."라고 했다.

天一 地二 天三 地四 天五 地六 天七 地八 天九 地十.

천1, 지2, 천3, 지4, 천5, 지6, 천7, 지8, 천9, 지10.

天數五 地數五 五位相得而各有合. 天數二十有五 地數三十 凡天地之數五十有五. 此所以成變化而行鬼神也.

천수는 5요 지수도 5로서, 천수는 천수대로 지수는 지수대로 가가합하면 천수는 25, 지수는 30이 되며, 이들 양자를 합하면 55가 된다. 바로 이 수가 귀신같은 조화를 부린다.

大衍之數五十 其用四十有九. 分而爲二以象兩 掛一以象三 揲之以四以象四時 歸奇於扐以象閏 五歲再閏 故再扐而後掛.

대연의 수는 50이나 사용하는 것은 49이다. 둘로 나눠 양의인 천지의 모양으로 삼으며, 하나를 손가락에 끼워 인간을 마지막 3번째 삼재로 삼는다. 4개씩 세는 것으로 사철로 삼고, 나머지를 손가락에 끼워 윤달로 삼는다. 5년에 윤달이 두 번 들기 때문에 이 절차를 두 번 반복한 후 괘를 만든다.

乾之策二百一十有六　坤之策百四十有四　凡三百有六十　當期之日．二篇
之策　萬有一千五百二十　當萬物之數也.

건의 책은 216이요 곤의 책은 144로서 이를 합친 360이 그 하루(일년)가 된다.
건곤의 책수를 각각 32로 곱해 합하면 11,520이 되는데 이것이 만물의 수이다.

是故四營而成易　十有八變而成卦.

4영으로서 하나의 효를 얻으며, 18번의 변화를 거쳐 하나의 괘를 얻는다.

八卦而小成.　引而伸之　觸類而長之　天下之能事畢矣.　顯道神德行　是故
可與酬酢　可與祐神矣.　子曰 "知變化之道者　其知神之所爲乎!"

팔괘로써 우주적 현상을 간략히 총괄하여 유형별로 확대시켜 나가면 천하 만사
의 이치에 모두 통할 수 있다. 이렇게 하면 형이상의 도와 신의 작용이 드러나
그것과 함께 하며 또 도울 수 있다. 공자 왈 "변화의 도를 아는 자 신이 행하는
바를 알 수 있으리라!"고 했다.

易有聖人之道四焉　以言者尙其辭　以動者尙其變　以制器者尙其象　以卜
筮者尙其占.

역에는 성인의 도가 네 가지 있다. 언어는 사를 중시하고, 움직임은 변화를 중시
하며, 기구를 만드는 것은 상을 중시하며, 복서는 점을 중시한다.

是以君子將有爲也　將有行也　問焉而以言　其受命也如嚮　无有遠近幽深
遂知來物.　非天下之至精　其孰能與於此?

이 때문에 군자는 어떤 일이나 행위에 앞서 역에 의거해 미리 상황을 파악하는
데, 그 반응이 마치 메아리와 같다. 미래의 상황을 먼 것이나 가까운 것뿐 아니
라 깊거나 어두운 것까지도 빠짐없이 파악한다. 천하의 지극한 정밀함이 아니
고서 누가 이와 같을 수 있겠는가?

參伍以變　錯綜其數　通其變　遂成天下之文　極其數　遂定天下之象.　非天
下之至變　其孰能與於此?

3효 5효의 변화 및 착종괘로써 그 변화를 꿰뚫어 자연의 메시지를 파악하고, 그
수를 천착해 천하의 상을 정한다. 천하의 지극한 변화가 아니고서 누가 이럴 수
있겠는가?

易无思也 无爲也 寂然不動 感而遂通天下之故. 非天下之至神 其孰能
與於此?

역은 아무런 사고도 행위도 없이 적연부동하다가, 일단 감응하면 천하의 모든
이치에 통한다. 천하의 지극한 신묘함이 아니면 누가 이럴 수 있겠는가?

夫易 聖人之所以極深而硏幾也. 唯深也 故能通天下之志 唯幾也 故能
成天下之務 唯神也 故不疾而速 不行而至. 子曰"易有聖人之道四焉"
者 此之謂也.

역은 성인이 지극히 깊이 기미를 연구한 결과이다. 깊기 때문에 천하의 모든 이
치를 통할 수 있고, 기미이기 때문에 천하의 모든 사무를 이룰 수 있으며, 신묘
하기 때문에 서둘지 않은 것 같으면서도 멀리 가 있고, 가지도 않는 것 같은데
이미 도착해 있다. 공자 왈 "역에 성인의 도가 네 가지 있다고 한 것은 이것을 말
한 것이다."라고 했다.

子曰"夫易何爲者也 夫易開物成務 冒天下之道 如斯而已者也!"

공자 왈 "역은 도대체 어떤 것인가? 역은 만물을 개발하여 인간세상을 완성하
는 것으로 천하의 도리 중에서도 으뜸이다. 단지 이런 것일 뿐이다!"라고 했다.

是故 聖人以通天下之志 以定天下之業 以斷天下之疑.

성인은 천하의 온갖 이치에 통하고, 천하의 온갖 사업을 완수하고, 천하의 온갖
의혹을 판단한다.

是故蓍之德圓而神 卦之德方以知. 六爻之義易以貢. 聖人以此洗心 退藏
於密 吉凶與民同患.

시초의 작용은 원만하고 신묘하며, 괘의 작용은 사방 미치지 않는 곳이 없다. 6
효의 뜻은 쉬워, 성인은 이것으로 마음을 깨끗이 씻어 아무것도 없는 상태로 비
워 두며, 다른 사람들과 길흉을 같이 한다.

神以知來 如以藏往. 其孰能與此哉? 古之聰明叡知 神武而不殺者夫.
是以明於天之道 而察於民之故. 是興神物 以前民用. 聖人以此齊戒 以
神明其德夫.

미래의 상황을 신묘하게 알면서도 보통사람처럼 살아가니, 누가 이와 같을 수 있겠는가? 옛날의 총명하고 지혜 있는 사람들은 빼어난 무예를 지니고 있으면서도 다른 사람을 죽이지 않았다.

천도를 밝게 안 후에 사람들의 삶을 살핀다. 이것은 신물을 일으켜 사람들의 삶을 보다 윤택하게 하는 것이다. 성인은 이것으로 제계하여 그 덕을 신묘하고 밝게 한다.

是故闔戶謂之坤　闢戶謂之乾　一闔一闢謂之變　往來不窮謂之通　見乃謂之象.

문을 닫는 것을 곤이라 하고, 문을 여는 것을 건이라 하며, 한 번 닫고 한 번 여는 것을 변화라 하고, 끝없이 왕래하는 것을 통이라 하며, 외부로 드러나는 현상을 상이라 한다.

形乃謂之器　制而用之謂之法　利用出入　民咸用之謂之神.

형체를 갖춘 것을 기라하고, 만들어 사용하는 것을 법이라 한다. 이용의 법칙을 깨달아 모든 사람들이 사용하는 것을 신이라 한다.

是故易有太極　是生兩儀　兩儀生四象　四象生八卦　八卦定吉凶　吉凶生大業.　是故法象莫大乎天地　變通莫大乎四時　縣象著明莫大乎日月.

역에는 태극이 있고, 태극은 양의를 낳으며, 양의는 사상을 낳고, 사상은 팔괘를 낳는다. 팔괘가 길흉을 결정하며 길흉이 대업을 낳는다.

법상은 천지보다 큰 것이 없고, 변통은 사시보다 큰 것이 없으며, 상이 뚜렷이 드러나는 것은 일월보다 큰 것이 없다.

崇高莫大乎富貴　備物致用　立成器以爲天下利　莫大乎聖人.　探賾索隱　鉤深致遠　以定天下之吉凶　成天下之亹亹者　莫大乎蓍龜.

숭고한 것은 부귀보다 큰 것이 없으며, 만물을 구비하여 사용케 하고 도구를 만들어 천하를 이롭게 하는 것은 성인보다 큰 것이 없다.

깊숙하게 숨겨져 보이지 않는 것을 찾아내고, 그 멀고 깊은 의미를 철저히 이해함으로써 천하의 길흉을 정하고 또 수없이 많은 일을 성사시키는 것은 시초와 거북껍질보다 큰 것이 없다.

是故天生神物 聖人則之 天地變化 聖人效之 天垂象 見吉凶 聖人象之
河出圖 洛出書 聖人則之.

하늘이 신물을 낳으니 성인이 그것을 본받고, 천지가 변화하니 성인이 그것을
이어받으며, 하늘이 상을 드리워 길흉을 드러내니 성인이 그것을 상으로 삼았
다. 또 하도와 낙서가 나와 성인이 그것을 보았다.

易有四象 所以示也 繫辭焉 所以告也 定之以吉凶 所以斷也.

역에는 사상이 있어 우주의 법칙을 보여주고, 괘사로써 그 법칙을 설명하며, 길
흉이 정해짐으로써 상황을 판단할 수 있게 한다.

易曰 "自天祐之 吉无不利." 子曰 "祐者 助也. 天之所助者 順也 人之
所助者 信也. 履信思乎順 又以尚賢 是以'自天祐之 吉无不利!'也."

역에서 말하기를 "하늘이 도우니 길하지 않음이 없다"고 했다. 공자 왈 "하늘
이 돕는 것은 순리적인 것이며, 사람이 돕는 것은 신의이다. 신의를 행하면서 하
늘의 뜻을 생각하고 어진 이를 숭상하니, 하늘이 도와 길하지 않음이 없다!"고
했다.

子曰 "書不盡言 言不盡意." 然則聖人之意其不可見乎? 子曰 "聖人立
象以盡意 設卦以盡情僞 繫辭焉以盡其言 變而通之以盡利 鼓之舞之以
盡神."

공자 왈 "글은 말을 다할 수 없고, 말은 뜻을 다할 수 없다."고 했다. 그렇다면 성
인의 뜻은 알 수 없단 말인가? 공자가 말하기를 "성인은 상으로서 그 뜻을 다하
고, 설괘로써 묘사를 다하며, 계사로써 말을 다하고, 변통으로써 이로움을 다하
며, 고무시킴으로써 신묘함을 다한다"고 했다.

乾坤 其易之縕邪. 乾坤成列 而易立乎其中矣 乾坤毀 則无以見易 易不
可見 則乾坤或幾乎息矣!

건곤은 역의 핵심이다. 건곤이 열을 이루니 역이 그 가운데 있다. 건곤이 훼
멸되면 역을 볼 수 없다. 역을 볼 수 없다면 건곤이 거의 종식된 것인지도 모
른다!

是故形而上者謂之道　形而下者謂之器　化而裁之謂之變　推而行之謂之
通　舉而錯之天下之民謂之事業.

형이상을 도라 하고, 형이하를 기라 하며, 변화를 적절히 조절하는 것을 변이라
하고, 밀어 붙여 실행하는 것을 통이라 하며, 그것으로 천하를 안정시키는 것을
사업이라 한다.

是故夫象　聖人有以見天下之賾　而擬諸其形容.　象其物宜　是故謂之象.
聖人有以見天下之動　而觀其會通　以行其曲禮　繫辭焉以斷其吉凶　是故
謂之爻.

상이란 성인이 천하의 오묘한 비밀을 보고서 그것을 형용한 것이다. 그것과 비
슷하므로 상이라 한다. 성인이 천하의 움직임을 보고서 그것을 화통시켜 전례
로 삼았다. 계사로써 그 길흉을 판단하였기에 그것을 효라 한다.

極天下之賾者存乎卦　鼓天下之動者存乎辭　化而裁之存乎變　推而行之存
乎通　神而明之存乎其人　默而成之　不言而信　存乎德行.

우주의 비밀을 명백히 드러내는 것은 괘요, 천하의 움직임을 고무시키는 것은
사요, 변화를 적절히 조절하는 것은 변이며, 밀어붙여 추진하는 것은 통이며, 신
묘하고 밝게 하는 것은 사람이고, 묵묵히 이루고 말없이 믿게 하는 것은 덕행
이다.

繫辭下傳

八卦成列 象在其中矣 困而重之 爻在其中矣.
팔괘가 열을 이루니 상이 그 속에 있고, 팔괘를 중첩시키니 효가 그 가운데 있다.

剛柔相推 變在其中矣. 繫辭焉而命之 動在其中矣.
강유가 서로 미니, 변화가 그 속에 있다.
계사 속에서 주제를 찾아내니, 변화의 이치가 그 속에 있다.

吉凶悔吝者 生乎動者也 剛柔者 立本者也 變通者 趣時者也.
길흉회린은 움직임에서 나오는 것이고, 강유는 근본을 확립하는 것이며, 변통은
시대의 흐름을 파악하는 것이다.

吉凶者 貞勝者也 天地之道 貞觀者也 日月之道 貞明者也 天下之動
貞夫一者也. 夫乾 確然示人易矣 夫坤 隤然示人簡矣!
길흉은 올바름으로 극복할 수 있는 것이요, 천지의 도는 올바르게 보는 것이며,
일월의 도는 올바른 빛이니, 천하의 움직임은 올바름 하나이다. 건은 뚜렷하여
쉽게 보여주며, 곤은 유순하여 간명하게 보여준다!

爻也者 效此者也 象也者 像此者也. 爻象動乎內 吉凶見乎外 功業見乎
變 聖人之情見乎辭.
효는 이것을 본받은 것이요, 상은 이것을 본뜬 것이다. 효와 상은 안에서 움직이
고, 길흉은 바깥으로 드러난다. 공을 세우고 사업을 이루는 것은 변화에 달려 있
으며, 성인의 마음은 사에서 드러난다.

天地之大德曰生 聖人之大寶曰位. 何以守位 曰仁. 何以聚人 曰財. 理
財正辭 禁民爲非曰義.
천지의 큰 덕을 생이라 하고, 성인의 큰 보배를 위라 한다. 자리를 지키는 것은
인이요, 사람을 모으는 것은 재물이며, 재물을 관리하고 언사를 바르게 하며 사
람들로 하여금 나쁜 행위를 하지 못하도록 하는 것을 의라 한다.

古者包犧氏之王天下也 仰則觀象於天 俯則觀法於地 觀鳥獸之文與地之
宜 近取諸身 遠取諸物 於是始作八卦 以通神明之德 以類萬物之情. 作
結繩而爲罔罟 以佃以漁 蓋取諸離.

옛날 포희씨가 천하에 문화를 정초시킬 때, 위로는 천문의 법칙을 관찰하고 아
래로는 지구의 각종 물리적 법칙을 살피며, 새나 짐승의 무늬나 토양의 특성을
살폈다. 가깝게는 자신의 몸에서, 멀리는 다른 사물로부터 취해 팔괘를 만들어
신명의 작용에 통하고, 만물의 상황을 유추해 알 수 있도록 했다. 매듭을 맺고
그물을 만들어 사냥을 하고 고기를 잡았으니, 이것은 리괘에서 취한 것이다.

包犧氏沒 神農氏作 斲木爲耜 揉木爲耒 耒耨之利 以敎天下 蓋取諸益.
포희씨가 죽고 신농씨가 이어, 나무를 쪼개고 휘어 보습과 쟁기를 만들어 천하
에 보급시키니, 이들은 모두 익괘에서 취한 것이다.

日中爲市 致天下之民 聚天下之貨 交易而退 各得其所 蓋取諸噬嗑.
하루 종일 시장이 열려, 천하의 백성들이 온갖 재화를 갖고 몰려들어 교역하니,
이것은 서합괘에서 취한 것이다.

神農氏沒 黃帝堯舜氏作 通其變 使民不倦 神而化之 使民宜之. 易窮則
變 變則通 通則久 是以"自天祐之 吉无不利"
신농씨가 죽고 황제와 요순의 단계에 이르러, 사람들이 게을러지지 않게끔 사
회구조를 변통하고, 백성들의 요구를 수용하면서 그들을 지혜롭게 교화시켰다.
역은 궁하면 변하고, 변하면 통하며 통하면 오래 지속된다. 이 때문에 하늘이 도
우니 이롭지 않음이 없다.

黃帝堯舜垂衣裳而天下治 蓋取諸乾坤.
황제와 요순은 의상으로써 천하를 다스렸으니 이것은 건곤으로부터 취한 것이다.

刳木爲舟 剡木爲楫 舟楫之利 以濟不通 致遠以利天下 蓋取諸渙.
나무를 파고 깎아 배와 노를 만들고, 이것을 이용해 물자를 서로 통하게 하여 천
하를 이롭게 하니, 이것은 환괘에서 취한 것이다.

服牛乘馬 引重致遠 以利天下 蓋取諸隨.

소와 말을 길들여 무거운 것을 멀리 나를 수 있도록 함으로써 천하를 이롭게 하니, 이것은 수괘로부터 취한 것이다.

重門擊柝 以待暴客 蓋取諸豫.

문을 여러 겹 걸어 잠그고 야경꾼이 목탁을 치며 강도를 기다리니, 이는 여괘에서 취한 것이다.

斷木爲杵 掘地爲臼 臼杵之利 萬民以濟 蓋取諸小過.

나무를 잘라 저를 만들고 땅을 파 구를 만들어 이것으로 만민을 구제했으니, 이는 소과괘로부터 취한 것이다.

弦木爲弧 剡木爲矢 弧矢之利 以威天下 蓋取諸睽.

시윗줄로 나무를 휘어 활을 만들고, 나무를 뾰족하게 깎아 화살을 만들어 천하를 위협하니, 이는 규괘로부터 취한 것이다.

上古穴居而野處 後世聖人易之以宮室 上棟下宇 以待風雨 蓋取諸大壯.

상고에는 굴속이나 들판에서 거처했으나 후세에 성인이 이를 궁실로 바꿔 벽을 쌓고 지붕을 얹어 비바람을 피하게 했으니, 이는 대장괘로부터 취한 것이다.

古之葬者 厚衣之以薪 葬之中野 不封不樹 喪期无數 後世聖人易之以棺椁 蓋取諸大過.

옛날의 장례는 옷을 갈아 입힌 뒤 나뭇가지로 꽁꽁 묶어 들판에 깊이 묻었는데, 비를 세워 표시도 하지 않고, 상을 지내는 기간도 없었다. 후세에 성인이 이를 바꿔 관곽을 사용하도록 했으니, 이는 대과괘로부터 취한 것이다.

上古結繩而治 後世聖人易之以書契 百官以治 萬民以察 蓋取諸夬.

상고에는 매듭을 묶어 다스렸으나, 후세에 성인이 이를 서면에 의한 계약으로 바꿔 백관을 다스리고 만민을 규찰했으니, 이는 쾌괘로부터 취한 것이다.

是故易者 象也 象也者 像也. 彖者 材也 爻也者 效天下之動者也. 是故吉凶生而悔吝著也.

역은 상으로서 상이란 모양을 본뜬 것이며, 단은 재료이며, 효는 천하의 움직임을 본뜬 것이다. 이 때문에 길흉이 생기고 회린이 드러난다.

陽卦多陰　陰卦多陽.　其故何也?　陽卦奇　陰卦耦.
양괘에는 음이 많고, 음괘에는 양이 많다.
왜 그럴까? 양괘는 홀수이고 음괘는 짝수이다.

其德行何也?　陽一君而二民　君子之道也　陰二君而一民　小人之道也.
그 성질과 작용은 어떠한가? 양은 임금이 하나요 백성이 둘이니 군자의 도요, 음은 임금이 둘이요 백성이 하나니 소인의 도이다.

易曰 "憧憧往來　朋從爾思." 子曰 "天下何思何慮　天下同歸而殊塗　一致而百慮　天下何思何慮?
역에서 말하기 "마음이 뒤숭숭하여 온갖 것이 왔다 갔다 한다"는 구절이 있다. 공자 왈 "천하에 골똘히 생각할 것이 무엇이 있겠는가? 천하의 만 가지 상이한 길은 하나로 통한다. 온갖 생각이 하나로 통하니, 천하에 골똘히 생각할 것이 무엇이 있겠는가?

日往則月來　月往則日來　日月相推而明生焉.　寒往則暑來　暑往則寒來　寒暑相推而歲成焉.　往者屈也　來者信也　屈信相感而利生焉.
해가 지면 달이 뜨고, 달이 지면 해가 뜨니, 해와 달이 서로 밀어 밝음이 생긴다. 추위가 지나가면 더위가 오고, 더위가 지나가면 추위가 오니, 추위와 더위가 서로 밀어 일년이 된다. 지나간 것은 수그러들고, 새로 오는 것은 펼쳐내니, 수그러들고 펼치는 것이 서로 교감하여 이로움이 생긴다.

尺蠖之屈　以求信也　龍蛇之蟄　以存身也.　精義入神　以致用也　利用安身　以崇德也.
자벌레가 몸을 움츠리는 것은 펼치기 위함이요, 용이나 뱀이 겨울잠을 자는 것은 몸을 보전하기 위해서이다. 치밀히 생각하여 신묘한 경지에 이르는 것은 사회와 인류를 위해서이며, 사물을 활용하여 몸을 편안히 하는 것은 덕을 숭상하기 위해서이다.

過此以往 未之或知也 窮神知化 德之盛也."

이것을 넘어서는 부분에 대해서는 혹 아는 사람이 있을지도 모른다. 신묘한 최고의 경지를 파악해 변화를 아는 것이 덕의 성대함이다."

易曰 "困于石 據于蒺藜 入于其宮 不見其妻 凶."

역에서 말하길 "돌멩이가 나뒹굴고 질려 투성이인 들판에 갇혀 있다. 자기 집에 몰래 찾아가도 처를 볼 수 없으니 흉하다."

子曰 "非所困而困焉 名必辱 非所據而據焉 身必危. 旣辱且危 死期將至 妻其可得見邪?"

공자 왈 "갇히지 않아도 될 곳에 갇혀 있으니 반드시 이름에 욕됨이 있으며, 머물지 않아야 될 곳에 머무르고 있으니 반드시 몸이 위태롭다. 이미 욕되고 위태로워 죽기에 이르렀으니 처인들 볼 수 있겠는가?"

易曰 "公用射隼于高墉之上 獲之 无不利." 子曰 "隼者 禽也 弓矢者 器也 射之者 人也. 君子藏器于身 待時而動 何不利之有? 動而不括 是以出而有獲 語成器而動者也."

역에서 말하길 " 영도자가 높다란 둔덕에서 매를 쏘아 맞히니 이롭지 않음이 없다"고 했다. 공자 왈 "준이란 사나운 새요, 궁시는 도구이며, 그것을 쏘는 것은 사람이다. 군자가 도구를 갖추고 있다가 때를 보아 행동하니 이롭지 않음이 있을 수 있겠는가? 일단 움직이면 확실하게 하니 활을 쏘면 맞춘다. 이것은 도구를 갖춘 후에 움직여야 한다는 것을 말한다"고 했다.

子曰 "小人不恥不仁 不畏不義 不見利不勸 不威不懲. 小懲而大戒 此小人之福也." 易曰 "屨校滅趾 无咎 此之謂也."

공자 왈 "소인은 난처한 꼴을 당하지 않으면 어질지 못하고, 두렵지 않으면 의롭지 못하며, 이익이 없으면 아무리 권해도 하지 않고, 위험하지 않으면 두려워하지 않는다. 가볍게 처벌받아 크게 조심하는 것은 소인의 복이다."라고 했다. 역에서 말하길 "나막신을 신다 발가락을 다친 것은 허물이 없다"고 했는데 이것을 말한 것이다.

"善不積不足以成名 惡不積不足以滅身. 小人以小善爲无益而弗爲也 以小惡爲无傷而弗去也 故惡積而不可掩 罪大而不可解." 易曰 "何校滅耳 凶."

"선도 쌓이지 않으면 성공할 수 없고, 악도 쌓이지 않으면 몸을 망치지 않는다. 소인은 작은 선을 무익하다고 생각해 행하지 않으며, 작은 악을 해가 적다고 생각해 그만두지 않는다. 이 때문에 악이 쌓여 가릴 수 없게 되면 죄는 커져 해소할 방법이 없다." 역에서 말하길 "큰 나무칼에 귀가 닳아 없어졌으니 흉하다."고 했다.

子曰 "危者 安其位者也 亡者 保其存者也 亂者 有其治者也. 是故君子安而不忘危 存而不忘亡 治而不忘亂. 是以身安而國家可保也. 易曰 '其亡其亡 繫于苞桑.'"

공자 왈 "위험은 자리에 편안히 있을 때, 멸망은 잘 유지되고 있을 때, 변란은 잘 다스려지고 있을 대 그 씨앗이 생긴다. 이런 이유로 군자는 편안히 있을 때 위험함을 잊지 말아야 하며 잘 유지될 때 멸망을, 잘 다스려질 때 변란을 잊지 않고 있다면 몸과 국가를 편안히 보존할 수 있다." 역에서 이르길 "떨어질 듯 말 듯 뽕나무 가지에 매달려 있다"고 했다.

子曰 "德薄而位尊 知小而謀大 力小而任重 鮮不及矣! 易曰 '鼎折足覆公餗 其形渥 凶.' 言不勝其任也."

공자 왈 "덕이 없으나 지위는 높고, 지혜가 없으나 도모하는 것은 크며, 힘이 없으나 맡는 것이 무거우면 거의 예외 없이 불행을 겪을 수밖에 없다!"고 했다. 역에선 "솥의 다리가 부러지고 뜨거운 음식이 쏟아져 얼굴이 엉망이 되었으니 흉하다"라고 했는데, 이는 자신의 임무를 제대로 수행할 수 없음을 말함이다.

子曰 "知幾其神乎! 君子上交不瀆 其知幾乎? 幾者 動之微 吉之先見者也. 君子見幾而作 不俟終日." 易曰 '介于石 不終日 貞吉.' 介如石焉 寧用終日? 斷可識矣 君子知微知彰 知柔知剛 萬夫之望.

공자 왈 "기미를 알면 참으로 신묘하다! 군자의 사귐은 위로 아첨하지 않고 아래로 업신여겨지지 않으니 그 기미를 알아서인가?"라고 했다. 기미란 미묘한 움직임으로 길함을 미리 파악하는 것이다. 군자는 기미를 보아 움직이니 하루종

일 기다리지 않는다. 역에서 말하기를, "우뚝 선 바위와 같아 하루로 그치지 않는다. 아주 길하다"고 했다. 바위와 같이 꿋꿋한데 어찌 하루로 그치겠는가? 의심의 여지가 없는 것이다. 군자는 미세한 것뿐 아니라 뚜렷한 것도 더욱 뚜렷이 보아낼 수 있고, 부드러움뿐 아니라 강함도 아니, 모든 사람의 희망이다.

子曰 "顔氏之子 其殆庶幾乎? 有不善 未嘗不知 知之 未嘗復行也!"
易曰 "不遠復 无祗悔 元吉."
공자 왈 "안연은 거의 최고의 경지에 이르렀도다! 옳지 못한 것을 몰랐던 적이 없고, 알면서 두 번 다시 같은 잘못을 저지르지 않았다!"고 했다. 역에선 "얼마 벗어나지 않아 다시 바른 길로 되돌아오니 뉘우침이 없고 크게 길하다"고 했다.

"天地絪縕 萬物化醇 男女構精 萬物化生." 易曰 "三人行 則損一人 一人行 則得其友. 言致一也."
"천지가 실타래처럼 뒤엉킨 상태에서 만물이 번성하며, 남녀가 교접하여 만물이 생겨난다." 역에서 말하기를, "세 사람이 같이 가면 한 사람이 손해를 보며, 한 사람이 가면 친구를 얻는다. 이것은 하나로 합치되는 것을 말한다"고 했다.

子曰 "君子安其身而後動 易其心而後語 定其交而後求 君子脩此三者 故全也. 危以動 則民不與也 懼以語 則民不應也 无交而求 則民不與也 莫之與 則傷之者至矣." 易曰 "莫益之 或擊之 立心勿恒 凶."
공자 왈 "군자는 자신의 몸을 편안히 한 후 움직이며, 자신의 마음을 터놓은 후 말하며, 정분을 나눈 뒤에 요구한다. 군자는 이 세가지를 닦아 처음과 끝을 일관되게 한다. 아무 준비 없이 움직이면 사람들이 따르지 않고, 협박하면 사람들이 호응하지 않으며, 아무런 정분없이 요구하면 사람들이 따르지 않고, 사람들이 따르지 않으면 결코 성공할 수 없다"고 했다. 역에선 "도와주지 않을 뿐 아니라 혹 뒤에서 공격하며, 처음의 동기가 지속되지 못하니 흉하다."고 했다.

子曰 "乾坤 其易之門邪. 乾 陽物也 坤 陰物也. 陰陽合德而剛柔有體 以體天地之撰 以通神明之德.
공자 왈 "건곤이 바로 역의 문이다. 건은 양물이요, 곤은 음물이다. 음양이 덕을 합치면 강유가 체를 갖게 되어 천지의 길러냄을 체득하고 신명의 덕에 통할 수 있다"고 했다.

其稱名也 雜而不越 於稽其類 其衰世之意邪?
그 이름 일컬음이 포괄적이고 실제적이며 그 종류를 상고함에 정확하니 이것도
쇠한 세상의 뜻인가?

夫易 彰往而察來 而微顯闡幽. 開而當名辨物 正言斷辭 則備矣! 其稱
名也小 其取類也大 其旨遠 其辭文 其言曲而中 其事肆而隱. 因貳以濟
民行 以明失得之報.
역은 과거를 알아 미래를 살피고 드러난 부분을 미세히 살피고 어두운 부분을
드러내며, 괘의 이름으로써 사물의 이치를 판별하며, 정확하고 단정적인 용어를
구사하니, 이만하면 충분히 갖추어진 것이다! 작은 것으로 시작해서 큰 것으로
확대시켜 나가고, 뜻이 심원하고 표현은 문학적이며, 그 말은 원만하면서도 적
절하고, 그 일은 광범하면서도 깊이가 있으며, 음양의 양면으로써 사람들의 행
위를 이루게 하여 득실의 결과를 밝힌다.

易之興也 其於中古乎? 作易者 其有憂患乎? 是故 履 德之基也.
역이 번성한 것은 중고시대일까? 역을 만든 사람은 우환의식이 있었을까?
이런 까닭에 리괘는 덕의 기본이다.

謙 德之柄也.
겸은 덕의 손잡이다. (높은 산이 평지 아래 있음..겸허함)

復 德之本也
복은 덕의 근본이다. (본래대로 돌아오는 것)

恒 德之固也
항은 덕의 꾸준함이다.(항상 노력하는 마음)

損 德之脩也
손은 덕의 수양이다.(손해나 실패로 인한 자기수양)

益 德之裕也
익은 덕의 넉넉함이다. (수익으로 인한 너그러움)

困　德之辨也
곤은 덕의 분별함이다. (곤란함을 이겨내는 용기)

井　德之地也
정은 덕의 땅이다.

巽　德之制也.
손은 덕을 만들고 따르는 것이다.

履　和而至　謙　尊而光　復　小而辨於物　恒　雜而不厭　損　先難而後易
益　長裕而不設　困　窮而通　井　居其所而遷　巽　稱而隱.
리괘는 평화롭게 도달하는 것이다. 겸괘는 존경을 받아 빛나는 것이다. 복괘는
조금 벗어나 사물에서 판단하는 것이다. 항괘는 번잡해도 싫증을 내지 않는 것이
다. 손괘는 처음은 어렵지만 뒤에는 쉬운 것이다. 익괘는 오랫동안 여유가 있
어 계획을 세우지 않는 것이다. 곤괘는 어려움을 극복하여 해소한 것이다. 정괘
는 거처를 옮긴 것이다. 손괘는 공손하게 따라 칭찬을 받을 만하며 시세를 보아
능히 은거할 수 있는 것이다.

履以和行　謙以制禮　復以自知　恒以一德　損以遠害　益以興利　困以寡怨
井以辯義　巽以行權.
리괘는 어울려 걷는 것이다. 겸괘는 예를 따지는 것이다. 복괘는 스스로를 아는
것이다. 항괘는 한마음으로 변하지 않는 것이다. 손괘는 해로움을 멀리하는 것이
다. 익괘는 이익을 진흥시키는 것이다. 곤괘는 원망을 적게 하는 것이다. 정괘
는 의리를 변별하는 것이다. 손괘는 임기응변하는 것이다.

易之爲書也　不可遠.　爲道也屢遷.
역이라는 책은 멀리할 수 없다. 도는 수시로 변한다.

變動不居　周流六虛　上下无常　剛柔相易　不可爲曲要　唯變所適.
한 곳에 머무르지 않고 계속 변화하고 움직이면서 상하 사방을 돌아다닌다. 상
하가 고정되지 않고, 강유가 서로 바뀌며, 고정된 틀이 없이 항시 변화하면서 움
직인다.

其出入以度　外內使知懼　又明於憂患與故.

그 출입에는 일정한 법도가 있고, 내외는 두려움을 알게 하며 우환의 원인을 명확히 한다.

无有師保　如臨父母.

스승이 도와 줄 수도 없으니, 부모를 모시듯 그렇게 조심히 임해야 한다.

初率其辭　而揆其方　旣有曲常.　苟非其人　道不虛行.

그 사를 보기만 해도 방향을 짐작할 수 있으니, 이미 일정한 것이 있다. 올바른 사람이 아니라면 이 도가 제대로 행해질 수 없다.

易之爲書也　原始要終　以爲質也.　六爻相雜　唯其時物也.　其初難知　其上易知　本末也　初辭擬之　卒成之終.

역이란 책은 처음과 끝이 하나의 인과관계로 이어져 허황됨이 없다. 육효가 서로 뒤섞여 복잡하나 오직 시간과 공간이 핵심이다. 그 처음은 알기 어려우나 전개되면서 쉽게 본말을 알 수 있다. 첫 사는 애매하나 나중에는 뚜렷해진다.

若夫雜物撰德　辯是與非　則非其中爻不備.　噫　亦要存亡吉凶　則居可知矣.　知者觀其彖辭　則思過半矣.

점을 쳐 시비를 판단할 때는 중간의 네 효가 중요하다. 그러나 존망과 길흉을 명확히 이해하면 점을 치지 않고도 알 수 있다. 지혜로운 사람이면 단사를 보고 이미 대강을 짐작한다.

二與四同功而異位　其善不同.　二多譽　四多懼　近也.

2효와 4효는 기능은 같으나 위치가 달라 그 작용이 같지 않다.
2효는 명예가 많고 4효는 두려움이 많으니 가깝다.

柔之爲道　不利遠者　其要无咎　其用柔中也.　三與五　同功而異位　三多凶　五多功　貴賤之等也.　其柔危　其剛勝邪.

유의 도는 멀리가면 불리하니 허물이 없어야 하며, 가운데 자리를 얻어야 한다. 3효와 5효는 기능은 같으나 위치가 다르며, 3효는 흉함이 많고 5효는 공이 많으니, 귀천의 차이이다. 유를 쓰면 위험하며 강을 쓰면 승리한다.

易之爲書也 廣大悉備 有天道焉 有人道焉 有地道焉.

역이라는 책은 광대하여 모든 것을 갖추고 있다. 천도가 있고 인도가 있으며 지도가 있다.

兼三材而兩之 故六. 六者 非它也 三才之道也. 道有變動 故曰爻 爻有等 故曰物 物相雜 故曰文 文不當 故吉凶生焉.

삼재를 갖추고 이를 포개니 육효가 된다. 육효는 다른 것이 아니라 곧 삼재의 도이다. 도는 변동하므로 효라 한다. 효는 등급이 있으므로 물이라 한다. 물은 서로 뒤섞이므로 문화라 한다. 문화가 부당하면 길흉이 생긴다.

易之興也 其當殷之末世 周之盛德邪 當文王與紂之事邪 是故其辭危. 危者使平 易者使傾 其道甚大 百物不廢. 懼以終始 其要无咎 此之謂易之道也.

역이 번성한 것은 은말 주초, 즉 문왕과 주(紂) 때이다. 이 때문에 어투가 직설적인데, 직설적인 것은 천하의 태평을 위해서이고, 역이라 한 것은 판도를 바꿔 안정시키기 위해서이다. 그 도는 매우 커 모든 것을 포괄하며 시종 삼가는 것이다. 그 요점은 허물이 없도록 하는 것이니 이것을 역의 도라 한다.

夫乾 天下之至健也 德行恒易以知險 夫坤 天下之至順也 德行恒簡以知阻. 能說諸心 能研諸侯之慮 定天下之吉凶 成天下之亹亹者.

건은 천하에서 가장 강건한 것으로, 그 덕행은 항시 평이하면서도 위험을 아는 것이다. 곤은 천하에서 가장 유순한 것으로, 그 덕행은 항시 간단하면서도 장애를 아는 것이다. 사람의 마음을 사로잡을 수 있고, 제후의 생각을 알 수 있어야만, 천하의 길흉을 타당하게 처리해 천하가 제대로 돌아가게 할 수 있다.

是故 變化云爲 吉事有祥 象事知器 占事知來.

변화 운 위의 네 원칙을 파악하면, 좋은 일에는 상서로운 감응이 있고, 괘상을 보고 기구를 만들 수 있으며, 점으로써 미래를 알 수 있다.

天地設位 聖人成能 人謀鬼謀 百姓與能.

천지가 배열되면 성인이 보완하여 완성하며, 사람의 지혜든 귀신의 지혜든 평범한 사람들도 다 알 수 있다.

八卦以象告 爻象以情言 剛柔雜居 而吉凶可見矣.
팔괘는 상으로 알려주고, 효사와 단사는 길흉의 감정으로 말하며, 강유가 서로
뒤섞여 있는 데서 길흉을 알 수 있다.

變動以利言 吉凶以情遷 是故愛惡相攻而吉凶生 遠近相取而悔吝生 情
僞相感而利害生. 凡易之情 近而不相得 則凶 或害之 悔且吝.
변동은 이해관계를 말해 주며, 길흉은 정서에 따라 달라진다. 이 때문에 애정과
미움이 서로 배척하면서 길흉이 나타나며, 멀고 가까운 것이 서로 교차해 회린
이 생기며, 진실한 마음과 거짓된 마음이 서로 교감되면서 이해가 생긴다. 역에
서 말하는 인간의 정이란, 가까이 있으면서도 마음을 합치지 못하면 흉하거나
혹 해를 입게 되니 회린이 된다.

將叛者其辭慙 中心疑者其辭枝 吉人之辭寡 躁人之辭多 誣善之人其辭
游 失其守者其辭屈.
배반하려는 사람의 말투에는 부끄러운 기색이 있고, 마음에 의혹이 있는 사람
의 말은 직설적이지 못하며, 성공할 사람은 말이 적고, 조급한 사람은 말이 많으
며, 다른 사람을 모함하는 사람을 모함하는 말은 애매하며, 줏대가 없는 사람의
말은 비굴하다.

說卦傳

昔者聖人之作易也 幽贊於神明而生蓍 參天兩地而倚數 觀變於陰陽而立卦 發揮於剛柔而生爻 和順於道德而理於義 窮理盡性 以至於命.

옛날 성인이 역을 지음에 극히 신명을 도와 시초를 내고 하늘은 셋으로 땅은 둘로 수를 의지하고, 음양의 변함을 봐서 괘를 세우고, 강유를 발휘해서 효를 생하니, 도덕에 화순하고 의리를 다스리며, 이치를 궁구하고 성품을 다함으로써 명에 이른다.

昔者聖人之作易也 將以順性命之理. 是以立天之道曰陰與陽 立地之道曰柔與剛 立人之道曰仁與義. 兼三才而兩之 故易六畫而成卦 分陰分陽迭用柔剛 故易六位而成章.

옛날에 성인이 역을 지음은 장차 성명의 이치에 순하고자 함이니, 이로써 하늘의 도를 세움을 가로되 음과 양이요, 땅의 도를 세움을 가로되 유와 강이요, 사람의 도를 세움을 가로되 인과 의니, 삼재를 아울러 둘로 하였다. 그러므로 역이 여섯 획이 괘를 이루고, 음을 나누고 양을 나누며 유와 강을 차례로 씀이라. 그러므로 역이 여섯 위치가 본장을 이루니라.

天地定位 山澤通氣 雷風相薄 水火不相射 八卦相錯. 數往者順 知來者逆 是故易 逆數也.

하늘과 땅의 위치가 정해지고, 산과 호수의 기운이 서로 통하며, 번개와 바람이 서로 견제하고, 물과 불이 서로 대립하면서 팔괘가 서로 엇갈려 있다. 숫자를 차례대로 죽 나열하는 것이 '순'이라면, 미래를 아는 것은 이것과는 반대로 '역'이다. 이 때문에 역은 '역'의 수에 의거한다.

雷以動之 風以散之 雨以潤之 日以烜之 艮以止之 兌以說之 乾以君之坤以藏之. 帝出乎震 齊乎巽 相見乎離 致役乎坤 說言乎兌 戰乎乾 勞乎坎 成言乎艮.

우뢰로써 움직이고, 바람으로써 흩어뜨리고, 비로써 적시고, 해로써 말리며, 간으로써 그치고, 태로써 기뻐하고, 건으로써 주장하고, 곤으로서 감춰졌다. 제가 진에서 나와서, 손에서 가지런히 하고, 리에서 서로 보고, 곤에서 역사를 이루며, 태에서 기뻐하고, 건에서 싸우고, 감에서 위로하며, 간에서 이루어졌다.

萬物出乎震　震東方也　齊乎巽　巽東南也　齊也者　言萬物之絜齊也. 離也
者　明也　萬物皆相見　南方之卦也　聖人南面而聽天下　嚮明而治　蓋取諸
此也. 坤也者　地也　萬物皆致養焉　故曰致役乎坤. 兌　正秋也　萬物之所
說也　故曰說言乎兌. 戰乎乾　乾西北之卦也　言陰陽相薄也. 坎者　水也
正北方之卦也　勞卦也　萬物之所歸也　故曰勞乎坎. 艮東北之卦也　萬物
之所成終而所成始也　故曰成言乎艮.

만물이 진에서 나오니 진은 동방이다. 손에서 가지런히 하니, 손은 동남이
니, '제'라는 것은 만물이 깨끗하게 가지런히 하는 것을 말함이다. '리'라는 것
은 밝음이니, 만물이 다 서로 봄이니, 남방의 괘니, 성인이 남쪽을 향해 천하의
의견을 들어서 밝은 것을 향하여 다스리니, 다 이것(리괘)에서 취함이다. '곤'이
라는 것은 땅이니, 만물이 모두 기름(養)을 이루니, '치역호곤'이라 함이다. '태'
는 바로(正) 가을이니, 만물의 기뻐하는 바이니, '열언호태'라 함이다. '전호건'
이라 '건'은 서북의 괘니, 음과 양이 서로 부딪침을 말함이다. '감'은 물이니, 정
북방의 괘이며 수고를 위로하는 괘니, 만물이 돌아가는 바이고 이를 '감괘의 노
고'라 한 것이다. '간'은 동북의 괘니, 만물이 마침을 이루는 바요, 시작함을 이
루는 바이니, '성언호간'이라고 한다.

神也者　妙萬物而爲言者也. 動萬物者　莫疾乎雷. 橈萬物者　莫疾乎風
燥萬物者　莫熯乎火　說萬物者　莫說乎澤　潤萬物者　莫潤乎水　終萬物始
萬物者　莫盛乎艮. 故水火相逮　雷風不相悖　山澤通氣　然後能變化　既成
萬物也.

신이라는 것은 만물을 묘하게 함을 말함이니, 만물을 움직이는 것이 우뢰만큼
빠른 것이 없고, 만물을 흔드는 것이 바람만큼 빠른 것이 없고, 만물을 말리는
것이 불만큼 말리는 것이 없고, 만물을 기쁘게 하는 것이 못만큼 기쁘게 하는 것
이 없고, 만물을 적시는 것이 물만큼 적시는 것이 없고, 만물을 마치며 시작하는
데 艮간큼 盛(채움)한 것이 없으니, 그러므로 물과 불이 서로 따르며, 우뢰와 바
람이 서로 거스리지 아니하며, 산과 못이 기운을 통한 후에야, 능히 변화하여 만
물을 다 이루느니라.

乾 健也 坤 順也 震 動也 巽 入也 坎 陷也 離 麗也 艮 止也 兌 說也.
乾爲馬 坤爲牛 震爲龍 巽爲雞 坎爲豕 離爲雉 艮爲狗 兌爲羊. 乾爲

首 坤爲腹 震爲足 巽爲股 坎爲耳 離爲目 艮爲手 兌爲口.

건은 굳세고, 곤은 순하고, 진은 움직이고, 손은 들어가고, 감은 빠지고, 리는 걸리고, 간은 그치고, 태는 기뻐함이다.

건은 말이 되고, 곤은 소가 되고, 진은 용이 되고, 손은 닭이 되고, 감은 돼지가 되고, 리는 꿩이 되고, 간은 개가 되고, 태는 양이 된다.

건은 머리가 되고, 곤은 배가 되고, 진은 발이 되고, 손은 넓적다리가 되고, 감은 귀가 되고, 리는 눈이 되고, 간은 손이 되고, 태는 입이 되니라.

乾 天也 故稱乎父,

건은 하늘이라 그러므로 부(父)라 일컫고,

坤 地也 故稱乎母 ,

곤은 땅이라 고로 모(母)라 일컫고,

震 一索而得男 故謂之長男,

진은 한번 구하여 남을 얻음이라 그러므로 장남이라 이르고,

巽 一索而得女 故謂之長女,

손은 한번 구하여 여자를 얻음이라 그로므로 장녀라 이르고,

坎 再索而得男 故謂之中男,

감은 두 번 구하여 남을 얻음이라 그러므로 중남이라 이르고,

離 再索而得女 故謂之中女,

리는 두 번 구하여 여를 얻음이라 그러므로 중녀라 이르고,

艮 三索而得男 故謂之少男,

간은 세번 구하여 남자를 얻음이라 그러므로 소남이라 이르고,

兌 三索而得女 故謂之少女.

태는 세 번 구하여 여자를 얻음이라 그러므로 소녀라 이른다.

乾爲天　爲圜　爲君　爲父　爲玉　爲金　爲寒　爲冰　爲大赤　爲良馬　爲老
馬　爲瘠馬　爲駁馬　爲木果.

건은 하늘, 둥근 것, 임금, 아버지, 옥, 금, 찬것, 얼음, 크게 붉은 것, 좋은 말, 늙은
말, 마른 말, 얼룩 말, 목과가 되니라.

坤爲地　爲母　爲布　爲釜　爲吝嗇　爲均　爲子母牛　爲大輿　爲文　爲衆　爲
柄　其於地也爲黑.

곤은 땅, 어머니, 펴는 것, 가마솥, 인색함, 고른 것, 새끼소와 어미소, 큰 수레, 문
장(彩), 무리, 손잡이가 되고, 그 땅에는 검은 빛이 된다.

震爲雷　爲龍　爲玄黃　爲敷　爲大塗　爲長子　爲決躁　爲蒼筤竹　爲萑葦
其於馬也爲善鳴　爲馵足　爲作足　爲的顙　其於稼也爲反生　其究爲健　爲
蕃鮮.

진은 우뢰, 용, 현황, 펴는 것, 큰 길, 長子, 결단하고 조급함, 푸른 대나무, 갈대가
되고, 그 말에는 잘 우는 것, 발이 흰 것, 발을 젓는 것, 이마에 흰털이 많은 것이
되고, 그 심는데는 돌아와 생함이 되고, 그 궁극에는 굳셈이 되고, 번성하고 고
운 것이 되니라.

巽爲木　爲風　爲長女　爲繩直　爲工　爲白　爲長　爲高　爲進退　爲不果　爲
臭　其於人也爲寡髮　爲廣顙　爲多白眼　爲近利市三倍　其究爲躁卦.

손은 나무, 바람, 장녀, 먹줄, 목공, 흰색, 김(長), 높음, 진퇴, 과단성이 없음(열매가
없음), 냄새가 되고, 그 사람에는 털이 적음, 이마가 넓음, 눈에 흰자가 많음, 이익
에 가까워서 시장에서 세배를 얻음이 되고, 그 궁극에는 조급한 괘가 된다.

坎爲水　爲溝瀆　爲隱伏　爲矯輮　爲弓輪　其於人也爲加憂　爲心病　爲耳
痛　爲血卦　爲赤　其於馬也爲美脊　爲亟心　爲下首　爲薄蹄　爲曳　其於輿
也爲多眚　爲通　爲月　爲盜　其於木也　爲堅多心.

감은 물, 도랑, 숨어 엎드림, 굽은 것을 바로 잡음, 활과 바퀴가 되고, 그 사람에
는 근심을 더함, 심장병, 귀앓이, 혈괘, 붉은 색이 되고, 그 말에는 아름답게 마
름, 급한 마음, 머리를 떨굼, 얇은 발꿈치, 끄는 것이 되고, 그 수레에는 재앙이
많음, 통함, 달, 도적이 되고, 그 나무에는 굳고 심이 많음이 되니라.

離爲火 爲日 爲電 爲中女 爲甲冑 爲戈兵 其於人也爲大腹 爲乾卦 爲鱉 爲蟹 爲蠃 爲蚌 爲龜 其於木也 爲科上槁.

리는 불, 해, 번개, 중녀, 갑옷과 투구, 창과 군사가 되고, 그 사람에는 큰 배가 되고, 건괘, 자라, 게, 소라, 조개, 거북이 되고, 그 나무에는 속이 비고 위가 마른 것이 된다.

艮爲山 爲徑路 爲小石 爲門闕 爲果蓏 爲閽寺 爲指 爲狗 爲鼠 爲黔喙之屬 其於木也爲堅多節.

간은 산, 지름길(작은 길), 작은 돌, 작은 문과 큰 문, 과일과 풀 열매, 내시, 손가락, 개, 쥐, 부리가 검은 부류의 짐승이 되고, 그 나무에는 굳어서 마디가 많음이 되니라.

兌爲澤 爲少女 爲巫 爲口舌 爲毀折 爲附決 其於地也爲剛鹵 爲妾 爲羊.

태는 못, 소녀, 무당, 입과 혀, 해지고 끊어짐, 붙은 것을 결단하는 것이 되고, 그 땅에는 굳셈과 짠 것이 되고, 첩, 양(羊)이 된다.

序卦傳

有天地 然後萬物生焉. 盈天地之間者唯萬物 故受之以屯 屯者盈也. 屯
者 物之始生也.

천지가 있은 후에 만물이 생겨난다. 천지에 가득 차 있는 것이 만물이므로 둔괘
로 이어진다. 둔이란 가득 찬 것이다. 둔이란 사물이 처음 생겨나는 것이다.

物生必蒙 故受之以蒙 蒙者蒙也 物之穉也.

사물이 생겨나면 반드시 몽매하기 때문에 몽괘가 이어진다. 몽이란 몽매하다는
것으로 만물의 어린 단계이다.

物穉不可不養也 故受之以需 需者 飮食之道也.

만물이 어린 단계에 있으면 길러내지 않을 수 없으므로 수괘가 이어진다. 수란
음식의 도이다.

飮食必有訟 故受之以訟.

먹고 마시다 보면 반드시 다툼이 생기므로 송괘가 이어진다.

訟必有衆起 故受之以師. 師者 衆也.

다투게 되면 반드시 무리 짓게 되어 사괘 온다. 사란 무리를 말한다.

衆必有所比 故受之以比 比者 比也.

무리가 형성되면 반드시 비슷한 사람끼리 뭉치게 되므로 비괘가 이어진다. 비
란 서로 연합하는 것이다.

比必有所畜 故受之以小畜.

서로 연합하면 반드시 축적하므로 소축괘가 이어진다.

物畜然後有禮 故受之以履.

물건이 축적된 후에야 예가 생기므로 리괘가 이어진다.

履而泰 然後安 故受之以泰 泰者 通也.
따라야 할 길이 있고 그것이 막힘없이 잘 통한 뒤에야 편안하므로 태괘가 이어
진다. 태란 통하는 것이다.

物不可以終通 故受之以否.
사물은 영원히 잘 통할 수 없으므로 비괘가 이어진다.

物不可以終否 故受之以同人.
사물은 영원히 어그러질 수 없으므로 동인이 이어진다.

與人同者 物必歸焉 故受之以大有.
다른 이와 마음을 같이 하면 만물이 필히 모임으로 대유가 이어진다.

有大者不可以盈 故受之以謙.
좋은 것이 함께 모이면 더 이상 채울 수 없으므로 겸괘가 이어진다.

有大而能謙必豫 故受之以豫.
좋은 것을 모두 갖춰 겸허하면 반드시 편안함으로 예괘가 이어진다.

豫必有隨 故受之以隨.
편안하면 반드시 이를 쫓는 무리가 생기므로 수괘가 이어진다.

以喜隨人者必有事 故受之以蠱 蠱者 事也.
즐겨 쫓는 무리가 생기면 반드시 말썽이 생기므로 고가 이어짐으로 고란 말썽
을 말한다.

有事而後可大 故受之以臨 臨者 大也.
말썽이 생긴 후엔 커질 수 있어 임이 이어진다. 임이란 크다는 것이다.

物大然後可觀 故受之以觀.
크게 된 후에야 볼 만한 것이 있으므로 관괘가 이어진다.

可觀而後有所合 故受之以噬嗑 嗑者 合也.

볼 만한 것이 있은 뒤에야 합쳐질 수 있으므로 서합괘가 이어진다. 합이란 합치
는 것이다.

物不可以苟合而已 故受之以賁 賁者 飾也.

사물은 아무렇게나 합쳐질 수 있는 것이 아니므로 비괘가 이어진다. 비란 꾸미
는 것이다.

致飾然後亨則盡矣 故受之以剝 剝者 剝也.

꾸민 뒤에 형통하면 이미 극에 이른 것이므로 박괘가 이어진다. 박이란 벗겨 떨
어뜨리는 것이다.

物不可以終盡 剝窮上反下 故受之以復.

사물은 영원히 벗겨 떨어질 수 없으므로 극에 달하면 위로 올라가서 반대로 아
래로부터 다시 시작한다. 그러므로 복괘가 이어진다.

復則不妄矣 故受之以无妄.

다시 시작하면 새로운 각오로 임하므로 무망괘가 이어진다.

有无妄然後可畜 故受之以大畜.

잘못이 없어진 뒤에야 축적될 수 있으므로 대축괘가 이어진다.

物畜然後可養 故受之以頤 頤者 養也.

만물이 축적된 뒤에야 사람을 부양할 수 있으므로 이괘가 이어진다. 이란 부양
하는 것이다.

不養則不可動 故受之以大過.

부양하지 않으면 움직일 수 없으므로 대과괘가 이어진다.

物不可以終過 故受之以坎 坎者 陷也.

영원히 허물만 있을 수 없어 감괘가 이어진다. 감이란 함몰하는 것이다.

陷必有所麗 故受之以離 離者 麗也.
함몰하면 반드시 아름다운 것이 있어 리괘이다. 리란 아름다움이다.

有天地然後有萬物 有萬物然後有男女 有男女然後有夫婦 有夫婦然後有父子 有父子然後有君臣 有君臣然後有上下 有上下然後禮義有所錯. 夫婦之道不可以不久也 故受之以恒 恒者久也.
천지가 있은 후에 만물이 있고, 만물이 있은 후에 남녀가 있으며, 남녀가 있은 후에 부부가 있고, 부부가 있은 후에 부자가 있다. 부자가 있은 후에 군신이 있고, 군신이 있은 후에 상하가 있으며, 상하가 있은 후에 예의가 시행될 수 있다. 부부의 도는 오래가지 않으면 안 되므로 항괘가 이어진다. 항이란 오래가는 것이다.

物不可以久居其所 故受之以遯 遯者 退也.
사물은 한 곳에 오래 머물 수 없어 둔이 이어진다. 둔이란 물러남이다.

物不可以終遯 故受之以大壯.
사물은 영원히 물러날 수 없으므로 대장괘가 이어진다.

物不可以終壯 故受之以晉 晉者 進也.
만물은 영원히 장대해질 수 없어 진괘가 이어지며 진은 진보함이다.

進必有所傷 故受之以明夷 夷者 傷也.
진보하면 반드시 상해를 입어 명이로 이어진다. 이란 상해가 있다.

傷於外者必反其家 故受之以家人.
밖에서 상해를 입은 자는 반드시 집으로 돌아가니 가인괘가 이어진다.

家道窮必乖 故受之以睽 睽者 乖也.
집안이 다하면 반드시 뒤틀려 규가 있다. 규란 뒤틀림이 되는 것이다.

乖必有難 故受之以蹇 蹇者 難也.
뒤틀림은 반드시 어려움이 있어 건괘가 이어진다. 건이란 어려움을 말한다.

物不可以終難 故受之以解 解者 緩也.
영원히 어려울 수는 없어 해괘가 이어진다. 해란 완화되는 것이다.

緩必有所失 故受之以損.
완화되면 잃는 바가 있으므로 손괘가 이어진다.

損而不已必益 故受之以益.
계속 손해를 보다 보면 반드시 이익이 생김으로 익괘가 이어진다.

益而不已必決 故受之以夬 夬者 決也.
계속 이익이면 반드시 결단되어 쾌괘가 이어진다. 쾌란 결단됨이다.

決必有遇 故受之以姤 姤者 遇也.
결단되면 반드시 만나는 바 있어 구가 이어진다. 구란 만나는 것이다.

物相遇而後聚 故受之以萃 萃者 聚也.
서로 만난 후 결합이 이루어져 췌가 이어진다. 췌는 결합하는 것이다.

聚而上者謂之升 故受之以升.
결합하여 상승하는 것을 승이라 하므로 승괘가 이어진다.

升而不已必困 故受之以困.
계속 상승하면 반드시 곤란에 부딪치므로 곤괘가 이어진다.

困乎上者必反下 故受之以井.
상승하다 곤란에 부딪치면 반드시 아래로 하강하여 정괘가 이어진다.

井道不可不革 故受之以革.
우물에 빠져 있어 혁신하지 않을 수 없으므로 혁괘가 이어진다.

革物者莫若鼎 故受之以鼎.
사물을 혁신하고자 할 때 가마솥만한 것이 없으므로 정괘가 이어진다.

主器者莫若長子 故受之以震 震者 動也.

가정을 다스리는 데는 큰아들만한 사람이 없으므로 진괘가 이어진다. 진이란 움직이는 것이다.

物不可以終動 止之 故受之以艮 艮者 止也.

영원히 움직이는 것은 없어, 반드시 그칠 때가 있으므로 간괘가 이어진다. 간이란 그치는 것이다.

物不可以終止 故受之以漸 漸者 進也.

끝내 멈춰 있기에 어려워 점괘가 이어진다. 점이란 진보하는 것이다.

進必有所歸 故受之以歸妹.

나아가면 반드시 되돌아오는 것이 있으므로 귀매괘가 이어진다.

得其所歸者必大 故受之以豐 豐者 大也.

돌아온 것이 있으면 반드시 커져 풍괘가 이어짐으로 풍이란 큰 것이다.

窮大者必失其居 故受之以旅.

큰 것이 궁해지면 반드시 그 거처를 잃게 되므로 여괘가 이어진다.

旅而无所容 故受之以巽 巽者 入也.

떠돌면 마음 붙일 데 없어 손괘가 이어지며 손이란 되돌아옴이다.

入而後說之 故受之以兌 兌者 說也.

되돌아와서 기뻐하므로 태괘가 이어진다. 태는 기뻐하는 것이다.

說而後散之 故受之以渙 渙者 離也.

기쁜 뒤에 다시 흩어지므로 환괘가 이어진다. 환은 분리됨이다.

物不可以終離 故受之以節.

영원히 흩어질 수 없으므로 절괘가 이어진다.

節而信之 故受之以中孚.

절제하면 믿음이 생기므로 중부괘가 이어진다.

有其信者必行之 故受之以小過.

믿음이 있는 자는 말한 것을 반드시 실행하므로 소과괘가 이어진다.

有過物者必濟 故受之以旣濟.

과한 것이 있는 자는 필히 다시 이룸으로 기제괘가 이어진다.

物不可窮也 故受之以未濟終焉.

사물은 다할 수 없으므로 미제괘가 이어진다. 이것이 마지막이다.

雜卦傳

乾剛坤柔 比樂師憂 臨觀之義 或與或求.

건은 강하고 곤은 유하며 비는 즐겁고 사는 근심함이다. 임과 관의 뜻은 혹주고 혹 구한다.

屯見而不失其居 蒙雜而著.

둔은 나타나되 제자리를 잃지 않고 몽은 섞이되 나타난다.

震起也 艮止也 損益盛衰之始也.

진은 일어남이요 간은 그침이며 손과 익은 성하고 쇠함의 시작이다.

大畜時也 无妄災也.

대축은 때요 무망은 재앙이다.

萃聚而升不來也. 謙輕而豫怠也.

취는 모으는 것이고, 승은 오지 않음이다. 겸은 가볍고 예는 게으로다.

噬嗑食也 賁无色也. 兌見而巽伏也.

서합은 먹는 것이요 비는 색이 없으며 태는 봄이며 손은 엎드림이다.

隨无故也 蠱則飭也.

수는 연고가 없고 고는 경계함이다.

剝爛也 復反也.

박은 헤어짐이오 복은 돌아옴이다.

晉晝也 明夷誅也. 井通而困相遇也.

진은 낮이요 명이는 베는 것이다. 정은 통하고 곤은 서로 만난다.

咸速也 恒久也 渙離也 節止也.

함은 빠름이며 항은 오랜 것이요 환은 떠남이요 절은 멈추는 것이다.

解緩也　蹇難也.

해는 늦춘 것이요 건은 어려운 것이다.

睽外也　家人內也.　否泰反其類也.

규는 밖이요 가인은 안이다. 비와 태는 그 류를 반대로 함이다.

大壯則止　遯則退也.

대장은 그침이요 둔은 물러감이다.

大有衆也　同人親也.

대유는 무리요 동인은 친함이다.

革去故也　鼎取新也.

혁은 옛 것을 버리는 것이요 정은 새로운 것을 취함이다.

小過過也　中孚信也.

소과는 지나는 것이요 중부는 믿음이다.

豐多故也　親寡旅也.

풍은 연고가 많고 친한 것이 적은 것은 나그네라.

離上而坎下也.　小畜寡也　履不處也.

이는 오르고 감은 내림이다. 소축은 적음이요 이는 거처하지 않음이다.

需不進也　訟不親也.

수는 나아가지 않는 것이요 송은 친하지 아니 하다.

大過顚也　姤遇也　柔遇剛也.

대과는 넘어지는 것이고 구는 만남이니 유가 강을 만남이다.

漸女歸待男行也.

점은 여자가 시집을 감이니 남자를 기다려 행함이다.

頤養正也 旣濟定也.
이는 바른 것을 기르는 것이요 기제는 정해진 것이다.

歸妹女之終也 未濟男之窮也.
귀매는 여자의 마침이요 미제는 남자의 궁함이다.

夬決也 剛決柔也. 君子道長 小人道憂也.
쾌는 결단함이다. 강이 유를 결단하는 것이니 군자의 도가 오래하고 소인의 도
는 사라진다.

64괘 상의(象意)

1중천건 굳쎄다	2중지곤 순응하다	3수뢰둔 막히다	4산수몽 어리다	5수천수 기다리다	6천수송 소송, 재판	7지수사 군대, 장수	8수지비 비교, 화합
9풍천소축 적게 모음	10천택리 예절, 따름	11지천태 크게 통함	12천지비 답답함	13천화동인 협력, 협동	14화천대유 크게 만족	15지산겸 겸허함	16뇌지예 예측, 기교
17택뢰수 따르다	18산풍고 벌레, 말썽	19지택림 군림, 커짐	20풍지관 연구, 살핌	21화뢰서합 씹다. 합침	22산화비 장식, 꾸밈	23산지박 침몰, 강탈	24지뢰복 회복, 복귀
25천뢰무망 헛됨, 무망	26산천대축 크게 모음	27산뢰이 봉양, 기름	28택풍대과 크게지나침	29중수감 함몰, 난관	30중화리 열정, 의욕	31택산함 同心, 결혼	32뇌풍항 한결, 항상
33천산둔 운둔, 피함	34뇌천대장 힘참, 흥성	35화지진 진보, 진출	36지화명이 풍전등화	37풍화가인 집사, 여인	38화택규 감시, 시기	39수산건 멈춤, 고난	40뇌수해 해결, 완화
41산택손 손해, 줄임	42풍뢰익 이익, 더함	43택천쾌 붕괴, 승리	44천풍구 만남, 추함	45택지취 결합, 모임	46지풍승 상승, 번성	47택수곤 고난, 힘듬	48수풍정 우물, 쉼터
49택화혁 혁신, 혁명	50화풍정 안정, 솥	51중뢰진 움직임	52중산간 멈춤, 정지	53풍산점 점점나아짐	54뇌택귀매 비정상결혼	55뇌화풍 성장, 풍성	56화산려 여행, 손님
57중풍손 공손, 겸손	58중택태 기쁨, 희열	59풍수환 분리, 이별	60수택절 절제,절약	61풍택중부 믿음,신뢰	62뇌산소과 조금지나침	63수화기제 성취, 완성	64화수미제 미완성

참고문헌

1) 대정잡괘감명법(1988,6,15) - 엄윤문 , 펴낸곳:동양서적

2) 영통주역(1995,1,15) - 편집 : 김혜관, 박석연 , 펴낸곳:바른글

3) 주역과 우주원리(상,하편 2004년] - 정겨울, 펴낸이:김태봉, 펴낸곳:한솔미디어

4) 대산주역강해(상,하경 2006년] - 김석진, 펴낸이:윤상철, 펴낸곳 : 대유학당

5) 역경잡설(2004년)-남희근, 옮긴이:신원봉, 펴낸이:전병석, 펴낸곳:(주)문예출판사

6) 주역강의(2004년)-남희근, 옮긴이:신원봉, 펴낸이:전병석, 펴낸곳:(주)문예출판사

7) 황극경세서(2002년)-소강절, 편집:노영균, 펴낸이:안병섭, 펴낸곳:대원출판

8) 과학명리(2016년)-김기승, 다산글방

9) 주역반정(2002년)-박주병, 서문당